舆情

"三农"网络舆情报告
2013

李昌健　主编

中国农业出版社

《“三农”网络舆情报告2013》
编委会

主　　编　李昌健

副 主 编　吴秀媛　刘忠岫

编写人员　刘忠岫　白　玲　张祚本　殷瑞锋　张文静

赵劲松　韩卫民　杨　柳　叶　庆　邹德姣

张伟利　张　静　牛晓靓　杨　阳

PREFACE 前言

互联网作为舆论表达的工具和载体，改变了人们参与社会公共事务的方式，激发了人们讨论公共事务的热情，也推进了政府舆情应对理念的革新。互联网时代的舆情已成为不可忽视的社会力量。党的十八大提出了“坚持正确导向，提高引导能力”、“唱响网上主旋律”等战略任务。2013年是互联网生态治理骤变的一年，全国宣传思想工作会议强调要把网上舆论工作作为宣传思想工作的重点，全年相继开展的网络谣言治理、政府信息公开等工作受到高度关注。“三农”工作是全党工作的重中之重，当前正值全面深化农村改革的关键期，密切关注网络世界中关于农业、农村和农民问题的舆情，发现问题，把握规律，有效应对，科学引导，对于牢牢把握舆论主动权、弘扬“三农”事业发展的网络正能量、推动农业农村经济科学发展具有积极作用。

2013年，“三农”问题继续受到网络媒体和网民的关注。其中既有对已有问题的曝光和反思，也有对政府部门为解决问题采取的相关政策举措的支持和期许。为客观记录“三农”网络舆情变化，在2012年的基础上，我们继续编写了《“三农”网络舆情报告2013》，对2013年“三农”网络舆情进行了梳理和分析。本报告如实呈现了网络世界中媒体和网民对“三农”问题的观点态度和语言风格，并不意味着赞同其观点或对其内容的真实性有任何保证。

梳理全年的网络舆情，我们深刻感受到了2013年互联网舆论格局的变化和“三农”舆情的特点。一是“三农”问题越发受到舆论关注，特别是某些重点领域或成为高热舆情的引爆口，需时刻加以注意。二是打击网络谣言行动和传统媒体与社交媒体的深度融合，一定程度上助推了官民舆论场的对接，网上正面舆论强势正在逐步形成。2013年，长期以来官民舆论场割裂、各说各话的状态悄然发生改变，官民两个舆论场的共振明显增强，在打击网络谣言行动中，传统媒体和政务微博异军突起，乘势而为，由政府部门主动设置议题并引发民间舆论场热议的话题占比提升，特别是农产品质量安全、乳业、农业生产和粮食安全等领域政府部门在互联网上形成了强大气场，汇聚了网上正能量，获得舆论好评。三是靠传统新闻宣传手段引领舆论的方式，正逐步被官民平等交流所取代。政府部门正在逐渐摆脱“板起脸说话”的形象，平等、自信、开放、互动的工作方式赢得网民好感，“山东省环保厅与网络大V微博辩论”就是一个官民互动的典范，这样的方式值得进一步探索和尝试。四是在新的舆论格局下，政府部门直面民意、锐意革新的举动赢得了关注和掌声，负面舆情在一定程度上减弱。就“三农”领域而言，2013年热点话题的高热舆情均有所减少，新闻排行中，政府部门强化监管的相应举措信息占比明显增加，受到广泛关注。

本报告共分四个部分：第一部分是年度报告，这是在2012年基础上新增内容，主要是对2013年“三农”网络热点舆情进行梳理和分析，总结提炼舆情传播特点，并对2014年舆情热点进行了展望。第二部分是月度概览，汇集了2013年每月互联网上位列前十名的“三农”热点新闻和网络热帖，分析了月度舆情热点，简要解读了点击量高并具有代表性的网络热帖，便于读者了解阶段性的“三农”舆论焦点。第三部分为事件回放，主要是对“黄浦江死猪”、“镉超标大米”、“山东潍坊‘毒生姜’”等九个备受瞩目的热点事件进行了解读。第四部分为热点综述，对农产品质量安全、乳业、农业生产及粮食安全、农地征用、农民工和农村环境污染六个全年热度较高的问题，从舆情概况、热点分析、政府举措和传播特点四个方面做了回顾和提炼。

报告中提及的“三农”网络媒体新闻舆情走势图数据、热点新闻排行榜数据、网络媒体热点话题图数据主要来自全国性及区域性重要新闻网站、主流商业网站、农业行业网站等（新闻数据包含转载量），“三农”微博舆情走势图数据来自新浪微博原创帖文，网络热帖排行榜数据来自关注度高的网络论坛和博客，网民热点话题图数据来自网络论坛、博客、微博等网络平台的原创帖文。

2012年，我们首次编写了《“三农”网络舆情报告2012》，获得了各方的肯定、好评和期许，这不仅激励我们继续更好地编写这份报告，更是对我们工作的莫大鼓励。在此，诚挚地向多年来关心、支持我们工作的各级领导和同志们表示由衷的感谢。由于受到时间和编写水平所限，书中疏漏之处难免，敬请读者斧正。

编　者

2014年3月

CONTENTS **目录**

第一章　年度报告

2013 年“三农”网络舆情概要

据中国互联网络信息中心发布的数据显示，截至 2013 年 12 月，中国网民规模达 6.18 亿，互联网普及率达到 45.8%，手机上网成为 2013 年互联网发展的一大亮点①。互联网作为舆论表达的工具和载体，改变了人们参与社会公共事务的方式，激发了人们讨论公共事务的热情，也推进了政府舆情应对理念的革新。互联网时代的舆情已成为不可忽视的社会力量。2013 年，农业、农村和农民问题继续成为网络媒体和网民关注和热议的焦点。其中既有对已有问题的曝光和反思，也有对政府部门为解决问题采取的相关政策举措的支持和期许。本报告主要是对 2013 年“三农”领域的热点网络舆情进行梳理和分析，以期对进一步做好“三农”工作有所参考。

一、2013 年“三农”网络舆情总体情况

从 2013 年整体情况看，食品安全、乳业、农业生产与粮食安全、农村土地、农民工、转基因、农村环境七大话题成为“三农”网络舆情中的常热话题。此外，3～4 月，“黄浦江死猪”事件、“人感染 H7N9 流感疫情”使得病死动物无害化处理、疫病疫情等话题也出现阶段性高热。

2013 年网络媒体“三农”常热话题分类图

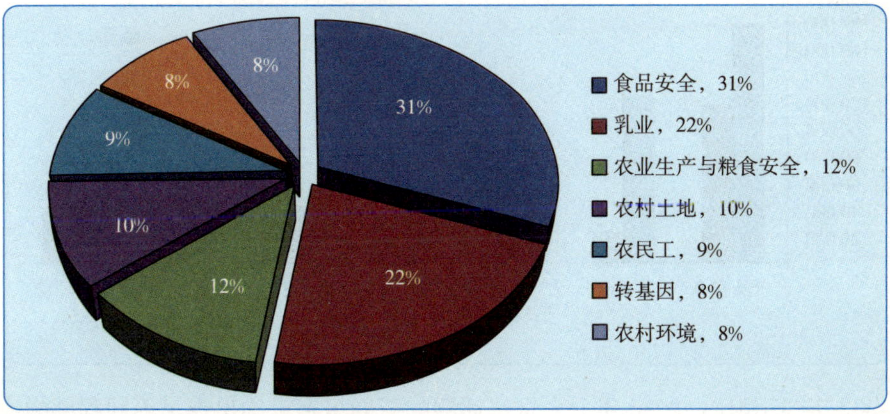

① 《第 33 次中国互联网络发展状况统计报告》，http：//www.cnnic.net.cn/hlwfzyj/hlwxzbg/hlwtjbg/201403/t20140305＿46240.htm

2013 年网民"三农"常热话题分类图

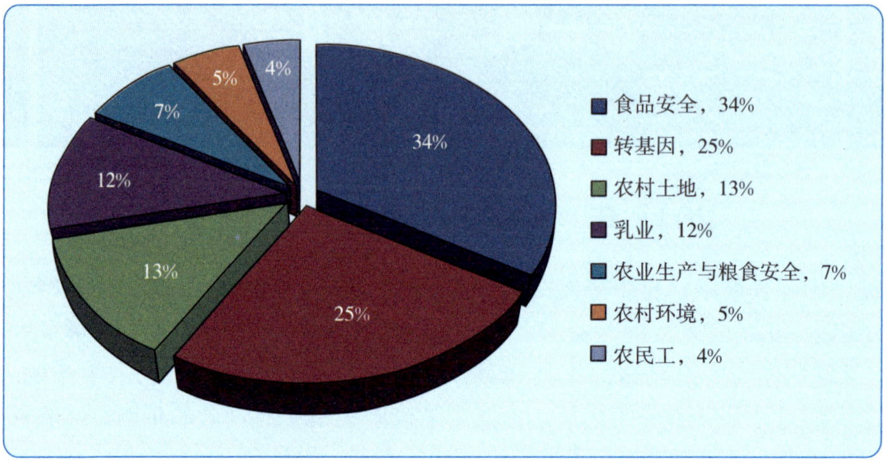

食品安全等七大常热话题呈现数据量大、热点事件多的特点。七大话题的总数据量分别占全年新闻数据总量、网民话题总量的 79%、87%。2013 年七大常热话题中出现了恒天然乳制品遭肉毒杆菌污染、"镉超标大米"、山东平度拆迁等高热舆情事件。全年"三农"热点话题新闻排行前 50 中，涉及七大常热话题的占比 92%。从关注情况看，七大常热话题中最受网络媒体关注的前三位分别是食品安全、乳业、农业生产与粮食安全，最受网民关注的前三位分别是食品安全、转基因、农村土地。其中，食品安全成为网络媒体和网民共同关注的焦点。

2012—2013 年网络媒体常热话题关注度变化情况

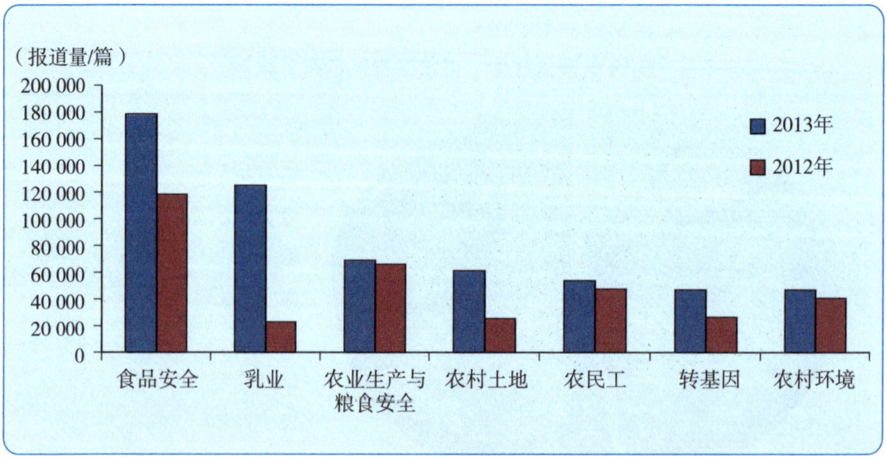

与 2012 年相比，2013 年七大常热话题的新闻报道量均出现了不同程度的上涨。其中，乳业话题的媒体关注度变化最为明显，农村土地、转基因、食品安全也呈现明显提升态势。

2013 年“三农”网络媒体新闻舆情走势图

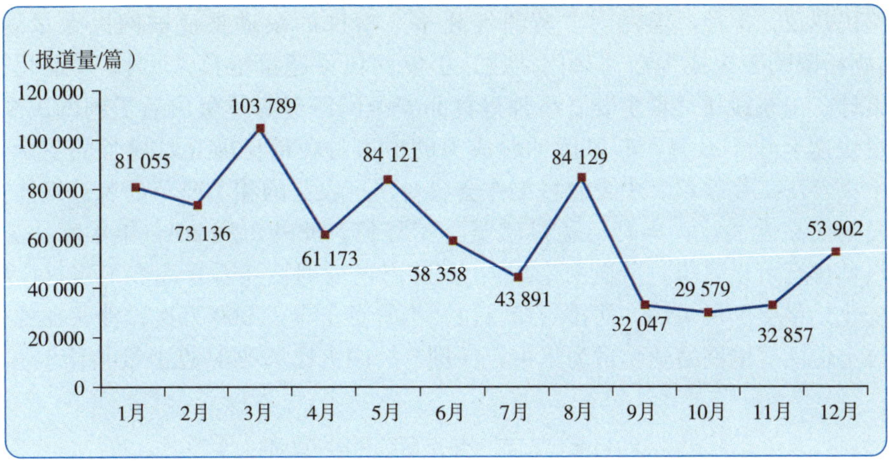

从全年新闻舆情走势看，2013 年网络媒体“三农”新闻舆情出现多次震荡。1 月，乳业、农民工、食品安全三大话题对当月新闻舆情走势影响显著。新西兰奶粉双氰胺事件受到高度聚焦，各地农民工讨薪热点新闻迭出，2012 年年末“速成鸡”事件余温也使得食品安全话题被持续关注。3 月，“黄浦江死猪”事件成为关注焦点，乳业话题中“香港奶粉限购”、“美素奶粉贴牌生产”等热点新闻频出，农业生产与粮食安全话题中的“春耕备耕”情况也被广泛报道，使得新闻量攀至全年顶点。5 月，食品安全话题是推动舆情热度升温的重要因素，当月出现的“镉超标大米”事件、山东潍坊“毒生姜”事件以及公安部公布“十起打击肉制品犯罪典型案例”，均位居年度热点新闻话题排行前 5 位。8 月，乳业话题对舆情走势影响显著，当月出现的恒天然乳制品遭肉毒杆菌污染事件的新闻量突破 3 万，居于年度热点新闻话题排行首位。12 月，中央经济工作会议、中央农村工作会议在粮食安全、食品安全、农民工市民化等方面的工作部署受到高度关注。

2013 年“三农”网民舆情走势图

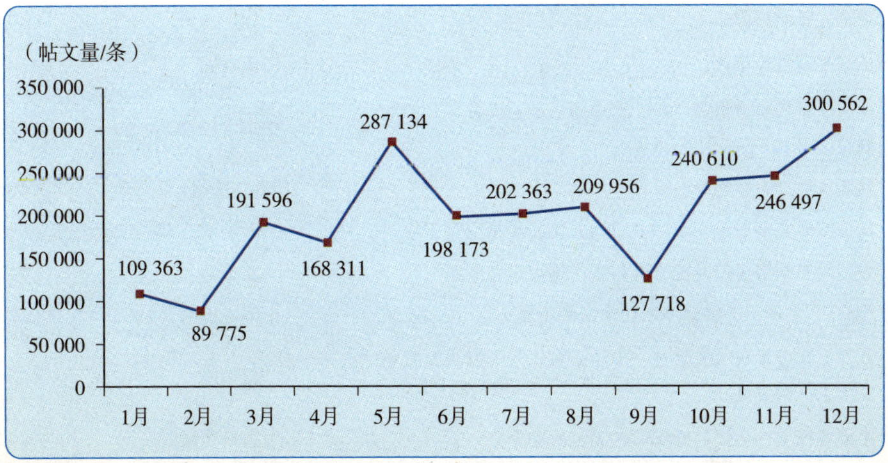

网民年度舆情走势也出现明显起伏。1月，新西兰奶粉双氰胺事件的相关报道引发网民热议。3月，媒体对“黄浦江死猪”事件的跟进报道被网民大量转发，“香港奶粉限购”也成为微博热门话题，引发网民话题量增长。5月，“镉超标大米”事件、山东潍坊“毒生姜”事件等食品安全问题经媒体曝出后受到网民聚焦，话题量快速上升。10月，转基因话题成为助推当月舆情比前几月增长的主因。12月，中央经济工作会议、中央农村工作会议对“三农”的相关改革部署被媒体报道后引发网民高度关注，当月话题量攀至全年峰值。此外，从2013年年度“三农”网络热帖排行可以看出，凤凰网论坛中10月出现的网帖《看看我乡下农村六年的惊人变化》最受网民关注，居排行榜首位，当月点击量近300万次。涉及征地拆迁等农村土地话题的网络热帖最为集中，在排行榜中占比36%，点击量共计1 400余万次。

2013年“三农”热点话题新闻Top50

排名	热点话题	首发媒体	新闻报道量
1	恒天然乳制品遭肉毒杆菌污染事件	新华网	32 336
2	黄浦江死猪事件	新浪微博	22 195
3	“镉超标大米”事件	《南方日报》	18 646
4	公安部公布“十起打击肉制品犯罪典型案例”	公安部网站	15 275
5	山东潍坊“毒生姜”事件	中央电视台	12 783
6	湖南临武瓜农死亡事件	新浪微博	12 779
7	新西兰奶粉双氰胺事件	《新西兰先驱报》	11 595
8	中国批准进口三个转基因大豆新品种	新华网	7 394
9	十八届三中全会部署农村土地改革	新华网	6 426
10	发改委奶粉价格反垄断调查	中国新闻网	6 258
11	中央一号文件：新型农业经营体系吹响现代农业号角	新华网	4 782
12	香港发布奶粉限购令	中国广播网	4 102
13	山东平度拆迁事件	大众网	3 948
14	央视《每周质量报告》3·15特别行动：“美素”奶粉疑云	中央电视台	3 721
15	河北农民“自锯病腿”事件	《燕赵晚报》	3 551
16	国务院研究部署进一步加强婴幼儿奶粉质量安全工作	人民网	3 549
17	中国发布新版婴幼儿配方乳粉生产许可审查细则	新华网	3 247
18	“两高”发布司法解释严惩食品安全犯罪	中国广播网	3 078
19	九部委联合发布《关于进一步加强婴幼儿配方乳粉质量安全工作的意见》	新华网	3 032
20	中央农村工作会议：确保“舌尖上的安全”	中国新闻网	2 799

（续）

排名	热点话题	首发媒体	新闻报道量
21	国产婴幼儿配方乳粉“反式脂肪酸风波”	《南华早报》	2 781
22	中央城镇化工作会议以推进农业转移人口市民化作为首任	新华网	2 750
23	“国内液态奶60%以上都由奶粉冲兑”言论引热议	《中国经营报》	2 720
24	中央农村工作会议重申粮食安全战略	新华网	2 450
25	全国“两会”食品安全话题	新华网	2 317
26	国家粮食储备库被曝遭转基因菜籽油“污染”	《21世纪经济报道》	2 159
27	央视曝光皮蛋制作滥用硫酸铜	中央电视台	2 100
28	中央一号文件：保障农民地权	新华网	2 085
29	《中华人民共和国食品安全法（修订草案送审稿）》公开征求意见	中国广播网	2 042
30	针对“高压泵地下排污”谣言，山东省环保厅与网络大V微博辩论	新浪微博	1 986
31	乳协报告称“国产奶粉质量优于进口奶粉”引发热议	新华网	1 934
32	中央农村工作会议：坚持农村土地农民集体所有	新华网	1 913
33	中储粮黑龙江林甸直属库发生火灾　过火粮食4.7万吨	新华网	1 850
34	北京一非法屠宰场1年供应高校食堂近3万斤死猪肉	新华网	1 826
35	中央经济会议确定2014年首要任务是保障粮食安全	新华网	1 792
36	转基因技术已广泛应用于多个领域	农业部网站	1 783
37	工信部印发《提高乳粉质量水平　提振社会消费信心行动方案》	工业与信息化部网站	1 771
38	方舟子崔永元微博争论转基因	腾讯微博	1 598
39	农业部：五年内健全农产品安全标准体系	《人民日报》	1 586
40	中国检出新西兰两批乳铁蛋白硝酸盐含量异常	国家质量监督检验检疫总局网站	1 559
41	中国特大地沟油案江苏宣判涉案金额达6 000万	中国新闻网	1 469
42	2013年全国食品安全宣传周话题	新华网	1 430
43	国务院：将农产品质量安全纳入县、乡级政府绩效考核	中国政府网	1 396
44	舆论关注南旱北涝对粮食生产影响	中央电视台	1 380
45	十八届三中全会提出深化生态文明体制改革	新华网	1 359
46	最高人民法院发布司法解释严厉打击欠薪犯罪	《人民法院报》	1 332
47	61名院士上书领导人请求转基因水稻产业化	《南方都市报》	1 326
48	低温春涝考验东北大粮仓	《人民日报》	1 324
49	我国有哪些转基因作物	《人民日报》	1 321
50	农业部在上海一鸽子样品中检出H7N9禽流感病毒	农业部网站	1 317

2013 年"三农"网络热帖 Top50

排名	标 题	来源	日期	点击量	回帖量
1	看看我乡下农村六年的惊人变化	凤凰网论坛	10 月 3 日	2 956 514	42
2	实名举报绍兴市新昌县七星街道上礼泉村村支书章林均五宗罪	天涯论坛	11 月 7 日	2 049 951	10 198
3	河北省衡水市安平县兴贤村村官卖田暴富，失地村民含冤被抓	天涯论坛	5 月 28 日	1 525 296	13
4	后屯村老百姓"苍蝇""老虎"一起打	天涯论坛	4 月 1 日	1 368 149	662
5	湖北省永胜村村民遭遇当地政府违法拆迁！	天涯论坛	6 月 4 日	1 213 590	54
6	天理何在，自家口粮田被强行占领	天涯论坛	5 月 24 日	1 181 539	370
7	法网恢恢　湖北荆州城南白龙村委暴力征地，打伤农民、霸占民宅，谁敢管？	天涯论坛	7 月 2 日	1 144 861	2 756
8	何处诉冤？千万元养殖场被摧毁！谁能制止？鞍山市暴力强拆无处说理！	天涯论坛	11 月 3 日	1 092 538	5 956
9	村长书记演双簧　吸金逾亿齐张狂	天涯论坛	7 月 16 日	1 011 601	516
10	游离在笼子外的黄塘镇政府：某些官员勾结黑恶势力殴打村民强占耕地	网易论坛	5 月 12 日	948 288	161
11	俄罗斯害怕中国菜农的真实原因	凤凰博报	8 月 14 日	906 784	556
12	雅培奶粉致婴儿性早熟！太可怕了	猫扑论坛	3 月 15 日	797 199	690
13	农民工讨薪不成反被打成重伤，现场血迹斑斑惨不忍睹	天涯论坛	6 月 1 日	719 635	700
14	都报道洋奶粉去了，洋蜂蜜出事了怎么没人管了？	天涯论坛	8 月 6 日	693 408	2 443
15	新西兰奶粉又出事，作为一个从事食品行业多年老手，告诉你一些真相！	天涯论坛	8 月 5 日	618 205	2 627
16	受伤的农民，真理何在？人民政府为人民？	天涯论坛	4 月 10 日	568 237	116
17	局长流泪是一种责任担当	新浪论坛	3 月 5 日	547 361	11
18	求救信：讨薪被逼当场自杀！	网易论坛	7 月 12 日	544 057	108
19	超级震撼：农民工讨薪爬塔吊　元芳你怎么看？	网易论坛	5 月 13 日	535 654	156
20	英国著名科普作家为反转基因道歉！	天涯论坛	2 月 4 日	535 205	1 707
21	惊爆内幕：原来所有食用油品牌都用转基因！	天涯论坛	5 月 29 日	470 650	1 066
22	山东省新泰市泉沟镇康乐村农民八年维权路！与拘留所结缘！——暴力拆迁	天涯论坛	7 月 9 日	468 645	771
23	别纠结了！油中不含转基因物质！	天涯论坛	6 月 19 日	448 740	2817
24	中农办主任：没听说谁吃转基因农产品出过问题！	天涯论坛	3 月 8 日	445 312	1602
25	配合公安部打假，踢爆十大食品网络谣言！	天涯论坛	8 月 23 日	426 758	1519
26	《新京报》调查：几乎所有食用油品牌都用转基因！	天涯论坛	11 月 8 日	421 754	1555

（续）

排名	标　题	来源	日期	点击量	回帖量
27	江西一种粮大户给百余农民发 140 万元年终奖	猫扑论坛	1 月 7 日	421 619	358
28	郑风田：吴仁宝如何缔造天下第一村?	新浪博客	3 月 19 日	363 221	581
29	四川农民阻止强拆，竟被黑社会砍断四肢?	网易博客	8 月 17 日	350 036	2447
30	第九百三十七篇·奶粉	新浪博客	3 月 3 日	340 639	1 263
31	天津市王稳庄镇二侯庄村书记李之哲，非法抢占殴打不受惩，行贿买官无人管	天涯论坛	11 月 12 日	332 863	1 018
32	碧翰烽：农民成为三中全会改革的最先受益者	凤凰博报	11 月 14 日	296 028	91
33	一个山东外地媳妇的春节见闻和体会	天涯论坛	2 月 14 日	285 319	5 420
34	四川上千村民大战两百黑社会	中华网论坛	9 月 18 日	276 090	164
35	港媒拿反式脂肪酸做文章令人遗憾	凤凰论坛	7 月 10 日	272 558	82
36	莫让反转控掌握中国粮食安全的命运	搜狐博客	6 月 15 日	256 466	1 240
37	无须担心农村土地兼并	搜狐博客	9 月 15 日	232 953	487
38	十天碾死三农民，中央政府如何表态?	凤凰博报	4 月 7 日	231 998	36
39	柴静：广州杨箕村钉子户拉锯战付出的代价	凤凰博报	8 月 12 日	231 560	96
40	用图片记录自己大学毕业回乡养鱼的幸福生活	天涯论坛	8 月 4 日	230 728	1 494
41	月薪千元，济南市东八居委会村书记李长祥为何能坐拥亿元资产?	天涯论坛	1 月 26 日	228 866	826
42	一个农民逃离广东 8 年——我在阳朔农村的种地致富纪实	天涯论坛	1 月 18 日	225 267	1 228
43	云南 3 万亩梯田遭小龙虾入侵　人虾大战	中华网论坛	3 月 20 日	223 275	151
44	农民大叔的种地生活：有山有水有惊喜	天涯论坛	9 月 9 日	214 822	1 490
45	全面驳斥郎咸平、石述思散布的转基因谣言与谎言	凤凰博报	7 月 18 日	211 761	880
46	中储粮大火折射我国粮食储备过剩问题	凤凰博报	6 月 5 日	210 777	188
47	海南鸡蛋为什么全国最贵?	凤凰博报	3 月 21 日	210 338	97
48	村庄 77 户村民几乎家家都是百万富翁　女汉子引全村致富	猫扑论坛	9 月 24 日	209 505	43
49	救救我们这些苦难的农民工之苍天有眼	天涯论坛	2 月 5 日	208 760	1 139
50	不要再吃鸡蛋！养鸡场老板女儿的忏悔和劝告（旧帖）	中华网论坛	10 月 17 日	207 866	180

二、2013年"三农"网络热点舆情解读

（一）农产品质量安全：舆论曝光的热点舆情事件相对减少，食品安全相关的政府举措和司法案件受关注程度高，"重典治乱"成为舆论共识

农产品质量安全仍是备受舆论关注的焦点话题。与上年相比，经媒体和网民曝光后成为热点舆情事件的农产品质量安全问题有所减少。2012年，农产品质量安全领域出现了"速成（生）鸡"、"药袋"苹果、"甲醛白菜"、"注胶虾"等多个热点事件，个别事件的舆情热度长达数月。而从2013年整体情况看，5月初央视曝光的山东潍坊"毒生姜"事件以及当月中旬出现的"镉大米"事件，是关注度较高的两个热点事件，舆情热度均持续约两周时间后逐渐平息。

非法加工制售伪劣食品问题被曝光的频次较高。假羊肉、假牛肉、病死猪肉、毒豆芽、毒皮蛋、毒血豆腐等问题被各地媒体屡屡报道，网民在论坛、微博中发布的相关帖文也被大量转发。此外，部分地方存在的养殖业抗生素滥用、农药残留超标与滥用等问题被媒体报道后成为热点新闻。但从关注情况看，舆情热度持续时间较短，特别是在有关部门适时处置后，舆情随即平息。如，1月12日，央视《新闻联播》曝光河南海润兽药厂在生产兽药过程中添加违禁抗生素，农业部当日晚间即责成河南省有关部门迅速查处，媒体在此后的2日内予以持续报道，之后关注点便迅速转移。1月末，"海南豇豆在广州检出农残超标"的消息成为热点，海南农业部门对问题豇豆追根溯源并及时通报处置情况，舆情热度持续约3天时间。

政府部门在加强食品安全管理、完善食品安全法律体系、打击食品安全犯罪等方面展开的一系列工作受到高度关注。党的十八届三中全会、中央经济工作会议对食品安全做出的工作部署，国务院分别于4月、12月发布的《2013年食品安全重点工作安排》、《关于加强农产品质量安全监管工作的通知》，引发媒体大量报道，"从严监管"、"严厉打击"等字样频频出现在新闻标题中。《食品安全法》的修订、"两高"发布食品安全犯罪的司法解释，被舆论认为是对食品安全不法行为的"最严"惩治。公安部公布的十起打击肉制品犯罪典型案例、江苏特大地沟油案主犯被判无期，被舆论评价为"重典标本"。《人民日报》指出，"依法治理、从严监管"是政府部门一再释放的明确信号。网民表示，高度支持有关部门重拳重典治理食品安全问题。"食品安全须重典治乱"已成舆论共识。

（二）乳业：乳品质量安全是舆论关注重点，洋奶粉热点话题频出，乳品相关政策举措受到媒体聚焦

乳业相关话题中，乳品质量安全是媒体和网民关注的重点。与2012年相比，国产乳品曝出的质量安全问题相对减少。2012年，国内乳品企业持续被舆论聚焦，

"南山奶粉黄曲霉素超标"、"伊利奶粉汞含量超标"、"光明乳业向全国消费者致歉"等热点舆情接连出现。从2013年整体情况看，国产乳品质量安全方面舆情平稳。仅在7月份出现了"内地婴儿奶粉含反式脂肪"、"国内液态奶60%以上由奶粉冲兑"的网络传言。对此，有关政府部门和乳企及时予以回应澄清，相关舆情在出现短暂震荡后迅速平息。但从舆论反馈看，部分消费者对国产婴儿奶粉质量安全仍存疑虑。11月，中国新闻网援引《2013年中国母婴安全消费调查报告》称，58.6%的被调查者倾向购买进口奶粉，收入越高的群体对进口奶粉的"迷信"度越高，收入2万元以上的被调查者购买进口奶粉的比例达70.2%。

洋奶粉热点话题频出，其中的质量安全问题和贴牌生产现象受到重点关注。国家质量监督检验检疫总局（以下简称"质检总局"）数次公布进口婴幼儿奶粉质量不合格名单，媒体对此发表大量转述报道。网民也在论坛、微博等自媒体中爆料洋奶粉质量问题。其中，猫扑论坛3月中旬出现的"雅培奶粉致女婴性早熟"网帖，当月即被点击79万余次。3～5月，央视持续关注洋奶粉贴牌生产乱象。其中对美素丽儿奶粉原产地造假问题的曝光，引发舆论集中关注"伪洋奶"。此外，全年还出现了"新西兰双氰胺奶粉"、"恒天然肉毒杆菌污染"等洋奶粉质量安全热点事件。舆论呼吁理性看待洋奶粉、不要盲目崇洋，并建议借鉴有关国家在乳品质量监管、危机事件处置等方面的有益做法。

政府部门在加强婴幼儿奶粉质量安全、调查高价洋奶粉等方面的政策举措受到聚焦。5～6月，国务院研究部署进一步加强婴幼儿奶粉质量安全工作、九部门联合出台奶粉"新政"、工业与信息化部（以下简称"工信部"）发布婴幼儿奶粉"双提"行动方案等消息被媒体密集报道。7月，国家发展和改革委员会（以下简称"发改委"）对多个洋奶粉品牌展开价格反垄断调查，引发高度关注。舆论认为，政府部门的接连发力，有助于增强国产乳业的竞争力和国产品牌的长期发展，国内乳企应抓住当前机遇，自省自查，重建消费者信心。

（三）农业生产与粮食安全：粮食产量"十连增"是关注热点，粮食安全话题受到聚焦

粮食生产话题受到媒体的持续关注。各地春耕备耕、夏粮收割、秋粮开镰情况被媒体积极报道，东北低温春涝、西南西北冬春连旱、夏季南旱北涝等农业灾害也受到广泛关注。粮食增产是媒体报道的热点。7月，媒体纷纷以"中国夏粮总产量创历史新高"、"全国夏粮连续十年获丰收"为题，报道了夏粮收获情况。舆论认为，夏粮单产水平的提高表明科技兴农的政策在发挥作用，11个夏粮主产区中7个出现增长也说明了农民的种粮积极性在逐步增强。11月，粮食总产量"十连增"受到高度关注，"粮食总产量首破6亿吨大关"、"连续十年增产"成为媒体报道的关键词。《人民日报》指出，粮食增产为促增长、控通胀、保民生做出了重要贡献，对于平抑物价意义重大。

粮食安全话题受到聚焦。中央经济工作会议把"切实保障国家粮食安全"列为

明年经济工作的首要任务，引发各界高度关注。舆论认为，粮食安全位列六大任务之首，显示中央对农业保障性作用的高度重视；将"确保产能、适度进口""注重永续发展、转变农业发展方式"等作为保障粮食安全的具体途径，体现了中国粮食安全战略的新思路。此外，习近平总书记在今年的调研中多次提及粮食安全，也是媒体报道的热点。11 月，新华网等媒体纷纷以《习近平：手中有粮　心中不慌》、《习近平：粮食安全是永恒的课题》等为题，报道了习近平在山东农科院召开座谈会时的讲话。2013 年，互联网上关于"我国粮食自给率跌破 90%"、"我国三大农作物进口不断创新高"等言论也引发部分舆论对我国粮食安全的担忧。对此，《人民日报》等媒体先后发出多篇文章，对如何看待我国粮食自给率、如何看待粮食进口进行了详细解读。媒体指出，从战略上看，今后保障国家粮食安全、确保主要农产品有效供给，进口国外农产品、利用境外农业资源将不可避免；对重点的口粮产品确保国内供应，对非口粮产品放开市场，提高统筹国内外两种资源，两种市场的能力。

（四）农村土地：高热舆情事件相对减少，个别地区农村征地引发的群体性冲突和极端个案被曝光的频次增加，党的十八届三中全会农村土地改革的有关精神受到高度关注

舆论持续关注农村土地话题。与 2012 年相比，农村土地相关的高热舆情事件在发生的数量和舆论持续关注程度上都相对减少。2012 年，"云南巧家爆炸案"、"辽宁盘锦征地冲突"、周口"平坟复耕"等消息经媒体和网民曝出后引发高热舆情，受到社会各界的长时间关注和深度讨论。从 2013 年整体情况看，8 月上旬出现的"山东平度拆迁事件"是本年度最为关注的热点事件，舆情热度持续近一个月时间。此外，3 月末出现的"河南中牟农民被碾死"事件也在短时间内引起高度聚焦，但事件舆情在 4 月上旬已趋平息。

部分地区因农村征地拆迁引发的群体性冲突和极端个案被曝光的频次增加。3 月末至 4 月初，舆论相继曝出河南中牟、湖北巴东、四川西昌发生的三起农民被推土机碾死事件，社会反响强烈。5 月，贵州三穗县政府通报当地发生群体性事件，"百余村民因征地围攻警察"等字样多出现在媒体报道标题中。当月，"福建惠安县东桥镇发生征地冲突"的网络视频也被大量转发，"近千村民围攻村委会，用石块击退防暴警察"等情况在微博中迅速扩散。8 月，媒体报道了河南新乡村民因不满征地愤而自杀的消息，网民在微博中爆料"福建漳浦县发生强征惨剧，一名 3 岁女童被推土机碾死"。10 月，"河南西华强征耕地村民被逼服毒身亡"、"云南晋宁县因强行征地引发群体性事件"、"南宁警察枪击抗拆村民"等消息经媒体和网民曝出后旋即成为热议话题。12 月，网民图文爆料"河南焦作待王镇村民喝农药抗议政府强拆"的网帖被新浪、网易等门户网站大量传播，舆论反响强烈。

党的十八届三中全会提出的关于"三农"问题的一系列改革措施中，"农村土地改革"受到高度关注和重点解读。舆论认为，改革具有重大理论创新，激活了农

民的土地资产，农民将成为土地制度改革的最大受益者。此外，我国政府部门围绕农村土地开展的相关工作也是关注热点。农业部、国土资源部（以下简称“国土部”）在推进农村土地确权方面的工作部署被媒体大量报道。广东、海南等省在农村集体土地确权登记方面取得的成果，以及福建、浙江等地在农村集体建设用地流转方面的积极尝试也被广泛关注。

（五）农民工：农民工权益保障受到重点关注，“农民工市民化”成为热议话题，农民工讨薪热点事件相对减少

农民工权益保障是舆论关注的重点。农民工参保水平低、养老难、城镇化过程中相关权益缺失等问题经媒体报道后成为热点新闻。1月，中国社会科学院研究结论“64%的农民工认为社会不公平”被媒体大量报道。新华网认为，农民工是夹在“城乡二元化”困境中的“夹生层”，社会给予他们的待遇，远远低于他们对社会进步所做的贡献。农民工的“社会不公平感”反映了社会阶层固化、阶层代际遗传、公平正义的不完全覆盖等问题，这是我国经济社会发展不得不正视的难题。

2013年，城镇化受到媒体的持续关注，“农民工市民化”也由此引发热议。媒体对农民工“进城不落户”的两难心理、新生代农民工“留不了城也回不了乡”的尴尬局面进行了多方报道。11月，《瞭望》援引有关研究数据称，大约有2亿多农民工没能真正融入城镇，国家应从战略层面考虑农民工融入城市的问题，及早作出全面的制度安排。12月中旬，中央城镇化工作会议提出“推进农业转移人口市民化”等六大任务，受到高度聚焦。舆论认为，此次城镇化工作会议，意味着2014年将成为中国新型城镇化的开局年，城镇化将从之前的更注重带动增长，转为促进社会公平，在城市中有稳定工作的农民工与非户籍人口预计将首先得利。

农民工讨薪也是媒体和网民关注的热点。与2012年出现的“新闻发布会讨薪”、“娃娃讨薪”、“跪拜范仲淹墓讨薪”等热点事件相比，2013年未现持续高热的讨薪事件。但媒体对拖欠农民工工资问题予以曝光后，舆论关注度仍很高，热点新闻主要出现在岁末年初。此外，12月，安徽、江西、山东、辽宁等地在保障农民工工资支付方面开展的各项工作也被媒体大量报道。网络论坛仍是农民工讨薪维权的重要平台。5～7月，网易论坛、天涯论坛相继出现的“农民工讨薪被打成重伤”、“讨薪未果喝药自杀”等网络热帖，当月均创下了数十万次的点击量。

（六）转基因：舆论关注热度明显上升，主流媒体报道呈现客观、理性特点，部分网民对转基因持抵触情绪

与2012年相比，2013年媒体和网民对转基因话题的关注热度呈现上升态势，转基因相关的新闻报道量和网民话题量均出现了明显的上涨。从全年整体情况看，媒体报道对转基因话题的舆情走势起主导作用，热点新闻主要出现在下半年，10月转基因舆情热度攀至全年峰值。

6月中旬，“三种转基因大豆获批进口”的消息引发高度关注，舆论围绕“审

批程序是否合规"、"转基因大豆的食用安全性"、"给国产大豆造成的影响"等话题展开热议。9月中旬，《人民日报》采访农业部及专家学者，详细介绍了我国已批准的转基因作物种类。媒体评价说，及时权威的信息披露是化解"转基因焦虑症"的最好选择，相关部门此次在转基因食品管理上的信息公开，是个良好的开始。10月中下旬，转基因相关热点新闻密集出现。农业部网站文章《转基因技术已广泛应用于多个领域》、《京华时报》报道《转基因大米做猕猴喂养试验》、《新京报》报道《农业部拟有计划推进转基因产业化》等消息发出当日即被转发数百次。新浪、腾讯等网络媒体以"61名院士曾联名上书领导人要求推广转基因水稻"为题，转发媒体对转基因大米品尝会的报道后，网民参与跟帖评论次数共计超过百万。11月上旬，媒体在热议"张掖禁种转基因"、调查转基因食品标识、辟谣转基因传言等方面纷纷发文，再度受到舆论关注。12月中下旬，"中国退回54.5万吨美国转基因玉米"的消息成为热点新闻，有媒体综合11月相关报道称"我国两个月内3次退运美国转基因玉米，总量超过72万吨"。

总体来说，主流媒体对转基因的报道呈现客观、理性的特点。《人民日报》、新华社等权威媒体在普及转基因知识、辟谣转基因传言、引导舆论科学认识转基因方面积极发力。从媒体的评论文章看，加大对转基因的信息公开和科普力度、慎重推广转基因主粮、加强监管、尊重公众选择是主流声音。网民对转基因话题的关注主要以新闻跟帖评论和微博转发媒体消息为主。从网民的跟帖评论和微博评论看，多数网民对转基因持抵触情绪。网络论坛和微博中的"反转"帖文更易受到网民的关注，"转基因玉米致实验鼠患癌"等陈旧传言易被网民反复传播。10月，共计10余万网民参与了新浪、搜狐发起的转基因话题调查。90%以上的网民表达了"拒绝转基因食品"、"反对推广转基因大米"的态度。

（七）农村环境：农村水污染受到持续关注，"镉大米"事件发生后土壤重金属污染问题被集中报道，"改善农村人居环境"成为热点话题

2013年，媒体和网民对多地农村环境污染问题进行了调查和曝光。从全年整体情况看，工业排污导致的农村水污染受到舆论持续关注。新华网、《经济参考报》等媒体多次发表调查报道，探访河北、山东、安徽、浙江、河南等地水污染现状和村民身体健康情况，呼吁正视地下水危机，保障农村饮水安全。中国疾控中心专家团队发布的"淮河流域多发'癌症村'与水污染有直接关系"的研究结论，引发媒体高度关注和跟进报道。微博发起的"随手拍家乡河流污染"、"水污染独立调查"等活动也受到网民的积极响应。河北"红豆局长"、昆明"牛奶河"等农村水污染方面出现的热点事件，还引发了舆论对环境监管的热议。

5月出现"镉大米"事件后，土壤重金属污染问题在随后的3个月内受到媒体的集中关注。《光明日报》消息称，"我国受重金属污染的耕地面积已达2 000万公顷"。新华网报道说，由于土壤污染，珠三角多地蔬菜重金属超标率达10%～20%。央视《经济半小时》报道称，因化工厂非法排污，四川德阳农田镉超标率超50%，

有毒大米流入餐桌。《华尔街日报》文章《中国土地之殇》关注土壤污染给食品安全、民众身体健康等方面带来的不利影响。新浪微博就此发起"中国土地之殇"微话题讨论，网民呼吁有关部门高度重视并从源头治理土壤污染。

"改善农村人居环境"成为热点话题。10月，新华网报道《习近平就改善农村人居环境作出重要指示　李克强就推进这项工作作出批示》被数百家网络媒体转载。农业部等四部门通报农村环境改善情况也受到广泛关注。《人民日报》还推出关注农村人居环境的系列报道，详细介绍了江西、安徽等地的有益做法。此外，农村环境治理方面的政府举措也被媒体关注。11月中旬，环境保护部（以下简称"环保部"）针对农村生活污水处理等四个方面发布项目建设及投资指南，被媒体评价为"党的十八届三中全会后的首份环保政策"。

（八）病死动物无害化处理：黄浦江死猪事件引发高热舆情，网民图文爆料成为主要信息源

部分地区养殖户向河道扔弃死猪问题成为关注热点。3月，上海、湖北宜昌、湖南株洲、广东江门、陕西咸阳等地河流出现的"漂浮死猪"现象被集中曝光。其中，3月上旬，经微博曝出的"黄浦江上流水域出现大量死猪"消息引发高热事件，舆情热度持续近一个月时间。新华社《中国网事》在官方微博中发布了"'猪漂流'阶段性地图"，并指出"其他地区尚未出现类似上海、浙江两地数量庞大的死猪漂浮现象，但死猪漂浮已不是一个小区域的问题"。此外，4月、6月、8月、11月，湖北、四川等地河道再被曝出"漂浮死猪"。从全年整体情况看，上述问题以网民在微博、论坛等自媒体中图文爆料为主，媒体随后发出跟进报道后受到进一步的关注。

"漂浮死猪"问题引发舆论对病死动物无害化处理的讨论。有舆论认为，无害化处理补贴手续繁琐，有些地方养殖户得到的补贴严重缩水，补贴标准相对较低，养殖户对病死猪进行无害化处理积极性不高。《人民日报》微博指出，"死猪无害化处理池数量有限，养殖户意识欠缺，监管存在疏漏，应尽快完善法律法规，妥善处理好猪的后事"。

农业部在病死动物无害化处理方面的相关举措受到媒体关注。3月，农业部对黄浦江死猪事件的工作部署和调查通报被媒体大量报道。9月，人民网等媒体报道了"农业部启动病死动物无害化处理长效机制试点工作"等消息。10月，农业部印发的《病死动物无害化处理技术规范》也被广泛关注。

11月，国务院发布《畜禽规模养殖污染防治条例》，舆论认为，这一条例对推动畜禽养殖环境问题的解决、促进畜禽养殖业健康、可持续发展，具有十分深远的意义。

（九）人感染H7N9禽流感疫情：官方信息和专家言论是媒体报道重点，家禽养殖业受损情况受到关注

4～5月，人感染H7N9禽流感疫情被舆论聚焦。政府部门发布的疫情信息和

防控举措、有关专家对人感染 H7N9 禽流感的答疑解惑成为媒体报道的重点。4 月上中旬，《新京报》、《京华时报》等媒体纷纷以头版报道、专版报道形式，及时发布有关部门通报的最新情况，积极报道各地开展的疫情防控工作。《健康报》、《生命时报》等行业报纸对我国在 H7N9 禽流感疫情方面的科技攻关、防控技术保障进行专业解读，并采访有关专家和权威部门，消解公众心中的疑虑。网络媒体也以专题、图解等形式，汇总最新动态消息，普及禽流感预防常识。随着政府信息的公开透明，防疫措施的有力开展，舆论逐渐趋于冷静理性。

4 月中旬至 5 月中旬，人感染 H7N9 禽流感疫情对我国家禽业造成的影响是报道热点。"家禽业因 H7N9 损失超 400 亿元"、"福建一鸭场每天上万只初生鸭苗闷死"、"江浙家禽市场调查：活禽交易少人问津"等消息引发广泛关注。政府部门出台的扶持家禽业发展的政策措施也被广泛报道。"中央财政拨付 6 亿元支持家禽业"、"农业部将为因禽流感受损企业和养殖户提供政策扶持"等消息被网络媒体大量转载。5 月中下旬，各地家禽市场出现的回暖迹象也被媒体积极报道。《上海证券报》消息称，在国家扶持家禽业发展政策利好刺激下，山东、江西、黑龙江等部分地区活禽销售开始触底回升。

12 月，舆论对禽流感疫情的关注热度出现了明显的回升。"河北保定发生 H5N2 禽流感疫情"、"广东确诊 6 人感染 H7N9 禽流感"、"江西发现首例人感染 H10N8 禽流感病例"等消息成为关注热点。媒体的目光也再次投向家禽业，"鸡蛋期价下挫"、"鸡肉价格下跌"等消息被广泛报道。

三、2013年“三农”网络舆情传播特点

总的看，主流网络媒体在舆论引导和舆论监督方面发挥了积极的作用，微博、论坛等自媒体在爆料违规征地、农村环境污染等问题方面表现活跃。同时，网络媒体和网民在应对网络谣言方面形成合力，理性看待网络谣言并及时进行澄清。

一是媒体新闻报道对“三农”热点舆情整体走势起主导作用。据中国互联网络信息中心2014年1月发布的调查数据显示，作为基础应用，网络已成为网民获取新闻的主要渠道之一，网民对网络新闻的使用率达79.6%。从年度热点新闻话题排行榜可以看出，2013年引发高度关注的“三农”热点舆情中，网络媒体作为首发媒介的占绝大比重。此外，我国通过手机上网的网民规模迅速上升，截至2013年12月，中国手机网民规模达到5亿，手机网民浏览最多的网站类型为新闻资讯网站[①]。百度、腾讯等网络媒体在手机新闻推送方面积极发力，进一步提高了手机网民对网络新闻的参与度。从“三农”领域出现的热点新闻看，手机平台已成为网民发表新闻跟帖评论、参与网络调查的重要渠道。网络媒体针对“黄浦江死猪”、“湖南瓜农之死”等热点舆情事件发布相关报道后，网民跟帖评论中出现用户名为“网易手机网民”、“搜狐手机网民”的现象屡见不鲜。

二是主流媒体发挥重要舆论监督作用，有关政府部门的监管缺失和不当言论易成关注热点。《人民日报》、新华网等主流媒体在舆论监督方面作用显著，政府部门的监管缺失多成为媒体对相关问题曝光后的热议话题。4月，云南昆明河水遭工业污染呈乳白色（被舆论称为“牛奶河”），而当地环保部门却称“符合水质标准”。对此，央视、《人民日报》予以持续关注。8月，新华网调查“4万斤病死猪肉流入皖苏豫鲁市场”事件，并发出“一头死猪为何能‘摁住’八个部门”的追问。12月，央视《焦点访谈》曝光了农民工在山东莱芜讨薪过程中有关部门存在的互相推诿、不作为等问题。

此外，政府部门在处置热点舆情时的有关言论也是媒体报道的热点，不当回应易招致舆情次生灾难。河北省沧县井水因工业污染变成红色，当地环保局长回应称，红色的水不等于不达标的水，“煮红豆也能染红水”。网民由此戏称其为“红豆局长”，引发一边倒的网络批评。

三是论坛、微博等自媒体在爆料强征土地、村官贪腐、环境污染等方面表现活跃，网络意见领袖仍具很强的影响力。网民对“三农”领域热点舆情的关注热度不减，在微博、论坛等自媒体中表现活跃。网民爆料的农村强征强拆、基层村官贪污腐败问题易引发高度关注。从年度网络热帖看，排行前十的热帖中有9个涉及上述

---

① 《第33次中国互联网络发展状况统计报告》，http：//www.cnnic.net.cn/hlwfzyj/hlwxzbg/hlwtjbg/201403/P020140305346585959798.pdf

问题，当月平均点击量达百万余次。网民多选择天涯、网易等知名门户论坛，以图文爆料、实名爆料等形式发布，力求产生真实、震撼的网络效果。微博平台也成为网民发声的重要渠道，即时发布、图片视频音频等多媒体发布是微博爆料的主要特点。2013 年出现的“河南农民被碾死”、“黄浦江漂浮死猪”、“湖南临武瓜农死亡”等高热舆情事件中，消息传播的首发路径均为网民微博爆料。

网络意见领袖仍具很强的舆论影响力。央视主持人柴静、时评人李承鹏分别就广州市杨箕村拆迁、湖南临武瓜农之死发表的博客文章，当月均创下数十万次的点击量。网络“大 V”邓飞微博发起的农村水污染调查，受到网民的踊跃响应。崔永元和方舟子就转基因问题在微博中的论战，更是引发了数百万网民的参与和评论。

四是网络谣言多发于食品安全、转基因、疫病疫情等方面，舆论应对谣言趋于理性。涉农领域网络谣言仍一定程度上存在，主要集中在食品安全、转基因以及动物疫情方面。从谣言内容看，食品安全领域多现新发谣言，如“樱桃生蛆”、“蘑菇含重金属”、“菊花茶杀菌剂超标”等。转基因和动物疫情方面多存在“旧谣再炒”现象，如“转基因玉米致不孕不育”、“畜禽肉制品感染炭疽杆菌”等陈旧网络谣言继续出现，且多版本演绎。从传播空间看，微博中谣言传播的速度较快，但单个谣言微博的平均转发量不高。11 月上旬微博中出现“家禽肉制品感染炭疽杆菌”谣言后，当天即有数千微博用户进行相关转发，但单条微博的转发量多数不超过百次。与 2012 年相比，天涯等全国知名门户论坛中的谣言帖出现几率大幅下降，但由于知名网络论坛的访问量大，易出现个别网络谣言热帖。10 月，网络谣言旧帖《不要再吃鸡蛋！养鸡场老板女儿的忏悔和劝告》在中华网论坛中再次出现，当月点击量达到 20 万余次。

从整体情况看，舆论理性应对网络谣言，全年未现谣言引发的高热舆情。《人民日报》、新华网等媒体发表详实的调查报道进行澄清。有关政府部门及时发布权威消息，司法机关加大对网络谣言的查处力度。针对“家禽感染炭疽杆菌”的相关谣言，杭州市农业局 2013 年以来连续三次辟谣。广东省惠州市公安局在官方微博中通报了依法查处的两起有关“H7N9”网络谣言案件。微博网民也在“谣言粉碎机”、“辟谣联盟”中积极发言，还原真相。

四、2014年“三农”网络热点舆情展望

互联网是政治经济社会文化生活的投影仪。2013年“三农”热点舆情，集中反映了现阶段我国农业、农村、农民问题的重要性、复杂性和艰巨性，可以说这些问题的根本解决都不可能是一蹴而就的，因此也将继续成为2014年网络舆情的看点。但是，随着全面深化农村改革的稳步推进，统筹城乡发展方略的深入实施，“三农”问题在2014年也面临着新的环境，热点舆情可能主要来自以下几个方面：

一是“三农”相关改革部署持续发力，农村土地改革、粮食安全等问题将成为明年热点议题。11月召开的党的十八届三中全会、12月先后召开的中央经济工作会议、中央城镇化工作会议以及中央农村工作会议，提出了一系列涉及“三农”领域的改革举措和工作部署。其中，粮食安全、农村土地改革、农民权益、农民工市民化备受各界关注。2014年是贯彻落实党的十八届三中全会精神、全面深化改革的第一年，各地区各部门围绕上述热点议题展开的工作将成为媒体报道热点。

二是食品安全、农村环境将是常热话题，政府部门的监管将被关注。据《小康》杂志发布的调查数据显示，食品安全问题、环境污染问题已成为公众普遍担忧的民生问题。尽管政府多方重拳整治，但上述问题的改善不可能一蹴而就。2014年，食品安全和农村环境话题仍将成为常热话题，曝出的问题以及政府监管举措将成为舆论关注的“双焦点”。

三是乳业话题将继续被聚焦，国内乳品质量安全的进一步提升是舆论的更大期待。2013年，乳业相关政策密集出台，加强安全监管并大幅提高准入门槛，清理落后产能，改革风暴席卷全国。在此趋势下，2014年政府部门将继续出重拳保障乳品质量安全，国内乳品企业也将更加注重奶源和基础设施建设。乳品行业的兼并重组或成为媒体报道的热点，国内乳品质量的进一步提升将是舆论的更大期待。

四是禽流感相关话题或出现阶段性高热，家禽养殖业将受到重点关注。2013年12月中下旬以来，禽流感舆情热度升温态势明显。广东、江西等地出现的人感染H7N9流感病例以及河北保定养殖场出现的H5N2疫情被媒体报道后引发广泛关注。冬春季节属于禽流感的易发季节，在此期间或出现禽流感相关话题的高热舆情。受此影响，家禽业将成为舆论关注的重点。从多地出现的鸡蛋和鸡肉价格下跌等热点新闻看，家禽养殖业受损情况以及有关部门的应对举措将被媒体跟进报道。

五是转基因争论仍将继续。2013年，转基因话题的舆情关注度明显升温。舆论对转基因的态度仍呈冰火两重天之势，“挺转派”和“反转派”的网络论战时有发生。主流媒体在辟谣转基因相关传言方面表现活跃，但部分网民对转基因仍持质疑态度。从目前舆情态势看，2014年转基因的争论仍将继续，“科学、理性地争论转基因”是主流声音。

第二章　月度概览

一、1月“三农”网络舆情概览

1月网络媒体涉农新闻舆情走势波动明显。7日开始，“种粮大户给农民发巨额年终奖”、“菜价连续10周上涨”、“农药920遭菜农滥用”等热点新闻接连出现，使得8～11日的新闻报道量持续居于高位。中旬，“20种大病纳入农村医保”、农民工另类讨薪等热点新闻助推18日媒体舆情走势再次上扬。25日开始，新西兰奶粉双氰胺事件不断发酵，使得新闻报道量呈现上涨态势。月末，石家庄注水牛肉、海南豇豆农药残留超标等食品安全问题叠加，引发31日媒体舆情走势攀至顶峰。微博舆情走势起伏明显。16日，农民工租戏服扮“元芳”讨薪被网民在微博中大量传播，引发当日微博话题量明显上涨。26日，新西兰奶粉双氰胺事件成为热议话题，当日微博舆情走势达到顶点。

1月网络媒体“三农”新闻舆情走势图

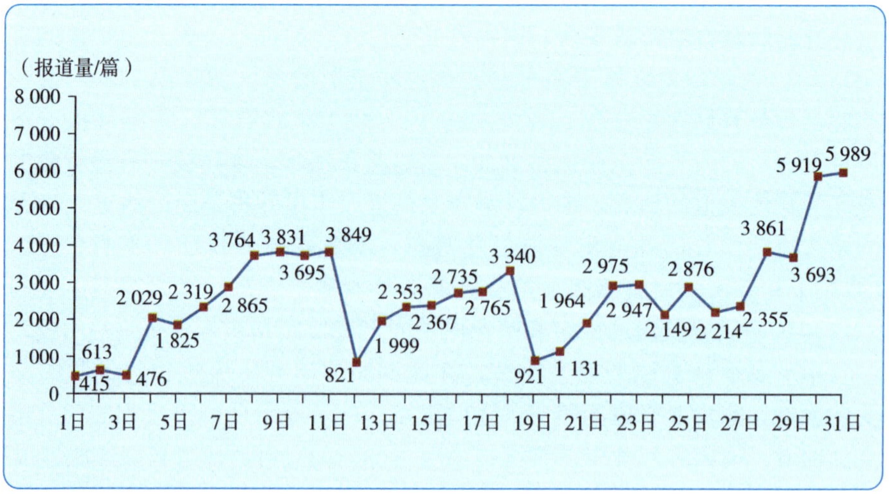

注：网络媒体主要包括全国性与区域性重要新闻网站、主流商业门户网站、农业行业网站、境外中文网站等；新闻数据包含转载量。下同。

1 月微博“三农”舆情走势图

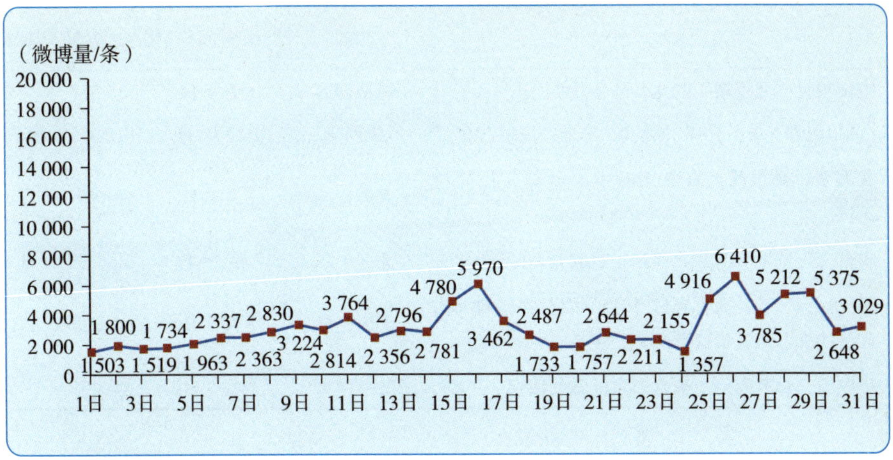

注：数据来源于新浪微博原创帖文。下同。

1 月热点新闻排行 Top10

排名	标　　题	来源	时间	转载量
1	20 种疾病纳入农村大病保障	《新京报》	1 月 17 日	363
2	农民工“市民化”不能与土地挂钩	《人民日报》	1 月 6 日	342
3	城镇化将推“人地挂钩”新政	《经济参考报》	1 月 29 日	336
4	国内蔬菜价格连续 10 周上涨　累计涨幅已高达 55%	《人民日报》	1 月 9 日	333
5	洋奶粉跌下神坛？新西兰乳品检出双氰胺事件追踪	新华网	1 月 28 日	320
6	农民工讨薪跳起江南 Style	《武汉晚报》	1 月 22 日	290
7	江西一种粮大户给百余农民发 140 万元年终奖	大江网	1 月 7 日	257
8	农业部派出工作组调查郑州假兽药问题	中国新闻网	1 月 13 日	234
9	两部委：“十二五”将重点治理畜禽养殖污染	新华网	1 月 5 日	230
10	农药 920 遭菜农滥用　泡小白菜 12 小时长 2 厘米	《羊城晚报》	1 月 9 日	212

1 月网络热帖排行 Top10

排名	标　　题	来源	时间	点击量	回帖量
1	江西一种粮大户给百余农民发 140 万元年终奖	猫扑论坛	1 月 7 日	421 619	358
2	月薪千元，济南市东八居委会村书记李长祥为何能坐拥亿元资产？	天涯论坛	1 月 26 日	228 866	826
3	一个农民逃离广东 8 年——我在阳朔农村的种地致富纪实	天涯论坛	1 月 18 日	225 267	1 228
4	农民工讨薪手法越来越离奇	凤凰网论坛	1 月 18 日	185 612	49

（续）

排名	标　　题	来源	时间	点击量	回帖量
5	中国粮食"九连增"的水分有多少?	凤凰博客	1月7日	136 557	26
6	[凤凰锐评] 蔬菜贵在"最后一公里：症结何在?"	凤凰网论坛	1月10日	106 525	33
7	我无奈，我想死，农民工有本事就踩着尸体讨工资	天涯论坛	1月8日	88 017	405
8	农村人与城里人的经典对话，这就是差距啊	天涯论坛	1月18日	85 919	1 697
9	[经济杂谈]【普欣看农村】当下面对农村的一些人一些事，无言了（连载）	天涯论坛	1月5日	53 432	341
10	程国强：对近期几个粮食热点问题的回应	新浪博客	1月5日	47 823	75

1 月网络媒体热点话题

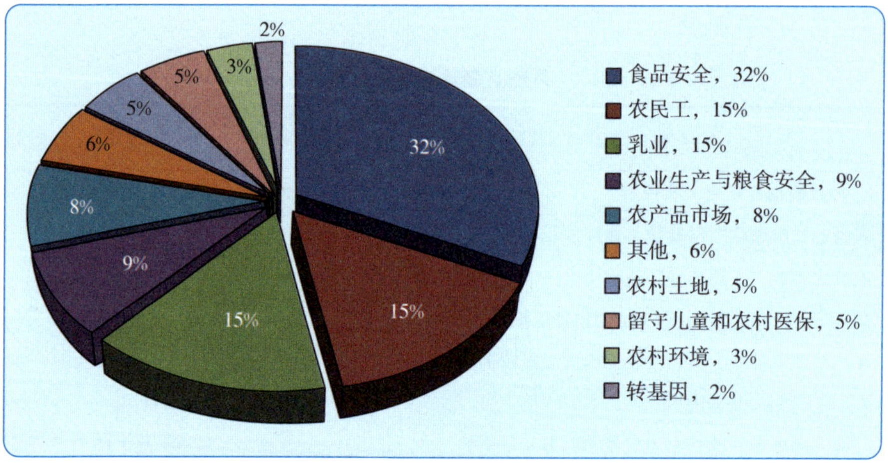

1 月网民热点话题

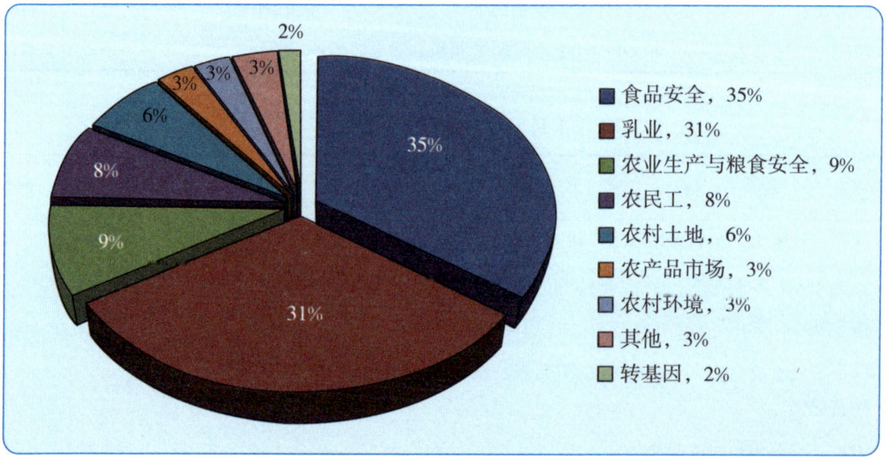

话题 1

媒体曝光蔬菜滥用农药问题
河南澄清“大用集团加工病死鸡”传闻不实

1月份，蔬菜生产安全用药受到舆论关注。1月上旬，《羊城晚报》报道，为了增产并提前上市，不少菜农使用激素农药“助力”蔬菜生长。文中列举了“黄瓜咬一口放冰箱后又长出一截”、“农药920泡小白菜12小时长2厘米”等情况。舆论调侃“农药滥用催生神奇蔬菜”，并关注果蔬中含有过量激素是否影响身体健康。1月29日开始，广州连续3天检出海南豇豆农药残留超标，媒体进行了大量报道。海南省农业部门对此问题高度重视，在对自身监管不到位进行道歉的同时，对问题豇豆追根溯源，及时通报处置情况，与媒体形成良性互动。由于应对及时透明，豇豆的价格和销量未受到明显影响。

鸡肉食用安全方面，1月中旬，河南大用集团“加工销售病死鸡，且大多用于知名快餐企业”的消息被中国网曝出后迅速扩散。1月下旬，河南公布调查结果称，大用集团加工病死鸡传闻不实，但对病死鸡的无害化处理过程中，尚存在不规范的地方需要整改。此外，人造鱼翅、石家庄注水牛肉、郑州假兽药被央视曝光后也受到关注。

话题 2

农民工讨薪是关注热点
调查显示64%的农民工认为社会不公平

1月，农民工讨薪话题是关注热点。相关部门和各地政府为解决农民工工资支付问题展开的一系列工作被媒体大量报道。人民网报道，人力资源和社会保障部（以下简称“人社部”）、发改委等12个部门联合召开视频会议，对10人以上的集体劳动报酬争议，要当天立案并加快结案，其中人均涉案金额1 000元以上的案件，由仲裁委员会主任挂牌督办。新华网消息称，人社部等六部门派出联合督察组赴有关省市督促检查当地开展的农民工工资支付工作情况。此外，多地农民工穿戏服、跳“江南 Style”、雪中下跪等无奈的讨薪方式经媒体报道后也引发广泛关注。《人民日报》文章说，尽管农民工欠薪专项检查正在全国展开，但农民工另类讨薪仍在不断上演。虽然我国已将拒不支付劳动报酬纳入刑罚的范畴，但从立法本身和司法实践看尚存在有待完善之处，还需尽快出台司法解释并简化诉讼程序。另外，欠薪问题，不单纯是法律问题，也是社会管理的问题，事先建立行之有效的欠薪预防机制，比事后追究欠薪者的刑事责任更管用。

1月初，中国社会科学院发布的《社会心态蓝皮书》显示，64%的农民工认为社会不公平。有媒体认为，农民工的“社会不公平感”反映了社会阶层固化、公平正义不完全覆盖等问题，这是经济社会发展不得不正视的难题。还有媒体指出，农民工的“社会不公平感”说明，如今的城镇化进程中还有许多涉及公平的问题亟待解决，应从制度层面加快完善社会保障体系，积极解决好农民工就业、子女教育、养老、医疗、住房等民生问题，加快推进基本公共服务均等化。

话题 3

媒体聚焦“新西兰奶粉被检出双氰胺”

1月25日，人民网、新浪网等网络媒体援引《华尔街日报》、《新西兰先驱报》等国外媒体消息，称新西兰恒天然集团的乳制品样本在去年9月的检测中发现了硝化抑制剂“双氰胺”残留。新华社采访新西兰第一产业部官员，该人士证实“新西兰出产的小部分牛奶和奶粉中检测出双氰胺化学残留物但含量很少，因为只有约5％的新西兰牧场使用含有双氰胺的化肥培育草场，且每年只使用2～3次”。事件曝出当日，网络媒体以《新西兰牛奶检出双氰胺　可能波及全球六成乳品商》、《新西兰牛奶含有毒物　中国进口奶粉8成来自该国》等为题转发相关报道。

事件发生后，我国有关部门采取的处置措施受到关注。“质检海关正约谈进口商”、“卫生部已采样检测新西兰乳品”等消息被网络媒体频繁转发。新西兰有关方面的回应及其他国家对此事的态度也是媒体报道的热点。新华网消息称，新西兰驻华大使馆就双氰胺残留一事召开新闻发布会，进一步确认新西兰奶制品是安全的。中国经济网报道，美国、日本、印度及东南亚等国政府均没有表态，也没有产品下架的任何报道。此外，也有媒体报道，雅培、惠氏等知名洋品牌纷纷发声与此事撇清关系。

舆论认为新西兰奶粉双氰胺事件仍难撼动国内民众“奶粉崇洋”的现状，洋奶粉销售仍“量价齐升”未受影响，建议国内乳品企业和有关部门从该事件中汲取经验，借鉴新西兰在乳品质量监管、危机事件处置等方面的有益做法。网民对此事件未现过度焦虑情绪。2.4万网民参与新浪网发起的“你认为新西兰奶粉是否安全?”的网络调查，26％的网民认为“不安全”。网民认为，新西兰用于牧草处理的双氰胺残留与三鹿奶粉事件中的三聚氰胺添加有本质上的区别，但洋奶粉也并非想象中的那么完美，对洋品牌的态度应回归理性。

话题 4

江西省安义县种粮大户给农民发巨额年终奖
舆论热议粮食安全

1月上旬，《江西日报》题为《安义一种粮大户奖给农民140万元》的报道引发强烈反响。报道介绍，江西省安义县种粮大户成立农业公司承包稻田1.5万亩，聘请100多名农民管理，按月发工资年底发绩效奖，公司对农民培训和考核，越会种粮，职位越高，挣钱越多，仅“种粮状元”一人便获得了16.3万元的年终奖。媒体在跟进报道中指出，农民职业化、粮食生产规模化是农业发展的必由之路，建议加大力度扶持种粮企业，实现国家、企业、农民三赢。网民对此消息也高度关注，猫扑论坛网帖转载相关报道后，获得42万余次的点击量。网民为农民种粮种出“职业范儿”喝彩，认为这样的奖励才对得起农民。

1月中下旬以来，“我国大豆进口创新高”、“2012年我国进口大米同比增3.1倍”等消息受到广泛关注，有舆论由此抛出“粮食进口‘威胁论’”等论断。对此，《人民日报》21日发文《中国粮食进口“威胁论”太夸张》予以回应。文中援引农业部、商务部、国务院发展研究中心等相关部门专家言论称，进口激增并未动摇我国的粮食安全，但保障粮食安全始终是我国长期的艰巨的政策目标，需要高度重视。月末，“我国粮食自给率跌破90%”的消息在互联网上大量出现，《人民日报》再次发文《专家称因大豆纳入统计致粮食安全问题被夸大》予以回应。此外，媒体人邱林的博客文章《中国粮食“九连增”的水分有多少?》受到网民关注。文章认为，国内粮食产量的数据来源于“样本极小的统计抽样”，误差很大。呼吁真正地提高粮食产量，确保中国的粮食安全。此外，1月中旬，网民在微博上发起“光盘行动”，倡导节约粮食，得到广大网民的热烈响应。

话题5

城镇化中的农村土地问题受关注
报告称网络维权超三成涉强征强拆

《经济参考报》消息称，发改委等十多个部委日前已共同编制完成《全国促进城镇化健康发展规划（2011—2020年）》。作为城镇化发展的总体纲要，《规划》将探索实行“人地挂钩”的政策，即城乡之间城镇建设用地的增加规模与吸纳农村人口进城定居的规模相挂钩，地区之间城镇建设用地增加规模与吸纳外来人口定居的规模相挂钩。舆论认为，“人地挂钩”新政将扭转一些地方在土地规划中存在的片面强调“地”而忽略“人”的问题，对“人的城镇化”的强调是造福百姓和富裕农民的政策保障。此外，1月中旬，深圳市政府在新闻发布会上称“深圳原农村集体经济组织继受单位合法工业用地可申请进入市场流通”，媒体将此解读为“深圳农村集体土地开放入市”，引发广泛关注。对此，深圳市政府予以回应澄清。据《人民日报》介绍，深圳市规划和国土资源委员会表示，“深圳农村集体土地开放入市”说法并不准确。深圳2004年前后就实现了城市化，土地实现了国有化。此次政策创新，主要是针对农村城市化过程中存在“部分土地权益有争议，政府拿不回，集体用不了”的历史遗留问题，以及部分深圳原农村集体经济组织继受单位将土地用于低端厂房建设、廉价出租的现状，以期盘活土地资源，为深圳转型升级腾出更大空间。

农村征地方面，河南省项城市、河北省磁县等地为了征地而强毁麦田等消息被媒体曝光后广受关注。中国社会科学院发布研究报告称，对 2012 年前三季度天涯社区维权舆情事件进行量化分析发现，强征强拆网络维权事件占全部网络维权事件的 30.09%。报告建议，关注征地拆迁事件的新动向，保证信息公开、坦诚沟通，依法合理解决问题；慎用警力，多用对话、协调的形式处置维权事件。

话题 6

持续低温致菜价连续上涨
政府部门多举措应对

1 月初，多地蔬菜价格上涨现象受到关注。"国内蔬菜价格连续 10 周上涨"、"中国多地菜价遇寒翻番"、"一元菜几乎绝迹市场"等消息被媒体大量报道。8 日，《人民日报》发文《谁动了我的"一元菜"》说，持续低温和成本增加拉动了价格，菜价上涨符合常年规律。文章还指出，我国蔬菜水果流通领域存在"供应链条长、流通环节多"的问题，每增加一个环节成本增加 5%～10%。同时，有关部门控制菜价过快上涨的相关措施被媒体积极传播。1 月中旬，中国广播网消息称，受持续低温影响，蔬菜价格连续上涨，发改委、商务部、农业部等部门出台措施降低流通成本，增加蔬菜供应，确保市场稳定；南方多个地市随着近期天气好转，气温回升，蔬菜市场价格已经稳中有降。

此外，国务院印发的《降低流通费用提高流通效率综合工作方案》也受到关注。该方案确定 10 项措施降低流通费用，其中针对降低农产品流通环节的措施占了相当大的分量。舆论认为，由于农产品加工、运输仓储和流通环节受农村物流体系相对薄弱等因素影响，农产品流通环节物流成本一直居高不下，物流成本在农产品价格成本结构中占相当大的比例，此次针对流通环节的"减负"，农产品将最为受益。

话题 7

农村饮水安全问题受关注
环境综合治理被重视

1 月，山西、河北等地农村水源污染问题被媒体曝出后成为热点新闻，引发舆论关注农村饮水安全。1 月上旬，山西苯胺泄漏事故受到聚焦。央视等媒体报道了苯胺泄漏污染浊漳河，严重影响岳城村村民饮水安全，当地养殖的百万斤活鱼也无人敢买。媒体呼吁当地政府部门尽快出台应对措施，及时发布水质检测报告，保障村民饮水安全。同时，中国新闻网报道了河北省沙河市白塔镇多处村庄水源遭矿山废水污染，当地千余村民多年饮用超标水。报道发出后引起沙河市政府的重视，当地有关部门表示将建立水站，保证当地村民在 10 月份喝上达标水。1 月下旬，水利部网站消息称，过去 5 年，全国解决了 3.05 亿农村人口饮水安全问题。消息被网络媒体大量转载，网民呼吁有关部门继续加大农村饮水安全的保障力度，并希望各地政府部门在农村饮水工程的实地建设中数量与质量齐抓，把工作的着力点放在农村饮水安全的长远实效上，并制定合理的收费标准避免增加农民负担。

农村环境治理方面，新华网援引环保部相关统计数据称，截至 2012 年年底，中国共有 23 个省（自治区、直辖市）纳入连片整治示范范围，中央财政累计投入 135 亿元，2.6 万个村庄、5 700 多万农村人口受益。文章说，在政策和资金的激励下，农民积极参与到环境整治中来，一些创新的做法得到了推广，农村地区“脏乱差”逐步得到遏制。与此同时，一些城镇处理污水垃圾的场所和设备已经开始运转，垃圾围城围村的状况正在得到改善。

话题 8

“河南光山小学生溺亡”折射农村留守之痛
“20 种大病纳入农村医保”引热议

1 月 7 日，河南省光山县 4 名留守儿童在上学途中走小路至河沟玩耍不幸溺水死亡。媒体对此高度关注，发表大量跟进报道和评论文章。有媒体联系 2012 年 12 月 14 日光山县发生的 20 余名留守小学生被砍伤事件，称“仅仅过去 24 天后，光山再次发生的小学生溺亡事件，折射了农村留守之痛”。《人民日报》文章说，留守儿童安全问题，不仅是光山之痛，更是长期以来形成的城乡二元分割之痛。农民工靠辛勤劳动支撑起全家的希望，他们在颠沛流离中常常梦想着回家享受天伦之乐，但中西部相对落后的经济无力满足这么多农民回乡就业所需，目前的诸多限制也无法让农民工跟家人一起融入城市。光山之痛也折射了农村教育之痛，教育经费占 GDP4%的目标已经基本实现，但农村教育又真正享受了多少？农村孩子的安全设施投入又能占到几何？

1 月中旬，卫生部消息称，2013 年，我国农村医疗保障重点将向大病转移，肺癌、胃癌等 20 种疾病全部纳入大病保障范畴，大病患者住院费用实际报销比例不低于 70%，最高可达到 90%。对此，新华网、《新京报》等媒体以“中国投巨资力治农民因大病致贫返贫顽症”、“20 种疾病纳入农村大病保障”等为题发表大量报道，舆论也对此展开热议。有舆论表示该项举措“非常给力，非常震撼”，“是堪称前无古人的好消息”，让亿万农民兄弟也像城市职工、居民一样，大病有所医，其历史及现实意义怎样评价都不过分。也有舆论认为，农村大病医保本身是一件大好事，但还面临着资金短缺等难题，要将好事做实，不是一纸规定就能做到，必须对可能遇到的困难有足够的认识，并拿出破解的勇气，保障农村大病医保制度不反复、不后退。

热帖解读

天涯论坛:《一个农民逃离广东八年——我在阳朔农村的种地致富纪实》

1月18日，署名“七仙峰”的网民在天涯论坛发帖《一个农民逃离广东八年——我在阳朔农村的种地致富纪实》。讲述自己在广东打工一年后返回家乡阳朔承包荒山创业的8年历程，记录了种植金橘的酸甜苦辣，上传了30张图片与网民分享生活和事业近况，希望借此能给处于迷茫状态的年轻人一些启发。在网帖发布后的10天时间里，“七仙峰”跟网民持续互动，回答跟帖提问、补充网帖内容。截至2月末，该帖点击量达22万余次，网民回复1 200多条。

网帖作者描述了创业初期借债筹款、开垦荒山、培育果苗、铺设水电的种种艰辛，鼓励网民“面对困境，不要怨天尤人，要靠自己的双手创造财富”。网帖介绍了金橘种植技术，并详细总结了金橘的营销思路。如：错峰上市，掌握价格主动权；成立专业合作社稳定价格和销路；注册商标树立品牌，成立专门的金橘推广队伍；对不同等级的金橘分别包装，开发金橘礼盒等。同时，网帖还肯定了当地政府在带动农民创业致富方面的重要作用：支持返乡农民工创业的50万无息贷款解决了燃眉之急，组织金橘种植培训、推广先进种植技术，大力宣传拓宽金橘销售渠道等。回顾过往，网帖说，“我身后的这片土地，已从当年光秃秃的山顶换成了漫山遍野的金橘树，这些农作物每年给我带来上百万的收入。这片土地，是我的归属也是我的家。”

网帖发布后反响热烈。有网民称赞帖文传达积极的正能量，钦佩发帖人脚踏实地、健康向上的生活方式。有网民跟帖提问咨询，希望能从中获取更多有益经验运用到自身的创业进程中。还有网民认为，农民工返乡从事最务实的实体经济致富，对农业和农村发展的贡献显著，希望政府部门加大对农民创业的支持，让越来越多的农民实现共同富裕、持续富裕。也有网民质疑网帖有为果园做广告之嫌，认为如此大规模的种植需要投入的成本也是巨大的，建议大家不要盲目模仿，但这样的创业精神是值得提倡的。

二、2月“三农”网络舆情概览

2月网络媒体日均新闻量与上月相比有所下降。1日，媒体聚焦中央一号文件，新闻舆情热度攀至顶点。4日，农民工讨薪、假冒牛羊肉案件等热点新闻叠加，新闻量大幅上涨。21日，“河南周口一夜恢复百万座坟墓”引发广泛讨论，新闻舆情走势再次上扬。2月末，“湖南万吨镉超标大米流入广东”被曝出后迅速受到关注，新闻报道量大幅反弹。微博舆情走势平稳波动。月初，网民继续在微博中转发1月末央视曝光的“注水牛肉”等食品安全问题，中央一号文件经媒体官方微博报道后也受到广泛关注，1日微博话题量即攀至顶峰。2月中旬，媒体报道“贵州出现人感染禽流感死亡病例”，使得14～16日微博话题量有所上涨。2月末，“镉大米”的相关报道引发网民广泛转发。

2月网络媒体“三农”新闻舆情走势图

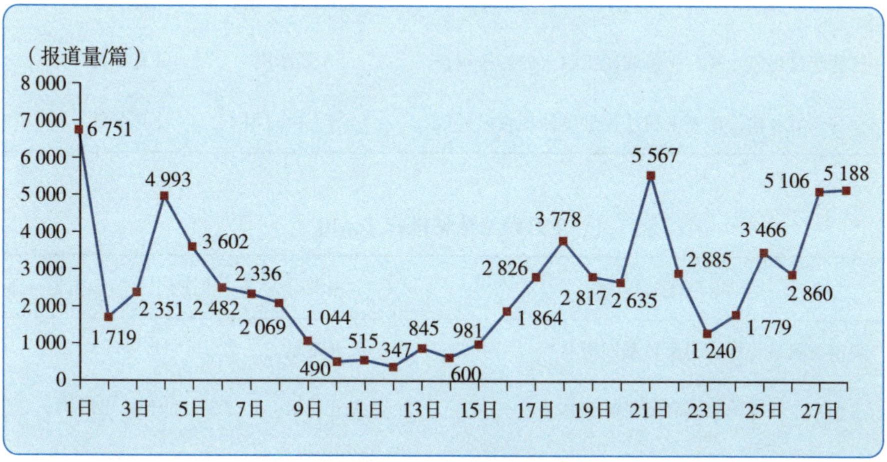

2月微博“三农”舆情走势图

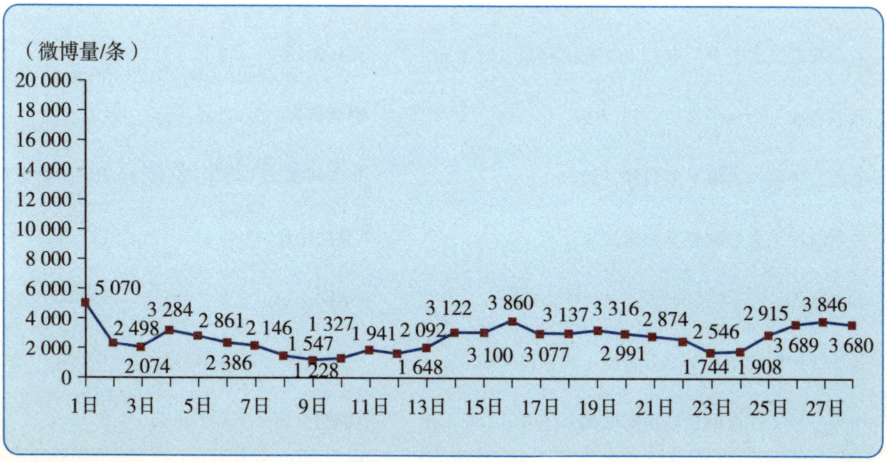

2 月热点新闻排行 Top10

排名	标　　题	来源	时间	转载量
1	河南周口一夜恢复百万座坟墓　乡镇称等上面政策	《钱江晚报》	2 月 20 日	415
2	追回 1 000 元得办 9 种证　农民工讨薪遭遇"弹簧门"	新华网	2 月 4 日	390
3	添加剂＋鸭肉边角料假冒"牛羊肉"	《新京报》	2 月 4 日	325
4	创新农业经营体制　增强农村发展活力	《人民日报》	2 月 1 日	317
5	中央一号文件分解任务到位各部委落实 80 项措施	人民网	2 月 17 日	302
6	国务院专家：农村土地确权将推动更好流转	央视网	2 月 1 日	292
7	中国将用 5 年时间完成农村土地承包确权颁证工作	中国新闻网	2 月 1 日	273
8	光明辟谣奶农食保鲜剂死亡	《京华时报》	2 月 5 日	273
9	这些年过得怎么样？一份农民工收入的影像调查	新华网	2 月 4 日	243
10	住房和城乡建设部要求村庄规划要体现农民关切	《人民日报》	2 月 7 日	189

2 月网络热帖排行 Top10

排名	标　　题	来源	时间	点击量	回帖量
1	英国著名科普作家为反转基因道歉！	天涯论坛	2 月 4 日	535 205	1 707
2	一个山东外地媳妇的春节见闻和体会	天涯论坛	2 月 14 日	285 319	5 420
3	我穷人家的孩子，看看我现在的老家，如此落后，不是说要想富先修路吗？	天涯论坛	2 月 5 日	281 613	1 042
4	救救我们这些苦难的农民工之苍天有眼（讨薪）	天涯论坛	2 月 5 日	208 760	1 139
5	我差点成了山东平度版"钱云会"	财新博客	2 月 1 日	191 339	501
6	河南"平坟"之事不能只像一场戏	新浪博客	2 月 20 日	166 834	650
7	一对农民工夫妇的春节归家之旅	凤凰网论坛	2 月 5 日	147 267	10
8	警方破获特大造毒羊肉卷案　强致癌物超标 2 千多倍	中华网论坛	2 月 4 日	139 679	342
9	违法征地拆迁，富了地方金库，埋下巨大隐患	凯迪社区	2 月 8 日	130 239	89
10	中央一号文件首提发展家庭农场　已有 6 600 多个	中华网论坛	2 月 15 日	91 461	346

2 月网络媒体热点话题

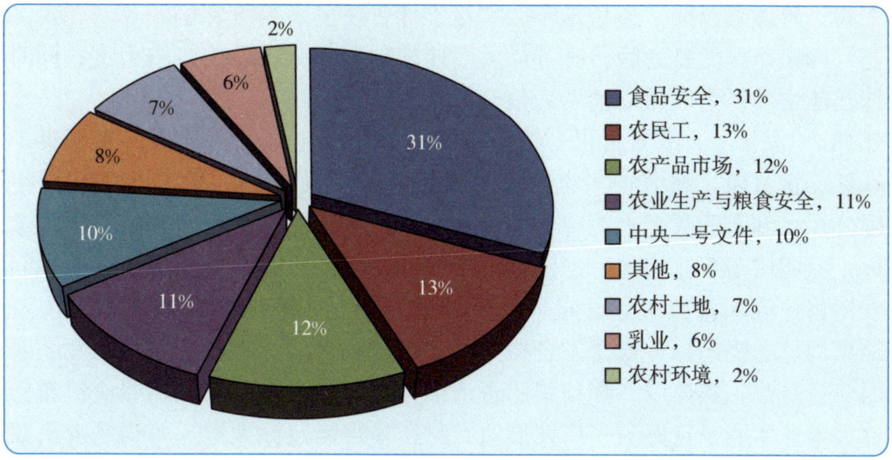

2 月网民热点话题

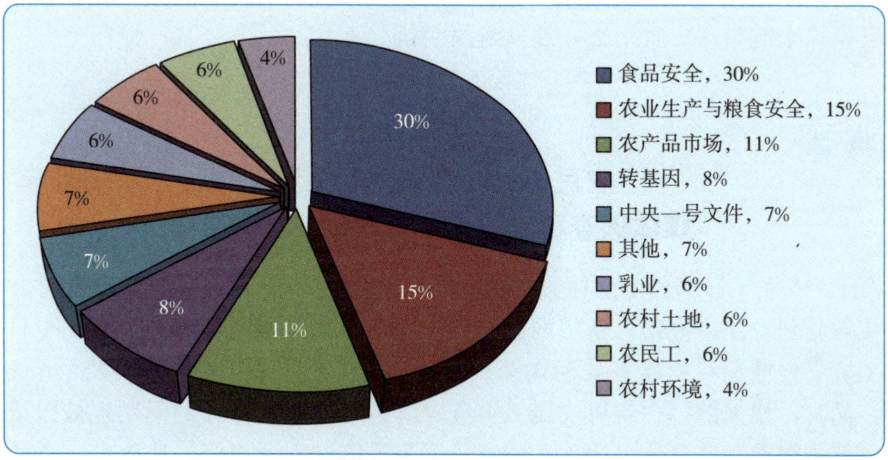

话题 1

公安部公布十起打击食品安全犯罪典型案例
媒体爆料“湖南万吨镉超标大米流向广东餐桌”

2 月初，公安部公布十起打击食品安全犯罪典型案例，成为媒体报道热点。其中的“辽宁升泰肉制品加工厂特大制售有毒有害羊肉卷案”受到重点关注。《新京报》、《京华时报》等媒体分别以《添加剂＋鸭肉边角料　假冒“牛羊肉”》、《鸭肉加添加剂、羊油泡成毒羊肉》为题发表报道，数百家网络媒体转载。17 日，央视《每周质量报告》播出“假羊肉真相”，详解辽宁假羊肉案侦破过程，再次受到高度关注。同时，公安部部署开展的打击食品犯罪专项行动也被媒体大量报道。新华网 3 日消息称，自 1 月 25 日公安部部署全国公安机关开展为期一年的“打击食品犯罪、保卫餐桌安全”专项行动以来，已破案 120 余起，抓获违法犯罪嫌疑人 350 余名。下旬，媒体曝出的“染色瓜子”、“色素拌香精包出黑芝麻馅”等问题食品也受到关注。网民痛斥无良商贩，呼吁加大对违法制售问题食品的打击力度，同时希望监管部门能主动作为，树立消费者信心。

此外，2 月末，《南方日报》报道《湖南万吨镉超标大米流向广东餐桌》引发舆论哗然。报道说，湖南省多家国家粮库相关人士投诉称，2009 年深圳市粮食集团有限公司在湖南购买了上万吨食用大米，该批大米被深圳质监部门检出重金属含量超标，只能用于工业用途。但随着大米市场价格的上升，深粮集团将这批问题大米向外销售，流入口粮市场。报道还说，记者在广州市场随机抽取多批次湖南大米，结果均显示镉超标，属于不合格产品。消息发出后，涉事公司和有关政府部门做出回应。对此，媒体以《深粮集团否认销售镉超标大米》、《深圳回应镉超标大米事件称大米总体质量良好》、《广州质监：封存涉嫌镉超标大米》等为题发出跟进报道。但网民对此事的关注并未平息，广东民众大米的食用安全、粮库检验制度漏洞、湖南大米镉污染等问题受到热议。舆论认为，对于镉大米问题，应该沿着从田头到餐桌这个链条逐一查下去，逐一解决问题。

话题 2

农民工讨薪继续受到关注
媒体调查称农民工群体出现三大转变

2 月，农民工讨薪仍是媒体报道热点。有关部门在保障农民工工资支付方面的工作成效受到关注。上旬，新华网援引人社部消息称，截至 2013 年 1 月 31 日，农民工工资支付情况专项检查共为 167.81 万农民工补发被拖欠工资及赔偿金 87.51 亿元。同时，相关部门在解决农民工工资“清欠”工作中存在的问题也被报道。新华社《新华视点》消息称，沈阳一位农民工为了追讨千元工资，要奔走三个部门提供 9 种证明。南方电视台报道，惠州农民工向企业追要欠薪 11 万，对方竟然支付 110 万张 1 毛钱，农民工在数钱过程中还被殴打重伤，而以上景象是在当地主管部门工作人员在场的情况下发生的。此外，农民工扮“愤怒的小鸟”讨薪等另类讨薪方式被媒体图文曝出后影响广泛，网民还曝出广深沿江高速公路因拖欠民工工资引发的群体性事件。《光明日报》文章指出，近年来，尽管农民工维权环境得到一定改善，但欠薪远未得到根治。强化监管责任，检讨和改革农民工乃至全体劳动者维权制度，对恶意欠薪行为切实做到执法必严、违法必究，使法律起到应有的惩治作用，让企业不敢欠薪，让讨薪不再艰难，是我们体味“讨薪秀”辛酸后应有的作为。

此外，农民工就业情况也被关注。2 月下旬，人民网援引国家统计局有关数据称，2012 年全国农民工总量为 26 261 万人，比上年增长 3.9%。其中，外出农民工 16 336 万人，增长 3.0%；本地农民工 9 925 万人，增长 5.4%。新华社《新华视点》对湖北、云南、四川等地调查后发文《农民工三大转变 致今年“用工荒”》说，目前我国农民工群体正在出现三大转变：主体从“农民工”到“民技工”，诉求从“吃饱饭”到“要体检”，发展从“讨工资”到“要身份”；地方政府和企业如果不应对这些新变化，忽视农民工权益维护与自我价值实现的需求，将有可能遭遇农民工“用脚投票”。

话题 3

春节前农产品价格涨势趋缓
媒体微博邀请网民“帮菜农问菜价”

2月初，蔬菜价格连长13周后出现回落，“节前农产品价格涨势趋缓”的消息被转发百余次。25日，新华网消息称，2月10日以来，蔬菜全国日平均价格持续15天下降，但目前全国蔬菜价格整体仍高于去年同期。《经济参考报》援引有关专家言论称，从历史数据看，每年1、2月份食品价格的波动都比较大，带有明显的季节性。随着各项政策措施的落实，以及节日因素的消除和天气状况的好转，食品特别是鲜活农产品价格的上涨势头将会趋于平稳。

2月下旬，海南省辣椒等冬季瓜菜收购价格大幅下跌出现卖难现象被媒体大量报道。新华社《中国网事》微博邀请网民“帮菜农问菜价”，当日万余网民提供了各地菜价信息近千条，记者以海南瓜菜田间收购价格作为基数，绘制“全国菜价倍增图”，网民反映的不同地区5～20倍的菜价倍增在网上引起极大反响，农产品“卖难买贵”现象受到热议。新华网指出，蔬菜“卖难”主要是由于瓜菜种植面积扩大及产销对接不完善，海南与广东、广西等地瓜菜品种及上市时间冲突等原因；运输成本及流通环节成本上升、摊位费上涨等则成为“买贵”的主要因素。网民纷纷支招，建议产销对接、减少中间环节、鼓励发展农民网商。此外，国内首个网上农产品批发市场上海五鑫农产品交易网上线，也引起媒体关注。解放网介绍，在蔬菜流通环节中，平均每个环节要加价20%，成为城市菜价高企、菜农却获利不多的关键原因，而通过网上批发市场，从产地收购商、寿光中间商到销地的一级批发市场的环节都可以省去，最终使得蔬菜售价可以比传统模式下的市场价便宜两三成。

话题 4

春耕备耕情况被积极报道
“未来谁种地”引关注

2月份，春耕备耕情况是媒体报道热点。月初，农业部下发通知，要求各地采取有力措施，扎实推进春季田管和春耕备耕顺利开展。对此，人民网等媒体以《农业部：及早部署春季田管和春耕备耕工作》等为题进行报道。发改委为解决局部地区春耕用肥供应压力发布的相关工作通知也受到广泛关注。同时，“辽宁下拨5亿余元备耕"、"湖北春耕备种充足价格稳定"、"广西 15 万亩超级稻提前春播"等各地春耕备耕情况也被积极报道。此外，《经济参考报》对黑龙江多地农资商店走访调查后发文称，当地种子、化肥、农药价格都涨了 10%左右，一些农民感到了压力；农资价格明显上涨，但是种子销售量却赶不上去年，主要原因是一些农民的粮食没卖完，手里钱不充裕，大雪天气也让进城的路难走不少，不少农民宁可多花点钱就近在乡镇里的种子销售店买农资。《中国青年报》还报道了湖北省监利县多个村庄农民遭遇乱收费、强行摊派集资、粮食补贴"被绑架"等问题。文章说，当前造成农民负担的体制性弊端并未真正消除，要杜绝惠民资金由少数人关门操弄的现象，否则农民负担随时有可能反弹。

粮食安全方面，新华网文章说，2012 年是中国粮食的连续第九个丰收年，然而在城镇化进程不断加快，大量农村青壮年劳动力转移到非农业领域，粮食消费量不断增加的背景下，"谁来种地"成为中国保障未来粮食安全重大问题。《人民日报》指出，消除农村空心化，应从优化土地利用规划入手，提高农村建设土地利用效率；从扩大经营规模和培养新型农民入手，改善农业发展环境；从开发农业新功能和发展农村旅游入手，传承和弘扬乡土文化。此外，粮食浪费现象也受到关注。中国广播网援引国家粮食局有关人士言论称，我国粮食产后仅储藏、运输、加工等环节损失浪费总量就达到了 350 亿千克以上，请客吃饭讲排场比阔气等不良的消费方式造成的餐桌浪费更是触目惊心，我国每年粮食损失浪费量大约相当于 2 亿亩耕地的产量，比第一产粮大省黑龙江省一年的产量还要多。

话题 5

中央一号文件连续第十年聚焦"三农"
媒体关注农村扶贫

1 月末，2013 年中央一号文件发布，中央一号文件连续第十年聚焦"三农"，文件以 14 个字概括了今年农业农村工作的目标："保供增收惠民生、改革创新添活力"。新华社、《人民日报》等权威媒体纷纷发文对中央一号文件进行解读，认为文件不断加大强农富农的政策力度，让务农种粮有效益、不吃亏、得实惠。媒体对中央一号文件中提出的"家庭农场"、"工商企业租赁农地"、"完善征地补偿办法"等提法关注度高。媒体认为，家庭农场有望缓解农业生产中存在的农民老龄化、兼业化等问题；建议对工商入农实施严格的准入和监管制度，防止流转农田"非粮化"、"非农化"。

2 月下旬，《新京报》在农村扶贫方面发出的三篇报道受到热议。报道介绍，2010 年，河北省滦平县偏桥村在温家宝总理到访后获得帮扶项目 86 个，帮扶资金总计约 1 亿元，超周边 67 个村总和，但 2 年后很多扶贫项目"黄"了；2013 年年初，河北省阜平县在习近平总书记探访后获得 3 亿元扶贫款，超阜平过去 20 年总和，以前失败的养羊、种树产业仍被作为此次脱贫的主要思路；2013 年年初，在成为“小康县”16年后，山西省大同县成为“国家扶贫开发重点县”，获此称号后该县已得到千万元资金扶持。人民网指出，小康县主动返贫现象凸显输血式扶贫政策的弊端。《南方农村报》将中央领导视察之后即获巨额扶贫款的现象称为“暴饮暴食式扶贫”，认为这种扶贫既是对扶贫总体投入相对不足状况的强烈反衬，也是某些地方的扶贫思路被政绩观念和官场陋习严重扭曲的真实写照。

话题 6

质检总局发布洋奶粉监管新规
舆论热议“奶粉限购令”

2月份，洋奶粉质量安全受到关注。质检总局公布多款从新西兰、荷兰等国进口的婴幼儿奶粉质量不合格，再次引舆论呼吁不要盲目崇洋，并建议加强对进口奶粉的质量监管。同时，媒体援引质检总局发布的消息称，今年5月1日起将实施新版《进出口乳品检验检疫监督管理办法》，增加了进口乳制品检验检疫项目和环节，提高了进口乳品入关“门槛”，进口奶粉将有源可追。舆论认为，新规实施后，知名品牌洋奶粉将会进一步增强话语权，但流通环节的成本增加或成为洋奶粉涨价的借口。此外，新西兰奶粉双氰胺事件仍是报道热点。下旬，《广州日报》消息称，据新西兰初级产业部发布的全面检测结果显示，2012年11月中旬后从新西兰牧场采集的牛奶不含任何双氰胺，而此前所有检出的含量远远低于欧盟的双氰胺日摄入量。中国经济网在题为《后新西兰奶粉事件面面观》的文章中说，近年来国内食品安全时时触碰着我们敏感的神经，从民众到媒体，每次是谈“食”色变，所以才造成了一个在新西兰波澜不惊的事情，在国内却演变成一个天大的新闻。究其原因，一方面是我们对自己所处环境的一个自我保护，另一方面是我们发自内心的躁动。

香港、澳门出现“奶粉荒”的消息也被媒体不断报道。媒体称香港拟出台措施限定大陆游客在港最多购买两桶奶粉。对此，《人民日报》联系之前曝出的德国、澳大利亚等国限制中国人采购奶粉的消息，发文《奶粉限购该让谁脸红?》说，中国人之所以喜欢到海外购买婴儿奶粉，是对国内奶业的失望。此外，2月初，光明乳业使用烧碱保鲜牛奶的消息也引发了舆情震荡。消息源起网民发布的“光明奶农误食‘保鲜剂’身亡”的微博内容，在传播过程中还出现了“乳品行业使用烧碱保鲜潜规则”的传言。对此，光明乳业和当地政府紧急辟谣，澄清当事人系误喝清洗奶罐的火碱水身亡，随后舆情逐渐平息。

话题 7

网民聚焦农村水污染
“城镇化被简化成拆迁征地”引热议

农村水污染被网民高度聚焦。春节前，有环保网站在微博上发起“随手拍河流污染"活动，大量反映农村污染问题的图片在春节期间被网民传至微博。2 月中旬，山东潍坊排污企业将污水通过高压水井压到地下的消息经微博曝出，公益人士发起"水污染独立调查"，网民积极响应。山东省淄博市、山东省茌平县、河北省蠡县等地农村"企业污水直排地下"问题被微博曝光后，媒体跟进报道。网民痛陈回乡见闻：家乡的水已变质，亲朋和邻里多人得了癌症，一些地方政府漠视企业违法排污。一份由公益人士制作的"中国癌症村地图"在互联网上被大量转发。《法制日报》文章《环保部门不应让网民行动"曲高和寡"》说，公民环保行动最终要在现实中产生效果，必然要通过行政管理部门的行政行为来实现；环境行政部门要解决在监管农村污染问题时的人力、财力等方面困境，避免工作人员与污染企业利益勾结，也恰好能够借助网民之力。环境部门应积极对网民随手拍下的污染照片进行回应，并建立起行政、社会力量联动机制，农村环境污染问题解决起来会轻松很多。

农村征地方面，江西丰城 500 亩耕地被强征，广东省陆丰市因征地纠纷出现村民打砸事件等消息经媒体曝出后成为热点新闻。财新网记者在博客中讲述其家乡山东平度因农村房屋拆迁问题气氛紧张，自己在回乡期间被暴力袭击，博文《我差点成了山东平度版"钱云会"》点击量达 19 万次。同时，部分地区的城镇化被简化成拆迁征地现象也受到关注。《新京报》报道了湖北省房县在城镇化过程中出现的征地拆迁纠纷，政府征地低价买、高价卖，失地农民担忧未来无保障等问题。《经济参考报》指出，新型的城镇化路线绝不等同于盖楼房和买断农民经营的田地和房子搞圈地运动，在保护好农民利益的同时协调好各方利益，抑制地方和房企以城镇化为名进行新一轮的房产投资热潮，并且要从深层次上厘清城镇化和楼市经济的关系。网民表示，城镇化一定要逐步推进，切忌急功近利，一哄而起，防止某些部门某些地区拉大旗作虎皮，将城镇化变味成圈地运动和大搞房地产。此外，2012 年备受舆论热议的河南周口"平坟复耕"事件出现新情况，引发 400 多家媒体的关注。据媒体报道说，因村民春节期间祭祖，周口一夜恢复百万座坟墓。人民日报 V 在新浪微博中发出"平坟复圆坟，滔滔民意岂可违"的短评。

热帖解读

天涯论坛：《英国著名科普作家为反转基因道歉！》

2 月 1 日，中国科技网以《"我为我以前反对转基因的行为道歉"——马克·林纳斯 1 月 3 日在牛津农业会议上的演讲》为题，全文刊载了英国著名科普作家、环保人士马克·林纳斯的相关演讲。文章在"编者按"中提到，马克·林纳斯作为反转基因运动标志性人物，在 1 月 3 日的牛津农业会议上为其一直以来妖魔化转基因的做法道歉。在意识到转基因作物安全性的同时，他也认为该技术可以帮助解决全球日益增长的人口粮食需求。他认为是自己回归了科学的证据与理性，才做出了这样的选择，反对转基因就是反对科学。

2 月 4 日，网民“烟云起”在天涯论坛发帖《英国著名科普作家为反转基因道歉!》，对中国科技网刊载的马克·林纳斯的演讲进行原文转发，受到广泛关注。截至 2 月末，该帖点击量达 53 万余次，网民评论 1 700 余条。有网民指出，看待转基因不能极端、片面化，马克·林纳斯的道歉验证了转基因是造福人类的科学技术，可以有效缓解全球粮食紧张局面。有网民表示，详细看完了马克·林纳斯的演讲才对转基因有了一定的认知，之前并不知道转基因技术有那么多的好处。有网民认为，转基因食品在成本、品质以及效益方面，对比非转基因食品都占有一定的优势，但消费者对转基因食品的认可是个渐进的过程，我国应加大对转基因食品的食用安全评价力度，保障民众的食品安全。有网民说，转基因技术从面世开始，就已经带上了深深的商业烙印，吃的健康安全是民众的基本需求，应充分尊重民众在转基因食品选择上的知情权，在完善转基因食品标识方面还有很多工作要做。也有网民质疑马克·林纳斯的转基因专业知识，认为“转基因粮食的次生代谢产物不搞清楚，以及改变这种次生代谢产物的摄入对人体长期影响不搞清楚，还是有风险的，不应过于乐观。一个科普作家不可能懂得那么深入”。还有网民对转基因表示坚决反对，认为“转基因可以杀死害虫，也会对人体有副作用。数亿年的物种演变是有他的道理，生物界所有生物形成生物链，组成生态平衡，如果打破了食物链的平衡，人类和其他生物必然遭殃”。

三、3 月"三农"网络舆情概览

3 月网络媒体日均新闻量与上月相比有所增加。3 月上中旬，两会"三农"话题、黄浦江死猪事件受到媒体的高度关注。7 日，媒体大量报道了两会代表就乳品质量安全、农民工、农业生产等方面的建言献策，致当日新闻量出现首个峰值。11 日，上海官方通报黄浦江漂浮死猪来自浙江嘉兴地区，引发新闻舆情走势攀至当月峰值。下旬，"黄浦江死猪组织样品未检出砷"、"嘉兴村民不知 80 元生猪死亡补贴"等黄浦江死猪事件的后续报道引发 20～25 日新闻舆情走势明显起伏。29 日，媒体对"河南中牟农民被碾死"的相关消息发表大量报道，当日新闻量迅猛上涨。微博舆情走势与媒体舆情走势整体一致。两会"三农"相关话题经媒体报道后引发网民的广泛关注。11～13 日，黄浦江死猪事件成为微博热议话题，使得这几日微博话题量居于高位。31 日，上海、安徽出现人感染 H7N9 禽流感病例的相关消息被网民高度关注，当日微博舆情热度直线升温，攀至顶点。

3 月网络媒体"三农"新闻舆情走势图

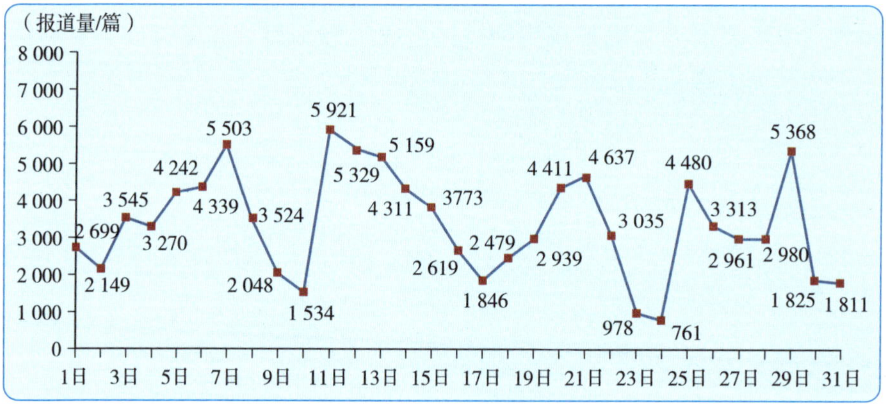

3 月微博"三农"舆情走势图

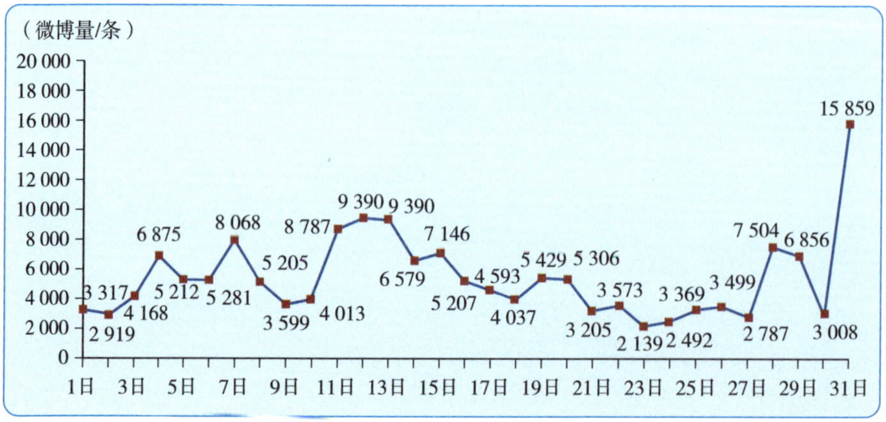

3 月热点新闻排行 Top10

排名	标 题	来源	时间	转载量
1	婴幼儿奶粉等食品将全国监测	《京华时报》	3月14日	354
2	质检总局副局长：国产乳品问题检出率小于进口乳品	新华网	3月6日	319
3	武汉厕所刷心寒标语：民工禁止入内违者罚二百	《武汉晨报》	3月26日	313
4	上海、安徽发生3例人感染H7N9禽流感确诊病例	央视网	3月31日	309
5	黄浦江漂浮死猪四大疑团解析	《京华时报》	3月20日	283
6	香港政府称最快一年后考虑撤销奶粉限购令	《人民日报》	3月18日	278
7	农业部副部长怒谈问题奶：赞同重罚让其永不翻身	中国广播网	3月17日	248
8	河南中牟农民阻挡开发商被碾死 司机被拘留	新华网	3月29日	248
9	造纸废水“浇”麦田收的麦子不敢吃	大河网	3月20日	243
10	质检总局副局长：国产奶粉标准有些比国外还高	人民网	3月6日	238

3 月网络热帖排行 Top10

排名	标 题	来源	时间	点击量	回帖量
1	据说这是死猪的真正原因，如果是真的，那可太恐怖了	猫扑论坛	3月17日	3779826	389
2	雅培奶粉致婴儿性早熟！太可怕了	猫扑论坛	3月15日	797 199	690
3	局长流泪是一种责任担当	新浪论坛	3月5日	547 361	11
4	中农办主任：没听说谁吃转基因农产品出过问题！	天涯论坛	3月8日	445 312	1 602
5	郑风田：吴仁宝如何缔造天下第一村?	新浪博客	3月19日	363 221	581
6	国产奶粉99%合格让人哑口无言	新浪博客	3月3日	340 639	1 263
7	云南3万亩梯田遭小龙虾入侵 人虾大战	中华网论坛	3月20日	223 275	151
8	海南鸡蛋为什么全国最贵?	凤凰博客	3月21日	210 338	97
9	死猪	新浪博客	3月15日	207 334	1 113
10	华西村已故村委书记吴仁宝的贫与富	凯迪社区	3月19日	176 877	327

3 月网络媒体热点话题

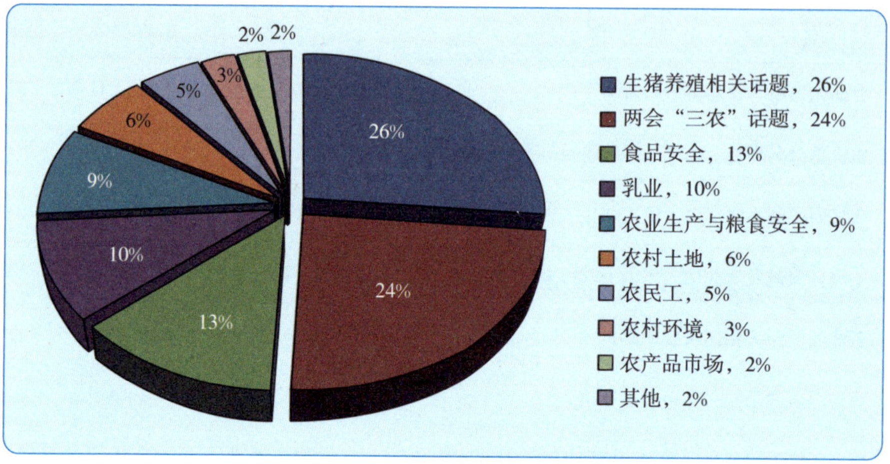

3 月网民热点话题

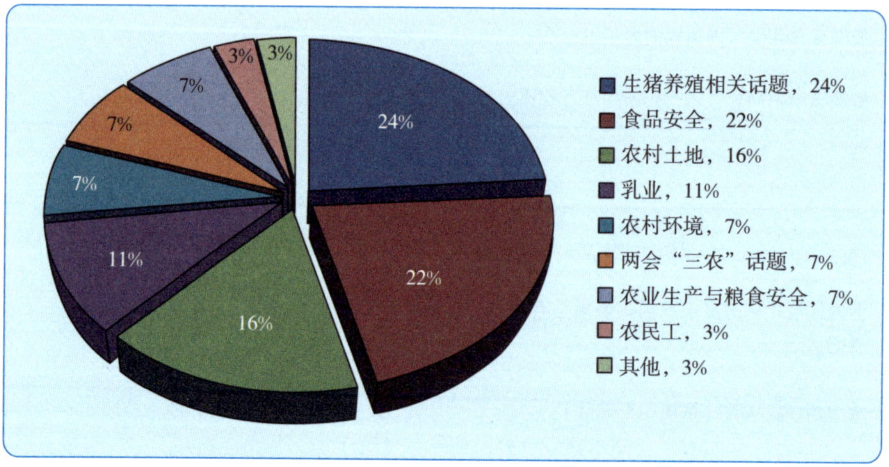

话题 1

生猪养殖话题成为关注热点 "黄浦江死猪"事件引发高热舆情

3 月份，生猪养殖话题成为媒体和网民共同关注的热点。养殖户向河道扔弃死猪问题受到重点聚焦。上海黄浦江上游、湖北宜昌、湖南株洲、广东江门、陕西咸阳、河南信阳及灵宝等地河流的"漂浮死猪"现象被媒体和网民图文曝出后舆论反响强烈。新华社《中国网事》综合媒体报道制作"'猪漂流'阶段性地图"，并指出"尽管其他地区尚未出现类似沪浙两地数量庞大的死猪漂浮现象，但死猪漂浮已不是一个小区域的问题"。

3 月上旬，黄浦江上游漂浮大量死猪的消息引发舆论的持续关注和热议，使得“黄浦江死猪”事件成为本月热点舆情事件。3 月 7 日晚间，网民“@少林寺的豬1986”在新浪微博中图文爆料黄浦江上游一级水源保护地出现多头死猪。8 日开始，新民网等媒体介入事件调查。上海市人民政府新闻办公室（以下简称“上海市新闻办”）、上海市农业委员会等部门也通过官方微博及时通报水质检测以及死猪打捞处理的最新情况，成为媒体对事件进展报道的主要信息源。随着官方通报的打捞死猪数量的不断上升，事件舆情热度快速升温。11 日，上海通报黄浦江死猪来自浙江嘉兴地区，使得舆论的关注点向浙江方面转移。12 日开始，媒体纷纷赶赴嘉兴生猪养殖集中乡镇，报道了当地存在的高密度养殖问题，并就当地是否存在疫情进行调查走访，以“多名养殖户否认有猪瘟”等为题发文。15 日，嘉兴市政府通报死猪事件的处置进展，媒体以《浙江嘉兴公布死猪死因　称并非一时爆发》等为题予以报道。同时，农业部派督导组赴浙江、上海展开工作等情况经央视报道后也被高度关注。随着上海通报的死猪打捞数量的逐日减少，黄浦江死猪事件的舆情走势趋稳。期间，媒体对嘉兴当地生猪死亡补贴不到位、病死猪流入市场等问题的报道受到广泛关注，“黄浦江死猪系饲料添加有机砷中毒”、“死猪与禽流感有关”等网络传言也引发舆情起伏，但事件舆情自下旬开始呈现整体回落态势，于 3 月末趋于平息。对此事件，媒体围绕农村污染、生猪养殖模式、水源监管等方面展开讨论。新华网评论说，黄浦江死猪事件是发达地区畜牧业污染长期积累后的一次爆发，敲响了养殖业等农村面源污染的警钟。《人民日报》官方微博指出，中国的生猪存栏量居世界之首，但技术及管理落后，应尽快完善法律法规，妥善处理好猪的后事。东方网认为，该起事件反映出了水源地监管的困境，建议对水源地保护立法。网民通过网络段子、漫画等形式，对部分养殖户乱抛死猪的不道德行为及有关部门的监管不力表达不满情绪。饮用水安全和病死猪流向问题是网民的热议话题，网民希望政府部门采取切实行动，保障民众的身体健康。

3 月，部分地区生猪养殖过程中违禁添加抗生素、重金属等问题经《南方周末》、《财经》等媒体报道后也受到广泛关注。据媒体介绍，中美两国科学家分别在北京、福建、浙江的三个大型养猪场检测到 149 种耐抗生素基因，养猪场还在饲料中超量添加铜、锌和有机砷制剂，使得生猪体内重金属超标。《财经》杂志指出，养殖业滥用抗生素和重金属带来的环境污染和食品安全风险不可小觑，亟需充分评估与应对。此外，生猪价格下跌现象也被报道。中国新闻网消息称，江苏、山东、安徽等地生猪养殖遭遇寒冬，生猪价格大幅下跌，不断上涨的养殖成本进一步造成亏损面的增加。新华网表示，由于生猪价格持续下跌，一些养殖户开始抛售母猪，建议政府部门及时出台政策，避免出现暴跌后暴涨的现象。

话题 2

媒体聚焦两会“三农”话题

“两会”期间，代表委员对食品安全特别是乳品质量安全、农民工等“三农”话题建言献策，媒体纷纷发文关注。香港自 3 月 1 日起实施“奶粉限购令”，引发舆论激烈讨论，也成为“两会”的热点。新华网消息称，因香港颁布“奶粉限带令”，“两会”上卫生部部长、国家工商总局局长遭遇记者“狂轰滥炸”式追问，核心都是食品安全问题。红网报道，全国政协新闻发言人吕新华回答记者关于香港奶粉限购问题时表示“内地奶粉 99%合格”，遭到记者尖锐追问“99%合格，是否等于 100%安全”。全国政协委员崔永元向记者坦言“对国产奶粉没信心，不知道 1%不合格奶粉在哪”，也被媒体大量报道。新浪博客文章《国产奶粉 99%合格让人哑口无言》质问，“谁能保证我孩子喝了国产奶粉不陷入那剩余的 1%里面”，博文点击量达 34 万余次。舆论对“两会”期间关于食品安全监管的大部制改革寄以高度期许，希望新的监管模式能进一步保障民众餐桌安全。此外，有全国人大代表带 300 多种问题食品参会，在会场展示“染色”黑花生，并称国内没有黑花生品种。媒体对此大量报道，社会反响强烈。有舆论为代表认真履职的精神叫好，也有舆论认为代表委员在发言前有必要全面了解相关知识，避免给农产品带来不必要损失。《农民日报》报道，受“染色黑花生”言论影响，国内一些产区的黑花生销售严重受阻，农民种植的积极性受到打击。

农业生产也是“两会”代表关注的热点。九三学社提交的政协一号提案《关于加强绿色农业的提案》，重点关注了我国农业发展中存在的资源浪费、污染日趋显现等问题，建议发展低消耗、低排放、高效率的绿色农业。同时，在提升农业科技水平、巩固节水增粮成果、统防统治病虫害等方面，代表委员也纷纷建言献策。农民工也是“两会”的热议话题。代表委员对农民工因长久分居组建“临时夫妻”、农民工二代犯罪率增加、农民工子女教育权益保障等展开深度讨论。

“两会”期间转基因话题也被舆论关注。《科技日报》就转基因问题随机采访了 50 余位代表委员，绝大多数代表委员表示“我不了解转基因，也不反对转基因，我认为不要着急推广”。网民对转基因安全问题高度关注。全国政协委员陈锡文在回答转基因问题时表示，“目前我还没有听到过谁由于食用了转基因农产品出现了安全问题”，网易以《中农办主任：没听说转基因农产品出过问题》为题报道，网民参与跟帖留言 7 万余次。天涯论坛的相关网帖也被网民点击 44 万余次。

话题 3

湖南米厂因“毒大米”事件出现“停工潮”
洋奶粉质量安全问题受关注

3月，粮食质量安全方面出现多个热点话题。2月末，“深圳粮食集团于2009年在湖南采购的万吨大米镉含量超标”成为热点新闻，致“湖南毒大米”的相关言论在互联网上频现，引发湖南稻农与当地大米加工企业的担忧。3月下旬，《经济参考报》报道，湖南米厂因“毒大米”事件出现“停工潮”，当地农民种水稻的积极性受到影响，部分农民打算弃种。报道建议湖南有关部门及时公布“毒大米”事件真相，消除舆论恐慌，并大力支持农民和企业渡过难关。3月中旬，大河网对河南新乡用造纸厂污水灌溉麦田进行曝光，引发媒体跟进报道。当地农民对央视记者直言，用污水浇的麦子“自己不吃”“都卖给你们了”。此言一出，舆论哗然，有网民调侃“这是中国式的以毒攻毒”，也有网民表示不应过分指责农民，农民是农田污染的最大受害者。此外，《时代周报》爆料茅台酿酒原料种植基地滥用化学农药、有机认证造假。有媒体认为，茅台的有机认证乱象，足以让人遐想市场上高价出售的所谓“绿色有机食品”究竟有几分真假，建议有关部门严查。

洋奶粉质量安全问题也受到舆论关注。3月中旬，广东奶爸在天涯论坛发帖，称其4个多月的女儿在喝雅培奶粉一个多月后出现右胸肿大现象，医生诊断怀疑为性早熟。随后，“雅培奶粉致女婴性早熟”的消息在论坛、微博中引发高度关注，猫扑论坛相关网帖的点击量达79万余次。雅培声明该奶粉不会导致婴儿性早熟，称网帖消息“不实”，要求发帖人删帖并书面道歉。对此，网易财经文章感叹洋奶粉的牛气范儿，呼吁中国家长积极发声，不要让追捧与认可成为洋奶粉脱责的底气。3月末，央视《每周质量报告》曝光标榜为荷兰原装的“美素丽儿”奶粉，实际上是被不法进口商掺杂过期奶粉后重新灌装的问题奶粉。《新华每日电讯》评论指出，“美素丽儿”问题奶粉事件，不仅让消费者看清洋奶粉质量参差不齐的现实，也再次折射了我国食品安全监管的漏洞。

话题 4

媒体关注春耕旱情
研究称气候变化对我国农业生产有影响

3月，西南等地旱情受到媒体关注。3月末，央视援引国家防总消息称，全国耕地受旱面积1.1亿亩，全国旱情总体偏轻，西南西北局地较重。媒体对云南、甘肃、四川等旱情较重地区的抗旱备耕情况进行积极报道。气候变化对我国农业的影响也被关注。《北京日报》援引相关研究报告称，中国近50年有明显的增暖现象，其中近10年增温更加明显，未来我国大部分地区温度仍会增高，温度升高的幅度由南向北递增，西北和东北地区上升明显。报告称，近50年的气候变化已使中国的复种制度发生明显的变化，表现为热量条件趋好背景下的种植带北推。未来我国的种植制度北推范围将更加明显，其中三季稻、三熟和两年三熟将较基准期（1961—1990年）北推450千米、700千米和650千米。报告同时指出，在热量资源普遍增加的同时，水资源越来越成为农业生产力提高的重要限制因素。如果没有充足的降水或是可调配的灌溉水资源，即使热量条件趋好，增加了复种潜力，其生产潜力的实现也无法达成。

话题5

网民爆料河南四川征地拆迁出现恶性事件 多地农村水源污染问题被集中报道

3月，农村征地方面出现两起恶性事件。两起事件均是网民首先爆料。3月27日，河南省中牟县农民宋合义因不同意开发商以每亩800元价格征用自家承包地，在阻拦直接开进地里的铲车时被碾压致死。消息经微博曝出后，媒体发表了大量跟进报道。面对央视采访，开发商笑谈事件过程，强调“宋合义事发时饮酒过量”。3月30日，四川省巴东县村民因房屋拆迁补偿纠纷被宜巴高速公路建设工地的水泥罐车碾压致死。网民将此事图文上传至微博、论坛，惨烈现场令人扼腕。媒体在随后的采访中爆料，碾压事件是“项目部领导下的令并称碾了不要紧”。针对三天内发生的两起碾压悲剧，网民群情激愤，质问“开发商碾压村民的底气从何而来”。此外，河南、云南因征地引发的群体性事件也受到关注。大河网报道，河南西峡村民因不满“65年后支付每亩400千克玉米和小麦”的征地补偿与施工方发生激烈对峙。网民微博爆料，云南省大理县副县长带队暴力征地，与村民发生强烈冲突。河南焦作、鹿邑出现的强征铲麦事件经网民曝光后也被媒体大量报道。《晶报》评论认为，在多起征地拆迁事件中都可见当地政府默许、纵容的身影，正是这种纵容造就了近年来各地强拆事件的不断涌现。

农村污染问题被媒体持续关注。针对2月份网络热传的“癌症村地图”，《长江日报》援引有关专家言论称，地图中涉及的地区确实不同程度存在污染，特别是水源污染，目前农村居民发病率最高的癌症是消化系统癌症，与营养、饮食方式、水源污染有一定的关系。3月下旬，《中华工商时报》综合媒体报道发文《中国乡村污染现状调查》，介绍浙江、河南、河北等地农村因工厂排污导致的饮用水、农田污染情况，被百余家网络媒体转载。《河南商报》报道了河南省浚县水源污染的严峻现实，详列近几年各村患癌致死的村民数量，舆论反响强烈。此外，农村污染监管失察问题也被媒体关注。《新民周刊》消息称，浙江绍兴已有多个癌症村，企业排污近20年无人管。中国广播网报道，河北邯郸峰峰矿区个别企业偷排污达数年，村民污水送检四处碰壁，当地环保局对排污口在哪竟称“毫不知情”。

话题 6

“农民工市民化成本”引议论 舆论称农村养老须有制度保障

农民工相关话题也受到关注。3 月初，新华网援引人社部发布的相关数据称，2012 年，我国农民工就业规模持续扩大，农民工总量达 2.63 亿人，比上年增加 983 万人，农民工劳动用工进一步规范，农民工参保覆盖面不断扩大。据人民大学联合工众网发布的调查报告显示，受访的六成农民工自我认定社会地位为底层，超八成表示对未来有信心，逾半数常有负面情绪。“农民工市民化成本”是媒体报道热点。《新京报》援引国务院发展研究中心相关报告称，推动城镇化，一个农民工市民化的成本为 8 万元。《经济参考报》援引相关研究结论称，若将现有已在城市居住的农民工市民化，总成本超过 1.8 万亿元；若要在 2020 年完成这一任务，各级政府每年为此新增的财政支出将超过 2 200 亿元。舆论指出，稳步推进农民工市民化，是提高城镇化质量的中心任务，推进农民工市民化过程中，究竟需要投入多少公共成本，这个成本是否可以承受，是必须回答的重要问题之一。此外，《武汉晨报》图文报道《武汉厕所刷心寒标语：民工禁止入内违者罚二百》被网络媒体转发 300 余次，网民纷纷参与跟帖评论，反对歧视农民工的行为。《中国青年报》文章说，这样标语不仅昭示出当事人的无知与傲慢，也让整个城市为之蒙羞，到了该去除的时候了。

农民工养老、农村养老问题也被媒体报道。3 月初，人民网援引相关统计数据称，50 岁以上农民工已破 3 600 万，养老问题在 5 年内或将集中爆发。《大众日报》发文《老一代农民工，如何“退休”》说，农民工不满意现行新农保的养老金额度，希望能拿上和城里人相同水平的退休养老金。《华商报》报道，2 月份，河南警方通报了一起正阳县 40 多名农村老人被组织出国乞讨的案件，该起案件折射出的是农村养老难问题。红网指出，农村年过六十岁的老人每月只能领到几十元的低保金，在物价高涨、就业压力大的背景下，又有多少农村孩子能挑起“养儿防老”的重担，农村养老须得到制度上的保障。

话题 7

多地蔬菜价格下降态势明显

3 月以来，随着气温回升，全国多地蔬菜价格下降态势明显。媒体纷纷对河南、上海、浙江等地“一元菜”重回市民餐桌情况发表报道。2 月下旬，媒体曾对海南冬季瓜菜收购价格大幅下跌现象进行关注。3 月初，新华网消息称，海南省农业部门邀请国内重点农产品批发市场运销商产销对接，大部分冬季瓜菜田头收购价回升 10%以上。网民还对“海南鸡蛋价格全国最贵”的消息进行关注。凤凰网博客文章《海南鸡蛋为什么全国最贵?》说，海南政府部门出台多项惠民举措应对老百姓“沉甸甸”的菜篮子，但有些政策在执行过程中走了样，建议有关部门找准问题原因，对症下药。

话题 8

网民关注人感染 H7N9 禽流感

3 月末，央视播报的“上海和安徽发现 3 例人感染 H7N9 禽流感病例，2 名上海患者死亡”的消息引起网民极大关注。仅 31 日当天，新浪微博相关原创帖文超过 1.3 万条。媒体建议有关部门在加强防控部署的同时及时公开信息，以减缓民众的恐慌情绪。

热帖解读

新浪博客：《郑风田：吴仁宝如何缔造天下第一村》

3 月 18 日，江苏省江阴市华西村原党委书记吴仁宝因病逝世，享年 85 岁。对此，《人民日报》、新华网等媒体纷纷发文报道，网民也在微博等自媒体中对吴仁宝的逝世和华西村予以关注。

3 月 19 日，学者郑风田在其新浪博客发文《吴仁宝如何缔造天下第一村》，回顾了吴仁宝带领华西村发展的历史进程，并总结了当前多个富裕村庄带头人的共同特征：见识面广，具有经商、当兵或从政的经历。文章说，中西部农村最缺的就是这种见过世面，又能带领大家致富的领头人。文章认为，近年来我国采取多项举措建设新农村，但成效不太显著的核心原因是缺乏带头人。中西部许多能干的人都外出打工，应制定优惠政策，通过提供创业资金、改善创业环境等方式，吸引这些能人返乡创业。这样既完成了产业转移，也能解决当前的就业问题及地区发展不平衡问题。

截至 3 月末，该文点击量达 36 万余次，网民回复近 600 条。网民在跟帖评论中充分肯定了吴仁宝为华西村发展所作出的贡献。网民“凯诚布公”说，“华西村的成功说明了一个非常浅显的道理：无论是华西村的吴仁宝，还是凤阳第一书记沈浩，只要是真正全心全意为人民着想、为人民服务，通过自己不懈的努力，带领人民迎着困难不断创新，就一定会成功”。也有网民认为，华西村在农村工业化方面积累了宝贵的经验，但华西村模式并非适合中国每一个村庄，建议各地结合实际情况，探索适合自身发展、致富的模式。还有网民对博文提出的返乡农民创业难问题深有感触，希望有关部门引起重视，给那些真正想在农村干一番事业的人们提供有力保障。

四、4 月“三农”网络舆情概览

4 月份，网络媒体涉农新闻舆情走势波动较大，上中旬的新闻话题量明显高于下旬。上旬，农地征用方面再次发生农民被碾死事件，农村环境污染话题出现河北“红豆局长”、昆明“牛奶河”等热点新闻，使得舆情走势出现多次震荡。中旬，家禽养殖业在人感染 H7N9 禽流感疫情中的受损情况逐渐受到关注，15 日后媒体报道量大幅上涨，19 日舆情走势攀至峰值。微博舆情走势，农地征用及农村环境污染方面的热点事件使得上旬话题量居于高位，“红豆局长”被免职的消息助推 6 日微博话题量达到顶点。

4 月网络媒体“三农”新闻舆情走势图

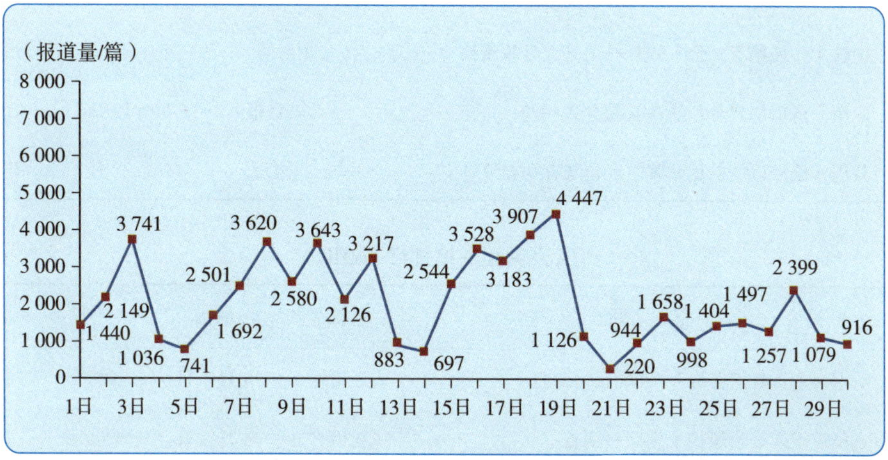

4 月微博“三农”舆情走势图

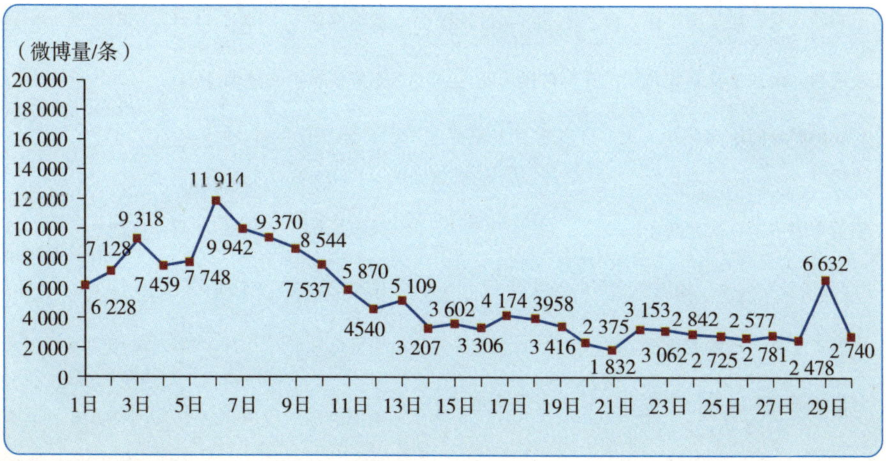

4月热点新闻排行 Top10

排名	标题	来源	时间	转载量
1	湖南汉寿农民自毁万亩蔬菜因卖得越多赔得越多	《湖南日报》	4月2日	374
2	河南国家级贫困县毁田五千亩造湖周边规划别墅区	《中国青年报》	4月18日	371
3	上海加强 H7N9 禽流感防控　漂浮死猪未检出禽流感	新华网	4月2日	314
4	中乳协：国产奶粉质量优于进口奶粉	《京华时报》	4月29日	313
5	猪价"过山车"养殖户伤不起	《人民日报》	4月7日	281
6	农业部在上海市松江区一市场监测到 H7N9 禽流感阳性样品	农业部网站	4月4日	275
7	国务院：将公布失信食品企业"黑名单"	证券时报网	4月16日	270
8	中铁十三局派 300 余人殴打村民赶走处置警察	大河网	4月16日	250
9	江浙家禽市场调查：活禽交易少人问津	《人民日报》	4月12日	219
10	我国 8 成进口奶粉是贴牌生产包装存明显欺诈	央视《焦点访谈》	4月28日	213

4月网络热帖排行 Top10

排名	标题	来源	时间	点击量	回帖量
1	后屯村老百姓"苍蝇""老虎"一起打	天涯论坛	4月1日	1368 149	662
2	农民被碾死，为何找不到罪魁祸首	凤凰博客	4月3日	146 518	405
3	长沙宁乡县惊现强制拆迁恶行事件有图有真相	新浪论坛	4月1日	117 155	555
4	杀鸡给人看，还是杀鸡保人命	搜狐博客	4月11日	91 493	84
5	央视曝光山东单县新农村建设强拆村民房屋	中华论坛	4月19日	90 598	49
6	与农民同吃同住同劳动 5 天　江苏省委书记罗志军深潜	中华论坛	4月20日	87 947	60
7	癌情肆虐中国，祸起滴血政绩	凤凰论坛	4月14日	84 017	1 408
8	"红豆局长"被免，还该彻查背后的故事	凤凰论坛	4月6日	77 897	65
9	中国式悲哀　毒水之患	中华论坛	4月18日	69 308	136
10	有谁知道中国农民的辛酸：为什么丢下土地出去打工？	中华论坛	4月4日	46 618	117

4月网络媒体热点话题

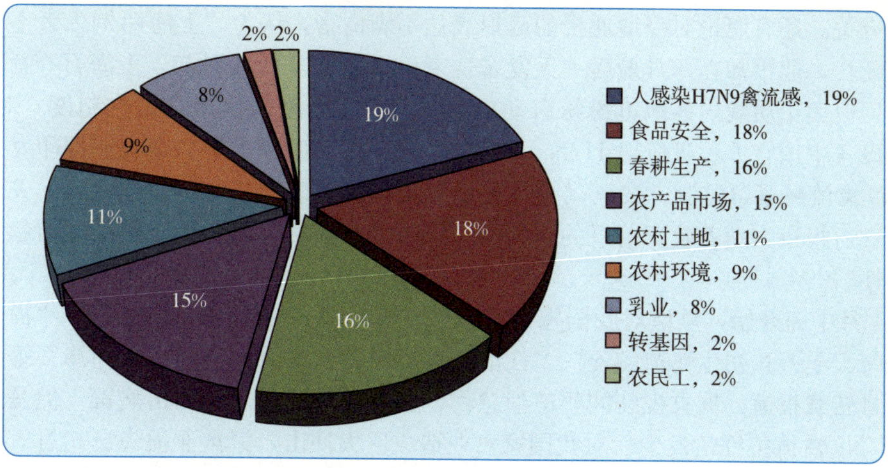

4月网民热点话题

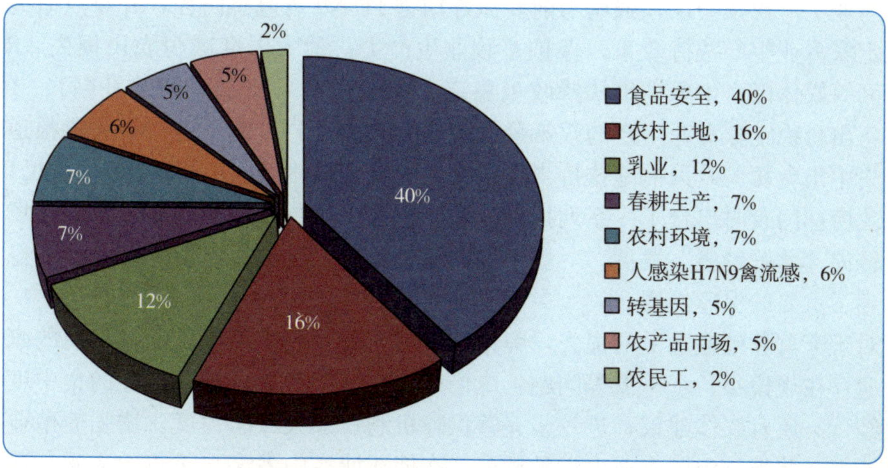

话题 1

人感染H7N9禽流感受到高度聚焦
家禽养殖业受损情况成为关注热点

4月份，人感染H7N9禽流感疫情受到网络媒体的重点聚焦。3月31日，国家卫生和计划生育委员会官方网站发布通报称，上海市和安徽省发现3例人感染H7N9禽流感病例，其中上海2例患者死亡。随后，江苏、浙江、湖南等部分省市也出现散发病例。对此，腾讯、搜狐等网络媒体以专题形式持续关注。据国家卫生和计划生育委员会发布的数据显示，截至4月30日，全国内地共报告人感染H7N9禽流感确诊病例126例，其中死亡24例。目前病例处于散发状态，尚未发现人传人的证据。

疫情通报初始，病毒来源成为舆论关注的热点，有网民猜测或与"黄浦江死猪"有关。还有舆论对疫情通报的延迟表达不满情绪，认为"上海两例患者于 3 月上旬死亡，通报却在 3 月最后一天发布，未免姗姗来迟"。4 月初，上海召开新闻发布会回应舆论质疑，各地也纷纷启动应急预案、实行疫情信息日报告制度。对此，媒体以《中国官方积极应对 H7N9 禽流感 密集出台防控措施》、《农业部印发动物 H7N9 禽流感紧急监测方案》、《上海澄清：近期禽流感病情与黄浦江死猪无关》等为题进行报道。随着政府信息的公开透明，防疫措施的有力开展，舆论逐渐趋于冷静理性。

4 月中旬开始，疫情对我国家禽业造成的影响逐渐受到媒体的关注。"福建一鸭场每天上万只初生鸭苗闷死"、"江浙家禽市场调查：活禽交易少人问津"等消息被大量转载报道。据央视新闻频道消息称，虽然养殖场从未检测出病毒，但是人感染 H7N9 禽流感疫情发生后对我国家禽业造成巨大冲击，家禽业损失已超过 350 亿元。面对禽类养殖的困难形势，农业部及时召开全国加强 H7N9 禽流感病毒监测稳定家禽业生产视频会议，强调当前要抓好动物 H7N9 禽流感防控，并重点研究落实好稳定家禽业生产扶持政策，保护畜牧业生产力，最大限度减少农民损失。对此，新华网等媒体以《中国推出扶持政策稳定家禽业生产 将加大财政补贴》、《农业部：将出台稳定家禽业生产的政策最大限度减少损失》等为题进行了大量报道。各地也集中出台相关政策措施扶持当地家禽业发展，媒体对此广泛关注。《人民日报》说，政府部门及时出台了一系列扶持政策，积极引导行业生产自救。各养殖场、合作社转向"冰鲜销售"发展，对稳定家禽业、提振市场信心、促进行业长期稳定发展起到了重要的保障作用。

对于家禽养殖业遭受的损失，舆论纷纷建言献策。有媒体认为，目前的家禽养殖普遍存在规模小、水平低等问题，应借此契机转型升级，提高产业的集中度和规模化经营。还有媒体建议，进一步完善保障机制，加大保险力度，增强养殖业的抗风险能力。此外，中国农业大学教授朱毅在搜狐博客中发文《杀鸡给人看，还是杀鸡保人命》说，活畜禽长距离运输、活禽交易市场都是畜禽疫病的一个重要传播源，建议民众改变"吃活吃鲜"的饮食习惯，肉类产品加工业也应抓住机遇，建立快速冷链配送物流体系，为千家万户送来安全又美味的畜禽肉半成品。

话题 2

部分省份遭遇低温春涝 各地多举措抓农时保春耕

4 月份，网络媒体对各地春耕备耕情况予以广泛报道。其中，东北地区遭遇的低温春涝以及西部地区出现的旱情，成为关注热点。4 月下旬，《经济参考报》消息《异常天气考验粮食"十连增"》说，"东北粮仓"遭受春涝和低温灾害，东北的春播延迟已成定局；北方 11 个冬小麦主产省中有 10 省出现不同程度的旱情。同时，媒体对各地保障春耕生产的相关举措进行积极关注。人民网介绍，黑龙江省对受涝地块逐一摸排，组织群众采用机械和畜力对旱田积雪提早耙耢，加快融雪散墒和耕地化冻，水稻产区抢抓晴好天气，清雪扣棚全面启动。新华网消息称，吉林省把“抗低温、抗春涝、保春耕”作为当前农业农村工作的中心任务，及时提供配套服务，加大农资保障和信贷支持力度，坚决打好春耕生产攻坚战。此外，“农业部专家组巡回指导东北抗春涝保春播”、“农业部启动农业防汛抗旱四级应急响应”等消息也受到广泛关注。

同时，低温天气给部分地区苹果等农作物生长造成不利影响，有关部门对果农进行培训指导，做好防冻减灾工作。“陕西260万亩苹果遇‘低温冻害’果业大县洛川预计减产约30%”、“山西省4市5县遭受低温冷冻灾害　核桃苹果花蕾受冻”等消息发出后，还引发了部分网民对今年苹果价格的关注。此外，《新京报》报道《化肥含毒　江西数千亩水稻枯萎》也被媒体大量转发。报道说，江西省安福县、吉水县等地由于春播中使用的化肥含有毒物质，导致数千亩水稻秧苗枯萎，上千户农民受损。

话题3

多重因素推动菜价上涨
各地启动冻肉收储应对猪价下跌

4月份，蔬菜价格波动受到媒体的关注。4月初，中国广播网报道说，连续六周回落的蔬菜价格出现反弹，主要是因为近期南方大部分地区出现降雨，而北方部分地区则出现了降雪天气，再加上清明小长假临近，对菜价上涨都有助推作用。同时，还有媒体认为人感染H7N9禽流感对菜价上涨也有一定的影响。云南网报道说，受H7N9禽流感影响，不少昆明市民的食谱发生了改变，蔬菜和海鲜受到青睐，量价齐升。《湖南日报》消息称，近期菜价高涨，最重要的原因是蔬菜换茬，同时也叠加了禽流感的影响，与肉禽类相比，市民更青睐蔬菜。4月26日，新华社消息称，近日随着全国气温迅速回升，蔬菜价格止涨回落。

此外，4月初，“湖南汉寿县农民自毁万亩蔬菜”的消息引起舆论关注。报道介绍，由于蔬菜采取“订单”模式，因菜不好卖，流通大户拒付剩下的50%收购款，菜农不得已毁菜赶农时。媒体感叹菜农权利孱弱，同时指出有关部门不能单纯归责于“农民盲目扩种、市场意识不足”，应在帮助农民提高市场意识方面多下功夫。山东寿光在农产品流通方面的有益做法受到媒体关注。新华网消息称，山东寿光蔬菜领军企业通过建立电子交易市场的方式，将农产品传统的先产后销模式革新为先销后产模式，使广大农民最终受益。

猪价下跌也引起媒体的注意。4月末，新华网消息称，今年2月中旬以来，全国猪肉价格持续下降，目前已创下2011年1月底以来最低水平。河北、山西、辽宁、山东、重庆的降幅居前，均为27%～30%。《人民日报》文章说，针对近期的生猪市场低迷问题，国家有关部门正密切关注生猪生产和市场价格变化，并适时启动调控预案，努力缓解生猪生产和市场价格的周期性波动。目前全国 20 多个省份已启动冻猪肉收储工作，按照“略高于市场价格”的原则确定收储底价。

话题 4

媒体关注食品安全政策举措
舆论热议洋奶粉贴牌生产乱象

4 月份，食品安全方面的政策举措成为媒体关注的热点。4 月初，新华网、人民网等网络媒体以《我国今年将创建 50 个农产品质量安全监管示范县》、《农产品安全监管示范县创建深入推进》等为题，对农业部开展创建国家农产品质量安全监管示范县工作进行了大量报道。中旬，国务院印发《2013 年食品安全重点工作安排》，媒体纷纷转述报道。工作安排中提到的建设食品安全可追溯体系、公布失信企业黑名单等内容成为热议话题。媒体认为，食品信息全程可追溯是大势所趋，实施食品安全黑名单，需将重点放在法律惩戒机制的构建上。

同时，媒体继续发挥舆论监督与引导作用，曝光食品安全问题，澄清不实信息。4 月初，“菊花茶有毒、杀菌剂超标”等言论在互联网上大量出现，《人民日报》赴菊花产地深入调查后发文予以辟谣。4 月上旬，有国外媒体消息称“中国出口美大米被检铅超标 60 倍”，引发广泛关注。对此消息，《新京报》5 月初报道，记者在北京城区、郊区超市、批发市场采购东北米、南方米等 30 个品牌的 40 余种大米样本，送至北京市食品安全监控中心检测，结果显示均没有发现铅、镉、铬重金属超标现象。4 月中旬，媒体对河南洛阳公开审理制售“甲醛牛血”案进行了大量报道，社会反响强烈。此外，湖南镉大米后续情况继续受到关注。央视报道《湖南镉米曝光月余无人管　70%米商停产农民不敢再种稻》被媒体转发近 200 次。

洋奶粉贴牌生产问题也受到舆论关注。3 月末，标榜为荷兰原装进口的美素丽儿奶粉造假遭曝光后，引发了媒体对洋奶粉产地的关注。《南方日报》援引业内人士言论称，中国市场上销售的洋奶粉品牌已超过 100 种，其中有近 80%的品牌是由中国商家变相生产，混淆视听。央视《焦点访谈》报道，约八成洋奶粉是国内企业贴牌生产，其中有些企业用国内奶源在国内加工，包装上却写着“原装进口”、“100%国外奶源”。《法治周末》指出，海外商标注册便利、国内外信息不对称、奶粉代购者恶意炒作，让国内“伪洋奶”泛滥。舆论呼吁有关部门对洋奶粉加强监管，民众也应理性消费，不要一味迷信洋品牌。

话题 5

农地征用悲剧引发网民热议
多地强征强拆频遭舆论曝光

继 3 月末河南中牟、湖北巴东发生农民被碾死事件后，4 月 3 日，四川西昌也出现农民被推土机碾死事件。短时间内连发三起悲剧引发强烈社会反响，舆论怒斥“视人命如草芥”。凤凰网博文《农民被碾死，为何找不到罪魁祸首》，当月点击量达 14 万多次。博文直指“花钱买命”的征地拆迁模式让人不寒而栗。新华网文章说，三位农民之死，将农村征地矛盾，本地农民与外来开发商矛盾展现出来。在官商联手的现实面前，在权力与资本双重的挤压之下，农民个体完全丧失了博弈能力。如何保护农民合法权益，如何不再践踏农民的生命尊严成为当前各方亟需思考的话题。

同时，媒体和网民还对河南、湖南、山东等地农村出现的强征强拆事件进行曝光。《中国青年报》报道，河南省淮滨县低价强征农民数千亩耕地造人工湖，一些护地的农民遭到了殴打。大河网消息称，因征地纠纷，河南省潢川县村民遭到中铁十三局 300 余人殴打。两篇报道发布的当日即被数百家媒体转载。此外，网民分别在新浪论坛、中华论坛发帖《长沙宁乡县惊现强制拆迁恶行事件有图有真相》、《央视曝光山东单县新农村建设强拆村民房屋》，累计点击量达 20 余万次。

话题 6

农业面源污染受到广泛关注
工业排污引发热点事件

4 月，由农业面源污染、工业排污导致的农村环境污染问题成为媒体关注的热点。《中国青年报》报道，河南雏鹰农牧集团生猪养殖基地随意排污，致当地村民的生活用水受到污染。中国新闻网消息称，大量农田地膜的使用，对新疆土壤和农作物生长造成了严重危害，农田环境受到不同程度污染。媒体援引中国社会科学院发布的《农村绿皮书》说，2012 年我国现代农业发展中的环境问题压力继续增加，表现为农业投入品对环境的污染和对农产品质量安全的威胁，以及畜禽养殖业的环境污染。

工业排污导致的农村水源污染问题出现热点事件。4 月初，河北省沧县因化工排污出现井水变红问题，引发高度关注。当地环保局长在接受记者采访时表示，红色的水不代表不合格，“煮红豆也能染红水”。该言论招致大量批评，网民称其为“红豆局长”。随后，当地水样被检出苯胺物质超标 70 多倍，“红豆局长”也遭免职。但舆论对此事的关注热度并未消退，网易网转发“河北沧县环保局长被免职”的相关消息后，网民参与跟帖超过 11 万次。凤凰网论坛帖文《“红豆局长”被免，还该彻查背后的故事》的点击量也达 7 万多次。舆论认为，对此事件尚须继续追责：10 多年来，为什么群众反映不断，但县环保局每次回复都是“检测合格”、“水质达标”？此外，云南昆明“牛奶河”事件也受到舆论关注。媒体报道，昆明市东川区的小江被选矿水污染呈乳白色，严重污染周边农田，而当地环保部门却称“符合水质标准”。对此，央视进行了持续报道，并对当地环保部门在事件曝光前后的言论不一进行关注。《人民日报》指出，宁可主动调低增速，也要拿出气力治好

"牛奶河"，这应成为新时期的发展观、政绩观。同时，网民对河流污染对村民身体健康造成的影响也予以关注，呼吁"不要用生命换发展"。网帖《中国式悲哀　毒水之患》、《癌情肆虐中国，祸起滴血政绩》均位列 4 月热帖前十位。

话题 7

网民唏嘘农村学生的"天梯上学路"
农民工和转基因等其他话题受关注

湖南桑植山村学生爬天梯上学、农民工市民化、转基因等其他涉农话题也受到媒体关注。4 月初，央视《新闻直播间》节目说，湖南省桑植县张家湾村学生每天要攀爬挂在悬崖上的两部木梯去上学，木梯下面就是六七十米深的悬崖。节目播出后引发舆论唏嘘不已，网民在微博中大量转发，并对"当地政府应该做些什么"、"我能做些什么"展开讨论。媒体在跟进报道中说，当地政府决定投入 20 万元资金对"天梯"路段进行改造。

此外，针对农民工市民化问题，人社部对多省农民工调研后发布报告，受到媒体的广泛关注。报告称，过半农民工想当市民，"没有住房"是农民工在城市工作生活的最大困难。4 月中旬，百余家网络媒体对国外媒体发布的"转基因玉米有毒物质含量惊人"的消息进行了转载报道。消息称，据某咨询公司对转基因玉米的分析测试显示，转基因玉米中含有多种有机玉米没有的有害物质，有机玉米的营养也要比转基因玉米丰富得多。同时，环保组织"绿色和平"发布检测数据称，南方食品生产的一批次纯豆粉中检出转基因大豆成分。对此，媒体纷纷以"南方食品陷转基因门"为题进行报道。此外，村官腐败问题被网民高度聚焦。天涯论坛网帖《后屯村老百姓"苍蝇"、"老虎"一起打》爆料山东省济南市后屯村村支书贪污集体资产问题，截至月末，该帖点击量突破 136 万次。

热帖解读

中华网论坛：《有谁知道中国农民的辛酸：
为什么丢下土地出去打工?》

4 月 4 日，网民"小鱼泡泡"在中华网论坛发帖《有谁知道中国农民的辛酸：为什么丢下土地出去打工?》，对农村青壮年劳动力外出打工、老人妇女成为务农主力，以及部分地区出现的农田抛荒等问题予以关注。

网帖说，农民选择外出打工而不愿种地，主要原因在于种地收益低，子女教育、医疗、养老等费用对农民而言都是巨大的开支，"光靠刨土地已经无法让农民生存下去"。网帖认为，农民种地不赚钱的原因在于：1. 物价上涨致种田成本快速上升，种粮实际收益不断减少。2. 家庭联产承包责任制虽然调动了农民的积极性，但一家一户分开单干的经营模式在当前经济社会发展状况下，在抵御自然和市场风险等方面的弱势逐渐显现。3. 目前耕地的细碎化程度高，与现代化农业生产的要求还存在较大差距，农民种地处于小规模经营的情况下，收益有限。

网民对此关注度较高，截至 4 月末，网帖在中华网论坛的点击量达 4.5 万余次，网民参与回复 5 千余次。有网民在跟帖回复中自称是在外打工的农民，对于网帖中提到的问题感触颇深，坦言单纯靠种地无法改善家里的生活，但对于农村和土地的情怀却没有改变，在城里打工终有干不动的那一天，家乡仍然是最终的归宿。针对网帖提到的农民外出打工现象，有网民表示，农村人向往城市生活无可厚非，农民有权让自己的孩子接受更好的教育，在更好的环境下生活，随着工业化和城镇化发展步伐加快，农村人口向城市转移是社会发展的必然。对于农民种地收益低问题，有网民指出，农村土地改革势在必行，走规模化集约化的农业发展之路是提高农民收入的根本途径。还有网民认为，提高农民收益要靠农业科技的发展，今后的农业会成为令人羡慕的产业，没有技术没有资质是当不成农民的。

五、5 月“三农”网络舆情概览

5 月份，网络媒体日均新闻报道量与上月相比呈现上涨态势，媒体舆情走势波动较大，食品安全话题对舆情走势的影响效果明显。月初，食品安全犯罪相关司法解释的出台、肉制品犯罪案件的公布以及毒生姜事件的曝光等热点话题接力助推，使得 6 日媒体新闻报道量攀至峰值。20 日，镉大米的信息公开问题受到媒体的集中关注，致当日新闻量出现迅猛上涨。27 日，湖南有关部门就镉大米首次回应媒体质疑，舆情走势强劲反弹。微博方面，上旬舆情走势起伏明显，问题肉制品案件以及毒生姜事件接连发生并持续发酵，使得 6 日微博舆情走势达到峰值。

5 月网络媒体“三农”新闻舆情走势图

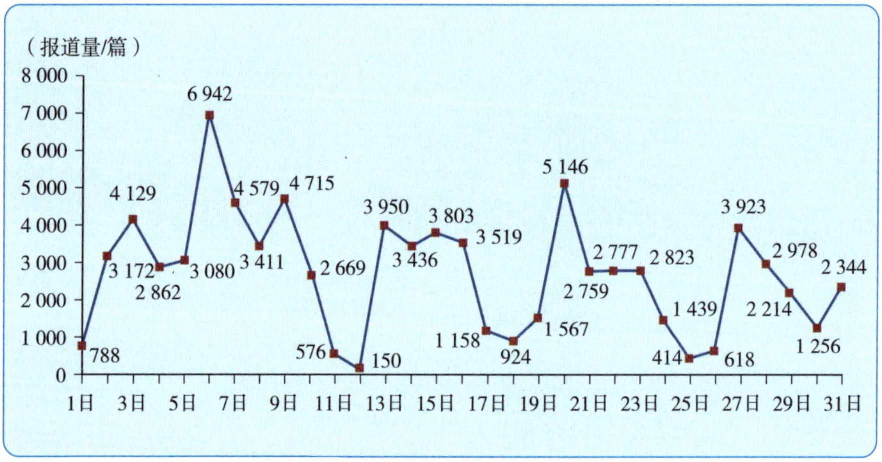

5 月微博“三农”舆情走势图

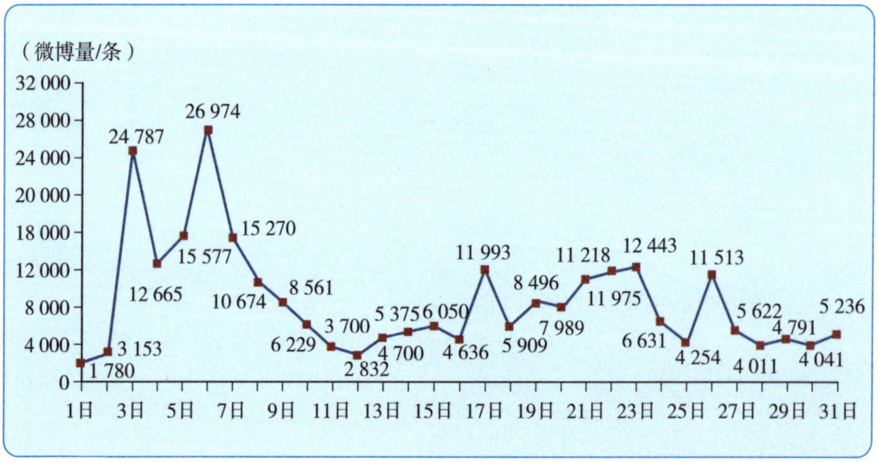

5月热点新闻排行 Top10

排名	标　　题	来源	时间	转载量
1	5 100元即可变出洋奶粉	《京华时报》	5月15日	751
2	调查显示中国1/6耕地受重金属污染，达2 000万公顷	《光明日报》	5月26日	480
3	山东潍坊有姜农种姜用剧毒农药不出口专内销	《中国青年报》	5月6日	479
4	广州毒大米追问：食品安全信息为何成不能说秘密	《经济参考报》	5月20日	427
5	部分洋奶粉使用中国奶源生产工艺采用双重标准	《北京晨报》	5月15日	364
6	中国将进一步提高重点高校招收农村学生比例	新华网	5月15日	354
7	流入上海“问题羊肉”全部查处	《新华每日电讯》	5月7日	320
8	专家支招防毒大米：勿长期食用同一地方粮食	新华网	5月20日	319
9	中乳协回应国产奶粉优于进口质疑：抽检主流品牌	央视网	5月5日	316
10	国务院：严打肉类掺假售假等违法行为	中国新闻网	5月9日	292

5月网络热帖排行 Top10

排名	标　　题	来源	时间	点击量	回帖量
1	游离在笼子外的黄塘镇政府：某些官员勾结黑恶势力殴打村民强占耕地	网易论坛	5月12日	948 288	161
2	超级震撼：农民工讨薪爬塔吊元芳你怎么看?	网易论坛	5月13日	535 654	156
3	惊爆内幕：原来所有食用油品牌都用转基因!	天涯社区	5月29日	470 650	1 066
4	网曝赣榆县欢墩镇政府和介沟村委会侵吞百万资产!	网易论坛	5月7日	151 059	260
5	揭露蔬菜农药的内幕	新浪博客	5月6日	114 238	849
6	福建莆田北岸政府和东埔镇政府违法卖地敛财，强挖村民百孔祖坟	天涯社区	5月11日	109 482	545
7	不容忽视的“镉大米”与镉中毒	新浪博客	5月18日	108 474	394
8	十年内中国无农业户口	新浪博客	5月20日	105 684	400
9	40吨病死猪肉如何流向百姓餐桌?	凤凰博客	5月6日	89 543	7
10	毒姜专供国人谁在自我毁灭路上狂奔	凤凰论坛	5月7日	65 367	59

5月网络媒体热点话题

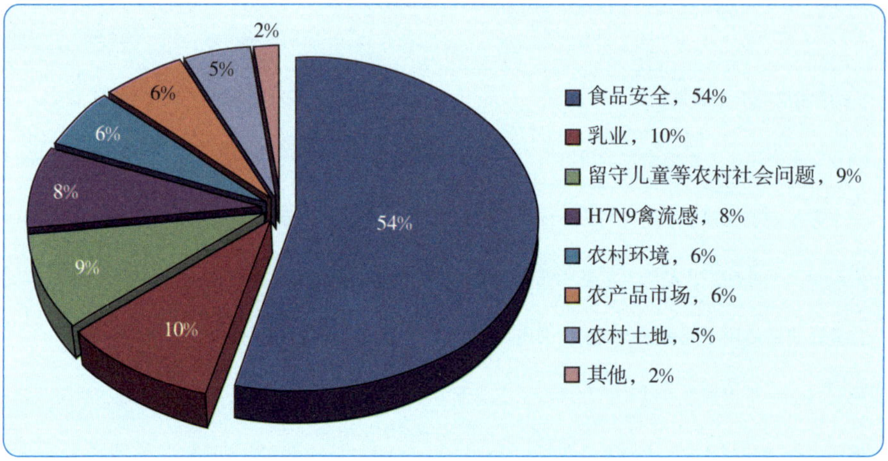

5月网民热点话题

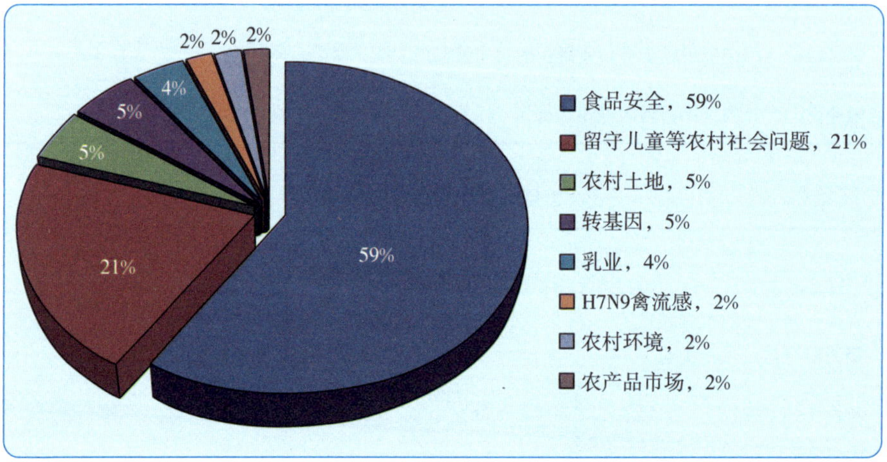

话题1

食品安全问题受到高度聚焦
舆论支持“重典治乱、严格监管”

5月，食品安全受到网络媒体和网民的高度聚焦，相关话题量占比过半。其中，假羊肉等肉制品犯罪案件的公布、山东“毒生姜”事件的曝光以及大米镉含量超标信息的披露，成为本月食品安全的高热话题。对此，媒体发表了大量报道并予以持续关注，网民在论坛、微博等自媒体中也展开热议。在5月份的十大热点网帖中，有4个热帖分别涉及以上3个话题，点击量共计37万多次。

5月2日，公安部网站发布消息，对江苏、福建等地公安机关侦破的十起打击肉制品犯罪典型案例进行了详细介绍。其中，“江苏无锡卫某等用狐狸、老鼠等制售假羊肉案”受到重点聚焦，“挂羊头卖鼠肉”等字句大量体现在媒体的转载标题上。上海市食品安全委员会办公室针对流入市场的“江苏假羊肉”开展的调查工作也被集中报道。媒体还围绕“假羊肉”线索，曝光上海市场上存在的“混合羊肉卷”问题，并进一步深挖出山东阳信制售掺假羊肉卷的肉制品加工乱象。同时，“福建漳州制售病死猪案”也受到广泛关注。该案中涉案人员的政府雇员身份以及40吨病死猪肉的数量之巨成为报道热点。新华网深入福建漳州调查后连发两篇报道，直指当地在病死猪无害化处理中存在的监管漏洞。

5月4日，央视《焦点访谈》对山东省潍坊市峡山区有姜农违规、滥用剧毒农药“神农丹”种植生姜进行曝光。节目播出后，毒生姜专供内销、姜农不吃剧毒姜、以及当地在生姜农药残留检测中存在的问题成为舆论关注的重点。媒体联系节目中提到的“由于农药残留检测严格，安丘种植的出口生姜都不使用高毒农药”，与峡山区被曝光的“内销姜”相比较，批评当地监管部门在生姜农药检测上的“内外有别”。同时，生姜种植过程中的病虫害多发以及不科学施药导致的病虫害抗药性增强等问题也受到关注。媒体建议有关部门对姜农加大扶持力度，加强农药使用技术培训，引导生姜种植走上高品质高收益的良性循环。

5月16日，广州市食品药品监督管理局（以下简称“广州市食药监局”）公布广州市第一季度的餐饮食品抽验结果，其中“44.4%的大米及米制品抽检产品发现镉超标”，并表示“不便透露被检出镉超标大米的品牌。”消息发布后，新华网等媒体纷纷发表评论，镉大米的品牌、生产厂家以及具体流向成为追问的焦点。随后两天时间内，广州市食药监局先后两次回应舆论质疑。对此，《经济参考报》评价为“挤牙膏”式的信息公开。随着广州市食药监局对镉大米相关信息的进一步通报，媒体的关注点转向“镉大米产自湖南”。湖南农田镉污染问题以及当地有关部门的工作不力成为关注热点。针对“镉大米”的污染源问题，《光明日报》等媒体采访相关专家后发文说，开矿、工厂排放的废气以及施用镉含量高的肥料都会导致土壤中的镉超标，建议有关部门尽快对土壤、空气等进行检测，及时公布污染源。新华网在文章《湖南“镉大米”：核实三月仍无果》中梳理了自今年2月份以来湖南镉超标大米的相关信息，称湖南省食品安全委员会就有关情况核实了近三个月仍旧没有明确答复。文章说，“受损的农民、停工的米厂、忧心的公众，仍在浓重的‘镉霾’中茫然等待。”此外，《经济参考报》还对粮食重金属检测缺失问题予以关注，文章说“重金属检测技术已非常成熟，关键是政府部门和企业是否愿意投入力量进行检测”。

此外，5月末，《新快报》以多篇专版形式，关注了农药违规销售、滥用问题。报道说，广州市部分地区以及山东省个别县市的菜农滥用禁限农药、农资店违规销售高毒农药甚至私自配置农药出售。报道被网络媒体大量转载，同时引起有关地方部门的高度重视，并展开了相关整治工作。

食品安全问题被频繁曝光，舆论支持重典治乱、严格监管。5月初，最高人民法院、最高人民检察院发布司法解释，明确界定了食品安全犯罪的定罪量刑标准。13日，李克强总理强调要加大食品安全重点整治力度，重典治乱必须重拳出击。

《人民日报》指出，从有关食品安全的"最严"司法解释出台，到"最严格""严厉打击"等词语频现食品安全工作部署，一再释放依法治理、从严监管等明确信号。网民也对重拳整治食品安全问题表示高度支持，呼吁在完善立法的同时，对食品生产实行全程严格监管。

话题 2

舆论热议"国产婴儿奶粉质量优于进口"贴牌洋奶粉乱象继续受到关注

4月末，中国乳制品工业协会召开"国产与进口婴幼儿配方奶粉质量调查结果"新闻发布会，称"检验证明国产婴儿奶粉质量优于进口"。消息发布后受到舆论的广泛关注。媒体指出，检验结果还需要对"受检测的奶粉品牌、检测参照标准、覆盖率"等信息予以说明。网民认为，报告结果与消费者实际感受相矛盾，且中乳协作为国内乳企的"娘家"，难逃为国内品牌代言的质疑。5月5日，央视《面对面》采访中国乳制品工业协会有关人士，就网络舆论的各种质疑作出回应。对此，300多家网络媒体以《中乳协回应国产奶粉优于进口质疑：抽检主流品牌》等为题进行转载。《新华每日电讯》评论文章说，"国产婴儿奶粉质量优于进口"的消息引发数万网民吐槽，其中顶起者寡而拍砖者众。应清醒地看到，国人热衷国外奶粉、拍砖国产奶粉的背后，推崇的其实是国外的食品安全监管力度。

此外，洋奶粉贴牌乱象仍是媒体关注的热点。14日，央视《新闻直播间》播出"聚焦洋奶粉乱象"，对"只需交5 100元就可贴新西兰奶粉商标"等问题进行曝光。节目播出后700多家网络媒体予以转载报道，媒体纷纷痛斥贴牌洋奶粉"挂羊头卖狗肉"，并认为这种乱象的背后是质量监管的失灵。

话题 3

人感染H7N9禽流感疫情的关注度明显回落家禽市场回暖迹象被媒体积极报道

5月份，人感染H7N9禽流感疫情的相关新闻报道量大幅下降。新华网5月末消息称，中国发现人感染H7N9禽流感确诊病例于4月份达到高峰，进入5月份以来，中国内地新增确诊病例明显下降，至30日，中国所有人感染H7N9禽流感疫区均已终止了流感流行应急响应，相关防控工作转入常态化管理。

H7N9禽流感疫情对家禽业的影响仍是媒体报道的热点。"家禽业因H7N9损失超400亿元"等消息被广泛转载。5月8日，国务院召开常务会议，研究稳定家禽业发展问题，受到媒体的高度关注。"中央财政拨付6亿元支持家禽业"、"农业部将为因禽流感受损企业和养殖户提供政策扶持"等家禽生产扶持政策被网络媒体大量转载。同时，各地家禽市场出现的回暖迹象也被媒体积极报道。《上海证券报》

消息称，在国家扶持家禽业发展政策利好刺激下，山东、江西、黑龙江等部分地区活禽销售开始触底回升。《第一财经日报》报道说，随着疫情得到控制，国内多地白条鸡、鸡蛋等价格止跌回升，鸡苗价格也有较大涨幅。《经济参考报》分析，受禽流感事件冲击，6 月或 7 月开始禽蛋价格可能大幅走高。同时，农业部网站消息《全国动物 H7N9 禽流感监测工作完成　未从家禽养殖场分离到 H7N9 禽流感病毒》也受到网络媒体的关注，新华网等 200 多家网络媒体以《农业部：全国养殖场未发现 H7N9 禽流感病毒》为题进行转载报道。

此外，西藏、新疆等部分地区发生的 A 型口蹄疫疫情也引起媒体的注意。人民网、中国新闻网等百余家网络媒体以《农业部进一步部署 A 型口蹄疫防控工作》等为题，报道了农业部对疫情的部署防控工作。

话题 4

市场调控效果显现　生猪价格趋稳回升
大蒜价格持续走低　舆论戏称“蒜你贱”

5 月，猪肉价格继续受到媒体关注。22 日，发改委网站消息称，国家启动预案调控市场的效果逐渐显现，生猪价格趋稳回升，快速下跌的趋势得到初步遏制。网络媒体对此广泛关注，《经济参考报》认为，尽管生猪市场调控取得初步成效，但猪价短期内仍难以走出低谷，猪肉消费最淡季即将来临，猪价继续反弹的空间不大。31 日，中国新闻网报道，截至 29 日，全国猪肉价格连续 11 天上涨，但生猪养殖企业仍未摆脱猪周期的影响，当前猪价仍处于弱周期内。此外，“北京市启动生猪价格指数保险”的消息也成为媒体关注的热点。《人民日报》指出，以往农业保险主要覆盖自然风险保障，而生猪价格指数保险实现了向市场风险保障的延伸，成为应对农产品市场价格波动的一种新探索。

蔬菜价格的回落也被媒体报道。新华网消息称，由于气温回升迅速，地产菜上市量增加，蔬菜价格回落明显。山东、吉林、天津等多地媒体也纷纷发文，介绍本地菜大量上市、“一元菜”品种增加等情况。此外，大蒜价格的持续走低也引起媒体的关注。《主产区批发价三月内跌八成　“蒜你狠”变成“蒜你贱”》等消息被媒体大量报道。据媒体介绍，大蒜价格下跌的主要原因是，去年库存蒜和今年新蒜收获都很大，而新蒜上市时库存蒜还未出清；部分地区种植面积盲目扩大，也一定程度上影响了蒜价。

话题 5

媒体集中报道耕地污染
村民自拍微电影关注家乡“垃圾围村”

5 月，耕地污染问题被媒体集中报道。5 月上旬，央视《焦点访谈》、新华社

《新华纵横》、《瞭望》新闻周刊等纷纷围绕“农田里的白色污染”，关注新疆、甘肃、安徽等地农田地膜残留问题。《新华纵横》说，随着地膜残留量的不断增加，许多农民不得不在“垃圾堆上种庄稼”。《焦点访谈》指出，甘肃等地已禁用超薄地膜，但有些农民还在使用，法律法规的强制措施和经济手段的引导还需再施力。《瞭望》新闻周刊认为，当务之急是修改或重新制定地膜生产的国家标准，并把厚度在 0.008 毫米以上的地膜纳入农资补贴范围。此外，“大米镉超标”事件引发媒体对农田重金属污染的关注。5 月下旬，《光明日报》消息称，“我国受重金属污染的耕地面积已达 2 000 万公顷，占全国总耕地面积的 1/6”。该报道被近 500 家网络媒体转载。

农村生活垃圾污染也受到广泛关注。4 月份，广西壮族自治区三岔镇三岔村村民樊祖韦在家乡村庄实景取材，拍摄微电影《母亲河》，关注当地农村的生活垃圾污染问题。微电影上传至互联网后引发舆论共鸣，网民纷纷讲述自己家乡“垃圾围村”的困境，希望这部电影能唤醒村民的环保意识，并建议有关部门建立长效治理机制，还原家乡的绿水青山。5 月下旬，新华网图文报道了广西部分农村垃圾堵路围河、污水随意排放等现象，指出“垃圾靠风刮、污水靠蒸发，家里现代化、屋外脏乱差”成为一些农村生活环境的写照。

话题 6

国土部发文严禁暴力征地
个别地方的征地冲突受到关注

5 月，农地征用问题仍是媒体报道的热点。针对近期个别地方相继发生的暴力征地事件，13 日，国土部下发通知，要求将被征地农民的合法权益放在首要位置，不得强行实施征地，杜绝暴力征地。对此，《人民日报》评论文章说，土地是农民的立身之本，农民的知情权、参与权、表达权和监督权得到保障，才能让征地走出“钉子户”和“拆迁队”的拉锯，让农民真正在城镇化过程中受益。

同时，贵州、福建、浙江个别地区因征地拆迁引发的冲突事件成为舆论关注热点。5 月初，贵州省三穗县政府网站发布“三穗县发生扶贫生态移民及保障性住房工程建设群众聚集强行阻工事件”的通知公告，凤凰网、腾讯网、新浪网、网易网以“贵州三穗百余村民因征地围攻警察损坏 5 辆警车”等标题转载报道后，共计 35 万网民参与了跟帖评论。5 月中旬，福建省惠安县东桥镇征地冲突的相关网帖和网络视频受到广泛关注。据南方新闻网消息，网帖《网传福建村民反对强征地扣押防暴特警》图文介绍了东桥镇村民不满当地暗箱操作、违规征地，“近千村民围攻南湖村委会，用石块击退防暴警察”。网帖上传的一张“农妇绳牵被俘警察交换被抓村民”的图片在微博中被大量转发。5 月下旬，网民发帖图文爆料浙江省苍南县洽尾村村民拉横幅抗议强拆。人民网以“网爆苍南发生暴力强拆　抗议村民当场被拉走”为题发表报道，被网络媒体广泛转载。网民还分别在网易论坛、天涯社区爆料福建个别地区存在的非法卖地、暴力征地问题，网帖点击量累计达百万次。此外，河南省濮阳市清丰县、陕西省宝鸡市扶风县个别地方出现的“毁麦占地”问题被媒体报道后，引发网民感叹“麦收后再征地也不迟!”。

话题 7

留守儿童安全问题凸显
“农村学生弃考”传递底层上升通道受阻信号

5 月份，留守儿童、农村教育、农民工等其他农村社会话题也被媒体报道。5 月 11 日，《人民日报》援引中华全国妇女联合会调查数据称，我国农村留守儿童数量达 6 102.55 万，总体规模扩大，46.74%留守儿童的父母都外出，单独居住的留守儿童高达 205.7 万。5 月份，海南、安徽、河南等地校园性侵幼女案经媒体曝光后引发强烈社会反响，其中多起案件的受害者为留守女童。此外，《法制日报》联合北京青少年法律援助中心对 40 起遭性侵儿童的信息进行统计后发现，47.5%的受害者为留守儿童。

农村教育问题受到舆论热议。媒体对部分地区出现的农村学生放弃高考的现象予以关注。《人民日报》文章指出，农村孩子弃考传递出一个信号：底层上升通道受阻，社会阶层固化趋势加剧，贫穷将会代际传递，一代穷世代穷。文章被凤凰网转载后，27 万网民参与了跟帖评论。有网民认为，农村学生弃考体现的不仅是教育资源分配不均，也体现了就业不公问题，如果“拼爹”成为就业潜规则，“知识改变命运”的信念或被动摇。此外，“国务院决定进一步提高重点高校招收农村学生比例”的消息被网络媒体大量转载报道。媒体认为，此举的意义远不止于教育公平，让绝大部分人通过自身的努力实现理想，这样的社会才是良性发展的社会，伟大中国梦也必然要通过这样的途径实现。

农民工群体也受到舆论关注。5 月末，人民网援引国家统计局发布的调查报告称，2012 年我国农民工总量达 2.6 亿人，农民工被拖欠工资状况继续得到改善，社会保险参保水平有所提高但总体仍较低。此外，农民工讨薪受到网民聚焦，网易论坛发布的“农民工讨薪爬塔吊”的相关网帖位居 5 月热帖排行第二位。

话题 8

转基因、食物浪费等问题也被关注

5 月中旬，“哈尔滨截获 115 千克美国转基因玉米种子”的消息被媒体广泛报道。对此消息，《中国青年报》援引有关专家言论称，在转基因食品安全性尚无定论的情况下，严格控制转基因种子的引进、种植显得尤为重要。此外，天涯社区网帖《惊爆内幕：原来所有食用油品牌都用转基因!》受到网民的关注。网帖援引英美等有关人士言论称，绝大多数反转基因行为幕后都有利益操纵。网帖还说，几乎国内所有品牌的食用油都是转基因的，非转基因原料和转基因原料生产的食用油没有什么差别。

餐饮环节的浪费现象也被媒体报道和讨论。《中国青年报》消息称，全国每年浪费食物总量可养活约2.5亿人，折合粮食约800亿千克，相当于我们粮食总产量的15%。红网评论文章说，高效生产与高效利用粮食同等重要，在扩大生产的同时减少粮食的浪费，才能确保国家粮食安全。此外，《光明日报》文章说，"农村空心化"、"土地城镇化"的现实让未来粮食增产面临挑战，如何严控土地的城镇化、如何培养现代职业农民等问题需要深入研究。

热帖解读

新浪博文：《十年内中国无农业户口》

5月6日，《广州日报》、《羊城晚报》等广东省内媒体发布消息称，据广州市公安局户政部门介绍，广州市将逐步取消农业户口和非农业户口划分，统一登记为"广州市居民户口"。消息引发舆论的广泛关注。5月20日，财经评论人叶檀在新浪博客中发文《十年内中国无农业户口》，至月末，该文点击量达10万余次，网民评论380多条。

文章指出，广州户籍改革有两个难点，一是贫困地区的农民是否能够随着户籍享受到一体化的社会保障；二是目前享受级差地租的农民，是否愿意转为非农，政府与农民的利益如何划分。未来政府如何给这些已经户籍居民化但尚未享受居民待遇的农民以补偿，将是考验广州户籍改革能否顺利进行的关键。如何保障农民提高就业能力，与城市实现无缝对接，也是一项重要议题。文章认为，只有划分清楚政府与农民的利益边界，户籍改革才不会沦为羊吃人的土地掠夺。以目前速度，估计十年内我国将从纸面上取消农业户口与非农业户口的二元化制度。但真正实现"户籍一元化"，实现城乡"同是居民、同等待遇"，还取决于政府的决心。

针对此文，网民围绕户籍制度改革、被征地农民社会保障等方面进行讨论。有网民表示，要消除城乡差别，统一户口是必然的，广州等地进行的户籍制度改革是一种进步，还应加快改革步伐，并彻底开展下去。有网民指出，改革户口二元制，待遇和实惠远比名称更重要，要充分保障城市化后的农民生计问题，如果农民失去了土地，又没有可以安身立命的一技之长，会产生严重的社会问题，消灭农业户口绝非一朝一夕之事，户籍制度改革任重道远。还有网民认为，我国人口众多，农业生产也尚未彻底实现现代化、科学化，如果过早过快的缩小农业人口，加上目前存在的农村空心化问题，在一定程度上会对我国的粮食安全造成影响。

六、6月“三农”网络舆情概览

6月份，网络媒体日均新闻报道量与上月相比降幅较大。6月中下旬的媒体舆情热度明显高于上旬。14日，在连续2天的发酵后，转基因大豆进口话题的新闻热度迅速攀高。18日，媒体对全国食品安全宣传周高度关注，致当日舆情走势保持高企态势。21日，转基因致癌争论、婴幼儿奶粉新政出台等热点话题合力助推，使得当日新闻量达到峰值。28日，陕西渭南被曝农药滥用问题、淮河流域农村饮水安全问题受到广泛关注，舆情走势大幅反弹。转基因话题在6月网民热点话题中占比过半，对微博舆情走势的影响效果明显。14日新浪微博中对转基因大豆进口话题的高度关注，使得当日微博量攀至峰值。

6月网络媒体“三农”新闻舆情走势图

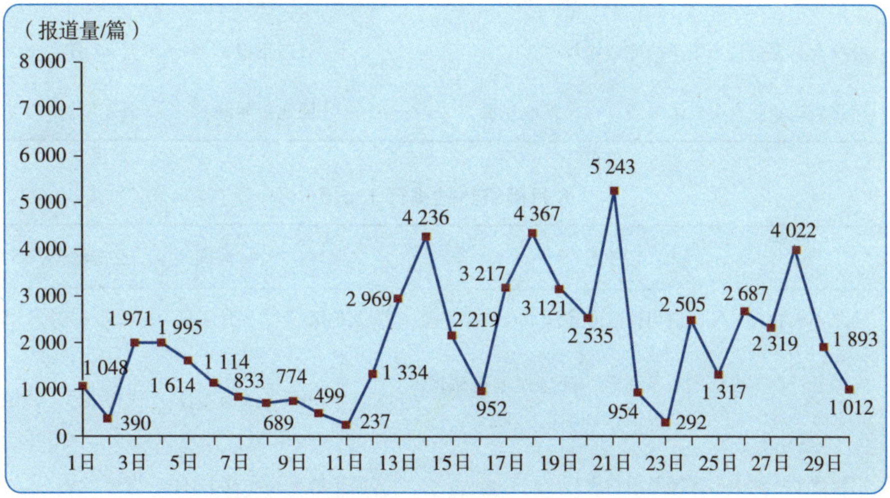

6月微博“三农”舆情走势图

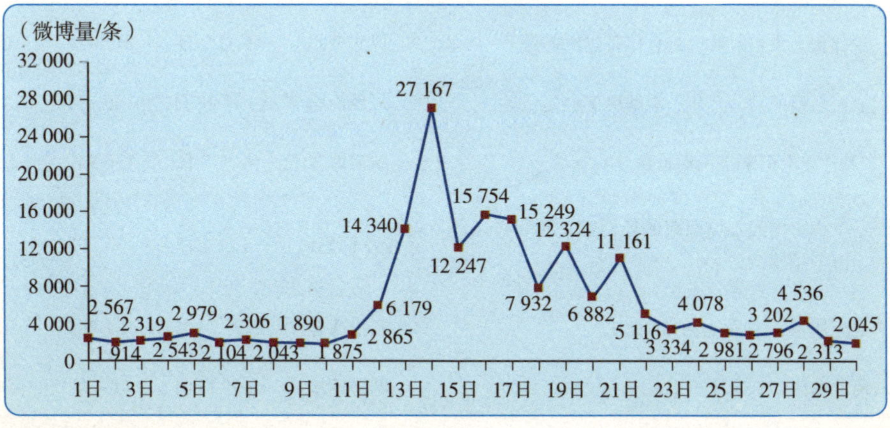

6 月热点新闻排行 Top10

排名	标　　题	来源	时间	转载量
1	我国正绘制土壤重金属“人类污染图”	新华网	6 月 13 日	442
2	中国农业部批准发放三个转基因大豆进口安全证书	新华网	6 月 13 日	423
3	我国婴幼儿奶粉将试行药店专柜销售	《京华时报》	6 月 21 日	390
4	民工月薪 1.4 万秒杀白领　建筑工年薪超 10 万	《北京晨报》	6 月 20 日	338
5	全国地下水水质监测 57.3%为差　农村水环境问题更严重	《新京报》	6 月 5 日	325
6	农业部官员：超 50%消费者认为农产品问题严重	《京华时报》	6 月 18 日	313
7	人民日报刊文：国产婴儿奶粉可以放心食用	《人民日报》	6 月 21 日	302
8	同仁堂等所售部分中药农药残留超欧盟标准百倍	每日经济新闻网	6 月 26 日	297
9	最严食品安全法力争年内完成修订	《新京报》	6 月 17 日	273
10	河北曲周 300 余亩农田被毁　村民跪地痛哭	河北新闻网	6 月 13 日	273

6 月网络热帖排行 Top10

排名	标　　题	来源	时间	点击量	回帖量
1	湖北省永胜村村民遭遇当地政府违法拆迁！	天涯论坛	6 月 4 日	1 213 590	54
2	农民工讨薪不成反被打成重伤，现场血迹斑斑惨不忍睹	天涯论坛	6 月 1 日	719 635	700
3	别纠结了！油中不含转基因物质！	天涯论坛	6 月 19 日	448 740	2 817
4	莫让反转控掌握中国粮食安全的命运	搜狐博客	6 月 15 日	256 466	1 240
5	中储粮大火折射我国粮食储备过剩问题	凤凰博报	6 月 5 日	210 777	188
6	农民工婚外情公开化　谁解民工性之忧？	凤凰论坛	6 月 18 日	175 740	71
7	“蒜你乐”引来市民疯抢购	新浪博客	6 月 8 日	156 949	253
8	一个令中国人心惊肉跳的坏消息：国际转基因巨头盯上中国	中华网论坛	6 月 6 日	135 598	63
9	老无所依——关注老年农民工	新浪博客	6 月 18 日	134 246	927
10	河北曲周 300 余亩农田被毁	网易论坛	6 月 13 日	68 538	543

6 月网络媒体热点话题

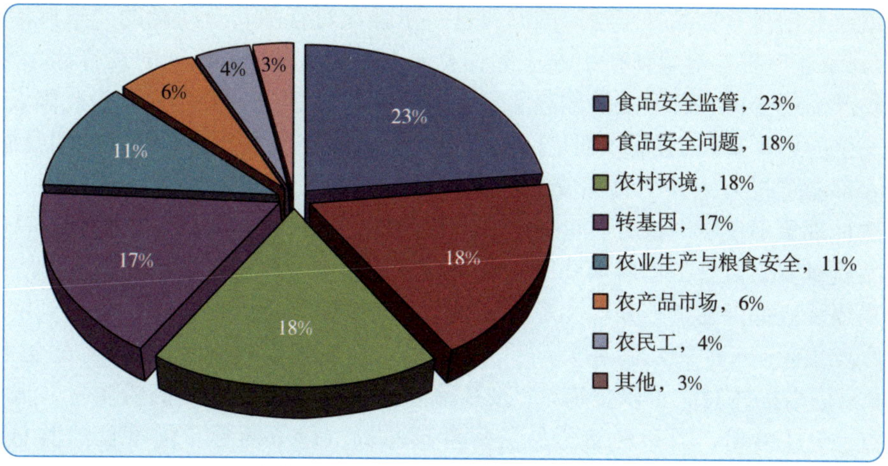

6 月网民热点话题

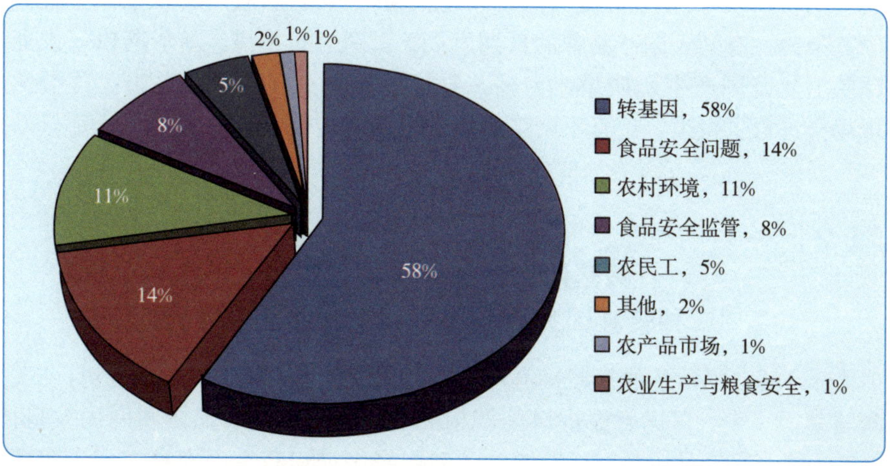

话题 1

全社会协同共治维护食品安全
九部委出台新政强化婴幼儿奶粉监管

6 月份，我国政府部门在保障食品安全方面实施了一系列举措，成为网络媒体报道的热点。“全国食品安全宣传周暨第五届中国食品安全论坛”受到广泛关注。17 日，新华网等 200 余家网络媒体报道了“全国食品安全宣传周活动在京启动”的消息，“社会共治”的宣传主题受到热议。《人民日报》文章说，当全社会都被纳入食品安全问题防范的总布局，“舌尖上的中国”必然更加安全、更有滋味。网民认为，企业发挥主体责任，政府有力监管，消费者提高认知，媒体积极监督，社会协同共治，食品会越来越安全营养。同时，在第五届中国食品安全论坛上，与会者热议《食品安全法》的修订完善，媒体围绕“最严食品安全法力争年内完成修订”展开报道，并期待《食品安全法》的修订进一步强化对食品安全问题的“重典治乱”。此外，《京华时报》等媒体援引农业部有关人士在食品安全论坛上的发言称，“尽管我国农产品的合格率总体处于较高水平，但仍有超过50%的消费者认为我国农产品质量安全问题严重”。对此，荆楚网文章说，食品安全直接涉及老百姓的切身利益，任何人都会重视有加。因食品安全问题而产生的信任危机，也在情理之中。据统计，这种现象不仅中国特有，世界上各个国家都同样面临。对此，最好的办法就是将食品质量安全监管工作落实到位，提高食品的安全系数，逐步提升消费者信心。

我国政府部门在加强婴幼儿配方乳粉质量安全方面展开的工作，也受到网络媒体的重点关注。6月初，国务院研究部署进一步加强婴幼儿奶粉质量安全工作，200多家网络媒体对此予以报道，“按药品管理办法监管婴幼儿奶粉质量”成为关注热点。6月中旬，国家食品药品监督管理总局（以下简称“国家食药监总局”）等九部委联合发布《关于进一步加强婴幼儿配方乳粉质量安全工作的意见》，被舆论称为“奶粉新政”，受到高度聚焦。舆论认为，“奶粉新政”将从根本上提高国产奶粉的竞争力，有利于国产品牌的长期发展。此外，6月初，新华网以《农业部要求从源头上提高国产牛奶质量》为题，对辽宁锦州召开的“振兴奶业苜蓿发展行动”现场会进行了报道，近百家网络媒体予以积极转载。

话题 2

转基因舆情关注度大幅提升
“三种转基因大豆获批进口”受到高度聚焦

6月份，转基因话题的新闻报道量和网民话题量均大幅上涨。6月初，“美国农田惊现转基因小麦　多国暂停进口美产小麦”的消息被网络媒体和网民大量传播。6月中旬开始，舆论对转基因话题的关注转向我国进口转基因大豆方面，舆情热度升温明显。

6月11日，有媒体报道巴西和阿根廷政府部门先后确认中国农业部批准3种转基因大豆进口。13日，媒体以“中国批准进口三种新转基因大豆，农业部未否认”为题报道，引起广泛关注。13日晚间，新华网报道《中国农业部批准发放三个转基因大豆进口安全证书》受到媒体聚焦，国内主流门户网站均将该消息放在显要位置，新浪网还以专题形式进行了报道。据监测，自11日起至月末，与“三种转基因大豆获批进口”相关的新闻报道达8千余篇。新浪微博相同时间段内也监测到5万余条相关帖文。

网络媒体主要关注以下几个方面：1. 审批程序是否合规。14日，《每日经济新闻》发表报道《转基因大豆疑云：农业部闪电批准进口?》，质疑审批程序存在违规，被百余家网络媒体转载。当日，人民网等300多家网络媒体以《我国严格审批三个转基因大豆新品种》为题转载农业部网站消息称，我国严格按照法律法规进行评审，三个转基因大豆新品种历时三年审批通过。2. 公众对转基因的知情权应得到尊重。新华网、《中国经济时报》等媒体发文指出，公共决策不应让民意缺席，公众对转基因技术和产品享有知情权。3. 进口转基因大豆给国产大豆造成影响。腾讯网"今日话题"认为，"转基因摧毁中国大豆种植业"。中国新闻网指出，中国大豆的产业优势受到转基因品种的挤压。4. 转基因致癌争议。中国广播网消息称，"黑龙江省大豆协会一份与肿瘤高度相关的分析报告称，转基因大豆与肿瘤高度相关"，引发舆论广泛关注。对此消息，媒体采访有关专家后纷纷发文予以澄清，《多位食品安全领域专家指出"转基因大豆致癌"无流行病学证据》等报道被大量转载。

网民对"进口转基因大豆"话题也展开讨论，转基因食品的安全性被热议。有网民担忧国人沦为"小白鼠"，坚决反对转基因食品。也有网民在微博中发起"转基因大米品尝会"，以此反驳转基因致癌论，得到北京、上海等多地网民的响应。部分网民还表达了对"进口转基因大豆"的态度，腾讯网发起的话题投票中，九成以上的网民选择了"反对"。此外，搜狐网博客文章《莫让反转控掌握中国粮食安全的命运》也受到舆论关注。文章说，越来越多的媒体开始走向客观报道转基因方向，政府的应急速度也在加快，但转基因科普者迄今还停留在业余、零星的游击战状态。中国在转基因大豆的对外贸易上依然受制于人，要避免重蹈覆辙，民意问题依然是最大障碍。

话题 3

土壤重金属污染受到持续关注
多地农村水源污染被媒体集中报道

继 5 月份媒体曝出湖南大米镉超标后，6 月份舆论继续关注土壤重金属污染等相关问题。6 月初，人民网援引相关数据称，目前我国受污染的耕地约有 1.5 亿亩，占总耕地面积的 8.3%。中旬，《京华时报》援引相关研究报告称，我国 11 省 25 个地区的耕地涉及镉污染，目前国土资源部等有关部门正在绘制土壤重金属"人类污染图"，全面会诊土壤重金属污染现状。下旬，新华网报道，由于土壤污染，珠三角多地蔬菜重金属超标率达 10%～20%，耕地受重金属污染问题较突出。此外，新浪微博中关于"美杂志称中国移民体内重金属超标"的消息被网民大量转发，网民调侃"每个中国人站起来都是钢铁侠"。舆论呼吁有关部门高度重视当前的土壤重金属污染问题，并以立法形式保障土壤环境。

农村地下水污染也被媒体集中报道。6 月初，《新京报》援引环保部相关数据称，针对全国 798 个村庄的农村环境质量试点监测结果表明，农村饮用水源和地表水受到不同程度污染。《法制日报》刊发系列报道，曝光山东、河南、河北等地化工企业违规排污致水源严重污染，并详列了山东省邹平县、河南省浚县等水污染地区的患癌村民名单。6 月末，中国疾控中心专家团队发布《淮河流域水环境与消化道肿瘤死亡图集》，证实淮河流域内的河南、江苏、安徽等地多发“癌症村”与水污染有直接关系。媒体对此高度关注，并对文中提到的“癌症村”发表了跟进报道。

此外，6月下旬，央视《经济半小时》播出系列报道，关注河北三河、张家口、石家庄等地环境污染问题。其中，张家口被曝煤炭污染区种出“黑苹果”的消息受到大量转载。新华网批评“黑苹果”是不计后果、不计成本的盲目发展观产下的“怪蛋”。

话题 4

“新自留地”现象警示食品安全
权威媒体发文澄清“樱桃生虫”传言

6月末，央视曝光陕西渭南滥用农药的消息被网络媒体大量转载。报道称，陕西渭南农药市场各种高毒农药随处可见，农药经销商违法违规随意销售；当地菜农对高毒农药的危害心知肚明，家家都有自留地，从不敢吃大棚菜。媒体还关注了山东、东北等地农村的“新自留地”现象（即大田里施过化肥、洒过农药的蔬果粮食卖给城市，小块“自留地”里的“绿色”蔬果自己食用）。新华网指出，“新自留地”现象正在使城乡农产品供给一定程度上呈现“二元结构”，在食品安全问题凸显的当下，这不仅是农民“自保”的选择，也是对加强食品安全工作的警示。

6月中旬，微博等自媒体中流传着樱桃“生蛆”的“紧急通知”，称“樱桃里寄生了一种蛆虫，几乎100%都有”。传言引发了部分消费者的恐慌。对此情况，《人民日报》报道《“樱桃生虫”被夸大》说，含糖度高的樱桃裂口后吸引果蝇产卵长成幼虫，市场上只有少量樱桃遭受果蝇虫害，本身不存毒性，去掉有虫部分可以吃。新华网指出，本是少数樱桃生虫的正常现象，经过网络发酵，最后却演变成市民对樱桃的集体恐慌。近年来类似的事件还在柑橘等水果品种上先后上演，政府部门与行业组织应做好“危机公关”，稳定消费者信心，避免“一颗坏水果”毁了整个产业。

6月份，中药材农药残留超标、“毒皮蛋”等食品安全问题也受到舆论关注。下旬，国际环保组织“绿色和平”公布《中药材农药污染调查报告》，使得“中药材农药残留超标”成为热议话题。舆论呼吁反思“救人之药为何变害人之物”，建议从严把关药材生产和流通的各个环节，逐步实现有机种植。同时，江西南昌不法企业用工业硫酸铜腌制“毒皮蛋”、广东三水渔民用工业盐腌制“毒鱼干”等食品安全问题被媒体曝光后也受到广泛关注，当地有关部门的监管失察受到舆论批评。

此外，6月中旬，《燕赵都市报》报道《我国环境污染所致食源性疾病有爆发风险》说，我国自然环境污染和化学物质污染食品还很严重，但食品检测技术水平、相关标准与发达国家相比还有较大差距。我国内地农药兽药残留限量标准仅为

667 个，只达日本的百分之一。针对此文，新华网等百余家网络媒体以《媒体称中国农产品药物残留标准为日本百分之一》为题予以转载。媒体认为，执行世界上最严格的农药兽药残留限量标准，是日本极少发生食品安全事故的制度保障，我国的农药残留控制工作任重道远。

话题 5

媒体聚焦“三夏”生产　关注粮食安全

“三夏”期间，全国各地的夏收夏种夏管工作被媒体聚焦。农业部网站消息《全国大规模小麦跨区机收会战告捷》受到人民网等主流媒体的积极关注。山东、河南等省的夏粮收获情况也被广泛报道。同时，夏粮丰收后的增产后劲、农民种粮积极性等话题也是媒体讨论的热点。《人民日报》推出系列报道“三问三夏”：一问农民种粮赚不赚钱；二问谁来种地，怎么种地；三问连年丰收的增产后劲。报道介绍，散户仍是种粮主力军，挣钱不多；大户希望荒地等后备耕地得到政策更多眷顾；合作社规模效益显现。报道建议健全保障机制，扶持新型经营主体，提升粮食综合生产能力。此外，河南、安徽、江苏等地因焚烧秸秆引发“秸秆雾霾”天气，被媒体广泛报道。“江苏多地干部因烧秸秆管控不力被停职”的消息也被大量转载。《人民日报》消息称，成都市通过开展秸秆集中收储、机械化粉碎还田等一系列有益尝试，化解了秸秆焚烧“老大难”问题。

粮食安全问题也受到舆论关注。6 月初，《经济参考报》对福建省粮食主产区调查走访后发表报道《种粮面积“家底不清”成粮食安全隐忧》说，近年来，受粮食成本和收益影响，部分种粮农民改种经济作物，甚至存在抛荒现象，粮食实际种植面积已发生变化。但由于基层核查力量薄弱，有关部门在上报粮食种植面积时没有严格按照要求进行核实、汇总，而是沿用历史数据，造成与实际种植面积不符。此外，5 月末发生的中储粮黑龙江林甸直属库大火，引发舆论对粮食收储安全与收储规模的思考。中国新闻网文章说，防火是大型粮库设计重中之重，而据火灾现场了解，整个粮库消防设施非常有限，一系列安全隐患为事故埋下了伏笔。凤凰博客文章《中储粮大火折射我国粮食储备过剩问题》认为，中国巨量的储备粮食，明显已超出了实际需求范围，恰恰是这种与需求端不相吻合的储备规模，最终导致了以中储粮大火为代表的国储粮浪费事件的发生。

话题 6

生姜价格涨势明显　蒜价下跌成定局
活禽交易逐步升温　猪肉价格持续回升

6 月份，山东、河南、河北等地大蒜价格下跌行情继续受到媒体关注。《山东商报》消息称，大蒜价格比去年跌一半，“蒜你狠”变“蒜你贱”成定局。媒体援引业内人士言论称，供需失衡是“蒜你贱”局面出现的根本原因，大蒜深加工产业链过短，深加工能力不强也是大蒜价格波动长期存在的一大原因。本月热帖《“蒜你乐”引来市民疯抢购》图文讲述大蒜价格下跌引发市民抢购场面。网民感慨称，如此便宜的蒜价，蒜农可能连本钱都收不回来，何乐之有？另据新华网消息，全国超八成省区市的生姜价格上涨明显，被舆论戏称“姜你军”。媒体介绍，生姜再遇“升价潮”，“毒姜”事件是众多诱因之一。“毒姜”事件使得相关部门加大了检查力度，不合格生姜被销毁，菜农也不敢滥用药，生姜生长变缓慢；去年的低价致菜农减少了种植面积，市场供应少，也促使生姜价格上涨。

此外，活禽交易情况、猪肉价格也受到关注。6 月中旬，《人民日报》报道，上海、江苏、浙江等启动禽流感应急响应的 7 省市已全部终止应急响应，部分省市放开省内家禽市场流通，有序恢复家禽市场交易。报道对浙江、江苏两省实地调查后称，目前各地家禽空栏较多，补栏不足，预计随着需求的进一步恢复，家禽价格仍有上涨的空间。《南方日报》消息称，广东补贴家禽业 4 854 万，禽类市场逐步恢复稳定，未来禽类产品价格波动可控。生猪价格方面，6 月初，中国新闻网报道说，全国约九成省区市猪肉价格上涨。6 月末，中国网消息称，受国家收储、生猪出栏量减少等影响，近期生猪价格逆袭反弹，随着市场形势的好转，部分省市的养殖户养猪热情恢复，甚至一些退出生猪养殖的养殖户又重新加入其中。

话题 7

建筑业民工月薪过万
舆论热议农民工高薪话题

6 月中旬，有网民在网络论坛中晒出一张建筑工地的“民工工资单”，上面显示，最高的月工资有 14 000 元，最低的也有 5 000 多元，网帖发出后引发舆论热议。以白领为主的网民纷纷感慨“压力很大”、“自愧不如”。也有网民说，“不要羡慕人家工资高，你在办公室吹空调上网，别人在烈日下挥汗如雨搬砖头，农民工一滴汗水一分钱，分分皆是辛苦钱”。还有网民认为，在城市化进程中，人工费上涨是必然趋势。媒体指出，一时较高的工资并没有改变农民工群体的弱势地位，我们仍需进一步破除制度的壁垒，让农民工真正融入城市，公平分享经济社会发展的成果，获得体面、有尊严的生活。此外，“国务院决定成立国务院农民工工作领导小组”的消息也被百余家媒体转发，媒体称此举意味着国务院对农民工工作的“升级”。

6 月份，农民工讨薪话题仍是网民关注的热点，天涯论坛网帖爆料农民工讨薪被打成重伤，当月点击量近 72 万次。与农民工临时夫妻、农民工养老相关的帖文也分别进入热帖排行前 10。

话题 8

河北曲周农田被毁引发广泛关注 留守儿童溺亡事故频发再揭留守群体苦难

6 月 13 日，河北新闻网曝光河北省曲周县政府以“储备土地”为名，强毁 300 余亩农田，即将成熟的小麦、进入盛果期的蔬果均未幸免。报道还上传了当地农民手捧枯黄的小麦跪地哭诉的照片。对此消息，200 多家网络媒体予以关注，新浪、搜狐等门户网站发表转载报道后，网民累计参与跟帖量近 55 万次，评论超过 9.6 万条。同时，该消息位列新浪微博 13 日“热门微博”第四位，多条相关微博内容被网民转发上万次。网易论坛帖文《河北曲周 300 余亩农田被毁》也被网民点击近 7 万次。网民怒斥当地政府毁麦行为，质疑其征地程序的合法性。还有网民说，农民种田“粒粒皆辛苦”，即使是合法的储备土地，也应等收获之后。媒体也纷纷发文批评当地政府与民争利。光明网评论指出，一些地方政府漠视农民利益，借城镇化之名行占用农村耕地之实，相关土地管理法规的修正成为当务之急。

进入 6 月份以来，河南南阳和信阳、内蒙古呼伦贝尔、江西南昌等地接连发生留守儿童溺亡事故。特别是南昌市文青村 3 个同胞兄妹在村口池塘溺水身亡的消息引发强烈社会反响。中国新闻网援引有关研究报告称，在儿童溺亡事故中，农村溺亡儿童数量是城市的近 5 倍，呼吁加大对包括留守儿童在内的农村留守群体的关注力度。《华商报》文章《我们正在低估留守者的苦难》说，目前我国农村留守儿童和留守老人数以亿计，如果对留守者常态的权利救济是不确定的，如果只有极端的个案才能让人想起这个群体的苦难，那么下一个悲剧就不可避免。

热帖解读

新浪博文：《老无所依——关注老年农民工》

6 月 18 日，央视《看见》栏目主持人柴静在其新浪博客中发布视频《老无所依》，讲述了两个早年进城务工的农民工（老谭和老王）在“筋骨疲惫，劳病相催”的年纪依然在深圳坚守的生存故事。老谭是一名搬砖工人，与妻子母亲和亲戚挤在城中村 10 米^2 的出租房里。老王靠打零工维系生计，几年前常年在外打工的老王与聚少离多的妻子离了婚，之后遭遇车祸的他靠跌打丸和廉价高度酒扛着度日。

截至月末，该帖文点击量达 13 万余次，评论 900 余条。从评论内容看，大部分网民认为视频是年迈农民工的真实写照，体现了部分农民晚年生活的不易。心酸和无奈是网民观看后的主要情绪，有网民甚至想“号啕大哭”。有网民呼吁提高农民工待遇，完善相关农村保障政策，真正解决老年农民工的养老问题。还有网民说，镜头中的高楼大厦与低矮房屋相接，展示了人们生活的差距，而深陷在这种生活中的，又何止老王和老谭两家人。

七、7 月"三农"网络舆情概览

7 月份，网络媒体日均新闻报道量与上月相比有所下降。上旬，媒体对乳业相关热点话题发表了大量报道，使得新闻量稍高于中下旬。3 日，"奶粉价格反垄断调查"受到集中关注，助推当日舆情走势攀至峰值。8 日，"国内奶粉反式脂肪酸"风波乍起，舆情热度大幅反弹。22～23 日，"奶粉冲兑液态奶"、"习近平调研农村土地流转"等热点话题接力出现，致新闻量迅猛上涨。微博舆情走势波动较大，上旬，媒体对乳业热点话题的报道引发微博舆情走势出现多次震荡。16～19 日，"转基因玉米致癌"、"湖南瓜农之死"等热点话题的出现，致这几日微博舆情热度居于高位。

7 月网络媒体"三农"新闻舆情走势图

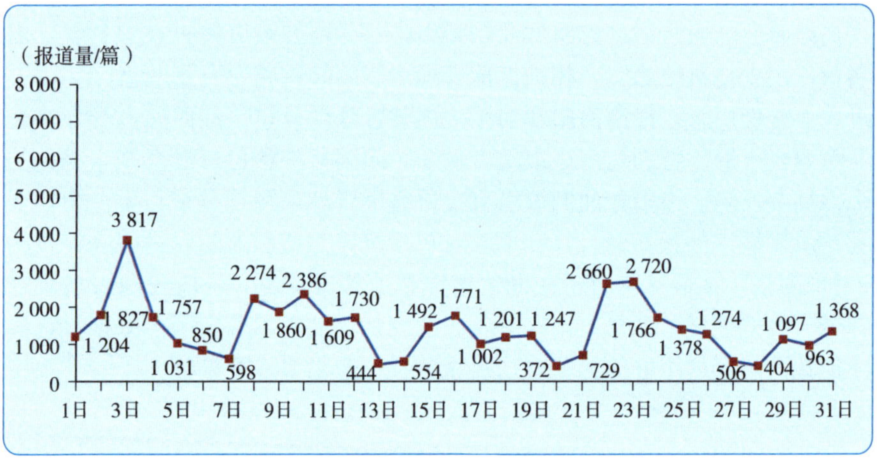

7 月微博"三农"舆情走势图

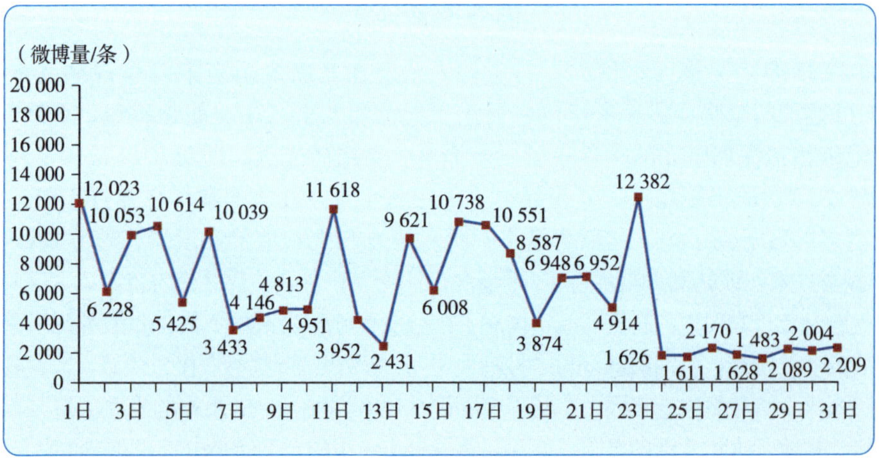

7 月热点新闻排行 Top10

排名	标　　题	来源	时间	转载量
1	曝婴幼儿奶粉含反式脂肪　官方称含量符合标准	人民网	7 月 10 日	371
2	调查称“买不起房”成农民工市民化最大障碍	《河南日报》	7 月 19 日	268
3	广东韶关农业局就“镉超标大米不是毒大米”致歉	中国新闻网	7 月 16 日	265
4	马庆斌：我国 18 亿亩耕地红线存在失控可能	中国广播网	7 月 3 日	250
5	习近平：好好研究土地流转问题	新华网	7 月 22 日	248
6	广东韶关农业局回应大米镉超标：吃一两年没问题	中国广播网	7 月 15 日	239
7	中乳协：纯牛奶不许冲兑	《京华时报》	7 月 23 日	237
8	全国近千名网友试吃转基因大米	《京华时报》	7 月 14 日	219
9	近百吨进口奶粉亚硝酸盐超标均已依法退货销毁	《北京晨报》	7 月 30 日	213
10	人社部报告显示部分农民工主动放弃社保换工资	《京华时报》	7 月 16 日	203

7 月网络热帖排行 Top10

排名	标　　题	来源	时间	点击量	回帖量
1	法网恢恢　湖北荆州城南白龙村委暴力征地，打伤农民、霸占民宅，谁敢管？	天涯论坛	7 月 2 日	1 144 861	2 756
2	村长书记演双簧　吸金逾亿齐张狂	天涯论坛	7 月 16 日	1 011 601	516
3	求救信：讨薪被逼当场自杀！	网易论坛	7 月 12 日	544 057	108
4	山东省新泰市泉沟镇康乐村农民八年维权路！与拘留所结缘！——暴力拆迁	天涯论坛	7 月 9 日	468 645	771
5	港媒拿反式脂肪酸做文章令人遗憾	凤凰论坛	7 月 10 日	272 558	82
6	全面驳斥郎咸平、石述思散布的转基因谣言与谎言	凤凰博客	7 月 18 日	211 761	880
7	一个瓜农的中国梦	新浪博客	7 月 18 日	199 644	6 003
8	“江水泡饭”是什么生活习惯？	新浪博客	7 月 3 日	112 061	805
9	慎吃路边摊！羊肉串中竟含耗子药成分	凤凰论坛	7 月 22 日	101 316	78
10	果壳网揭秘：黑龙江豆协转基因大豆油危害说	网易论坛	7 月 3 日	42 026	137

7 月网络媒体热点话题

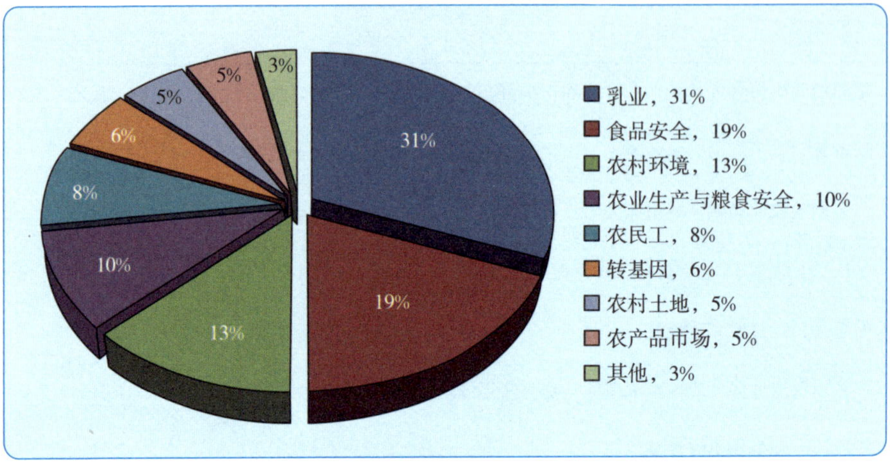

7 月网民热点话题

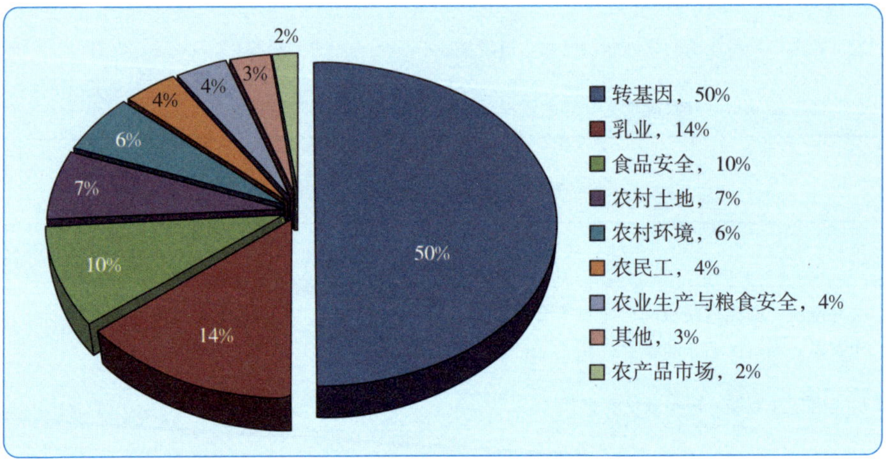

话题 1

发改委反垄断调查剑指"奶粉暴利盛宴"
舆论理性消解"国产奶粉反式脂肪酸"风波

7 月份，乳业相关话题受到网络媒体的聚焦。月初，"奶粉价格反垄断"的消息受到高度关注。据中国新闻网报道，合生元、多美滋等奶粉企业的产品，2008 年以来涨价幅度达 30%左右，已涉嫌价格纵向垄断，发改委反垄断局对此展开调查。由于此次调查涉及惠氏等多家进口品牌，"洋奶粉遭反垄断调查"成为关注热点。网络媒体在后续报道中纷纷转载了"惠氏认错紧急降价 11%"、"美赞臣下调 7%～15%"等消息，并评论指出反垄断调查有望终结奶粉寡头的暴利盛宴。国产奶粉企业在此次反垄断中受到的影响也被舆论热议。《人民日报》文章说，遭遇反垄断调查，进口奶粉会有降价的压力，国产奶企要以优质低价的产品迎接境外同行的挑战。从腾讯网发起的网络调查看，8 成以上网民认为，洋奶粉存在价格垄断；5 成以上网民表示，反垄断调查不是提振国内奶企的根本之策。

7 月上旬，国产婴幼儿配方乳粉“反式脂肪酸风波”引发广泛舆论反响。7 月 8 日，香港《南华早报》刊登题为“内地婴儿奶粉含反式脂肪”的文章，并称“反式脂肪可以导致心脏病，婴儿不宜饮用”。消息发布后引发社会各界的高度关注，国家食品药品监督管理总局等相关部门纷纷发声。“官方称国产、进口婴儿奶粉均含反式脂肪酸”、“乳制品专家：反式脂肪酸在母乳中天然存在”等消息被网络媒体大量报道。媒体还对反式脂肪酸展开科普，消减公众恐慌情绪。有舆论批评《南华早报》的报道“是不负责任之辞，对行业造成打击、对消费者形成误导”。还有网民认为，这是某些国外奶粉品牌与媒体勾结，借助网络水军造势，抹黑国内奶粉。《证券时报》评论说，在官方及时背书、企业群起反击以及舆论的理性辟谣下，中国奶粉行业的这次“反式脂肪酸”危机得以消散。

7 月下旬，“奶粉冲兑液态奶”成为热点话题。据《中国经营报》报道，西部乳业发展协会执行副会长魏荣禄介绍，国内 60％以上的液态奶由奶粉冲兑。对此，国家食药监总局、中国乳制品工业协会表示，鲜牛奶和纯牛奶不允许使用奶粉冲兑，用奶粉作原料的液态奶必须在包装上标明“复原乳”，如不标明属于违法。《新京报》消息称，乳业行业内确实存在一些用奶粉冲兑非法纯牛奶、也未对外明示标注的现象，但量不会特别大。舆论认为，监管部门还应对“六成液态奶由奶粉冲兑”给个权威说法，并加强对纯牛奶和复原乳的标注规范。

话题 2

舆论热议“中国食品安全世界排名 42 位”
中药材、茶叶农药残留问题被媒体集中报道

7 月份，舆论再度关注食品安全话题。7 月中旬，网络媒体对英国“经济学人智库”发布的《全球食品安全指数报告》予以广泛报道。报告显示，中国食品安全水平在 107 个国家中位居 42，处于世界中上游、发展中国家前列。对此结果，部分网民持质疑态度，认为与实际情况不符。媒体指出，报告在分析方面的科学性是值得信赖的，但也不能沾沾自喜，因为食品安全是一个永远没有最好、只有更好的命题。此外，7 月下旬，《人民日报》、新华社等权威媒体纷纷发文报道“全国农产品质量安全监管工作会议”，200 多家网络媒体以《农业部：农产品质量安全总体向好》等为题转载了相关消息。

中药材、茶叶的农药残留问题受到舆论关注。月初，环保组织“绿色和平”网站消息称，英国、美国等七国市场上产自中国的中药材产品含有多种农药残留，大部分农药残留含量超出欧盟限量规定。消息引发百余家网络媒体转载，新华社《新华视点》建议监管部门公布权威数据，并从源头上实施监管。7 月上旬，《时代周

报》曝光山东省平邑县在金银花种植中滥用高毒农药、农药残留检测缺失等问题。月末，央视播出《茶叶农药残留调查》，称河南信阳农药茶大量流向外地，茶农不喝自己种的茶。"17 名中国菜农在俄罗斯滥用农药被拘"的消息经媒体报道后也引发热议。舆论认为，"使用危险农药被拘"在国内也应成为常态，这不仅是解决"丢人丢到国外去"的最好办法，更是保护国人身体健康的前提。此外，"安徽大学生用 DNA 鉴定羊肉串　真羊肉只占两成"、"北京男子吃鼠肉'羊肉串'现瘀斑"等消息曝出后受到广泛关注。凤凰论坛热帖《慎吃路边摊！羊肉串中竟含耗子药成分》谴责商贩无良，呼吁行业自律、官方主动监管。

7 月末，新华社《中国网事》追踪"湖南镉大米"等多起热点新闻事件后发文说，"这些事件几乎都处于'正在调查'期间，时隔数月也没有结论"。舆论认为，需要从制度上加以约束，不能让"正在调查"成为"烂尾新闻"的万能借口。广东韶关农业局有关人士针对"镉超标大米"的相关言论也引发舆论围观。中国广播网报道说，韶关农业局有关人士称"镉超标大米不是毒大米，吃一两年没问题"。舆论批评此言论"雷人回复"、"冷漠论调"，不应该是监管者的态度。随后，韶关农业局就该言论道歉。

话题 3

媒体追踪淮河流域"癌症村"现状
广东率先公开土壤污染数据获舆论肯定

7 月份，水源污染威胁村民身体健康问题受到媒体关注。6 月末，"淮河流域癌症村与水污染有直接关系"的相关研究报告引发媒体高度关注，7 月中旬，新华网、《新京报》等媒体对淮河流域的河南省沈丘县进行了调查采访。新华网报道《鱼畸形、人患病——淮河沿岸"癌症村"现场调查记》被大量转载。报道说，沈丘段的水质表面上已有所改观，但水体中的持久性化学物污染、重金属超标等在相当长时间内不会被消除。《新京报》走访沈丘县多个癌症村，关注村民患癌后的生活，认为"眼下最重要的是救助贫困的癌症患者，不要再让污染水源使更多人患病"。同时，新华网对网络盛传的我国"癌症村"地图实地探访后发文称，多处村庄位于化工园区周边，饮水安全普遍受到不同程度威胁，村民普遍反映有疾病多发状况并渴望摆脱恶化的生存环境。文章建议国家进行权威调查并公布结果，对"癌症村"予以正名和治理。此外，7 月初，由于上游企业的非法排污，广西贺江铊超标达 2.14 倍，给当地的生活用水、网箱养殖以及农田灌溉造成影响。对此事件，媒体联系 2012 年年初的广西龙江镉污染事件，追问"惊人相似的污染事件为何一再出现"。

土壤重金属污染话题也被舆论关注。7 月中旬，广东省有关部门公布了"珠三角地区土壤重金属超标 28%"等土壤污染数据。媒体对此关注度较高，财新网认为，在举国一片沉默的大背景下，广东率先公开土壤污染数据，具有格外重要的意义。月末，《华尔街日报》文章《中国土地之殇》关注土壤污染给食品安全、民众身体健康等方面带来的不利影响。新浪微博就此发起“中国土地之殇”微话题讨论，网民呼吁有关部门高度重视并从源头治理土壤污染。

话题 4

“夏粮十连丰”成为媒体报道热点
“粮食进口量增加”引舆论热议粮食安全

7月份，夏粮丰收是网络媒体报道的热点。中旬，百余家网络媒体以“中国夏粮总产量创历史新高”、“全国夏粮连续十年获丰收”等为题，对国家统计局网站消息“2013年全国夏粮产量13 189万吨”进行转述报道。同时，农业部网站消息“2013年夏粮产量再创历史新高成绩来之不易，意义尤为重大”，也被人民网等媒体积极转载。中国广播网援引有关专家言论称，夏粮单产水平的提高表明科技兴农的政策在发挥作用，11个夏粮主产区中7个出现增长也说明了农民的种粮积极性在逐步增强。《半月谈》文章还说，夏粮十连丰背后存在“靠肥料增产”、“耕地质量恶化”等问题，一些长期采用的增产举措面临考验，农业生产方式亟待实现根本转变。此外，媒体还对近期我国多个省份遭遇的洪涝灾害，湖南、贵州等地的旱灾以及山西等地的黏虫灾害予以关注，重点报道了农作物受损情况以及农业部门的防控应对工作。

粮食进口话题也被舆论热议。7月初，媒体援引相关数据发文称，“我国三大农作物进口不断创新高，中国粮食进口去年全年超过了7 000万吨，是历史上粮食进口量最多的一年”。有舆论担忧进口量激增或威胁我国粮食安全。《上海证券报》援引专家言论称，工业化城镇化发展、国际国内粮食差价、大豆进口占比过高等多重因素造成了我国粮食进口量迅速增加，目前我国的粮食安全并没有受到威胁，但在当前的“紧平衡”状态下，还需要未雨绸缪稳定粮食自给率。《人民日报》文章说，从战略上看，今后保障国家粮食安全、确保主要农产品有效供给，进口国外农产品、利用境外农业资源将不可避免；对重点的口粮产品确保国内供应，对非口粮产品放开市场，提高统筹国内外两种资源，两种市场的能力。

话题 5

“农民工市民化”面临诸多现实难题
网民关注“农民工讨薪被逼自杀”

7月份，“农民工市民化”是媒体关注的重点。7月中旬，媒体纷纷以“人社部报告显示部分农民工主动放弃社保换工资”为题，摘要报道了人社部发布的《〈社会保险法〉实施情况研究报告》。国际在线文章说，工资水平低、新型农村养老保险的缴费档次和保障能力弱、跨省社保接续服务不到位，是农民工放弃社保换工资的主要因素。《中国青年报》等媒体还报道了新生代农民工"进城打工　回乡买房"现象，认为缺乏对城市的归属感和安全感是主因。还有媒体说，农民工市民化愿望强烈，但"买房难"成为主要障碍。7月末，社科院发布的《中国城市发展报告》指出，我国农业转移人口的市民化状况不容乐观，进城农业转移人口在公共服务、经济生活等方面与城镇居民的差距较大。《人民日报》指出，农民进城面临诸多现实难题，这是今后推进城镇化政策必须考虑的问题。

此外，四五十岁农民工年龄大、缺技能、找工难问题也被媒体报道。舆论认为，"4050"农民工上有老下有小，生活负担最重，社会应给予他们更多关爱。网民对农民工讨薪问题的关注度很高，网易论坛热帖《求救信：讨薪被逼当场自杀！》当月点击量达54万余次。网帖图文讲述在天津打工的农民工向老板讨薪3月未果，求助当地有关部门无效，无奈喝下大量安眠药，希望舆论关注讨回工钱。

话题 6

"试吃转基因大米"受到网络围观 "转基因玉米致癌"报道旧闻新炒

7月份，转基因的新闻报道量与上月相比降幅明显，网民的话题量仍占总话题量的一半比重。"试吃转基因大米"是媒体和网民共同关注的热点。据中国广播网等媒体介绍，今年5月份以来，广州、昆明、南宁等多个城市共计举行了20余次转基因大米试吃活动，这些试吃活动由媒体、协会、网民等不同的主体自发组织，参与志愿者近千人。7月中旬，北京市科技记者协会联合华中农业大学在京开展转基因大米自愿品尝活动，《京华时报》等媒体对此次活动进行了报道，受到200多家网络媒体的关注。媒体表示，"试吃活动"只是一场力挺转基因技术的网民聚会，从其效果来看，不足以打消反转派的疑虑。网民也在新闻跟帖和微博中纷纷发表看法。大部分网民认为，"千人试吃转基因"难有说服力，因为转基因的安全与否需要一个长期的过程，不是一次试吃就能证明的。

2012年9月，法国科学家塞拉利尼发表的"转基因玉米NK603导致实验鼠患癌"的研究结果曾引发舆论的广泛关注。2012年10月，法国有关部门经过调查后对该研究结论予以否定。2013年7月中旬，《每日经济新闻》以《法国科学家：实验证明转基因玉米诱发肿瘤》为题发表报道，塞拉利尼现身研讨会，回应"转基因玉米致实验鼠患癌"研究结果是在"两年时间内对200个小白鼠进行了实验"的基础上得出的，是"全世界最棒的测试和分析"。《每日经济新闻》的报道受到舆论关注，转基因的安全性再次成为争议的焦点。此外，7月份，科普作家方舟子的凤凰博客文章《全面驳斥郎咸平、石述思散布的转基因谣言与谎言》当月点击量达21万多次。网易论坛热帖《果壳网揭秘：黑龙江豆协转基因大豆油危害说》也受到网民的关注。网帖表示，黑龙江大豆协会“转基因大豆致癌”的言论是不负责、极具误导性的行为。

话题 7

习近平调研农村土地流转引关注
微博爆料农民立“生死状”讨要土地

7月份，“农村土地流转”是媒体关注的热点。22日，新华社《新华视点》微博发布消息“习近平：好好研究土地流转问题”称，习近平表示，下一步改革中要好好研究，如何在坚持农村土地集体所有性质的前提下完善联产承包责任制，既保障基本农田和粮食安全，又通过合乎规范的流转增加农民收入。有舆论就此推测，酝酿已久的农村土地流转改革将有望在今年下半年迈出实质性步伐。《长江时报》文章说，农村土地流转面临集体土地所有权虚置、城乡户籍藩篱以及福利保障的二元割裂等制度壁垒，土地流转顺畅与否，有待于这些改革的深入。

农地征用方面，“湖南安化近百农民立‘生死状’讨5亩地”的消息经微博图文发出后反响强烈，《新京报》等媒体予以跟进报道。在舆论的持续关注下，当地政府部门及时展开调查，并采取封存“生死状”原件、查处非法土地房产交易等措施，对此事予以妥善处置。媒体对“河北邢台百人持砍刀暴力征地”、“山西太原上千亩农田被占用盖别墅”等问题曝光后，引发广泛转载。此外，天涯论坛爆料湖北荆州、山东新泰暴力征地的相关网帖也受到网民的高度关注，网帖点击量累计达160万余次。

话题 8

强降雨致多地菜价快速走高
各方积极行动破解河南西瓜卖难

7月份，全国多省份强降雨致蔬菜价格快速走高。下旬，新华网报道，全国多地遭遇强降雨，山东、吉林等地部分地区蔬菜病虫害发病率大幅提升、蔬菜死棵现象严重；短期来看，近期蔬菜价格上涨受天气因素影响较大，但从总体价格走势看，后期上涨趋势仍较为明显，“稳物价”工作不可忽视。

此外，河南部分地区西瓜出现难卖现象。大河网消息称，河南郑州、开封、安阳、濮阳等地出现瓜贱难卖现象，瓜农称遭遇十年来最差行情。对此情况，河南多家媒体纷纷发布瓜农销售信息，发起“买西瓜传爱心”等活动，得到当地民众和有关企业的踊跃响应。网民也在微博、论坛倡议买“爱心瓜　传递正能量”。郑州在人流量大的区域为瓜农设立“绿色通道”，并提供茶水等服务。此举被称为“充满温情和人性”，获得舆论肯定。8月初，《大河报》联系农业专家、营销专家与瓜农召开座谈会。与会嘉宾一致认为，西瓜口味好、品质好，是破解西瓜难卖的根本所在。目前河南西瓜还存在诸如"种植外地淘汰的品种、不科学施肥、嫁接瓜产量高但口感受影响"等问题。

话题 9

舆论呼吁城市执法者反思"湖南瓜农之死"

7 月 17 日，网民在微博中图文爆料称，"17 日上午，湖南省郴州市临武县莲塘村瓜农两口子在县城文昌路桥头卖西瓜，丈夫被临武城管暴力执法打死，老婆被打住院"。消息发出后旋即成为舆论关注的焦点，媒体迅速介入调查采访。《京华时报》等媒体于 18 日发布进一步消息称，"瓜农遭城管用秤砣殴打，死前拽下打人者胸牌"。19 日，当地警方刑事拘留 6 名涉事城管，并于 8 月初公布瓜农死因系"外力诱发脑血管破裂"。舆论认为该结论"有替城管脱罪的嫌疑"，不具有说服力。媒体认为，该事件暴露了"暴力执法之恶"，指出相关部门应畅通绿色通道帮农助农，而不是趁机揩油伤农害农。时评人李承鹏分别在微博、博客中发布评论文章"一个瓜农的中国梦"，当月网民点击量达数十万次。8 月初，《人民日报》对济南市城管部门为引导瓜农进城卖瓜推出的一系列举措进行了详细报道。报道最后说，"无论是有生活需求的市民，还是进城摆摊的瓜农，都是这个城市的主人。如果一个城市连一个小小的瓜摊都容不下，执法者应该反思"。

热帖解读

新浪博文：《"江水泡饭"是什么生活习惯?》

6 月末，从事支教活动的志愿者张云明在微博中发布了一组内容为云南丽江某小学学生用江水泡饭的照片，引起舆论强烈反响。有网民指责当地相关部门不作为，并质疑"营养餐补助"或被挪用。对此，该小学校长和当地教育局皆表示"冤枉"，称学生接江水泡饭是生活习惯。"江水泡饭是生活习惯"言论又引发新的质疑。

7 月 3 日，网民"阿飞"在新浪博客中发文《"江水泡饭"是什么生活习惯?》，受到广泛关注。博文认为，该校校长做出的"一是以前的生活习惯，二是现在天气太热，喝江水更凉快"的解释，除了麻木，便是冷漠。一方面，"以前的生活习惯"，并非都是正确、科学的。教育的意义，除了传授学生知识外，改变并培养学生更良好的习惯，也是重要组成部分。见学生的不良习惯而无动于衷，是麻木。另一方面，"天气太热，喝江水更凉快"，当地学校既然能提供开水，那为什么不能提供一些凉开水？明明是举手之劳，学校却不去努力改善，是冷漠。

截至月末，该文点击量达 11 万余次，评论 800 余条。从网民评论内容看，大部分网民对孩子用"江水泡饭"表示痛心，认为"江水泡饭"是一种无奈的习惯，是因为贫穷才养成的“习惯”，就目前的生态环境而言，孩子用江水泡饭或给身体健康造成一定影响，希望有关部门和公益组织能帮助他们建立更加健康的饮水设施。有网民表示，“江水泡饭”如果真是习惯使然，希望当地教育局和学校能重视，主动引导孩子摒弃陋习，养成良好的饮食习惯。还有网民认为，“江水泡饭”反映出农村教育心酸的现实，与其争论“江水泡饭是生活习惯”，不如更多的思考如何帮助贫困地区儿童改善生存现状。

八、8月"三农"网络舆情概览

8月份，网络媒体日均新闻报道量与7月相比大幅上涨。乳业话题和食品安全话题对媒体新闻舆情走势影响显著。5日，"恒天然开发布会并致歉"、"肉毒杆菌乳粉流入市场"、"质监部门封存问题产品"等与恒天然肉毒杆菌事件相关的消息被媒体大量报道，当日舆情走势攀至峰值。9日，"3万斤病死猪肉流向北京餐桌"、"广东发现疑似人感染H7N9禽流感病例"引发媒体广泛关注，舆情热度出现反弹。29日，"恒天然肉毒杆菌事件虚惊一场"的消息使得当日新闻量大增。微博方面，网民对乳业热点话题及病死猪流入市场等食品安全话题的关注，使得上半月微博话题量明显高于下半月。

8月网络媒体"三农"新闻舆情走势图

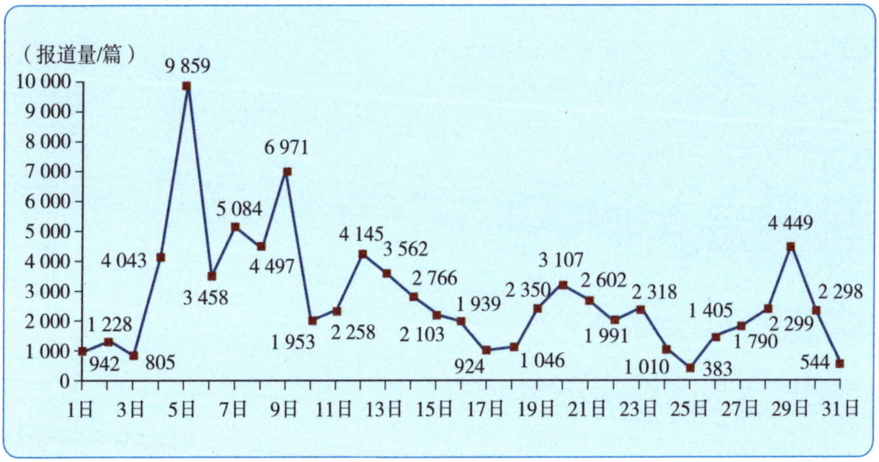

8月微博"三农"舆情走势图

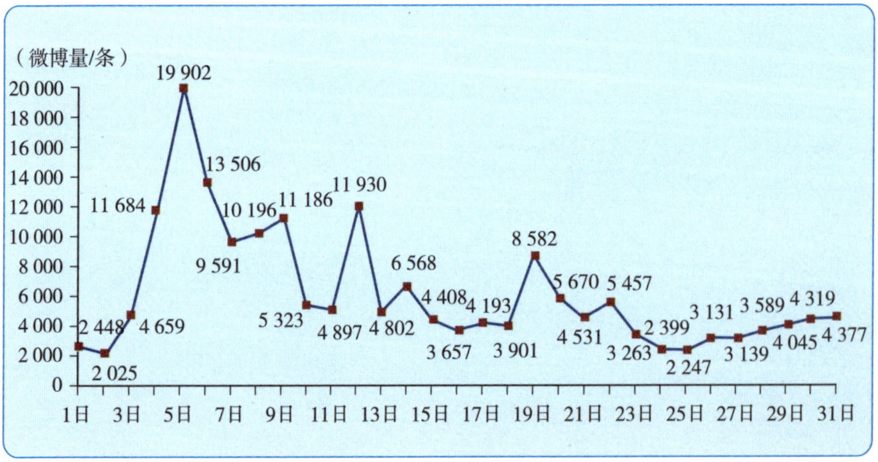

8月热点新闻排行 Top10

排名	标题	来源	时间	转载量
1	质检总局：新西兰两批乳铁蛋白硝酸盐含量异常	人民网	8月19日	355
2	国内四企召回问题乳粉	人民网	8月5日	325
3	新西兰进口乳制品再陷"质量门"	《经济参考报》	8月20日	313
4	恒天然就肉毒杆菌乳粉开发布会首席执行官道歉	中国网	8月5日	302
5	"癌症村"接连曝光矛头直指水污染	《经济参考报》	8月12日	299
6	10月起北京江苏部分药店将设奶粉"ATM"机	《扬子晚报》	8月19日	268
7	国土部实地核查违规征地	《经济参考报》	8月21日	242
8	近3万斤病死猪肉流向北京餐桌　商贩：我不吃那种肉	《京华时报》	8月9日	238
9	国家质检总局：德国大闸蟹未获准进口	中国网	8月22日	230
10	4万斤病死猪肉流入四省市场层层监管失灵	《北京晨报》	8月30日	223

8月网络热帖排行 Top10

排名	标题	来源	时间	点击量	回帖量
1	俄罗斯害怕中国菜农的真实原因	凤凰博客	8月14日	906 784	556
2	都报道洋奶粉去了，洋蜂蜜出事了怎么没人管了？	天涯论坛	8月6日	693 408	2 443
3	新西兰奶粉又出事，作为一个从事食品行业多年老手，告诉你一些真相!!	天涯论坛	8月5日	618 205	2 627
4	配合公安部打假，踢爆十大食品网络谣言！	天涯论坛	8月23日	426 758	1 519
5	四川农民阻止强拆，竟被黑社会砍断四肢？	网易博客	8月17日	350 036	2 447
6	柴静：广州杨箕村钉子户拉锯战付出的代价	凤凰博客	8月12日	231 560	96
7	用图片记录自己大学毕业回乡养鱼的幸福生活	天涯论坛	8月4日	230 728	1 494
8	张鸣：制度性流民	凤凰博客	8月5日	164 054	182
9	新西兰婴幼儿奶粉查出肉毒杆菌这些产品已销往中国在内的7个国家	19楼空间	8月4日	145 709	368
10	征地拆迁户独享土地增值收益是极大的不公	搜狐博客	8月19日	104 404	307

8 月网络媒体热点话题

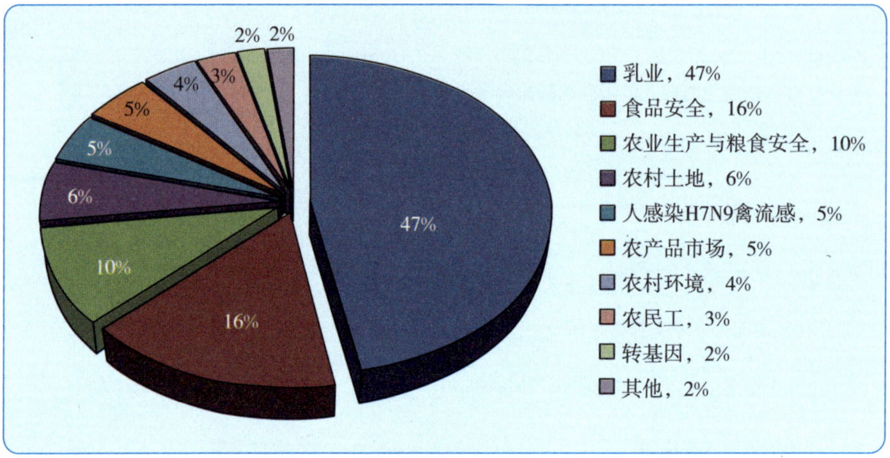

8 月网民热点话题

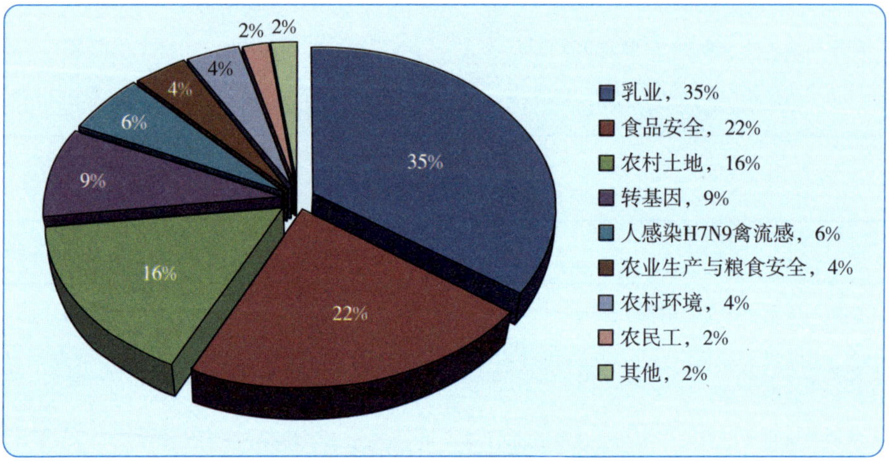

话题 1

恒天然肉毒杆菌事件引发舆论深度反思
发改委奶粉价格反垄断调查结案

8 月份，乳业话题的新闻量大幅上涨，新西兰恒天然肉毒杆菌事件是主因，该事件的新闻报道量约占乳业话题总量的 85%，事件舆情弥漫整个月度。8 月 2 日，新西兰恒天然集团向新西兰政府通报称，其生产的 3 个批次浓缩乳清蛋白中检出肉毒杆菌，影响包括 3 个中国企业在内的 8 家客户。消息曝光后，引发舆论的高度关注和持续发酵。凤凰网、网易等主要门户网站开设专题追踪报道，各大媒体多角度置评，网民也在微博中对公示的问题乳品批号进行主动扩散。我国监管部门、涉事企业纷纷展开排查、召回等措施予以应对，中国市场上的乳品企业也纷纷避嫌，撇清与恒天然的关系。不仅如此，该事件在全球多地发酵，多国政府下进口禁令。面对在市场上造成的强烈震动，恒天然采取了道歉说明、主动召回、相关岗位管理人员辞职、政府监管部门进驻调查、委托第三方进行多次检测等一系列的善后应对举措，被网民评价为“严谨的态度，诚实的品质”。28 日，新华社援引新西兰初级产业部消息说，恒天然肉毒杆菌污染事件检测出的细菌不是肉毒杆菌，而是生孢梭菌。就此，舆论评价是“虚惊一场”，并对该事件进行深度反思。人民网认为，恒天然在食品安全上宁可虚惊不要放纵的态度最终赢得了消费者的认同，实现了舆情方向大逆转。还有舆论表示，恒天然肉毒杆菌污染事件，从一开始的高调公开，到危机处理的毫不遮掩、危机应对的态度诚恳，再到调查结论的严谨得出，很好地给国内一些企业和相关方面“上了一课”。此外，“恒天然在斯里兰卡被检测出双氰胺”、“新西兰西部乳业被检测出硝酸盐含量异常”等消息相继被曝出后，也受到广泛关注。舆论认为，洋奶粉的安全神话已经破灭，国内消费者不应盲目崇洋。

8 月份，奶粉价格反垄断调查继续受到媒体关注。25 日，中新网等媒体报道称，据发改委反垄断局透露，合生元、美赞臣、多美滋、雅培、富仕兰（美素佳儿）、恒天然等六家企业，已分别将共计 6.6 亿余元的罚款汇入财政部指定的物价罚没收入账户，全部上缴中央国库。至此，史上最大罚单的奶粉价格垄断案顺利结案。此外，“商务部门酝酿奶粉进药店”的消息也被媒体大量报道。《证券日报》消息称，在今后两年半的时间内，通过集中采购、统一配送、营销的模式，将奶粉引入药店销售。试点进入药店的奶粉，采用自动化售货机作为终端，消费者购买完成后自动关闭，借鉴了 ATM 模式。

话题 2

媒体集中报道病死猪等食品安全案件
七成网民认为食品监管不严

8 月份，新华网集中报道了问题豆芽、病死猪肉、兽药非法添加瘦肉精等食品安全案件，报道发出后被网络媒体大量转载，同时引发了舆论对食品安全监管的关注。3 日，新华网报道说，河南三门峡市司法机关对非法制售 17 万千克问题豆芽的犯罪嫌疑人提起公诉。文章认为，当前在对“黑作坊”监管方面还存在盲点，建议多部门协调联防，消除监管盲区。8 日，新华网以《一年卖出 3 万斤，病死猪肉何以“裸奔”到餐桌?》为题，报道了北京市海淀区法院审理的一起非法制售病死猪案件。报道直指有关部门在病死猪流向餐桌过程中的监管失察。11 日，新华网消息称，公安机关捣毁了在兽药中非法添加瘦肉精的江西某公司。文中还对“瘦肉精何以再次危及餐桌安全”进行关注，建议提高对瘦肉精的检验水平和检测强度，多方着力根治瘦肉精滥用问题。29 日，新华网《新华视点》报道了安徽萧县警方侦破的一起制售病死猪案。报道追问“一头死猪为何能‘摁住’八个部门”，指出该案件的涉案时间达 8 个月，涉及 4 省 9 市县，监管部门“集体失灵”。

硫黄熏制枸杞、20万千克毒血豆腐流入郑州等食品安全问题被媒体曝光后引发网民的广泛关注。"@央视新闻"在微博中发布了硫黄熏制枸杞的相关消息，被网民转发1.2万余条。"@人民日报"发布"毒血豆腐"的报道后，该消息进入当日微博综合热搜榜。食品安全方面还出现了网络热帖，8月上旬，网民在天涯论坛爆料称，6款洋品牌蜂蜜在香港被检出含残余抗生素和微量除害剂，该帖当月点击量达69万余次。据搜狐网发布的食品安全调查显示，七成网民认为食品监管不严，最担心有毒物质残留。此外，国家食药监总局局长张勇在接受《人民日报》采访时表示，我国已进入食药安全风险高发期、易发期，监管部门要承担起严格监管的责任，还应承担起引导社会参与、促进社会共治的责任。

8月份，土壤污染引发的食品安全问题也被媒体曝出。央视《经济半小时》报道称，因化工厂非法排污，四川德阳农田镉超标率超50%，有毒大米流入餐桌。《人民日报》发文关注广州市番禺区垃圾种菜问题。文章说，番禺区部分菜农用垃圾堆肥种菜一事曾在2012年末引起广泛关注，当地有关部门也曾介入治理，但时隔7个月，垃圾种菜又在当地死灰复燃。报道发出后，番禺区有关部门回应称，目前已加强监管和巡查，防止垃圾肥流入农田，同时动员已使用"垃圾肥"的农户，清理田间的废弃物。

话题3

"北涝南旱"引舆论热议粮食生产
权威媒体发文关注耕地质量

8月以来，我国东北部分地区的汛情广受关注，其中黑龙江省、辽宁抚顺等地洪涝灾害成为舆论热议话题。新浪微博中，网民纷纷表示"心系东北，祈福龙江"，并自发悼念抚顺暴雨中的遇难者。同时，长江中下游地区遭遇高温炙烤，湖南、贵州、江西等省部分地区旱情严峻，"水库见底"、"蔬菜被烤焦"等字样屡现媒体报端。26日，新华网消息称，我国南方旱区自8月15日以来出现两次较大范围的强降水过程，目前旱情基本缓解；全国耕地受旱面积为2 623万亩，与旱情高峰期相比，耕地受旱面积减少了73%。

针对北涝南旱的严峻形势，国家防汛抗旱总指挥部办公室、农业部、水利部等相关部门就保障民生和农业生产防灾减灾做出综合部署，新华网、中国新闻网等媒体对此予以积极报道。同时，极端天气引发舆论对粮食产量和价格的关注，更有舆论猜测今年的粮食进口量或创新高。对此，人民网、中国广播网采访有关专家后发文称，北涝南旱对粮食价格影响不大。8月中旬，央视《新闻联播》播发消息"旱情汛情总体偏轻　全年粮食丰收仍有望"、央视《东方时空》报道"国家防总：旱情总体偏轻　汛情总体可控"，均被视频网站广泛转发。

8月下旬，权威媒体接连发文关注耕地质量问题。《人民日报》撰文《不堪重负的黑土地》称，因土地利用结构和耕作方式不合理，东北黑土层以每年0.3～1

厘米的速度流失；黑土地长期超负荷利用，重用轻养，为粮食持续增收埋下了隐忧。《经济日报》援引有关专家言论称，我国耕地呈现“人均耕地少、优质耕地少、后备资源少、基础条件差”的特点，呼吁加快建立耕地保护机制，推进土地整治立法。此外，美国科技博客 Quartz 网站文章《中国的农业为何正在衰退?》被网络媒体大量转载。文章列举了我国耕地存在的问题，如农田面积萎缩、1/5 土地被污染、大量使用氮肥致土壤质量下降等。文章说，中国在成为全球制造业中心的过程中，农田和水资源已遭严重损害，尽管经济突飞猛进、民众更富裕且在食物链中地位攀升，但中国保持粮食增长的能力却大不如前。

话题 4

舆论聚焦“山东平度拆迁”事件
“国土部实地核查征地侵权问题”广受媒体关注

8 月份，媒体和网民相继爆料了多地发生的征地拆迁事件，其中“山东平度拆迁事件”被高度聚焦。10 日，记者陈宝成在其老家山东平度金沟子村的拆迁维权过程中，因涉嫌非法拘禁挖掘机司机，与其他几位村民一起被警方拘留。11 日开始，媒体和法律界人士发起对陈宝成的声援，据“@长江传播”15 日微博消息称，已有 100 多位法律界人士和 3 批记者到达平度声援陈宝成。另据人民网发布的网民调查看，八成网民认为陈宝成是抵抗强拆的正当防卫。截至月末，舆论对事件的争论未见平息，“陈宝成的行为是维权还是违法”、“警方是救人质还是设局”等仍是争论的焦点。人民网认为，当地有关部门由于缺乏信息公开意识，错失了舆情处置的最佳时效。8 月下旬，金沟子村委会贴出通知称，由于难以满足陈家的“超标准补偿”要求，不再对其家进行拆迁改造。舆论表示，“不再拆迁”的结果令人稍感欣慰，期待在“证据公开、遵循法治”的基础上，事件得以真相大白。

同时，四川、河南、福建等地个别地方的征地事件经舆论曝出后成为热点话题。17 日，有网民微博图文发布消息“四川遂宁蓬南镇政府雇佣黑社会砍断阻拆农民双腿”，被网民大量转发，网易博客相关帖文当月累计点击量近 53 万。对此，遂宁市政府官方微博于 18 日做出回应说，打人者系施工方人员，当地纪检部门已对蓬南镇政府是否雇凶打人展开深入调查。19 日，《中国经济周刊》报道《河南新乡强征数千亩耕地盖别墅　有村民愤而自杀》被新浪等门户网站转载后，共计 7 万多网民参与了跟帖评论。当地政府 20 日回应称，“征地手续合法不存在强征，村民自杀行为与征地无直接关联”。但《中国经济周刊》认为该回应是“选择性的回应”。人民网也登出了自杀村民的遗书，其中有“肆无忌惮地从农民手中强取豪夺良田”等字样。28 日，网民微博爆料称“福建漳浦县发生强征惨剧，一名 3 岁女童被推土机碾死”。微博发出当日即被转发数万次，网络媒体迅速跟进报道。29 日，东南网转述漳浦县政府部门的回应称，“推土机倒车时不慎碰倒女童，是意外事故”。对此结论，网民在凤凰网、腾讯网发表新闻跟帖评论万余条，大部分网民持不信任态度。《人民日报》29 日夜间在官方微博中称，"生命已破碎，真相不能被碾碎"，"期待负责任的调查"。

此外，8 月下旬，"国土部实地核查征地侵权问题"的消息被数百家网络媒体转载。据《中国国土资源报》报道，针对征地中侵害农民权益等突出问题，国家土地总督察办公室要求派驻地方的 9 个土地督察局展开实地核查工作。

话题 5

H7N9 舆情关注度有所升温
多方积极行动及时阻断 H7N9 网络传言

8 月份，舆论对 H7N9 禽流感的关注热度出现升温态势。"广东惠州发现一例疑似人感染 H7N9 禽流感病例"、"河北来京就医的 H7N9 禽流感患者死亡"等消息在 8 月上半月被网络媒体大量转载。此外，H7N9 病毒的研究进展以及有关部门的防控工作也是媒体报道的热点。"新研究确认 H7N9 病毒源自家鸡"、"广东紧急应对新现禽流感疑似病例加强禽类防控"、"农业部全面部署下半年 H7N9 禽流感监测工作"等消息受到舆论的广泛关注。

网络媒体及有关政府部门在应对 H7N9 网络传言方面也积极发力，及时阻断不实信息的传播。8 月 11 日，广东省惠州市公安局官方微博通报称，公安机关依法查处两起有关"H7N9"网络传言案件，两名"90 后"在微博中发布"博罗 H7N9 爆发，已经死了好几个人"等虚假消息，其中一人被处以行政拘留 5 天的治安处罚。13 日，人民网《求真》栏目发文《泡椒凤爪传染禽流感？"H7N9"不靠谱传言大起底》，盘点 H7N9 相关传言并逐一攻破。文章同时提醒网民对于网络传言切忌偏听偏信，以讹传讹。

话题 6

农村水污染再度受到关注
湖南村民四年未走出"镉村"阴影

8 月份，农村水污染仍是媒体报道的热点。8 月中旬，《经济参考报》结合有关报道和网络盛传的"癌症村"地图，赴河北、山东、安徽等地探访调查，关注当地的水污染现状和村民的身体健康情况。报道指出，"癌症村"及周边生态堪忧，需正视地下水危机，保障农村饮水安全。8 月下旬，新华网援引国外媒体消息称，美国《科学》杂志公布的研究报告表明，中国近 2 000 万人的健康因为使用砷污染水源做饭或饮用而面临威胁。上述结论是西班牙、瑞士等国研究人员在对中国 6 个省份 2 600 个村庄的砷测量值的收集和分析的基础上得出，同时还发布了一份"中国水砷污染风险地图"。舆论对研究结论的真实性予以关注，中国广播网对有关专家采访后发文称，研究数据得到国内专家的认可，但饮用水砷超标多发于干旱农村地区，且与污染无关，我国很早就开始关注这个问题，相关的措施也已经在这些区域开展。

8 月初，部分媒体对湖南“镉村”予以关注。据媒体介绍，2009 年“湘和化工厂镉污染”被列入全国十大环境污染事件，事发湖南省双桥村。当地村民在 4 年后并没有走出镉污染阴影，不断加长的患病和死亡名单、镉超标 300 多倍的村民自取土样、化工厂厂区附近挥之不去的异味都让当地村民质疑土壤修复成果。同时，镉污染耕地因无法种植粮食作物而被集中流转，失地农户的生活并未得到让其满意的改善，他们不得不在维权和谋生之间做出困难的选择。

此外，耕地重金属污染也受到媒体关注。8 月初，《经济参考报》报道《河北污灌区分布广　土地污染加剧》说，由于水资源严重不足，河北保定、石家庄等地农民用未经处理的污水浇地，导致土壤肥力下降、土地盐碱化严重、重金属积累等问题。媒体还对广东韶关大宝山矿区的耕地重金属污染进行了报道。8 月初，央视《经济半小时》报道了当地因开矿排污导致的耕地重金属污染、大米镉含量超标等问题。8 月末，《北京青年报》再发报道，关注大宝山矿区因土壤污染导致种植的甘蔗、柑橘重金属超标。文中还提到，由于经济效益不高等原因，当地的农地重金属污染修复工程进展并不顺利。

话题 7

“淘宝村”推动中国农村经济发展转型
媒体再次关注河南“蔬菜哥”

8 月份，“农村网商”受到网络媒体的关注。8 月中旬，新华网援引有关研究报告称，截至 2012 年年底，近 60 万个淘宝网店来自乡村，经营农产品的网店超过 26 万个；在浙江、河北、山东等地农村有 14 个大型的“淘宝村”，仅这 14 个村子的淘宝店总数就超过 1 万家，年销售总额超过 50 亿元，拉动直接就业人数超过 4 万人。8 月末，《人民日报》刊文《农民网商　钱好赚吗?》，介绍了多地农民借助淘宝网销售牛羊、蜂蜜等成功案例。文章同时指出，农民网商也面临着食品安全、同质化竞争、人才短缺、中西部农村物流成本高等问题。舆论认为，“淘宝村”的出现推动了中国农村经济发展转型，在电子商务和网络经济大潮的大背景下，将有更多的农民返乡创业，农村面貌将获得巨大改观，新型城镇化渐显雏形。

此外，媒体对河南“蔬菜哥”再次进行了追踪报道。2012 年，河南淮阳大学生马伟国回乡自主创业，带领村民建蔬菜大棚的事迹经媒体报道后，获得舆论的广泛赞誉。2013 年 8 月中旬，中国新闻网再发报道《河南“蔬菜哥”年收入近千万　将开上百家直营店》，介绍了马伟国的生活近况和未来几年内的经营规划。报道同时关注了马伟国和当地村民在发展蔬菜大棚过程中遇到的贷款难问题。

话题 8

"榨菜指数"引舆论关注农民工市民化 多地曝出农民工讨薪热点新闻

8月份，"农民工市民化"仍是媒体关注的热点。8月上旬，《经济观察报》在文章《城镇化的"榨菜指数"》中说，发改委提出以"榨菜指数"观测流动人口的变迁，比如涪陵榨菜2007年以来在东部沿海和中西部地区的销量呈现一边回落一边提升的态势，可以判断农民工大军正从珠三角、长三角撤离，向中西部地区回流。文章刊出后引发热议，随后发改委否认提出过"榨菜指数"一词。有媒体指出，撇开相关政府部门是否提过"榨菜指数"不论，"榨菜指数"只是农民工回流的一种表征，隐藏在其背后的原因则是不断推进的城镇化进程，如何加快相关的医疗、住房、教育等公共服务，将是横在部分地方政府面前的难题。8月下旬，《半月谈》对全国27个省市170个村庄走访调查，发文关注农民工市民化过程中存在的焦虑情绪。文章说，由于城镇生活的高成本、难以融入等现实问题，仅有15%的受访者落户城镇，其中还存在一定的强制现象。舆论认为，这样的焦虑情绪或对城镇化的发展进程产生直接影响，有关部门应高度重视并采取有效措施予以舒缓。

此外，农民工讨薪也出现多个热点话题。《燕赵都市报》消息称，河北省故城县女工头为给农民工讨薪在开发商办公室割腕自杀。《华商报》图文报道说，5名农民工为了给孩子交学费，在西安街头赤裸上身讨工钱。《华西都市报》等媒体还对"千余四川籍农民工在包头讨薪"事件进行了跟进报道。上述新闻发布后引发网络媒体和网民的广泛关注，相关地方政府部门也及时介入，积极帮助解决欠薪问题。

话题 9

转基因安全性争论再起 媒体爆料转基因菜籽油流入国储库

与上月相比，网络媒体和网民对转基因的关注度均呈明显下降态势。8月份，转基因安全性成为关注热点。21日，《环球时报》发表中国国家安全论坛副秘书长彭光谦文章《八问主粮转基因化》，对转基因技术安全性提出种种质疑。文章被网络媒体转载报道后，部分网民担忧大规模引进转基因农作物或将造成严重后果。26日，彭光谦在接受新华网专访时，再次表达了对转基因安全性的质疑。27日开始，科学网、新华网、农业部网站先后刊发了专访转基因生物安全委员会委员林敏的文章，文章对《八问主粮转基因化》一文进行了详细回应。对此，网络媒体纷纷以《专家：转基因食品与非转基因食品具有同样的安全性》、《农业部：通过安全评价上市的转基因食品均安全》等为题大量转载。《检察日报》文章认为，转基因食品安全性不能只靠“专家观点”来回应质疑、消弭困惑，还需要有关部门从加强信息公开、评价程序公开、经营档案公开等做起。网民表示，还须审慎研究和评估转基因的安全性，人非白鼠不容有失。

微博中出现了转基因旧闻新炒现象。2012 年 9 月，央视曾对“法国科学家研究发现转基因玉米致实验鼠患癌”消息进行报道，该研究结论后被法国权威部门否定。网民在微博中再次将此消息翻出，并冠以“央视终于承认转基因食物致癌”的标题后大量传播。对此，果壳网“谣言粉碎机主题站”在官方微博中进行辟谣，被网民转发 2 万多次。

此外，《21 世纪经济报道》爆料，一些承担国家油菜籽托市收购任务的企业，将进口的廉价转基因菜籽油冒充国产菜籽油流入国储库。消息曝出后，引起舆论哗然。对此，中粮集团否认存在冒充行为，中储粮表示已派检查组进行严查。

热帖解读

凤凰网博文：《张鸣：制度性流民》

8 月上旬，凤凰网博文《张鸣：制度性流民》被凤凰网博客推荐至首页，受到网民关注。博文指出，在城里打工的农民工二代属于制度性流民，城里安不下，农村又回不去。博文认为，农民工二代，是绝望的一代，他们有更高的追求，但却无法实现这种追求。博文说，在一个户籍壁垒森严、一个社会阶层日益固化的社会，这些既没有资金，受教育程度差，更没有背景，没有亲属网络的人，生活在城市里，前途堪忧。博文还说，部分沦为城市边缘人的农民工二代，在某种程度上已经成为当今社会的一大隐患。应尽快打破制度的壁垒，提供必要的条件，让这些农民工二代安定下来。

截至月末，该文点击量达 16 万余次，评论近 200 条。从网民评论看，大部分网民赞同博文观点，认为作者观察思考深刻，充满忧患意识。有网民说农二代受制度制约，受自身背景制约，无法公平地接受教育、获得机会。而所谓“社会的隐患”，是源于政府的缺位失职渎职，是社会公正良心的缺失。网民呼吁城市要包容、善待、安置好农二代，让他们有业有家有社会保障。

九、9月"三农"网络舆情概览

9月份，网络媒体日均新闻报道量与上月相比下降幅度明显。上旬，食品安全和农村土地话题出现多个热点新闻，4日，浙江"地沟油"案、海口"垃圾鱼"等食品安全问题被大量报道，"土地管理制度改革"等消息也受到集中关注，当日新闻量攀至峰值。9月中旬，转基因方面的"名人争论转基因"、"转基因作物名单发布"等热点新闻，致舆情走势出现震荡。9月下旬，果汁企业"瞎果门"事件被曝出后持续发酵，助推25日新闻量明显上涨。微博舆情走势受媒体新闻报道的影响显著。9月初，农村土地和食品安全相关热点新闻在微博中大量传播，致3日舆情攀至峰值。16日，《人民日报》对转基因作物名单的公布，使得微博话题量明显上涨。

9月网络媒体"三农"新闻舆情走势图

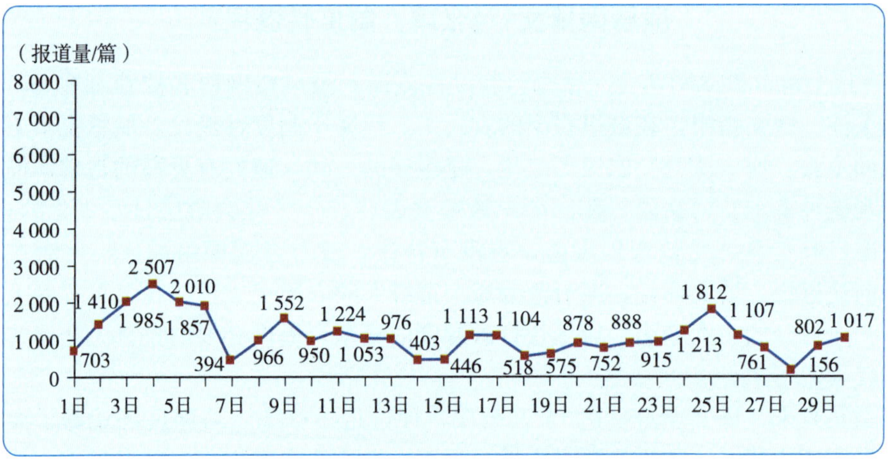

9月微博"三农"舆情走势图

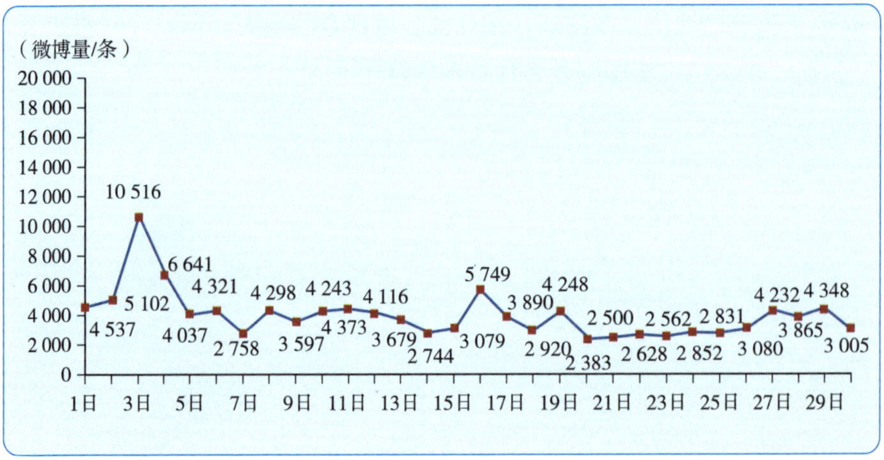

9 月热点新闻排行 Top10

排名	标　　题	来源	时间	转载量
1	人民日报公布转基因作物名单包括大豆玉米油菜	《人民日报》	9 月 16 日	442
2	农业部：转基因食品与传统食品一样安全	《京华时报》	9 月 2 日	428
3	国土部拟改革土地管理制度　农地有望市场化分配	《经济参考报》	9 月 4 日	365
4	方舟子发起试吃转基因玉米活动　院士携网友试吃	《京华时报》	9 月 8 日	313
5	隐性门槛高部分地方现“逆城市化”	《经济参考报》	9 月 24 日	258
6	农村集体建设用地所有权确权或年内完成	《中国证券报》	9 月 4 日	213
7	美国塔夫茨大学就“黄金大米”试验致歉	《新华每日电讯》	9 月 19 日	195
8	动物毛皮炼制销往 12 省市　地沟油是如何达标的？	《人民日报》	9 月 5 日	189
9	乌克兰将成中国最大海外农场　将提供 300 万公顷农田	《环球时报》	9 月 23 日	179
10	12 律师联名要求公开转基因食品种类	《羊城晚报》	9 月 14 日	166

9 月网络热帖排行 Top10

排名	标　　题	来源	时间	点击量	回帖量
1	四川上千村民大战两百黑社会	中华网论坛	9 月 18 日	276 090	164
2	无须担心农村土地兼并	搜狐博客	9 月 15 日	232 953	487
3	农民大叔的种地生活：有山有水有惊喜	天涯论坛	9 月 9 日	214 822	1 490
4	村庄 77 户村民几乎家家都是百万富翁　女汉子引全村致富	猫扑论坛	9 月 24 日	209 505	43
5	震惊！海口鱼塘被垃圾包围，鲶鱼以鼠尸为食，你还敢吃鱼煲吗？	天涯论坛	9 月 4 日	124 914	1 511
6	农村经济一潭死水，土地、金融是祸根	搜狐博客	9 月 9 日	100 034	191
7	还我工资，我们只是农民工。劳动局不管公安局不管，谁还可以管	东台人论坛	9 月 18 日	79 243	18
8	广东惠州秋长街道强征地发财大计 6 000 元一亩大家都可以发财	凤凰论坛	9 月 10 日	71 371	15
9	风青杨：崔永元与方舟子的转基因之争谁有理？	凯迪社区	9 月 11 日	55 252	454
10	我与崔永元关于转基因的争论	新浪博客	9 月 11 日	52 678	193

9 月网络媒体热点话题

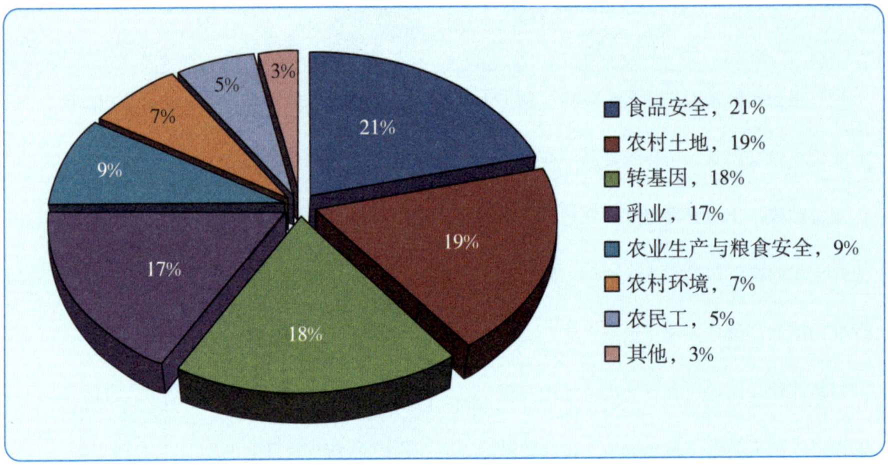

9 月网民热点话题

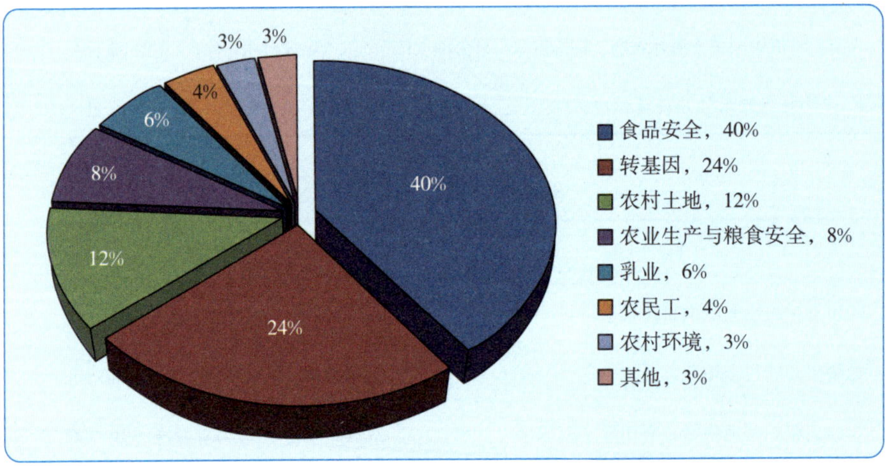

话题 1

多地出现热点食品安全问题 汇源等果汁企业陷"瞎果门"

9 月份，食品安全是媒体和网民共同关注的热点话题。海口"垃圾鱼"、江苏"地沟油"案、深圳"病死猪"案、瑞安"假熟牛肉"案等食品安全问题经舆论曝光后引发广泛关注，食品安全监管仍是热议话题。9 月初，网民爆料海口每天有上万斤"垃圾鱼"流入市场，引发多家媒体的跟进调查。《法制日报》图文发布的涉事鱼塘养殖环境恶劣的相关报道被大量转载。随后，当地政府部门对问题鱼塘予以取缔。媒体认为"垃圾鱼"暴露的仍是监管漏洞的老问题，网民呼吁尽快建立一套行之有效的从源头到终端的监管"硬制度"。与此同时，江苏审理的一起地沟油案件受到舆论聚焦。该案涉及 12 个省市的 117 家粮油企业，且有 2 000 多吨“地沟油”已售出。《人民日报》发文追问，为何如此多的“地沟油”能在 1 年多时间里通过重重检测而畅行 12 个省市。网民表示，监管失灵比“地沟油”更可怕。此外，深圳警方破获自广东茂名流入的 150 吨病死猪肉，瑞安警方查获经广东深加工流入的假牛肉等案件也受到高度关注。舆论认为，重大食品安全案件多是跨省市作案，地方政府部门应对食品安全问题守土有责，提高监管能力，走出“事后重视”的怪圈。

9 月下旬，“瞎果”制果汁事件受到舆论关注。《21 世纪经济报道》爆料，汇源、安德利等企业向江苏、安徽、山东等地果农收购“瞎果”（未成熟之前就跌落的水果、腐烂变质的水果）生产果汁。报道被网络媒体大量转载，引发舆论哗然。网民认为用“瞎果”制果汁是欺诈行为，怒斥企业“瞎”了良心。对此事件，相关食品安全监管部门迅速展开调查，并责令涉事企业停产自查。随后，中国广播网等媒体以《安徽、山东全面检查果汁饮料企业　未发现用瞎果榨果汁》等为题，对事件予以跟进报道。但从新浪网发起的网民调查看，90％的网民认为“果汁厂收购瞎果现象普遍存在”。新华社《新华纵横》还报道说，“瞎果”事件给果农造成短期负面影响，目前果汁厂处于停产自查阶段，不再向果农收购水果。

此外，农村环境污染导致的珠三角地区农产品质量安全问题受到广东省内多家媒体的关注。据《广州日报》援引广东省政协相关调研报告称，广东省农药化肥的施用强度远超发达国家限值，农村工业垃圾和废水偷排现象时有发生，广东省农村环境面临生产污染、生活污染和工业污染三大污染困扰，珠三角多地蔬菜重金属超标率达 10％～20％。

话题 2

国土部推进农地确权登记引发高度关注
各地积极尝试“农村土地养老”等土地流转模式

9 月份，国土部及各地政府部门在农村土地方面实施的相关举措成为媒体报道热点。9 月上旬，国土部要求各地加快农村地籍调查，全面推进集体土地确权登记发证工作，为下一步不动产统一登记奠定基础。消息引发新华网等媒体的高度关注，农村土地流转成为热议话题。《经济参考报》文章称，为适应新型城镇化发展的要求，国土部将改革完善当前的土地管理制度，业内人士由此推断农地有望市场化流通。还有舆论猜测，以打破土地二元结构限制、推动农村集体土地流转为核心的新一轮土改，或将在党的十八届三中全会上提及。

媒体对各地开展的农村集体建设用地流转尝试予以积极报道。如，福建省沙县和湖南益阳尝试“土地信托”流转，浙江杭州、宁波等地实行“土地换股权”，重庆市将农村建设用地打包整合后以“地票模式”面向社会公开交易等。此外，针对农村留守老人的现实难题，北京多地农村尝试的"集体土地收益养老"模式也受到媒体关注。《新京报》消息称，大兴、房山、门头沟等区县的一些村镇以村委会为单位，通过村民委托的集体土地开发收益，为老人换取更多的养老资源。

此外，"逆城市化"现象也被媒体报道。据《经济参考报》消息称，由于土地资本增值迅猛，一些地方农民工不愿意"农转非"，城市户籍人口希望"非转农"，以享受土地红利。媒体认为这种现象值得警惕，还需对土地制度和户籍制度进行综合改革。

话题 3

方舟子与崔永元微博论战转基因
权威信息发布获舆论好评

9 月份，媒体和网民对转基因话题的关注度出现明显回升。7 日开始，方舟子和崔永元微博论战转基因，引发舆论强烈围观，事件舆情热度持续一周时间。据人民网舆情监测室数据统计，截至 13 日，至少 200 万网民参与了"崔永元方舟子转基因辩论"的相关话题讨论，网民评论超过 16 万条。事件起因是，"试吃转基因玉米"活动发起人方舟子表示，"品尝转基因玉米有科普价值，应当创造条件让国人天天吃转基因食品"。对此，央视主持人崔永元在微博中提出质疑，引发方舟子的回复，两人开始围绕"转基因食品能不能吃"等话题展开争论。争论最早从腾讯微博开始，并迅速扩散至新浪微博。从腾讯、新浪发起的网民调查看，绝大多数网民支持崔永元。媒体指出，方舟子与崔永元的论战，一边代表着部分人力推转基因的信心和决心，一边代表着公众对转基因的普遍焦虑，转基因问题归根结底是个科学问题，但它同时也是一个社会问题，科学的问题要在科学领域解决，而吃或不吃的选择权却在消费者。

9 月中旬，"12 位律师联名要求公开转基因食品种类"的消息受到百余家网络媒体的关注，网民也在微博中大量转发。16 日，《人民日报》《求证》栏目采访农业部及专家学者后发文《我国有哪些转基因作物》，详细介绍了我国已批准的转基因作物种类，并对网传转基因食品名单进行了辟谣。文章受到 400 多家媒体的关注，《新京报》等媒体还以《农业部公布中国转基因作物名单》为题进行转载。舆论指出，这次相关部门在转基因食品管理上的信息公开，是一个良好的开始，及时权威的信息披露是化解"转基因焦虑症"的最好选择。

此外，去年发生的湖南衡阳儿童转基因"黄金大米"试验事件出现了进一步消息。9 月中旬，新华社报道，美国塔夫茨大学就"黄金大米"人体试验致歉。人民网评论文章说，"黄金大米"事件不能止于道歉，还需继续关注参与试验儿童的身体健康状况，公众知情权的保障以及科学伦理意识的提升也待考量。

话题 4

国内奶源紧张引发媒体“奶荒”报道 中乳协推介六品牌国产婴儿奶粉

国内生鲜乳供应紧张现象成为媒体报道的热点。9 月上旬以来，北京、广东、浙江、山东等地媒体纷纷报道了当地出现的“国产高端液态奶涨价、平价袋装奶断货”现象。对此，中国广播网等媒体分析称，涨价的主要原因在于国内生鲜乳供应紧张，“恒天然事件”也使得从新西兰进口的部分原料中断；双节临近，奶企出于扩大利润的考量，调低了中低端产品配比，导致市面上的袋装奶供应吃紧。下旬开始，媒体多在标题中冠以“奶荒”字样，报道国内生鲜乳产量下降、收购价格上涨情况。新华网发文称，由于夏季高温、奶牛淘汰率增高、乳牛存栏量不足等原因，导致国内生鲜乳供应量持续走低，刮起“涨价风”，一些乳制品企业陷入“奶荒”。《中国经营报》等媒体援引有关人士言论称，目前我国原奶供应存在缺口但不严重，节日效应过后“奶荒”问题会得到缓解，冬季奶牛的产奶量将会提升，进口乳粉也会逐步放开，“奶荒”不会持续太久。此外，还有媒体指出，乳品企业为应对“奶荒”，或用奶粉勾兑复原乳来代替生鲜乳，有关部门应加强监管，规范复原乳的使用。

9 月末，中国乳制品工业协会召开新闻发布会，称经过专家的实地调研和权威第三方机构抽检，遴选出伊利、蒙牛、雅士利等 6 家国产婴幼儿奶粉品牌予以集中推介。此前，工信部否认了媒体关于组建奶粉“国家队”一说。中国乳制品工业协会在新闻发布会上再次重申，推介的 6 个品牌并非盛传的奶粉“国家队”，从来没有所谓的“国家队”。媒体对 6 家国产乳粉品牌被集中推介发表了大量报道，指出这是国产乳业意欲“逆袭”洋品牌的一次高调亮相，并认为由行业协会“搭台”，增强国产乳业竞争力的意图明显。

话题 5

秋粮全面开镰丰收在望 超级稻再创世界纪录引舆论冷思考

9 月份，全国秋粮自南向北全面开镰收获，各地媒体积极报道当地多措并举保丰收情况。9 月下旬，农业部网站消息“全国秋粮已收获 2.37 亿亩”，受到新华网、人民网等媒体的广泛关注。《人民日报》连发两篇文章报道秋粮收获情况，称“从全国情况看，今年夏粮已经丰收到手，秋粮丰收在望”。文章还说，秋粮丰收背后还存在“农村劳动力大量转移就业与农业劳动力素质结构性下降”等隐忧，提高我国农业综合生产能力是解决问题的关键。此外，强台风“天兔”对华南沿海农业生产造成的影响也是媒体报道的热点。农业部紧急部署防御工作以及福建等地有关部门采取的防范措施也被媒体关注。

9月末，央视播发消息“我国超级稻平均亩产再创世界纪录”称，由袁隆平院士科研团队攻关的国家第四期超级稻“Y两优900”平均亩产达988.1千克，再创世界纪录。消息受到媒体的高度关注，网民也表示“这一成果再次振奋国人”。也有舆论认为，超级稻打破产量纪录的成就十分可喜，但农业技术发展到今天，不应过于强调产量。腾讯网《今日话题》栏目推出专题“袁隆平超级稻屡破世界纪录的冷思考”指出，粮食生产作为现代农业的一个范畴，是一种商业行为，不仅看产量，更得看经济效益。中国水稻以后的发展方向不该只注重产量，应更重视性能和在世界市场的认可度。当超级稻不再以试验田的产量在新闻中出现，而是作为叫得响的品牌参与国际竞争，超级稻才算是真正成功。

话题 6

媒体中肯评价“山东省环保厅微博论战邓飞”多地农村工业污染问题被集中曝出

9月初，山东省环境保护厅（以下简称“山东省环保厅”）与拥有390多万粉丝的网络“大V”邓飞进行了一场微博论战。事件起因是，今年2月份一条内容为“山东潍坊企业高压泵地下排污”的微博，经邓飞等网络“大V”转发后引发广泛社会反响。8月末，武汉警方破获一特大网络造谣团伙，由此证实“高压泵地下排污”为谣言。9月上旬，山东省环保厅与邓飞就此事经微博展开争辩，双方从针锋相对到理性讨论，最终达成“放弃无谓的争论，团结一致干环保”的共识。这场微博论战被舆论称为新媒体时代官民互动的优质样本。《人民日报》评论称，在民众信息知情权的尊重和保障上做足功夫，在平等坦诚的沟通中有力还原事情真相，这场思想的碰撞为两个舆论场的对接尝试，起到了良好的示范作用。

9月份，农村工业污染受到媒体关注，多地出现热点新闻。9月中旬，网民爆料湖南省双峰县村民跪拦县委书记的车，要求关停当地一家排放毒气污水的氯酸钾企业。此事经媒体跟进报道后引发热议，搜狐网转载相关报道后14万余网民参与了跟帖评论。舆论呼吁当地有关部门积极作为，不要再让村民放弃尊严，用膝盖去祈求、去争取原本属于自己的环境权利。此外，《北京青年报》消息称，河北武强县数百村民围堵化工厂，抗议化工排污致村民癌症频发。《羊城晚报》报道说，温州乐清市北白象镇第九小学新校区相继有19位学生出现流鼻血症状，学校周边化工厂林立，在过去四年半的时间内，当地过百村民死于癌症。中国广播网曝光河南省汤阴县多个村庄“污水围村、癌症高发”。网民在中华网论坛发布网帖《四川上千村民大战两百黑社会》，爆料四川省乐山市马边县磷矿场污染环境致周边村民怪病频发，村民多次与矿场老板交涉无果引发冲突。该帖居于9月热帖排行首位。

话题 7

媒体关注农民工市民化的政府举措
尘肺农民工凄惨现状震撼网民

9 月份，山东、广东等地在农民工市民化方面的相关举措受到舆论热议。9 月上旬，山东省政府印发《关于进一步做好新形势下农民工工作的意见》（本段简称《意见》），被百余家网络媒体转述报道。该《意见》在农民工市民化方面的规划，成为关注热点。《意见》指出，农民工落户城镇，宅基地、耕地等不得强制收回，5 年内继续执行原户籍地生育政策，优先将高技能农民工转为市民。媒体评价此举是山东在提高城镇化水平上迈出的重要一步，是农民工市民化的“山东路径”。9 月下旬，《华商报》等媒体消息称，国务院发展研究中心有关人士解读了广东实施的“农民工积分制落户”，并表示“这一制度仍有改进和提升的空间，或将在全国推广”。对此，舆论认为，农民工积分落户在全国推广值得期待，政府部门应慎重考虑积分入户在实际操作中的量化标准，要设置合理的落户门槛，落户后的农民工在公共资源配置等方面也要及时跟上。

尘肺农民工也受到媒体关注。9 月上旬，《新京报》报道《一个“尘肺乡”的呼吸之痛》被网络媒体大量转载。报道以两个版面的篇幅，详细介绍了湖南省耒阳市导子乡尘肺农民工情况。报道说，20 世纪 80 年代末，耒阳市导子乡 200 多年轻人赴深圳做风钻工，十多年后，百余人查出尘肺，已有 50 余人去世；其中双喜村 11 组被称为“寡妇村”，48 户人中至少 23 人得病，目前死亡 16 人。9 月下旬，人民网陕西频道以图文形式关注陕西省镇安县柴坪镇尘肺农民工生存现状。报道说，柴坪镇尘肺农民死亡潮逐渐显现，仅向阳村一村已有 20 多人相继死亡。网民纷纷表示被尘肺农民工的凄惨现状所震撼，感慨他们为了家庭生计透支了生命，希望全社会给予尘肺农民工切实的关爱和帮助。媒体呼吁重视农民工的生存价值，合理地运用他们的劳动力，为农民工及其家庭找到一条长远的致富路。

话题 8

双汇收购案落定　成全球最大猪肉供应商

9 月份，双汇收购案是媒体报道的热点，新浪、网易等门户网站均以专题形式对此予以关注。据中国广播网报道，中国双汇国际控股有限公司以 71 亿美元收购全球最大生猪养殖和猪肉加工企业史密斯菲尔德公司，双汇也由此成为全球最大的猪肉供应商。新华网指出，美国充裕的可输出猪肉资源与中国庞大的消费市场相结合，是该起收购顺利收官的直接原因，中国生猪市场展现出的巨大潜力，吸引着越来越多的国际企业。同时，也有舆论担忧此次收购或给国内生猪养殖业造成冲击，并关注“舶来猪肉”的食品安全问题。《第一财经日报》援引有关人士言论称，双汇收购案将使中国的畜牧业、农业更加开放和自由化，但越开放、越自由化，国内的小规模产业受到的冲击就越大；美国允许使用瘦肉精，与国内标准存在很大差异，这也是双汇收购后面临的问题。

热帖解读

搜狐网博文：《无须担心农村土地兼并》

9 月 15 日，民营企业家孙大午在搜狐博客中发文《无须担心农村土地兼并》，被推荐至搜狐博客首页，引发网民关注。截至月末，该文点击量达 23 万余次，评论近 500 条。

文章说，以小农经济形式发展农村种植业，成本高、收益低，农业发展应向规模效益转轨，应该出现农业企业，出现农业企业家和大农场主。农村的发展，必须要有企业，并出现多样并举的企业模式，让农村经济活起来、农村富起来。文章认为，农村发展企业化，应放开农村的建设用地，给企业发展空间。文章还说，"凡是富裕的地方，都是有企业支撑的地方"，"土地盘活了，财政收入增加了，就业解决了"。

针对此文，网民发表了自己的观点。有网民表示"不敢苟同"，认为文章片面夸大了企业在农村发展中的作用，指出当前农村发展的企业多为低端粗放型，由于监管不到位等因素，浪费资源、污染环境。有网民担忧企业打着发展农业的旗号恶意圈地，改变土地用途，失地农民的前途堪忧。也有网民说，农业可以企业化运作，土地也可以兼并利用，但需要有切实可行的机制保障农民的长远利益，目前在农村集体资产产权制度改革尚未完成前，农民不具备离开土地的条件。还有网民表示，目前农村已经具备了大规模耕种养殖的条件，大企业进军农村对发展高效农业有好处，并认为新型农村企业化应具备"市场经济、自主经营"、"村民员工选举领导层"等要素。

十、10 月“三农”网络舆情概览

10 月份，网络媒体日均新闻报道量略低于上月。10 月上旬，“改善农村人居环境”、“地沟油案主犯被判无期”等消息致 9 日出现首个峰值。中下旬，转基因话题对新闻舆情走势影响显著。“转基因大米猕猴喂养实验”等热点话题致 21 日新闻量成倍增长。30 日，转基因以及“食品安全法修订草案”等话题叠加，助推舆情热度攀至顶点。此外，下旬出现的“染色脐橙”、“南宁枪击抗拆村民”等热点事件也影响了舆情起伏。微博方面，网民对转基因话题的关注使得 10 月中下旬的话题量大幅上涨，媒体对转基因的报道明显影响了微博走势。此外，18 日，“河南农民因强征服毒身亡”的相关消息在微博中被大量转发，当日话题量快速攀升。

10 月网络媒体“三农”新闻舆情走势图

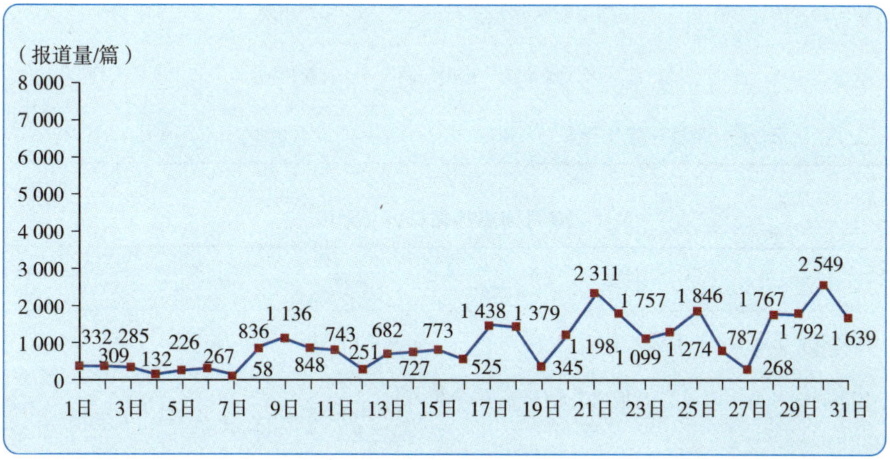

10 月微博“三农”舆情走势图

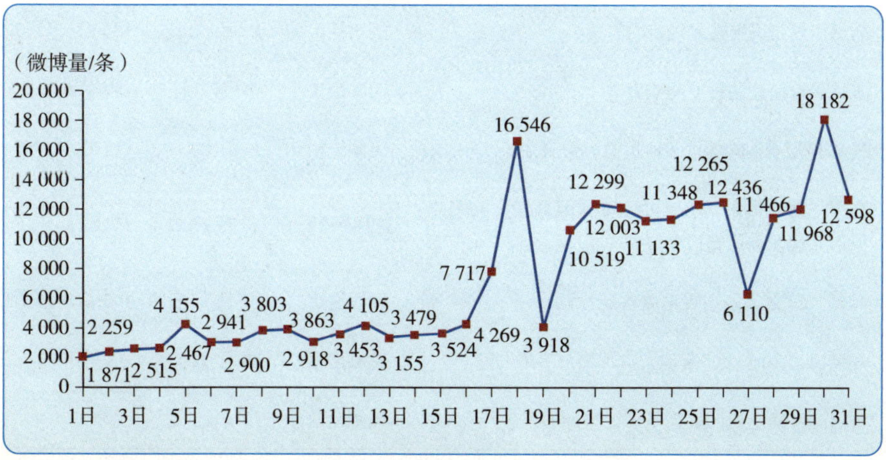

10 月热点新闻排行 Top10

排名	标　　题	来源	时间	转载量
1	农业部拟有计划推进转基因产业化	《新京报》	10 月 22 日	422
2	习近平就改善农村人居环境作出重要指示　李克强就推进这项工作作出批示	新华网	10 月 9 日	389
3	转基因大米正做猕猴喂养实验　专家称自己连吃 14 年	《京华时报》	10 月 21 日	371
4	传崔永元已离职央视赴美国调查转基因	《东南快报》	10 月 24 日	325
5	食品安全法修订草案送审稿征求意见	《检察日报》	10 月 30 日	325
6	食品安全法修订草案：网购食品出问题网站先赔	《京华时报》	10 月 30 日	302
7	专家：中国已有 5 大类 17 种转基因生物在售	《人民日报》	10 月 25 日	285
8	解析转基因五点疑问	新华网	10 月 17 日	282
9	液态奶"集体涨价"、"奶荒"或致复原乳"重出江湖"	新华网	10 月 1 日	230
10	清华大学报告称征地拆迁波及全国 16%家庭	《京华时报》	10 月 28 日	225

10 月网络热帖排行 Top10

排名	标　　题	来源	时间	点击量	回帖量
1	看看我乡下农村六年的惊人变化	凤凰网论坛	10 月 3 日	2 956 514	42
2	不要再吃鸡蛋！养鸡场老板女儿的忏悔和劝告（旧帖）	中华网论坛	10 月 17 日	207 866	180
3	农民郑艳良"锯腿疗疾"让谁汗颜？	天涯论坛	10 月 10 日	191 137	2 458
4	转基因，是天使还是魔鬼？	凯迪社区	10 月 22 日	189 878	1 657
5	未来最有前途的行业是农业	天涯论坛	10 月 8 日	157 970	768
6	转基因大米：61 院士 PK 民意，谁说了算？	天涯论坛	10 月 22 日	111 182	2 248
7	南天一剑：我有一计　可让转基因真伪立马现出原形　这个画皮剥得太好！	中华网论坛	10 月 25 日	111 013	527
8	吴恒：13 亿人的主粮由猪决定？	天涯论坛	10 月 26 日	105 282	828
9	郑风田：为何 74%流动人口不愿放弃农村户口？	凤凰播报	10 月 24 日	98 898	51
10	黄国胜：河南农民被逼身亡，当地官员该当何罪？	凤凰论坛	10 月 21 日	72 793	119

10 月网络媒体热点话题

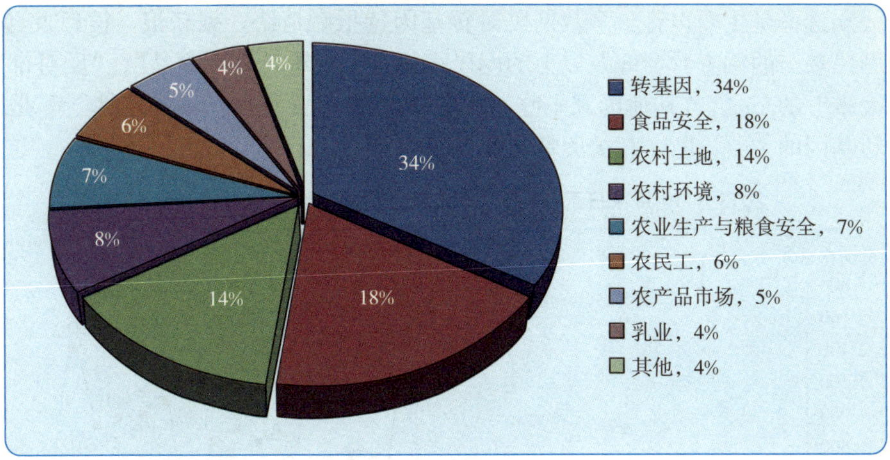

10 月网民热点话题

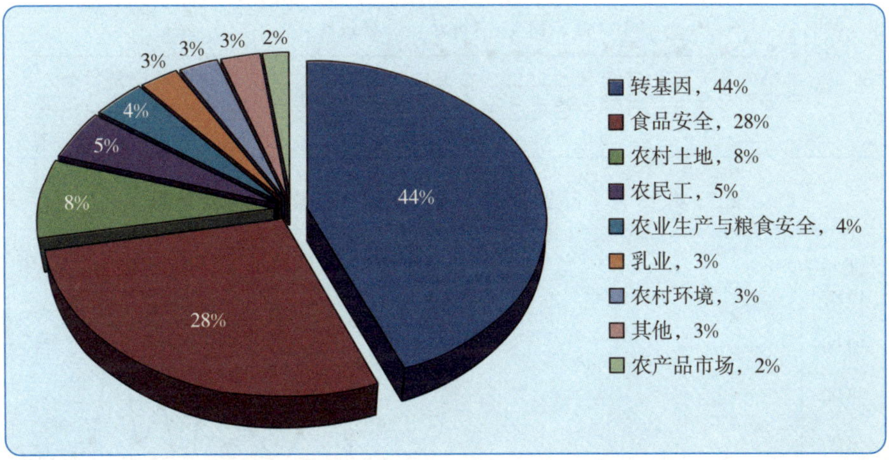

话题 1

转基因话题受到高度聚焦

10 月份，转基因话题成为舆论关注焦点。上半月舆情相对平稳，中国广播网推出的特别策划《关于转基因，等待澄清的恐慌》被部分媒体转发。下半月，转基因舆情热度呈现迅猛上涨态势，相关新闻报道量大幅上升，网民也通过参与新闻跟帖、微博转发和评论等形式表现出对转基因话题的极大关注。11 月 2 日开始，转基因话题新闻量呈现下降趋势，但从整体舆情走势看，转基因话题仍处于敏感期，易出现明显起伏。

总体来说，主流媒体对转基因的报道呈现客观、理性特点，《人民日报》、新华社等权威媒体播发多篇转基因科普消息，引导舆论科学认识转基因。从媒体的评论文章看，加大对转基因的信息公开和科普力度、慎重推广转基因主粮、加强监管、尊重公众选择是主要声音。多数网民对转基因持抵触情绪，据新浪、搜狐发起的8万余网民参与的调查看，90%以上的网民表达了"拒绝转基因食品"、"反对推广转基因大米"的态度。"其他国家不吃"、"转基因食用安全存在不确定性"等是网民反对转基因的主要论断。相关舆情走势如下：

2013年10月1日至11月2日转基因话题网络媒体舆情走势图

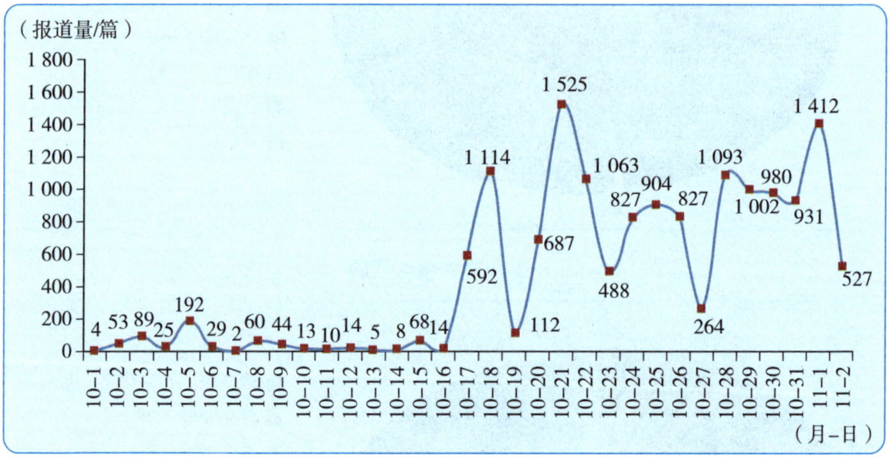

2013年10月1日至11月2日转基因话题微博舆情走势图

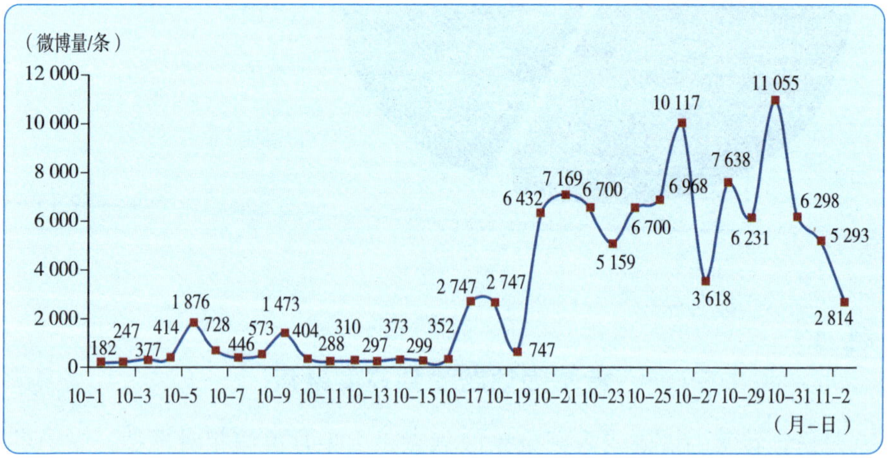

2～4日，中国广播网连续三天推出特别策划《关于转基因，等待澄清的恐慌》。其中，中国工程院院士吴孔明在接受采访时表示，"我国粮食产出和需求间的突出矛盾，已经不允许我们搁置转基因技术的发展"。媒体对此言论广泛关注，致5日新闻量出现明显涨幅。

8日，新华网发表彭光谦署名文章《靠转基因解决粮食问题是饮鸩止渴》，对吴孔明的观点表示否定。文章被新浪等门户网站转载，从7万多新浪网民参与的跟帖评论看，大部分网民力挺彭光谦。

17～18 日，转基因新闻量快速上涨。农业部网站 17 日文章《转基因技术已广泛应用于多个领域》被网络媒体大量转述报道。转载标题主要为《农业部刊文：吃转基因食品会导致绝育纯属造谣》、《转基因食品没必要进行人体安全试验》，网易、凤凰网等约 30 万网民参与了跟帖评论，大部分网民对转基因的安全性表达了不信任态度。

20 日，华中农业大学举办的“黄金大米品尝会”成为报道热点。其中，近 200 家网络媒体以《61 名院士曾联名上书要求推广转基因水稻：再迟缓就是误国》为题，转载了《南方都市报》报道。当日，新浪、腾讯等网站共计 90 万余网民参与了跟帖评论，多数网民表达了对“院士上书”初衷的质疑，指出其中或存个人利益，并认为“误国”之说太夸张。

21 日，新闻报道量攀至顶点。主要原因：一是《京华时报》报道《转基因大米做猕猴喂养试验》引发高度关注。广东卫视《广东早晨》栏目播发了该消息，节目视频在“新浪视频”中的点击量超过 50 万。二是媒体持续报道“黄金大米品尝会”，并发表大量评论文章。

22 日，转基因新闻报道量降幅明显，但仍保持在 1 000 条以上。400 多家网络媒体转载了《新京报》报道《农业部拟有计划推进转基因产业化》。新浪等门户网站以《农业部拟推转基因产业化　猪试吃无中毒死亡现象》等为题转载，50 余万网民参与了跟帖评论。多数网民仍对转基因食品的安全性持质疑态度，认为“猪吃了安全不代表人吃了也安全”。

24～26 日，转基因舆情热度仍处于较高阶段，崔永元赴美调查转基因成为热点话题。《人民日报》在此期间连发数篇文章，对转基因进行科普。

28 日，“转基因菜籽油流入国储库”的相关报道使得当日新闻量成倍增长。新华社连发多篇文章，介绍日本、美国、俄罗斯等国的转基因食品情况，并表示转基因食品的大趋势为，引力大于阻力。

在随后的三天时间内，中储粮对“转基因菜籽油流入国储库”事件的回应和处置仍是媒体报道的重点，新闻量居于高位。

11 月 1 日，转基因话题量再次出现上涨。“黑龙江省非转基因大豆产业危机”、“律师欲就公开转基因信息诉农业部”、“甘肃张掖发文禁种转基因作物”是媒体关注的热点。《京华时报》以 3 个版面的篇幅关注转基因，并报道了上述消息。

话题 2

媒体高度关注食品安全法修订
官方澄清赣南“染色脐橙”为个例

10 月末，《食品安全法（修订草案送审稿）》面向社会公开征求意见，媒体对此高度关注。新华网《新华视点》指出，“送审稿”在强化婴幼儿食品监管、加重处罚食品安全违法行为等方面亮点突出，是食品安全升级保障的“紧箍咒”。还有媒体表示，作为保障食品安全的"顶层设计"，"送审稿"还应进一步强化全社会共治理念，确保消费者司法救济渠道的畅通也应是题中之义。此外，农业部等八部门联合印发的《关于进一步加强中药材管理的通知》也被广泛报道。媒体指出，八部门的联手整顿，将使中药材产业迎来全产业链管理水平提升的机遇。

25 日，《北京晨报》爆料"部分赣南脐橙由青果催熟，染色打蜡后上市"，引发百余家网络媒体转载。随后，上海、陕西等地媒体也发布消息，称当地发现赣南"染色脐橙"，甚至有赣南脐橙被检出苏丹红。11 月初，赣州市政府召开新闻发布会，称"染色橙"仅是个别不法经销商的行为，数量极少，没有发现用苏丹红染色脐橙的违法犯罪行为。此外，"染色脐橙"给赣南脐橙品牌和果农造成的负面影响也受到舆论关注。新浪江西频道在新浪微博中发起"相信赣南脐橙　共同拯救赣南脐橙"的倡议，获得网民的广泛支持。国内多家电商平台也纷纷行动，在维护赣南脐橙品牌、帮助果农渡过难关方面积极发力。

此外，10 月上旬，江苏特大地沟油案主犯被判无期，被称为"重典标本"，引发广泛热议。10 月中旬，2012 年网络旧帖《不要再吃鸡蛋！养鸡场老板女儿的忏悔和劝告》，在中华网论坛上再次出现。截至月末，该帖点击量达 20 余万次。帖文称，鸡在饲养过程中被喂食大量抗生素，鸡蛋有抗生素残留。

话题 3

多地曝出强征强拆冲突事件
研究显示征地拆迁后的社会保障不足

10 月份，浙江、河南、云南等地在征地拆迁中出现冲突事件，受到高度关注。12 日，网民在微博中图文爆料称，杭州千岛湖强征耕地引发冲突，当地官员的公车被掀翻。17 日开始，"河南西华强征耕地村民被逼服毒身亡"的相关消息在互联网上大量出现。随后当地政府部门表示，该农民曾"多次对乡村干部肆意谩骂，影响恶劣"，在对其执行行政拘留的过程中"趁局面混乱，服下农药"。对此回应，有网民斥为"一纸胡言"，呼吁彻查。22 日，云南省晋宁县官方通报称，当地发生群体性事件，200 名村民聚集，30 余辆公务车被打砸。《新京报》在跟进报道中说，事件因强行征地引发，当地县委书记按手印承诺不征地。10 月下旬，"南宁警察枪击抗拆村民"的视频在微博中被大量转发。当地回应称，执法人员在拆除违章建筑时生命安全受到威胁，警察被迫使用催泪弹和橡皮子弹。《南方都市报》指出，村民的反抗是对失去土地之后的生计问题的担忧，城镇化过程须为失地农民提供市民化的社会保障，农民的后顾之忧才能解除。

10 月末，清华大学发布调查数据称，征地拆迁波及全国 16%家庭，征地拆迁后给予家庭的就业安置和城镇社会保障的比例较低。如，承包地被征后，在就业安置和城镇社会保障方面得到补偿的受访者分别占 3.9%和 10.1%；宅基地被征后，在上述两方面得到补偿者分别占 8.5%和 28.1%。

话题 4

"改善农村人居环境"成为关注热点
"秸秆焚烧"被指为雾霾重要因素

10月份，"改善农村人居环境"是媒体关注的热点话题。9日，新华网报道《习近平就改善农村人居环境作出重要指示 李克强就推进这项工作作出批示》被数百家网络媒体转载。同时，在"全国改善农村人居环境工作会议"上，农业部等四部门通报农村环境改善情况也受到广泛关注。10月中下旬，《人民日报》推出关注农村人居环境的系列报道，详细介绍了江西、安徽等地的有益做法。舆论认为，改善农村人居环境不能玩虚的，这不仅是对农民生活质量的保障，更是对农民平等享受改革发展成果权益的维护。

10月份，华北、东北等地出现重度雾霾天气，有舆论指出秸秆焚烧是其中的重要因素。"哈尔滨回应重雾霾：农民烧秸秆致污染"、"河南：连日重度雾霾 秸秆禁焚无解？"等消息受到广泛关注。有媒体指出，农村劳动力的大量转移，夏收和秋种时间紧迫，相关企业对秸秆的收购价格偏低，农民收集处理秸秆的积极性不高。也有舆论认为，大气污染问题属于长期的累积效应，如果农民通过焚烧秸秆就能触发重度雾霾天气，只能说明城市的大气环境已到污染临界点。

畜禽养殖污染也被报道。"湖北宜昌：长江支流再遭死猪污染"、"海南9个养猪场违法排污致1 400亩农田无法耕种"等消息成为热点新闻。同时，百余家媒体报道了《国务院通过畜禽规模养殖污染防治条例》，认为该条例释放了新一届政府重视畜禽污染的信号。

话题 5

台风过境后农业保险引关注
"高铁换大米"成为网络热词

10月上旬，台风菲特给浙江、福建等地造成严重影响，农业灾后损失及农业保险成为媒体关注的热点。10日，《21世纪经济报道》文章说，浙江、福建两省均为农业保险产品普及的样本区域，但保障制度的建设依然没能超过灾害的步履，赔付金额与实际损失之间存在悬殊的差异。如，福建霞浦县5万亩养殖场绝收，受损船只达1 100多艘，但船只基本不在保险赔付之列。10月下旬，浙江在线以图表形式列举了该省农业受灾情况，其中粮食作物、畜牧业、渔业三项的经济损失达60多亿元。文中提到，由于赔偿额度和险种有限，相对于农林牧渔业造成的损失，政策性农业保险难保农民损失。

"高铁换大米"位列10月"十大经济热词"。据《人民日报》介绍，10月11日，李克强总理在泰国访问，中泰双方签署了《中泰政府关于泰国铁路基础设施发展与泰国农产品交换的政府间合作项目的谅解备忘录》，这一合作方式被媒体称为“高铁换大米”。舆论由此关注我国大米产量及进口问题。《人民日报》文章说，对中国而言，用高铁技术交换泰国的大米主要是基于我国面临着大米短缺的问题。中国是世界上最大的大米消费国和生产国，但粮食自给率已下降到不足 85%，大约 2 亿中国人的粮食需求要依赖进口满足。腾讯网专题《大米将成为中国人的奢侈品?》认为，目前大米需求少量缺口可通过进口弥补，但由于国际大米价格长期低于国内价格，易导致大量依赖进口，届时大米价格将面临扭转，因此无论是大米还是整个粮食供应，更多重点应放在国内粮食生产改革上。

粮食收获情况继续受到媒体关注。10 月中旬，农业部网站消息《全国秋粮收获七成　秋种进展总体顺利》被百余家网络媒体转载。10 月下旬，中国新闻网以《汪洋：今年粮食丰收基本定局　生产将实现十连增》为题报道了国务院副总理汪洋在全国冬春农田水利基本建设电视电话会议上的讲话。此外，今年的“世界粮食日”也被广泛报道，舆论呼吁珍惜粮食，拒绝舌尖上的浪费。

话题 6

农民工在市民化进程中存两难心理

10 月份，农民工市民化是媒体报道的热点。10 月下旬，深圳综合开发研究院发布报告指出，“农民工早退”导致“民工荒”。报告说，由于城市不为农民工提供社会保障和社会福利，导致他们难以在城市定居而过早地退出城市劳动力供给市场，退回农村。同时，人民网援引有关调查数据称，七成农村户籍流动人口愿意在城市长期居住，但不愿意放弃农村户籍在城市落户。《北京青年报》文章认为，上述调查数据反映出了农民工在市民化进程中的两难心理：永远做农民非其所愿，否则就不会背井离乡到城市打工；但放弃农村户籍也非其所愿，因为没了土地又无法享受市民保障，不啻是一场灾难。舆论指出，农民工市民化绝非在户口本上实现“农转非”，还应在产业结构的调整中统筹安排，实现其在福利和权利上的市民化。

话题 7

“南宁香蕉滞销”报道系过度解读
生姜价格上涨情况受到媒体关注

10 月中旬，互联网上关于“南宁坛洛镇早熟香蕉滞销，蕉农拉回家喂牛”的消息受到广泛关注。“爱心传递，帮蕉农渡过难关”等内容在微博和论坛中被大量转发。对此，南宁市政府 18 日回应称，媒体对香蕉滞销存在过度解读。据介绍，早熟香蕉仅占全市总产量的 1.15%，近期南宁部分地区的香蕉经历了价格波动，但影响有限；从目前整体形势看，广西香蕉“丰产丰收”成定局。随后，媒体以《广西香蕉整体销售形势良好》、《“香蕉滞销致低价抛售”为理解有误》等为题发表进一步报道。也有媒体表示，社会对"果贱伤农"的情况十分关注，因此坛洛"蕉急"事件在社会上迅速传播开来，造成过度解读；当某种农产品传出"滞销困局"时，有关部门不能等到舆情沸腾再作回应，让工作陷入被动。

10月，生姜价格上涨情况也被媒体报道。据河北、河南、浙江等多省媒体消息称，当地部分地区每斤生姜价格已突破10元。"'大姜军'卷土重来"、"'姜你军'再现"等字样多出现在新闻标题中。业内人士分析，新姜上市的速度赶不上老姜销售的速度、姜农惜售、生姜种植面积减少、产量降低等多重因素叠加致生姜价格上涨。

话题 8

生鲜乳价格上涨引发媒体再议"奶荒"

10月，"奶荒"话题继续受到媒体关注。10月上中旬，浙江、山东、河北等地媒体报道了当地出现的中低端液态奶缺货涨价现象。10月下旬，《南方都市报》报道，全国生鲜乳价格连续13个月上涨，目前低端奶到处断货，高端奶涨价，出现这种现象的背后是巨大的鲜奶供给缺口；有乳企坦言，面对奶荒，唯有采取"压缩中低端，力保高端"的方式调整产品结构。《人民日报》文章《"奶荒"背后让谁慌?》指出，消费市场的刚需增长较快，而规模养殖发展慢于散户退出速度，奶源困局短期难以缓解，改变"重生产，轻奶源"的产业发展失衡局面是治本之策。

此外，《济南时报》对当地近郊奶农走访调查后指出，由于乳企垄断压低收购价，奶农并未在鲜奶涨价中受益。文章呼吁尽快建立原奶收购价格联动机制，并介绍了上海市的有益做法：根据饲料价格波动情况，由上海奶业行业协会牵头，上海市农业委员会畜牧兽医办公室、上海市物价局派代表参加，不定期召开价格协调会，奶农代表与乳企共同确定原料奶的收购价格。

话题 9

河北农民"自锯病腿"折射医保之困

10月10日，《燕赵晚报》消息称，2012年4月，河北省清苑县东臧村农民郑艳良因无力承担巨额治疗费用，在家中自己将患病右腿锯下。消息被网络媒体大量转载，30多万网民参与跟帖评论。舆论称郑艳良是"悲情而无奈的农村硬汉"。消息发出次日，当地政府部门将郑艳良送至医院免费救治，社会各界也纷纷捐款。《新京报》在跟进报道中还说，"在东臧村，像郑艳良一样因病返贫、大病难医的苦挨者，可轻易找见"。

"自锯病腿"事件引发舆论关注农村医保。有媒体指出，目前的农村新型合作医疗是一大进步，但仍处于低水平、广覆盖阶段，还难以对特困群体的大病等提供有效保障。《人民日报》文章说，当贫困者被逼成举刀自救的"医生"时，说明一个社会的医疗保障制度“生病”了，“自锯病腿”事件虽是个案，但对社会心理底线的冲击却是巨大的，不仅容易引发百姓对自身医疗保障的担忧，还会动摇其对社会公平正义的信心。还有舆论说，不要让新闻报道成为“郑艳良们”的“救命稻草”，呼吁相关职能部门主动作为。

热帖解读

凤凰网博客：《为何 74%流动人口不愿放弃农村户口?》

10 月下旬，媒体广泛报道了国家卫生和计划生育委员会有关人士发布的调查数据，称“74%农村流动人口不愿意放弃农村户籍”。对此，24 日，中国人民大学教授郑风田在其凤凰网博客中发文《为何 74%流动人口不愿放弃农村户口?》，对该话题进一步解读。截至月末，该文点击量近 10 万次。

文章分析了农村流动人口不愿意放弃农村户籍的原因：一是许多地方的农村户籍与利益挂钩，二是农村承包地是农民工的最后退路。文章指出，农民进城而不愿意放弃农村土地，将使耕地等稀缺资源低效率配置。农民进城后，耕地被转租或者低效率运行，本来该一年二熟或者三熟的土地，现在可能只变一熟或者干脆抛荒。文章认为，我国农村土地等稀缺资源的高效配置问题，亟待在农民市民化过程中解决。建议设计相应的制度，有偿收回农村承包闲置土地，转让给种田大户。

从网民跟帖看，多数网民认为土地是农民的命根子，农民失去了土地，等于失去了生命。只有建立健全社会保障制度，消除进城农民的后顾之忧，让农民不再因失业等因素回流，才能实现未来的城镇化和农业生产规模化专业化。还有网民呼吁不要强迫农民“农转非”，尊重农民在城市化进程中的自主选择。

十一、11 月“三农”网络舆情概览

11 月份，网络媒体日均新闻报道量略高于上月。11 月上旬，转基因相关报道对新闻舆情走势影响显著。11 月中旬，党的十八届三中全会作出的《中共中央关于全面深化改革若干重大问题的决定》，对深化农村改革做出了全面部署，引发媒体高度关注，13 日新闻量攀至峰值。11 月下旬，“毒豆芽”、“液态奶涨价”、“转基因木瓜”、“粮食产量十连增”等热点报道接连出现，使得 26～29 日的新闻量居于高位。网民的关注热点在很大程度上受媒体报道的影响，微博舆情走势与新闻舆情走势整体一致，13 日，“安徽农民可买卖宅基地”话题（14 日《新京报》报道，安徽省国土资源厅表示“农民可买卖宅基地”系媒体误读）被网民大量传播，当日微博话题量迅速攀至顶点。

11 月网络媒体“三农”新闻舆情走势图

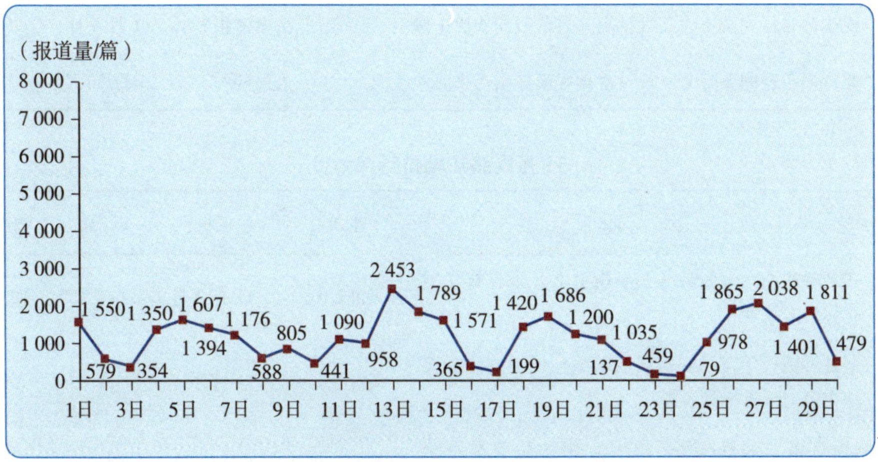

11 月微博“三农”舆情走势图

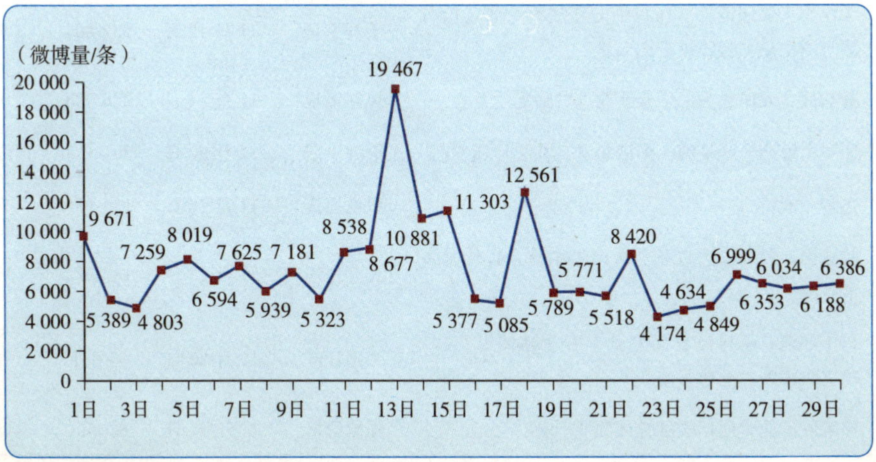

11月热点新闻排行Top10

排名	标　　题	来源	时间	转载量
1	喝牛奶致癌？大可不必担心	《新京报》	11月8日	329
2	安徽国土厅："农民可以买卖宅基地"系媒体误读	《新京报》	11月14日	326
3	农村养老，路在何方	《中国青年报》	11月13日	291
4	广西转基因玉米子虚乌有	《京华时报》	11月6日	273
5	农科院专家：市面上绝大多数木瓜为转基因品种	《新京报》	11月28日	247
6	一根豆芽几多毒？——直击"毒豆芽"生产黑幕	新华网	11月27日	237
7	转基因食品标识"羞见人"？	《新京报》	11月5日	225
8	黄大昉：国内大部分人都吃过转基因食物	《新京报》	11月9日	194
9	媒体称农村剩余劳力几近枯竭　议价权向农民工倾斜	《经济参考报》	11月4日	169
10	李克强签署国务院令发布《畜禽规模养殖污染防治条例》	人民网	11月26日	163

11月网络热帖排行Top10

排名	标　　题	来源	时间	点击量	回帖量
1	实名举报绍兴市新昌县七星街道上礼泉村村支书章林均五宗罪	天涯论坛	11月7日	2 049 951	10 198
2	何处诉冤？千万元养殖场被摧毁！谁能制止？鞍山市暴力强拆无处说理！	天涯论坛	11月3日	1 092 538	5 956
3	《新京报》调查：几乎所有食用油品牌都用转基因！	天涯论坛	11月8日	421 754	1 555
4	天津市王稳庄镇二侯庄村书记李之哲，非法抢占殴打不受惩，行贿买官无人管	天涯论坛	11月12日	332 863	1 018
5	碧翰烽：农民成为三中全会改革的最先受益者	凤凰播报	11月14日	296 028	91
6	肥料？农药？转基因？你清楚自己在吃什么？	天涯论坛	11月20日	204 103	117
7	如何土改？	凤凰播报	11月18日	136 774	39
8	福建邵武村霸雇黑致死3未出生小孩，官员无人敢管	天涯论坛	11月15日	130 559	235
9	村干部谈：怎样让农民充分享有土地的财产权，确立农民的"土地不动产"	强国社区	11月20日	85 851	75
10	如果农民能卖地，就可脱贫变"土豪"？	强国论坛	11月14日	82 305	383

11 月网络媒体热点话题

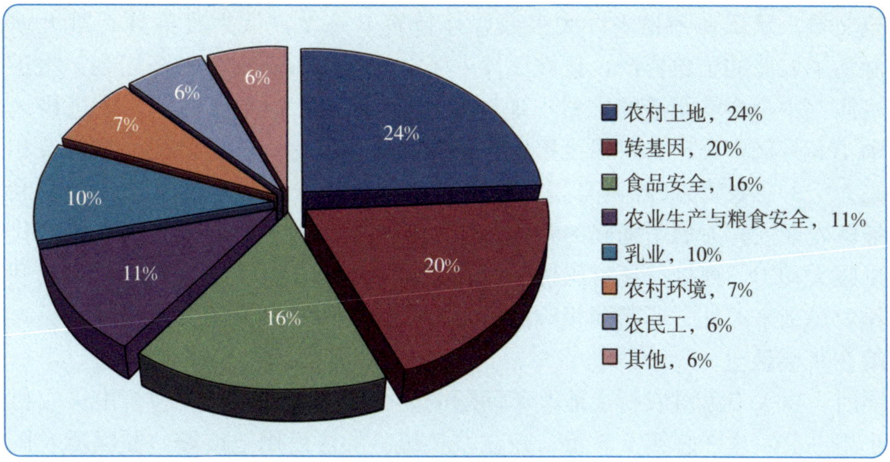

11 月网民热点话题

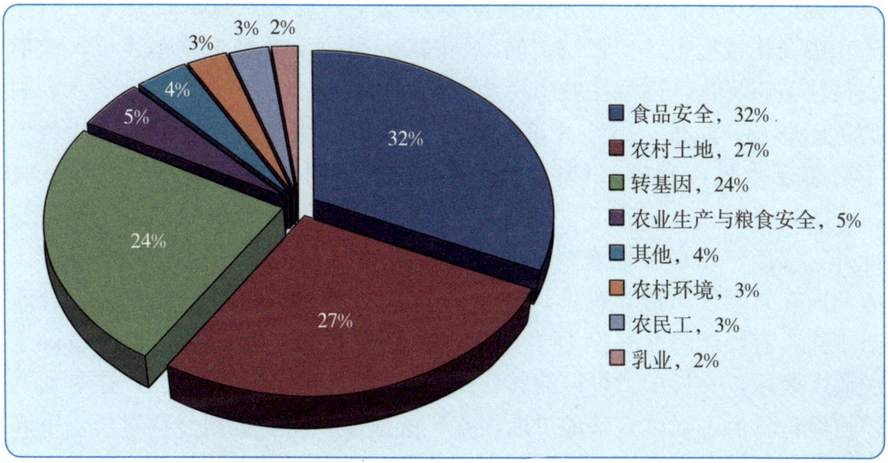

话题 1

舆论聚焦党的十八届三中全会提出的农村土地改革问题

党的十八届三中全会通过的《中共中央关于全面深化改革若干重大问题的决定》备受瞩目。该决定提出的关于“三农”问题的一系列改革措施中，“农村土地改革”受到舆论的集中关注和重点解读。其中，“允许农村集体经营性建设用地出让、租赁、入股，实行与城市建设用地同等入市、同权同价”；“赋予农民对承包地占有、使用、收益、流转及承包经营权抵押、担保权能”；“慎重稳妥推进农民住房财产权抵押、担保、转让”等三方面内容成为热议的焦点，被新华网称为“全会送给农民的三个大红包”。

从媒体报道看，网络媒体多以客观转述相关改革决定为主，部分媒体对此发表了评论文章。从媒体评论看，大多数媒体持赞赏态度，认为改革具有重大理论创新，激活了农民的土地资产，让农民捧上了“金饭碗”。《中国经济周刊》报道，党的十八届三中全会将激活的农村土地至少达 15 亿亩；据专家估算，承包耕地每年或撬动 1.3 万亿资金，农村建设用地价格或高达百万亿，将给农民、农村及相关产业带来无穷的想象力。《经济日报》指出，改革赋予农民更多的土地使用权利，将有效缓解农业农村发展中面临的融资难题，增加农民财产性收入，为农业现代化发展提供强大动力。此外，还有媒体认为，《决定》赋予农民足够多的财产权利，但切实给农民带来益处，还需要相应的配套，也需要中央层面的具体指导意见，以防止政策在基层悬空。

同时，有关专家对农村土地改革问题的相关解读受到广泛关注。中央农村工作领导小组办公室主任陈锡文表示，建立城乡统一的建设用地市场，要保障农民的长远生计，要形成相关机制，让农民、开发商以及政府合理分配土地收益。中国社会科学院研究员李国祥认为，推进农村集体建设用地流转试点，政府应实行用地管制，防止市场化过程中的“强制流转”。中国人民大学教授温铁军建议，政府慎重对待农村住宅市场化，注意在城市房地产价格过高情况下，大量资金涌入农村住宅带来的负面影响。此外，财经评论人叶檀在其凤凰博客中发文《如何土改?》说，土改不必急于求成，发挥市场内生动力，在东中西部进行试点，成熟一块发展一块。

此外，安徽、北京等地农村土地改革试点情况也是媒体报道的热点。12 日，安徽省政府在官网发布指导意见，决定在全省 20 个县（区）开展农村综合改革示范试点工作，有媒体将此解读为“农民可以买卖宅基地”。对此，安徽省国土资源厅有关人士表示，文件中“可以流转使用宅基地”，并非是“买卖”，这是对文件的误读。有舆论认为，对“宅基地可以买卖”的误读，能够看到公众对于当下农村土地制度的种种担忧和进行深入改革的公共期待。此外，“北京明年将开展集体建设用地、宅基地使用权确权”、“温州：12 类农村产权可以进入市场交易”等消息也受到关注。

话题 2

转基因关注度下降　舆情走势趋稳

与上月相比，11 月媒体和网民对转基因的关注度明显下降，整体舆情走势趋稳。媒体报道对转基因舆情走势起主导作用。11 月上旬，媒体在热议“张掖禁种转基因”、调查转基因食品标识、辟谣转基因传言等方面纷纷发文，受到舆论的广泛关注，使得新闻报道量和微博话题量偏高。11 月中下旬以来，个别媒体报道引发短暂起伏，转基因舆情热度总体呈下降趋势。

11 月转基因话题网络媒体新闻舆情走势图

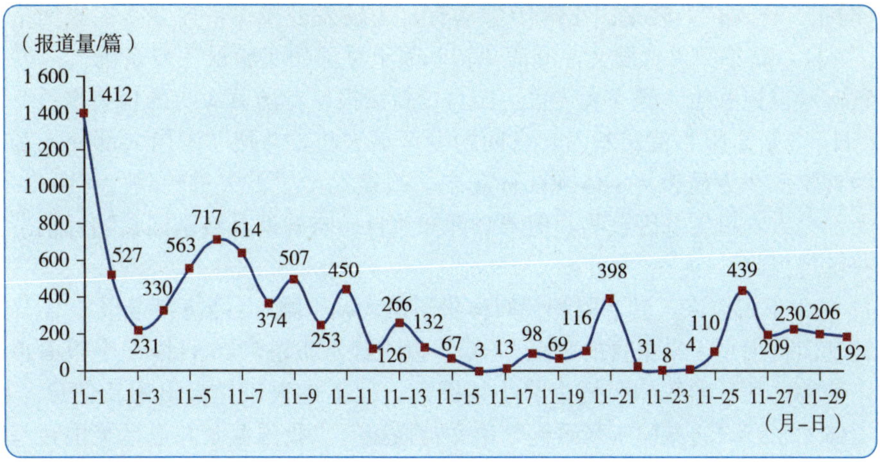

11 月转基因话题微博舆情走势图

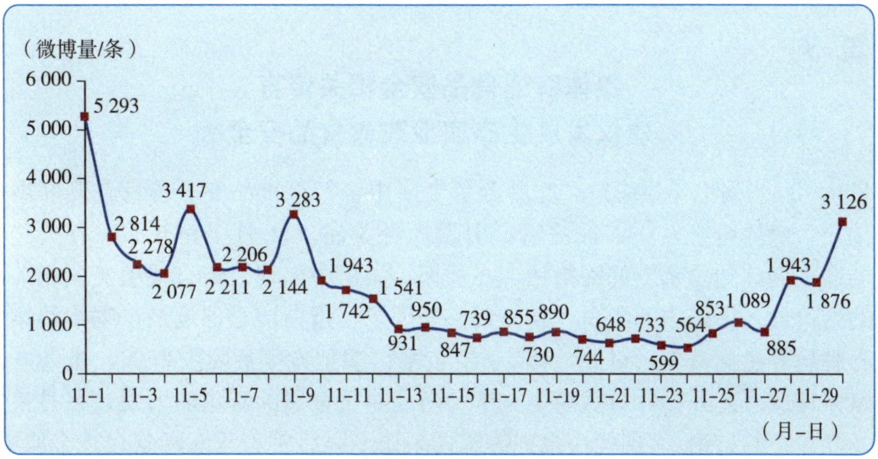

11 月上旬，转基因热点话题主要有以下几点：一是“张掖禁种转基因”引热议。11 月初，“甘肃张掖发文禁种转基因作物”的相关报道大量出现，就此引发讨论。有舆论肯定张掖的做法，认为是对加强食品安全种植规范的负责任行为。有舆论质疑该禁令仅是张掖对其农产品品牌进行宣传的噱头。有舆论表示，禁令是非法的，是对基本科学知识的无知。还有舆论说，张掖对待转基因问题的慎重态度值得深思，不确认无害即禁的“张掖观念”应成共识。二是媒体调查转基因食品标识情况。4 日，新华社《中国网事》发文调查转基因食品标识，指出不少市面销售的转基因食品标识不清，有些甚至没有标识。随后，《新京报》报道《转基因食品标识“羞见人”?》，被媒体大量转载。舆论指出，在转基因食品安全性存有争论、市场化营销还不被认可的情况下，转基因食品标识应“大方示人”，这不仅是一种勇气，更是法定义务。三是媒体辟谣转基因传言。5 日，新华社《中国网事》推出转基因传言系列调查，澄清“转基因玉米致广西大学生精液异常”等网络传言。对此，《京华时报》以《广西转基因玉米子虚乌有》为题发表报道，被 200 多家网络媒体转载。7 日，新华网再次发文，澄清“转基因土豆损伤实验鼠免疫系统”、“转基因玉米致实验鼠患肿瘤”等 5 大传言。四是《新京报》专访黄大昉的相关报道受到关注。9 日，《新京报》就转基因热点问题专访黄大昉，并把“国内大部分人都吃过转基因食物”作为显著文字体现在标题中，报道发出后被大量转载。有舆论指出，虽然大部分人吃过转基因食物，但未必都知道自己吃的就是转基因食物，消费者的知情权亟待保障。

11 月中下旬以来，转基因相关媒体报道量大幅下降。《经济参考报》21 日发文称“转基因技术是未来粮食的咽喉”，《21 世纪经济报道》26 日以 4 个版面报道转基因，使得这两日的媒体舆情走势小幅震荡，但上述报道均未出现新信息。11 月末，媒体关于“‘转基因玉米致癌’论文被撤稿”、“我国截获并退运美国转基因玉米”等消息的报道，致微博话题量出现上涨，但未现新的峰值。

话题 3

媒体辟谣食品安全相关传言
建议发展生态农业改善食品安全

11 月份，“喝牛奶致癌”、“吃蘑菇重金属中毒”等食品安全传言在互联网上被大量传播，媒体纷纷发文辟谣澄清，引发广泛关注。11 月中旬开始，有关“牛奶将人类送进癌症的坟墓”的网络传言在微博、微信中出现。传言援引美国相关研究机构的结论称，牛奶中的激素、胰岛素生长因子、蛋白质是促癌剂，喝牛奶增加癌症、心脏病等患病概率。对此，《新京报》采访多位专家后发文辟谣，被 300 余家网路媒体转载。此外，针对微博中关于“蘑菇对重金属的富集能力强，每月最多可以吃 200 克”的言论，《现代快报》等媒体采访专家后发表《吃蘑菇会重金属中毒？真相：无土栽培很“纯净”》等文章进行澄清。有舆论表示，在喝牛奶致癌等传言中，充斥着多个专业术语和数据支撑，对其进行反驳需要相当的专业功力，专家和媒体在第一时间站出来为消费者提出中肯客观的看法，民众的食品智商将在这样兼听则明的氛围中成长。

食品安全问题方面，新华网曝光天津黑作坊违禁使用添加剂生产“毒豆芽”，引发媒体的高度关注。报道指出，“毒豆芽”的出现与监管部门职责划分不清易相互推诿有直接关系。此外，《京华时报》在文章《专家称中国化肥全世界密度最高》中援引有关专家言论称，中国慢性病患者数量以每年 300 多万的速度增加，主要原因是饮食安全出现了问题，中国化肥和农药的使用量全世界密度最高，发展生态农业才能改善目前的食品安全问题。

话题 4

关注粮食产量“十连增”
重视粮食安全战略

11月，粮食产量“十连增”受到媒体的高度关注。22日，农业部网站消息《秋粮丰收已成定局　全年粮食有望“十连增”》被百余家网络媒体转载。新华网评论文章说，今年粮食生产在遭遇了东北低温春涝、西南西北冬春连旱、夏季南旱北涝以及害虫频发等灾害的多重考验之下，取得历史罕见的“十连增”，为实现全年国民经济发展目标提供了有力支撑。29日，国家统计局发布公告称，全国粮食总产量60 193.5万吨，比上年增长2.1%。消息再次引发关注，“粮食总产量首破6亿吨大关”、“连续十年增产”成为媒体报道的关键词。《人民日报》援引有关专家言论称，粮食增产为促增长、控通胀、保民生做出了重要贡献，对于平抑物价意义重大。

粮食安全相关话题也是媒体报道的热点。11月初，中国新闻网报道了李克强在黑龙江省抚远县查看粮食收储情况，并指出“这是他就任总理8个月来第三次就农业问题进行考察，从春播到夏收到秋粮入库，查看粮食收成的同时，亦在谋划现代农业大局”。11月末，习近平在山东省农业科学院召开座谈会，新华网、中国广播网等媒体纷纷以《习近平：手中有粮　心中不慌》、《习近平：粮食安全是永恒的课题》等为题发表报道。此外，23日召开的“中国粮食安全战略峰会”也被媒体关注。中国广播网援引与会专家言论称，放眼未来，中国对粮食进口依赖度正在增加，粮食安全战略设计切莫“闭门造车”，需在全球化背景下，构建开放型新经济体制，增强战略互信。

此外，11月中旬，台风“海燕”给海南农业造成巨大损失，当地有关部门全面展开农业救灾工作，也被部分媒体报道。南海网指出，在自然灾害面前，如何确保农民损失降到最低，如何增强农民抗风险能力值得反思，当务之急是建立健全农业风险防范体系和农业保险体系。

话题 5

液态奶涨价成为报道热点
舆论呼吁改变奶农的弱势地位

11月下旬，液态奶涨价现象成为媒体报道的热点。新华网消息称，三元、蒙牛、光明等品牌乳企相继表示将于近期提高产品价格，主要涉及鲜奶、酸奶和常温奶产品。《人民日报》对有关专家和奶牛养殖户采访后发文说，近期乳制品价格上涨的主因是原料奶等生产成本持续上涨，目前市场上乳制品供应充足，并没有出现“奶荒”，但仍需解决生鲜乳供应趋紧状况。文章建议发展“一体化奶业”，鼓励乳企自建奶源基地、养殖企业自建乳品加工厂，改变长期“重生产、轻奶源”的产业发展失衡局面。此外，《文汇报》还援引奶业专家王丁棉的观点称，年底大量国内乳企集体涨价的一个重要原因，是为了实现年度经营利润目标做最后冲刺，“目前宣布涨价的企业都是上市企业，如果年底利润还不能拉上去，账面上会很难看。”

媒体还对奶农利益予以关注。中国广播网对河北多个奶源基地县走访调查后发文称，奶牛养殖户在养殖成本不断上涨的情况下，应得的利益缺乏保障，除了被奶站高额分成外，面对企业更是没有话语权，养殖积极性严重受挫。《21世纪经济报道》认为，这一轮涨价的根本原因在于中国的乳业养殖模式存在缺陷，如果不改变奶农在乳业价值链配角的模式，每一次周期来临都会给奶农、乳业、消费者带来伤害。

此外，党的十八届三中全会提出的“单独二胎”政策被舆论认为是对奶粉行业的利好消息。有媒体分析指出，“单独二胎”为国内婴幼儿乳粉市场带来10%～20%的扩容，洋奶粉将加快布局中国市场，国内乳企机遇与挑战并存。

话题 6

农村环境治理举措受关注
联合国环境规划署呼吁各国重视农业减排

11月，农村环境治理方面的政府举措被媒体大量报道。党的十八届三中全会提出“深化生态文明体制改革”，舆论认为这是我国首次对生态文明制度建设进行系统阐述，生态文明建设上升到前所未有的高度。随后，环保部针对农村生活污水处理，农村小型畜禽养殖污染防治等四个方面，发布项目建设及投资指南。对此，舆论评价为“三中全会后的首份环保政策”，并指出农村环境保护将成为热门话题，农村环保产业的发展也将提速。11月末，人民网、新华网等媒体广泛关注了国务院发布的《畜禽规模养殖污染防治条例》。舆论指出，在此之前，我国没有国家层面上专门的农业环境保护类法律法规，该条例的颁布为实现畜禽养殖产业发展与环境保护的和谐统一提供有力的制度保障。

农村环境污染方面，新华网、《经济参考报》于11月中旬分别报道了“浙江乐清冶炼厂违规排污致当地村民身体健康严重受损”、“黑龙江鸡西无序开矿致当地村民饱受粉尘之害”等工业污染问题，当地有关部门在报道发出后开展了后续处置工作。同时，“湖北宜昌百头死猪抛尸长江岸边”的网络图片引发舆论广泛关注。新华网在跟进报道中介绍，经宜昌市有关部门清点确认，死猪数量实为29头，并已完成集中清理和无害化处理工作。

此外，11月初，联合国环境规划署发布《2013年排放差距报告》，首次详细分析了农业领域的减排措施。报告指出，目前全球温室气体排放量已超过2020年的目标，农业领域产生的直接排放占全球温室气体的11%，各国应采取进一步的减排行动，尤其应重视此前未被充分重视的农业减排。

话题 7

2 亿多农民工未能真正融入城镇
报道称“用工荒”蔓延至中西部

11 月，农民工市民化仍是媒体报道的热点。11 月中旬，《经济参考报》文章说，新生代农民工约占全部外出农民工总数的 61%，同老一代农民工相比，新生代农民工对城市有着更多的认同感，但由于城乡二元结构限制，他们的处境并未获得根本性改变，普遍面临着留不了城，又回不了乡的尴尬境地。11 月下旬，《瞭望》杂志对在广东、北京等 6 省市打工的 22 位农民工进行了追踪调查，报道了他们的艰辛打工生活和对未来的期待。报道指出，大约有 2 亿多农民工没能真正融入城镇，国家应从战略层面考虑农民工融入城市的问题，及早作出全面的制度安排。同时，《瞭望》还发文关注了“中小城市户籍成农民眼中的‘鸡肋’”现象。文章说，当前内陆地区农民主动到所属城镇安居的意愿趋强，成为县城购房主力，但他们进城不入籍，少有申请“农转非”；与此同时，农村土地流转加速，整村流转增多，撂荒地明显减少。此外，媒体纷纷转述报道了党的十八届三中全会提出的“把进城落户农民完全纳入城镇住房和社会保障体系，在农村参加的养老保险和医疗保险规范接入城镇社保体系”等改革举措。

农民工“用工荒”现象也被媒体报道。《经济参考报》对浙江、广东、河南等 10 余省份走访调查后发文称，农村青壮年剩余劳动力所剩无几，“用工荒”现象已从东部蔓延至中西部地区，各地争夺劳动力“白热化”，农民工工资普遍快速上涨。文章认为，在城乡二元结构和农民工市民化遇阻的制度壁垒下，从狭义的刘易斯拐点理论看，我国正在步入拐点阶段。

话题 8

媒体积极建言农村养老问题

11 月，农村养老话题也受到媒体关注。9 日，《法制日报》援引山东沂南检察院的调研结论称，老无所依成为农村老年人犯罪的一大诱因。报道指出，健全完善农村老年人社会管理体系和农村养老制度，是遏制老年人犯罪的治本之策。13 日，《中国青年报》报道《农村养老，路在何方》被网络媒体大量转载。报道援引有关研究数据称，目前农村老人空巢率达到 38.3%，完全失去土地或部分失去土地的农民达 5 000 万人，全国约 1 010 万的城乡贫困老年人中农村占 860 万，每月 55 元为起点的新型农村养老保险，无法满足农村老年人日常的生活需求。15 日，《经济参考报》发文《百元养老金难以满足农村养老需求》，再次关注新农保起点低、农村养老难问题，并建议尽快建立农民养老金调整机制，使基础养老金随着农村经济发展、农民收入的提高而提高。此外，新华网等媒体也纷纷发表评论文章，呼吁给农村老人更多的关注，建议公共财政向农村养老倾斜，并采取土地养老等多元化路径解决农村养老难问题。

热帖解读

凤凰博文：《碧翰烽：农民成为三中全会改革的最先受益者》

11 月 14 日，时评人碧翰烽在凤凰博客发文《农民成为三中全会改革的最先受益者》，受到网民关注。截至月末，该文点击量达 29 万余次，评论 90 余条。

博文指出，"三农"问题一直是中国的最大问题，农村安、天下安，农民富、天下稳。党的十一届三中全会以来，农民、农村和农业是改革最先发端的地方和领域，也是最先受益的。此次党的十八届三中全会围绕农民的改革力度很大，"平等"和"财产权"是最让人期待的关键词。全会在转包耕地、出让宅基地、农村集体建设用地和城市建设用地同地同权同价等方面做出的改革决定，将使农民成为此轮改革的最先受益者。博文认为，改革能够最快的给农民以实惠、最大限度地盘活农村和农民手中的资产，在农民财产增加后，会最大限度的激发农民创业的热情，从而带动整个社会创业的激情。

从网民跟帖看，有网民呼吁相关改革举措能尽快落到实处，并期待农村发展环境和农民生活水平得到更好改善。有网民建议，加强农民财产权利的相关立法，避免改革举措在基层实施过程中走样。有网民表示，应从长远角度出发建立相关保障机制，重点考虑农民失地后的社会保障问题，同时不能忽视对已经失地农民的关注。还有网民认为，与一边打工赚钱、一边收土地租金获利的农民相比，无田无地的小城镇居民和下岗的低收入工人才是社会不安定因素，更应受到国家相关政策的照顾。

十二、12 月“三农”网络舆情概览

12 月，网络媒体日均新闻报道量略高于上月。6 日，国新办就粮食增产农民增收以及贯彻落实党的十八届三中全会精神召开新闻发布会、媒体曝料湖北大米检出转基因等热点话题叠加，引发当日新闻量快速上涨。12 月中旬，中央经济工作会议、安徽宿州农地流转信托等热点话题的出现，新闻舆情出现明显起伏。25 日，媒体对中央农村工作会议的集中报道和对“婴幼儿乳粉配方细则”的讨论致当日舆情热度攀至顶点。12 月末，“5 000 万亩耕地中重度污染”引发热议，新闻量大幅反弹。微博方面，网民对转基因的关注度有所下降。受江西人感染 H10N8 禽流感患者死亡、河北保定禽流感疫情等消息影响，禽流感话题在微博中的关注度快速升温。25 日，网民对中央农村工作会议话题的传播，致当日微博话题量迅速攀至高点。

12 月网络媒体“三农”新闻舆情走势图

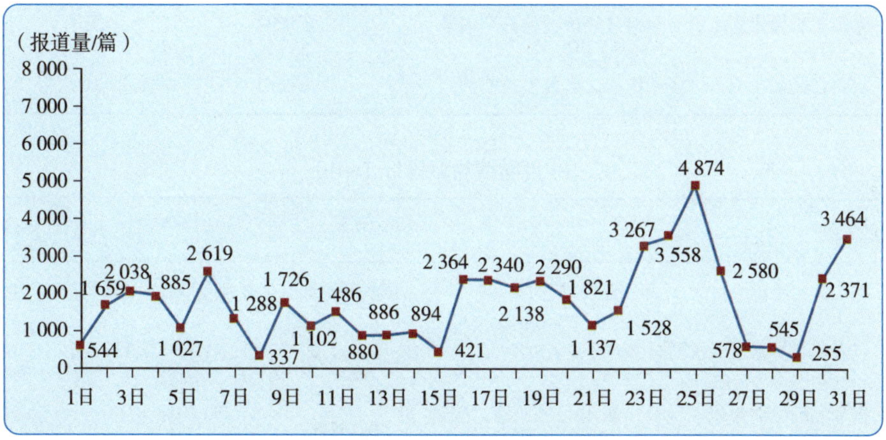

12 月微博“三农”舆情走势图

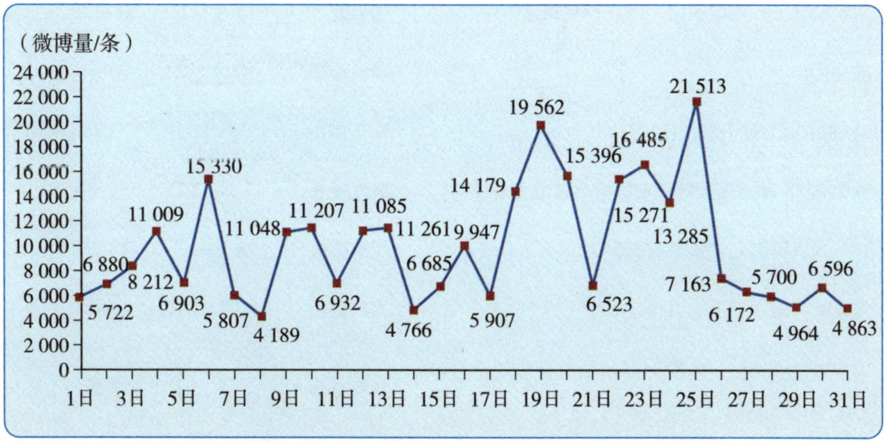

12 月热点新闻排行 Top10

排名	标　　题	来源	时间	转载量
1	国务院食安办采取 6 项举措推进 2014 年食品安全工作	新华网	12 月 20 日	258
2	“新土改”突围	中国金融信息网	12 月 19 日	257
3	浙江 40 吨病死甲鱼骨入药　监管部门直言没办法	《新京报》	12 月 17 日	257
4	宿州农地“流转信托”破解农企融资难	《新京报》	12 月 16 日	213
5	质检总局：54.5 万吨美国玉米检出转基因已退货	质检总局网	12 月 19 日	207
6	保定发生高致病性禽流感疫情	《北京晨报》	12 月 23 日	192
7	中央用“四个最”要求确保舌尖上的安全	《新京报》	12 月 25 日	185
8	“木马”种子走私猖獗　湖南破黄金玉米案	《每日经济新闻》	12 月 20 日	181
9	中国牛奶为何这么贵——揭开奶价“虚高”内幕	新华网	12 月 16 日	178
10	陕西农民工在山东讨薪遭拘留 3 名警察被停职	央视网	12 月 23 日	173

12 月网络热帖排行 Top10

排名	标　　题	来源	时间	点击量	回帖量
1	花千芳：一位农民大 V 的心路与梦想	凤凰网论坛	12 月 12 日	493 781	118
2	风青杨：崔永元为何要与方舟子“死掐”？	凤凰播报	12 月 23 日	331 817	882
3	崔永元的谎话谎说——驳斥崔永元的所谓“美国转基因调查”	新浪博客	12 月 22 日	202 989	0
4	英伦取精——英国将向中国出口猪精液	搜狐博客	12 月 6 日	157 622	228
5	转基因	新浪博客	12 月 6 日	98 441	981
6	农村正在形成分利秩序	搜狐博客	12 月 19 日	88 740	259
7	城镇化 25 万亿钱从何来安徽宿州可能是答案	凤凰博客	12 月 17 日	84 698	31
8	第一代农民工的“落幕时刻”	凤凰博报	12 月 6 日	75 568	53
9	习总为何也说“手中有粮，心中不慌”？	发展论坛	12 月 15 日	63 681	117
10	高度重视农业！一号文件或调整粮食自给率目标不坚持 95%红线	发展论坛	12 月 22 日	48 278	64

12 月网络媒体热点话题

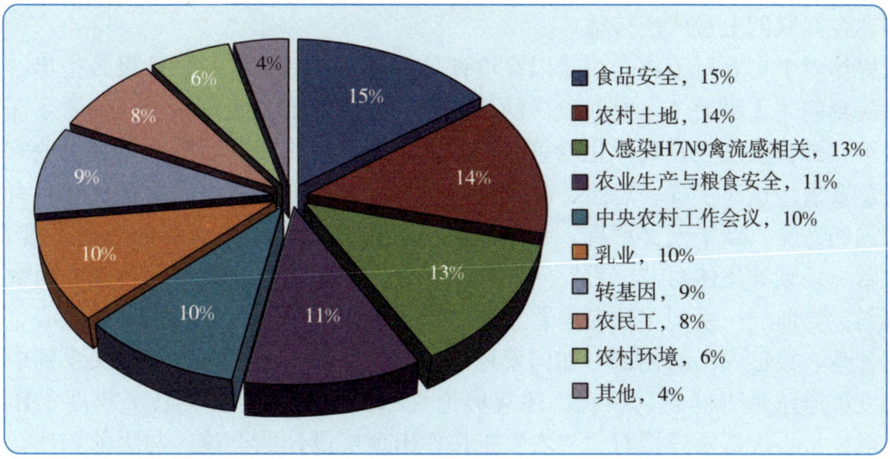

12 月网民热点话题

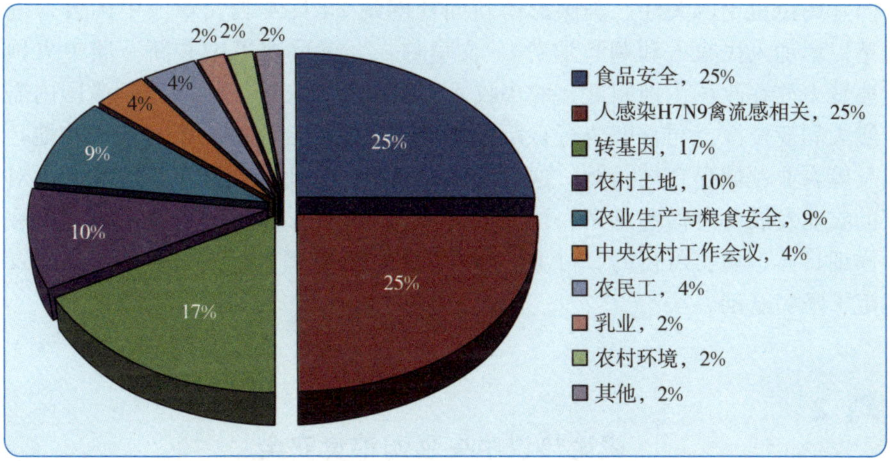

话题 1

媒体聚焦中央农村工作会议

据凯迪网“云情报”发布的监测数据显示，23～25 日，全国 594 家主要报纸报道了中央农村工作会议，其中《人民日报》、《光明日报》、《经济日报》等均在头版发文关注。新浪网、腾讯网等门户网站也纷纷推出会议报道专题，并在首页醒目位置发布会议最新消息。

从报道情况看，中央农村工作会议对粮食安全的任务部署是媒体关注的焦点。“中国人的饭碗应主要装中国粮”、“耕地红线要严防死守”等语句多出现在报道标题中。此外，会议对食品安全、土地流转、生态农业、农业现代化、新型城镇化等问题的强调，也被高度关注。“确保广大人民群众‘舌尖上的安全’”、“坚持农村土地农民集体所有"、"让农业成为有奔头的产业"、"小康不小康，关键看老乡"等经典阐述在互联网上被广泛传播。

媒体对中央农村工作会议予以高度评价和热烈期许。《人民日报》指出，这次会议深刻阐述了事关"三农"发展的战略性、方向性重大问题，全面部署了深化农村改革、加快推进农业现代化的重点任务，提出了当前和今后一个时期农业农村工作的总要求。这对于统一思想、凝聚共识，加快实现中国特色农业现代化具有重大而深远的意义。新华网文章称，从刚刚闭幕的中央农村工作会议的表述不难看出，中央新一届领导集体对"三农"问题提出了更高的要求，政策导向逐渐在向数亿农民倾斜。当前的一系列难题考验着新一届领导集体解决"三农"问题的决心、勇气以及智慧，数亿农民的创造力如何发挥，如何让他们走向富裕，直接关系到中国未来的发展道路是否健康、顺利。还有舆论表示，今年的会议突破了年度工作的意义，堪称是一次新领导层对"三农"工作作出顶层设计的会议。与之前相比，中央政治局七常委的悉数出席令会议规格之高创下数十年来的纪录。

国际舆论也予以关注。美国彭博新闻社网站 23 日发表文章《中国誓言进行农村改革以增加人民收入和刺激消费》。文章称，会议反映了中共新一届中央领导集体把注意力放在改革土地制度、缩小收入差距和鼓励农民工进城以刺激国内需求上面。澳大利亚资源公司首席执行官斯托伊科维奇说，会议提出了"谁来种地，怎么种地"等农业领域存在的问题。这不仅对中国实现农业现代化有重要意义，对很多国家的农业发展都有借鉴意义。沙特"召唤"新闻网站发表评论认为，这次会议制定了详细具体、切实可行的农村工作计划，为改善中国农村发展环境、科学发展农业奠定了坚实基础。

话题 2

舆论热议中央强调粮食安全

中央经济工作会议把"切实保障国家粮食安全"列为明年经济工作的首要任务，中央农村工作会议再次强调了粮食安全的重要性，引发各界高度关注。新华网文章说，把"粮食安全"列为首要任务，在中央经济工作会议历史上非常罕见。在连年丰收的背景下强调"粮食安全"，显示了中央政府未雨绸缪的态度，如何追求数量与质量的平衡，应该是未来的着重点。还有舆论表示，中央农村工作会议对粮食安全的部署，体现了中国粮食安全战略的新思路，不再过分强调数量，而是更加关注质量，今后更多的问题将聚焦在如何树立百姓对粮食质量的信心，以及如何平衡资源环境与农业发展问题。

"中央为何频提粮食安全"也是热议话题。《上海证券报》指出，中央会议频提"粮食安全"，并不能用国内粮食供给将来可能有短缺来简单解释，也不能用全国粮食减产或国家储备粮食不足来简单说明，更不能用有些人所担心的海外进口粮食存在重大隐患来猜测分析。锁定"粮食安全"，是直接回到中国特色的经济原点，用农业经济激发的发展活力，用农村智慧创造的财富潜力，通过新型城镇化建设的聚集效用，去解决一大批城市自身解决不了的问题，这既是尊重经济规律的表现，也是务实求真的反映。中国社会科学院农村发展研究所研究员李国祥在接受财新网采访时表示，中央对粮食安全问题的强调，主要是由于新的粮食安全战略的提出以及深化农业改革的要求。国际形势也是促使强调粮食安全问题的原因，目前中国的经济发展水平、国际地位、进口能力以及参与国际分工的能力都在大幅度提高。

此外，在12月6日国务院新闻办公室新闻发布会上，韩长赋部长和毕美家总经济师就粮食安全相关问题答记者问，引发广泛关注。中国新闻网等媒体纷纷以《农业部回应"十连增后仍进口"：适度利用国际市场》、《中国政府有能力解决和保证全国人民的吃饭问题》为题发表大量报道。

话题 3

农村土地改革及多地试点土地流转被关注

《经济参考报》文章说，2013年，农村土地制度改革受到了前所未有的关注，中央层面和地方政府的声音空前密集。党的十八届三中全会、中央经济工作会议分别作出了重要部署。地方政府逐渐放开了对农村集体土地流转的限制，不少农民已经开始从土地流转中获益。新华网指出，我国农村土地制度改革方向已明确，即公有制必须坚持、用途管制必须坚持、农民利益必须维护，要试点先行，稳步推进。此外，在6日召开的国务院新闻办公室新闻发布会上，农业部对农村土地改革的相关解读也受到关注。网络媒体多以《农业部：不要误读"农村土地入市"》、《农业部：正确理解保障农民宅基地内容　不可自由买卖》等为题发表报道。

安徽宿州尝试的农地流转信托模式成为"全国第一单"，受到聚焦。据《新京报》消息，安徽省宿州市埇桥区政府将5 400亩农地的经营权委托给中信信托公司，通过其设计的农业产业园融得资金，解决当地农企的融资难题，当地农民可获得土地增值收益的70%。《经济参考报》对浙江嘉兴、江苏盐城等地开展的土地流转试点予以详细介绍，并指出应加速建立和完善土地流转的相关配套政策，杜绝"资本入村"带来的风险和隐患。

此外，河南、安徽等地被曝出的强征强拆问题也被关注。"河南焦作一女子喝农药抗议政府强拆"、"安徽淮北暴力强拆　村民深夜被胶带封嘴扔荒野"等消息经舆论曝光后引发广泛反响。

话题 4

中央农村工作会议强调"舌尖上的安全"媒体集中报道食品安全相关举措

中央农村工作会议强调，用最严谨的标准、最严格的监管、最严厉的处罚、最严肃的问责，确保广大人民群众“舌尖上的安全”。媒体纷纷以《中央用“四个最”要求确保舌尖上的安全》为题进行报道。《人民日报》指出，四个“最”铿锵有力，一个“确保”掷地有声。这样的宣示与承诺，对农产品生产提出了更高要求，回应了全社会对食品安全的关切，更彰显了党和政府勇于担当、为民纾困的坚强决心。文章呼吁各界积极行动，充分发挥群众监督、舆论监督作用，不断加大监管力度，形成维护食品安全的铜墙铁壁。

政府部门在保障食品安全方面的相关举措也是媒体报道的重点。12 月中旬，新华网等百余家媒体报道了国务院印发的《国务院办公厅关于加强农产品质量安全监管工作的通知》（本段简称《通知》），“农产品质量安全纳入县乡级政府绩效考核”成为关注热点，被舆论评价为“执政理念的可喜进步”。农业部召开视频会议部署《通知》落实工作，并在官网发文对《通知》内容进行详细解读，也被媒体大量报道。同时，国家食药监总局对其起草的《食品药品安全“黑名单”管理规定》公开征求意见。舆论呼吁要真实、全面地公布不良企业和产品，并期盼“黑名单”能一“黑”到底、效力更猛些。12 月下旬，国家食药监总局发布新版婴幼儿配方乳粉生产许可审查细则。舆论认为，新版细则变“点监管”为“链监管”、“面监管”，更有利于提高乳制品质量。

媒体还对各地食品安全问题予以曝光。《华西都市报》爆料成都部分市场和餐馆用鸡鸭肉制作“假羊肉”、用化学添加剂熬制“羊肉汤”。新华网消息称，西安警方打掉一非法制售“毒豆芽”的黑窝点，该窝点每天生产万余斤“毒豆芽”。《新京报》还报道了浙江 40 吨病死甲鱼骨通过一条“产业链”流入中药材市场现象，其中的监管缺失问题受到关注。

话题 5

大米转基因含量检测引议论
湖南澄清“美国黄金玉米”转基因传言

12 月，网络媒体对转基因的关注热度有所下降，但仍出现几个热点话题。12 月上旬，《消费者报道》连续两天发文爆料产自湖北襄阳的“天谷汉水源香米”被检出转基因成分，使得“湖北转基因大米非法入市”成为微博热议话题，部分网民表达了对餐桌安全的担忧。媒体在后续报道中称，涉事稻米生产企业已将相关产品停售封存送检，湖北省粮食局正在做进一步核实。同时，转基因大米的检测以及监管问题也被讨论。《时代周报》认为，国内目前并没有检测大米转基因含量的明确规定，相关法律法规也存在缺失，政府部门释放的信息混乱，造成了转基因产品信息的不透明和不公开。20 日，《每日经济新闻》报道了湖南怀化警方破获的“美国黄金玉米”特大走私销售伪劣种子案。文中援引有关人士的言论称，“该案走私的部分种子可能含转基因成分”。报道被网络媒体大量转载，“或含转基因成分”等字样多出现在转载标题中。网民也在微博中将此事与湖南省 2012 年发生的“黄金大米”事件相联系，呼吁抵制转基因。对此，新华网对湖南省农业厅采访后发文《湖南省农业厅：“黄金玉米”属“三无种子”暂未检出转基因》进行澄清。12 月下旬，崔永元就赴美调查转基因产品等问题召开的记者说明会也成为热议话题。《新京报》22 日在头版醒目位置发表对崔永元的专访文章，称其“自费 50 万赴美拍转基因纪录片”。舆论多对崔永元的行为持赞赏态度，认为“这种认真负责的执著精神值得敬佩”。此外，质检总局对“退运美国转基因玉米”的相关通报也受到广泛关注。

话题 6

人感染禽流感出现不同亚型
禽流感话题热度回升

12 月，人感染禽流感相关话题的舆情关注热度回升明显。12 月上旬，媒体大量报道了“香港确诊首宗人感染 H7N9 禽流感个案”等消息，并对“该患者曾到深圳屠宰活鸡”、“香港暂停三个深圳鸡场的活鸡供应”等情况予以关注。12 月中旬，广东省卫生和计划生育委员会先后通报了“深圳两个活禽市场检出 3 份 H7N9 病毒核酸阳性”、“广东新增一例人感染 H7N9 禽流感病例”等情况。对此，媒体纷纷发表转述报道，并援引专家言论称“今冬明春广东发生散发人感染 H7N9 禽流感病例的风险极高”。18 日，江西省卫生厅通报 1 例人感染 H10N8 禽流感死亡病例，引发高度关注。“全球首例人感染 H10N8 死亡病例”、“人感染 H10N8 风险低”、“H10N8 与 H7N9 无直接关联”等信息多体现在报道标题中。21 日，农业部通报河北保定发生一起家禽 H5N2 高致病性禽流感疫情，再次受到广泛关注。中国新闻网等媒体还对保定市有关部门封锁现场处置疫情进行了详细报道。12 月末，《羊城晚报》文章认为，广东、江西等地发生的人感染禽流感出现不同亚型，呈现出禽流感的多样性，这是今年底和明年初中国防治禽流感需要特别关注的一件事情。

禽流感对家禽市场的影响也被媒体报道。26 日，新华网消息称，保定市发生的家禽禽流感疫情并未引发市场价格波动，保定市鸡肉销量未现下降，鸡蛋销量基本持平。29 日，《南方都市报》等媒体报道说，广东省在春节前将对省内活禽市场进行三次休市消毒，并称“禽类产品批发价略降，但活鸡零售价并未随着批发价格下跌，反而有小幅上涨”。此外，证券时报网等媒体还援引部分行业分析公司发布的数据称，禽流感致全国多地鸡苗价格、鸡蛋期价出现明显下跌。

话题 7

媒体探究奶价上涨原因
舆论热议“抢奶潮”

12 月，乳品价格上涨仍是媒体报道的热点。三元、光明等国内多家乳企宣布从 12 月 1 日起上调部分乳制品价格，媒体对此发表大量报道。乳品价格上涨原因成为热议话题，舆论普遍认为奶源、物流、人工等成本上涨是主因。新华网指出，原料奶价格居高不下是乳制品行业整体价格偏高、企业利润偏低的主要原因。文章认为，乳制品从原奶生产到终端消费存在着养殖成本高、检测费用高、进店费高等问题，如果剔除上述"虚高"因素，我国乳业至少有三成以上的降价空间。

此外，奶源地"抢奶"现象也受到媒体关注。新华网文章说，今年下半年以来，企业单方面提高价格到别的企业奶源基地抢奶的现象频发，"抢奶潮"覆盖了内蒙古、山西、陕西等十多个牛奶主产区，且波及了几乎所有的乳制品企业。在"抢奶潮"的推动下，原料奶价格迅速涨至历史新高，导致部分乳企生产成本短期大幅度增加，成为今年下半年多个乳制品品牌涨价的主要原因。《中国青年报》援引内蒙古奶业协会调查报告称，"抢奶"现象几乎漫延了中国牛奶主产区，奶贩子主要出自一些中小型乳品企业，这些加工企业科技含量不高，虽然不能撼动大企业的地位，但造成严重产能过剩，致使原料奶短缺，企业争抢奶源。舆论认为，"抢奶潮"既是乳业质量提升、市场复苏的结果，也是在现有发展模式下，乳业深层矛盾的集中体现，有关部门应采取有效措施促进乳品行业的健康发展，乳品企业也需加强自身的奶源建设以保障原奶供应和质量安全。

话题 8

年末农民工讨薪话题再次升温
中央城镇化工作会议部署农民工市民化

12 月，农民工讨薪话题受到关注，12 月中旬出现的"山东莱芜农民工讨薪被拘"事件引发强烈反响。据央视《焦点访谈》报道，山东莱芜一铁矿场拖欠张正友等 70 多位农民工工资 200 多万，张正友等人向当地相关部门投诉却遭推诿，当地公安机关在未作任何真伪鉴定的情况下，仅凭企业提供的收条复印件就对张正友进行了拘留。事件曝光后，莱芜市在官方微博中通报了事件的调查进展，确定企业提供的收条系伪造，一名干警被双规，农民工被拖欠的工资也正在迅速兑付。舆论认为，应严查该起事件中当地有关部门的不作为、乱作为问题，其中是否存在利益输送、金钱交易，是当地在调查后必须给出的明确答案。此外，有关部门及各地政府为保障农民工工资支付开展的工作也受到关注。人社部等 9 部门联合督查农民工工资支付、最高法要求加大追索农民工欠薪案执行力度、北京开展农民工工资支付大检查等情况被广泛报道。《北京青年报》还从城镇化的角度解读了农民工讨薪难问题。文章认为，在户籍、社会保障等制度性的阻碍下，我国有高达 2.6 亿的农民工尚未真正融入城市，在此背景下，各种保障农民工工资支付的长效机制，都只能算是针对症状的"治疗"，解决讨薪难的根本途径，是加快我国以人为本的新型城镇化建设，让农民工融入所在的城市，让他们成为城市的主人。

中央城镇化工作会议对农民工市民化的部署也是媒体报道热点。会议将"推进农业转移人口市民化”置于推进城镇化六大任务之首，明确“农业转移人口市民化坚持自愿、分类、有序”，强调“努力提高农民工融入城镇的素质和能力”。中国新闻网援引有关专家言论称，城镇化将真正实现以人为核心，有望杜绝农民“被上楼”等现象的出现，农民工市民化进程将提速，更将与正在推进的土地制度改革形成联动，为新一轮改革注入更强劲动力。

话题 9

媒体集中关注农业生态
“5 000 万亩耕地中重度污染”引发热议

12 月，农业生态话题成为媒体报道热点。12 月初，《经济参考报》文章说，中央就农业生态问题和农业可持续发展模式进行了密集调研，各级地方政府农业部门纷纷成立农村环境督查组对相关项目进行检查。文章援引有关专家言论称，目前农村生态最突出的问题表现在土壤污染和地下水过度开发上，农业生产中的立体交叉污染问题形势严峻，政府密集提出要重视生态农业是非常适时的。同时，农业部启动农业可持续发展规划编制工作也被广泛关注。新华网等媒体以《农业部力推资源节约型生态友好型农业》、《农业部将加快制定农业可持续发展规划》等为题发表大量报道。有舆论认为，农业可持续发展的关键是将农业现代化发展和生态友好型农业发展有机结合。还有舆论猜测农业生态保护或写入 2014 年的中央一号文件。此外，《中国经济周刊》封面文章《太湖治污难迈的坎》被近百家媒体转载。文章直指农业面源污染是太湖 6 年治污未“脱困”的主因，认为治理的关键在于农业现代化。

12 月末，耕地污染问题被聚焦。30 日，国务院举行新闻发布会，介绍第二次全国土地调查主要数据成果，“5 000 万亩耕地中重度污染”成为报道热点。新华网消息称，国土部有关人士在回答记者提问时表示，全国约 5 000 万亩耕地受到中重度污染，不能再继续耕种，国家每年将拿出几百亿资金，启动重金属污染耕地修复试点。有媒体指出，5 000 万亩耕地污染究竟严重到何种程度、具体位置、主要是何种污染、污染时长以及过往土地产出品流向等还需有关部门做进一步的说明。还有舆论认为，政府部门须有崭新的治污逻辑与作为，“百亿治理污染耕地”不能再走投入管理不善、缺乏科学评价体系的老路。

热帖解读

凤凰网论坛：《花千芳：一位农民
大 V 的心路与梦想》

12 月 11 日，大众网记者对东北农民大 V“花千芳”进行专访，发文《花千芳：一位农民大 V 的心路与梦想》，引发广泛反响。网民纷纷在天涯论坛、凤凰网论坛等网络社区对该文进行传播。其中，网民“心魔天下”12 日在凤凰网论坛发帖对文章进行了全文转发，月末该帖的点击量达 49 万余次。

文章介绍，“花千芳”原名宁学明，1978 年出生，是辽宁省抚顺市清原满族自治县农民。“花千芳”从小就有个作家梦，因家庭经济负担重，初中毕业后他被迫辍学外出打工。十年后，“花千芳”返乡以养鸡种地为生，成为当地的致富能手，被发展为农村干部培养对象，还上过党校。2006 年，得益于“村村通”惠农政策，村里接通了网络，“花千芳”触网写作重燃作家梦，并逐步成为长期活跃在天涯、铁血等门户网络论坛的爱国主义网络作者。他先后写出了诸如《我们的征途是星辰大海》、《击溃这条抹黑中国的战线》、《是谁扭曲了你的信仰》等知名网文，曾被《光明日报》等媒体刊登。文章还讲述了“花千芳”在日常田间劳作与网络写作之间分配时间的不易，正能量网络作品发表的艰辛，以及世人对一个农民关心国事天下事的不理解。对此，“花千芳”在谈及自己的作家梦时说，“我还要写下去，每个人都盼好，国家就能好。”

从网民评论看，多数网民对“花千芳”表达了敬佩之情，认为他是中国梦的生动体现。有网民对“花千芳”的文字功底和爱国情怀予以高度认可，称“文章思路清晰、脉络清楚、有理有据、令人信服，并充满了对国家和民族的热爱、对国家未来的信心”。还有网民表示支持网络正能量，并希望“花千芳”在出名后仍能保持一颗纯粹的心，接地气，继续传播正能量。

第三章　事件回放

一、黄浦江死猪事件

3月上旬，网民微博图文爆料黄浦江水源保护地出现死猪，媒体随后介入报道，上海市政府、嘉兴市政府也相继发声。但舆论的质疑并未消解，水质是否合格、有关部门是否存在瞒报、是否有疫情等问题受到持续关注。网民以漫画、网络段子等调侃、嘲讽方式表达对相关调查结论的不信任和对水质安全的担忧。有舆论认为，"调侃死猪是民心疼痛的笑话"，黄浦江死猪事件是一堂内容丰富的公共课，无论是政府部门，还是饲养人，都需要从中反思对于公共利益和社会秩序造成的不利影响①。

① 中国青年网，http：//pinglun. youth. cn/zqsp/201303/t20130312_2968069. htm
人民网，http：//sh. people. com. cn/n/2013/0318/c138654-18311244. html

(一) 事件经过

3 月 7 日晚间，新浪微博"@少林寺的猪 1986"图文爆料黄浦江上游一级水源保护地出现多头死猪，同时将消息发至上海市新闻办和新民网官方微博①。

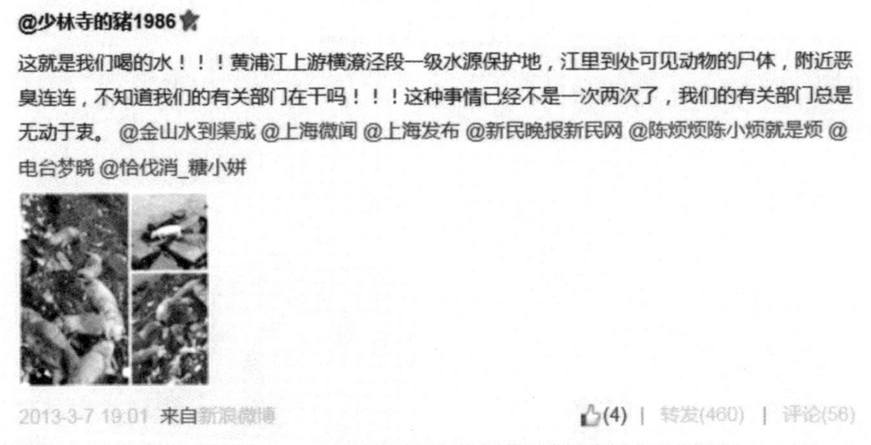

图片来源：新浪微博"@少林寺的豬 1986"

3 月 8 日，新民网综合网民微博爆料和上海松江区有关部门的相关回应，发表报道《黄浦江水源保护区漂浮大量死猪　4 天内已捞起 45 头》②。当日 18 时许，上海市松江区政府在官方微博"@上海松江发布"中以"突发事件"为题，通报环保、水务等部门近日来对黄浦江漂浮死猪的处置工作③。

3 月 9 日，新民网、新华网分别发文报道上海市当日下午就黄浦江死猪事件召开的会议。文中说，"截至 9 日下午 4 时，有关部门共打捞死猪 900 多头，漂浮死猪尚未对当地饮用水的取水安全造成大的影响"④。当日 19 时许，上海市农业委员会官方微博"@上海三农"消息称，目前打捞出的 900 多头死猪已做无害化处理⑤。

3 月 10 日晚间，新华网对上海有关部门采访后发文说，截至 10 日已打捞上岸的死猪数超过 1 200 头，目前未对当地的自来水供应造成影响⑥。

---

① "@少林寺的豬 1986"，http：//weibo. com/tcghglm

② 新民网，http：//shanghai. xinmin. cn/tfbd/2013/03/08/19099192. html

③ 上海市松江区人民政府"@上海松江发布"，http：//weibo. com/shsongjiang

④ 新民网：《黄浦江上游松江水域发现死猪 929 头 正全力打捞处理》，http：//shanghai. xinmin. cn/xmjd/2013/03/09/19116099. html

新华网上海频道：《上海黄浦江上游出现 900 余头死猪漂浮　目前尚未影响饮用水安全》，http：//news. xinhuanet. com/2013－03/09/c _ 114964795. htm

⑤ 上海市农委"@上海三农"，http：//weibo. com/shac021

⑥《上海黄浦江松江段已打捞死猪超过 1 200 头》，http：//news. xinhuanet. com/2013 － 03/10/c _ 114970558. htm

3 月 11 日 10 时许，上海市农业委员会官方微博发布“对黄浦江松江段水域漂浮死猪采样的检测情况”称，从一份样品中检出猪圆环病毒病原阳性，该毒病不属于人畜共患病。当日 17 时许，上海市新闻办官方微博“@上海发布”消息称，至 10 日晚，已打捞黄浦江上游死猪 2 800 余头，初步确定死猪主要来自浙江嘉兴地区①。18 时许，中国新闻网采访浙江省农业厅畜牧兽医局有关人士，发文《浙江省农业厅：黄浦江死猪多系冻死　浙江无猪瘟》②。此外，新民网赴嘉兴市南湖区新丰镇竹林村等地采访，发文《记者探访嘉兴“养猪村”：河道内浮有死猪　村民坦言为图省事弃之于河时有发生》③。

3 月 12 日，嘉兴市政府召开媒体见面会，通报死猪事件相关情况。新华网、新民网分别以《浙江称未发生生猪疫情　正协助上海调查并清理河道》④、《嘉兴确认上海送去 14 个死猪耳标属于当地》⑤ 为题报道。上海市新闻办官方微博消息称，“至 12 日 15 时，全市共打捞死猪 5 916 具，今天的打捞量已开始下降”。

3 月 13 日，上海市新闻办官方微博消息称，“至 13 日 15 时，上海市水域内当天新打捞死猪 685 具，比昨日同期减少 43.8%”。新华网援引嘉兴市政府晚间发布的消息称，上海方面向嘉兴提供的 14 个耳标中，1 个耳标涉及的养殖户承认随意抛弃死猪，目前已立案⑥。

3 月 14 日，上海市新闻办官方微博消息称，“至今天 15 时，本市新打捞漂浮死猪 944 具”。当日 18 时，农业部网站发布了题为《农业部要求各地加强病死动物无害化处理工作》的报道，引发广泛关注，新华网等网站纷纷以《农业部派督导组赴浙江指导死猪处置工作》为题进行了报道⑦。

3 月 15 日，上海市新闻办官方微博消息称，“截至今天 15 时，当天新打捞漂浮死猪 809 具，其中 2/3 为仔猪”。嘉兴在线报道了 15 日晚间嘉兴市政府就死猪事件调查召开的新闻通报会。报道称，嘉兴全市近一周共收集乱弃死猪 3 601 头，其中 80%为小猪，未发现动物疫情及贩运、制售病死猪肉的违法行为。同时已对上海提供的 17 个耳标进行协查追溯，其中 7 个已查处到位。死猪原因存在“养殖密度高、小规模户饲养管理水平差，雨雪天气偏多致仔猪死亡率高”等多方面因素⑧。

3 月 16 日，上海市新闻办官方微博消息称，“截至今天 15 时，本市相关区域内新打捞起漂浮死猪 611 具，其中约 2/3 为仔猪”。农业部网站发布消息《国家首席兽医师于康

---

① “@上海发布”，http：//weibo.com/shanghaicity

② 中国新闻网，http：//www.chinanews.com/gn/2013/03－11/4633516.shtml

③ 新民网，http：//shanghai.xinmin.cn/tfbd/2013/03/11/19153557.html

④ 新华网，http：//news.xinhuanet.com/politics/2013－03/12/c _ 114995048.htm

⑤ 新民网，http：//shanghai.xinmin.cn/tfbd/2013/03/12/19164904.html

⑥ 《浙江嘉兴：一养殖户被查涉嫌乱扔死猪被立案》，http：//www.zj.xinhuanet.com/newscenter/headlines/2013－03/13/c _ 115014846.htm

⑦ 新华网，http：//news.xinhuanet.com/fortune/2013－03/14/c _ 115030244.htm

⑧ 《我市召开情况通报会　通报死猪事件处置工作最新进展》，http：//www.cnjxol.com/news/original/content/2013－03/15/content _ 2440520.htm

震表示：黄浦江及上游漂浮死猪已得到有效处置　标本兼治　建立长效机制》[①]。

3 月 17 日，上海市新闻办官方微博消息称，"截至今天 15 时，新打捞起漂浮死猪 495 具，80%为仔猪，打捞量连续三天明显下降。相关水厂加测的 6 种病毒及 5 种细菌均为阴性，水质稳定。"

3 月 18 日，上海市新闻办官方微博消息称，"截至今天 15 时，本市相关区域新打捞起漂浮死猪 335 具，打捞量已连续四天持续下降"。

3 月 19 日，《人民日报》就"是否存在信息瞒报、水质检测是否合格"等问题对上海市相关政府部门和专家采访，发文《解析"死猪漂浮"疑团》[②]。《潇湘晨报》走访嘉兴市新丰镇多个生猪养殖村，称当地因养殖污染渔民无鱼可捕改行打捞死猪。文中提到，嘉兴市政府此前公布的打捞死猪 3 601 头与村民预估存在较大差距[③]。《21 世纪经济报道》援引坊间关于"嘉兴生猪死于喂砷"的传言，指出"有机砷到底在何种程度上运用于生猪养殖前端，它的危害性以及与此事件的关联度，仍待相关部门作深入调查"[④]。上海市政府新闻办官方微博消息称，"截至今天 15 时，本市相关区域内当天共打捞起漂浮死猪 369 具"。

3 月 20 日，农业部网站发布消息《黄浦江漂浮死猪组织样品均未检出砷》[⑤]。上海市新闻办官方微博消息称，"截至今天 15 时，本市相关区域内当天共打捞起漂浮死猪 231 具。"

3 月 21 日，上海市新闻办官方微博消息称，"截至今天 15 时，本市相关区域内当天共打捞漂浮死猪 175 具，黄浦江主干水域清捞工作基本完成"。当日，农业部召开全国春季动物防疫督查工作视频会议，对春防督查特别是病死动物无害化处理工作进行了全面部署，农业部网站以《切实抓好病死动物的无害化处理　努力确保春防各项措施落实到位》为题进行了报道，新华网、中国新闻网等网络媒体以《农业部：把病死动物无害化处理作为春防重中之重》[⑥] 为题进行了报道。

3 月 22 日，中国广播网发文《农业部通报上海黄浦江流域漂浮大量死猪事件进展》[⑦] 说，农业部国家首席兽医师于康震通报，黄浦江漂浮死猪处理已接近尾声。截至 3 月 20 日，上海市已累计打捞死猪 10 395 头，浙江省嘉兴市清理、打捞死猪 5 528 头。所有打捞的病死猪都进行了深埋或焚烧等无害化处理，未发现病死猪进入流通消费环节。上海市新闻办官方微博消息称，"截至今天 15 时，本市相关区域

① 农业部网站，http://www.moa.gov.cn/zwllm/zwdt/201303/t20130316_3310141.htm

② 《解析"死猪漂浮"疑团》，http://news.ifeng.com/mainland/special/huangpujiangsizhu/content-3/detail_2013_03/19/23245576_0.shtml?_from_ralated

③ 《浙江嘉兴死猪调查：鱼米之乡不再捕鱼　渔民捞猪》，http://epaper.xxcb.cn/XXCBA/html/2013-03/19/content_2693190.htm

④ 《嘉兴死猪"砷论"调查：潜伏在养殖端的"幽灵"　生猪养殖环节的滥用抗生素现象，被专家指出是"毫无作用且危害巨大"》，http://epaper.21cbh.com/html/2013-03/19/content_61903.htm?div=-1

⑤ 农业部，http://www.moa.gov.cn/zwllm/zwdt/201303/t20130320_3361846.htm

⑥ 中国新闻网，http://www.chinanews.com/gn/2013/03-21/4665798.shtml

⑦ 中国广播网，http://china.cnr.cn/news/201303/t20130322_512203707.shtml

内新打捞漂浮死猪 163 具”。

3 月 23 日，上海市新闻办官方微博消息称，“截至今天 15 时，本市各相关水域新打捞漂浮死猪 93 头”。

3 月 24 日，央视《新闻调查》、央视《焦点访谈》分别播出《黄浦江死猪事件调查》①、《黄浦江死猪事件溯源》②。节目中均提到，“无害化池的容量有限也很可能是村民丢弃死猪的原因之一”，“嘉兴竹林村村民不知道有 80 元生猪死亡补贴”。上海市新闻办官方微博消息称，“截至今天 15 时，市绿化市容部门当天在相关水域新打捞漂浮死猪 98 具。黄浦江主干流水域已连续 2 天未打捞到漂浮死猪，本市水域已基本完成漂浮死猪的打捞工作”。

3 月 30 日，凤凰卫视就“上海和安徽通报的人类感染 H7N9 禽流感个案”采访香港传染病专家，称“由于其中一宗个案是猪肉商贩，内地的相关部门有必要采集死猪的样本，化验是否存在禽流感病毒”③。《中国企业家》杂志在文章中报道了嘉兴病死猪地下产业链。文中称，嘉兴新丰镇餐饮老板表示，“你们上海人以前不知道吃过多少死猪”④。

4 月 1 日，上海市新闻办官方微博称，“市动物疾控中心对近期打捞上来的黄浦江上游漂浮死猪抽检的 34 份留存样品，进行了禽流感通用引物检测，未发现禽流感病毒。”

（二）网络媒体关注情况

1. 网络媒体舆情走势

“黄浦江死猪事件”网络媒体新闻舆情走势图

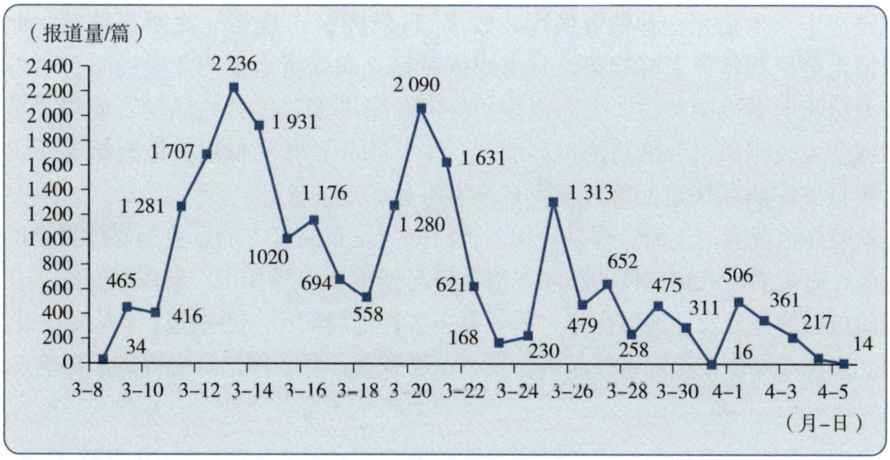

① 央视“新闻调查”，http：//news. cntv. cn/2013/03/24/VIDE1364114639847669. shtml

② 央视“焦点访谈”，http：//news. cntv. cn/2013/03/24/VIDE1364127480338740. shtml

③ 《香港专家：大陆有必要采集黄浦江死猪样本　排查禽流感》，http：//news. ifeng. com/mainland/detail _ 2013 _ 03/31/23724545 _ 0. shtml？ _ newshao123

④ 《猪殇嘉兴》，http：//www. iceo. com. cn/com2013/2013/0331/265565. shtml

黄浦江死猪事件的新闻舆情热度持续近一个月时间，期间出现了三次明显的波动。3 月 7 日，微博中出现黄浦江漂浮死猪的相关消息后，新闻舆情在随后的三天平缓上扬。新民网、新华网上海频道是报道主力，多以客观报道上海官方发布的死猪打捞数量以及对水质的检测为主，“死猪来自何处”受到追问。11 日，新闻量呈现大幅上涨态势，13 日达到舆情顶点。在此期间，上海、浙江有关部门对死猪的调查通报是媒体关注重点。上海通报的“死猪样品检出猪圆环病毒、主要来自浙江嘉兴”，浙江农业厅以及嘉兴市政府通报的“死猪多系冻死”、“嘉兴没有疫情”等消息引发媒体热议。

14～18 日，事件舆情关注度呈整体下降趋势。媒体纷纷赶赴浙江嘉兴生猪养殖集中乡镇，关注当地存在的高密度养殖致生猪死亡率增加、无害化处理池不足、环境污染等问题①。15 日晚间，嘉兴市政府就死猪事件召开的新闻通报会引发 16 日舆情热度小幅反弹。此外，农业部派督导组赴浙江、上海展开相关工作也成为媒体报道的热点。

19 日出现多个热点新闻，助推 20 日的舆情热度出现第二个峰值。《潇湘晨报》援引打捞死猪的嘉兴渔民言论称，“这几天埋掉的死猪可能有几万头”，《21 世纪经济报道》关注坊间传言“嘉兴生猪死于喂砷”，引发舆论对当地官方通报的死猪数据以及死亡原因的质疑。

20 日，农业部网站发布的“黄浦江漂浮死猪组织样品未检出砷”消息被网络媒体大量转载。

24 日，央视《新闻调查》等栏目赴嘉兴采访后播出调查报道，其中提到的当地养殖户未获生猪死亡补贴等情况，致 25 日新闻量出现第三次明显涨幅。此后新闻舆情走势呈现整体下降趋势，月末媒体对嘉兴病死猪地下产业链的暗访引发舆论对病死猪流向餐桌的关注。上海出现“一肉贩感染 H7N9 死亡病例”使得“黄浦江死猪或含禽流感病毒”的猜测声高涨，4 月 1 日，上海发布相关检测结论予以澄清后，舆情关注热度快速回落，至 4 日基本平息。

从整体情况看，上海、嘉兴等相关政府部门发布的官方消息成为媒体报道的主要信息源，对黄浦江死猪事件的新闻舆情走势起到重要引导作用。新民网、嘉兴在线等地方门户网站充分发挥地域优势，积极发布事件进展的第一手报道。《人民日报》、新华网、央视等媒体在追踪事件起因、发布深度调查、纾解舆论疑虑等方面影响显著。

---

① 《新民晚报》：《河道田间不时看见被弃死猪》，http：//xmwb. news365. com. cn/zh/201303/t20130313_1005968. html

《东方早报》：《最近死猪“有点多”嘉兴竹林村的“死猪处理”困境》，http：//sh. eastday. com/m/20130313/u1a7253071. html

《第一财经日报》：《黄浦江死猪溯源：随手扔死猪的嘉兴乡村》，http：//news. xinhuanet. com/photo/2013-03/13/c_124450406. htm

经济参考报：《猪粪死猪围城：密集养殖酿风险》，http：//dz. jjckb. cn/www/pages/webpage2009/html/2013-03/14/content_72339. htm? div=-

2. 媒体评论摘要

(1) 讨论相关政府部门在事件信息通报中的不足　针对黄浦江死猪事件，上海方面除了全力打捞并处理死猪外，也在第一时间公布了检疫结果，称水质符合标准。但这一说法遭到网民的普遍质疑。上海方面的说法即使有事实依据，可由于死猪投江事件初始官方信息公布不及时、危机处理不恰当，而让这一事件进入了舆论畸形发酵轨道，造成公众的强烈不满并引发了逆反情绪。在这一事件中，最应该检讨的是浙江嘉兴方面。当有证据指出投江的死猪来自浙江嘉兴时，嘉兴方面本能地在第一时间予以否认，坚称本地没有发生大规模疫情，死猪是冻死的小猪、存在“过路猪”现象。这样的说法并未让网民释疑，反而质疑政府有推卸责任之嫌①。

（《环球时报》　王传宝）

今年第三个月份才刚开始，大量死猪漂浮的情况已出现三次，哪怕每次都“水质稳定，符合国标”，每次都不影响饮用水安全，但市民对此的知情权利却被明显忽略了。即便数以千头计的死猪绝大部分非病死，而是所谓“冻死”，尸体经过江水浸泡对水质的影响，是否真的不足虑？上海方面所做的抽样检验中，提取样本的数量为 5 份，有一份样品检出猪圆环病毒，所占比重已不算小，占到了样本的 20%。人离不开水，水的安全是实打实的民生焦点，在这一问题上，政府所应做的，是与公众的忧虑同步，及时、全面披露相关公共卫生事件的详细信息，并在地域协作上姑且收起推诿、扯皮的痼疾②。

（《南方都市报》）

(2) 跨地域、跨部门的公共事件治理机制亟待完善　黄浦江死猪事件是一起产生跨流域影响的事件。不同地区共享同一河流，同一流域的公共治理，应该一以贯之，不能过度碎片化。不同地区不同部门之间，应资源整合信息共享，一旦出现紧急情况，也有长效联动机制兜底，可以精诚合作，快速反应。希望这次事件，能开启一个多地多部门跨域合作的大门③。

（中国网　李晓亮）

彻查黄浦江死猪事件，已不能只是个别部门的单兵作战，而需要跨部门、跨地区的政府间信息共享和协同行动。早在 2004 年，江浙沪三地政府就签署了《长江三角洲区域环境合作倡议书》，要保证跨部门跨地区之间的协同，不仅需要在出了“大事”后来紧急采取措施，更需要通过定期会议等常态化的协商制度来提前发现问题、解决问题。应抓紧把区域环境合作从倡议落实到跨区域应急方案的制定上，明确各自职责，共同为区域安全提供机制保证④。

（新民网）

---

① 《王传宝：死猪投江事件留给政府的教训》，http：//opinion. huanqiu. com/opinion _ china/2013 - 03/3731094. html

② 《疑虑滚滚而下，黄浦江以何安心》，http：//business. sohu. com/20130314/n368800017. shtml

③ 中国网，http：//opinion. china. com. cn/opinion _ 71 _ 66371. html

④ 《网论：彻查漂死猪需要跨流域“铁”制度》，http：//opinion. xinmin. cn/2013/03/12/19170849. html

（3）关注养殖污染，反思水环境保护　黄浦江死猪事件凸显了被忽视的养殖业污染问题。首先，农村养殖业发展缺乏科学引导，政府对养殖业造成的污染没有真正重视。其次，环保监管部门对农村面源污染缺乏有效的监管机制。黄浦江死猪事件表明，养殖业造成区域性水质、环境污染的风险在加大，养殖业污染很可能成为下一轮环保问题的"引爆点"，中国亟须采取措施应对这一新挑战[①]。

（新华网　王政、裘立华）

黄浦江死猪事件引发了我们对水环境的深刻反思，在水环境治理方面没人能够袖手旁观。乱扔死猪最终危害的是养殖户自身的生存与发展，养殖户须矫正陋习，争当死猪无害化处理的践行者。同时，养殖户公共精神的培育，不能单纯依靠道德自觉，更不能脱离全社会公共意识的沃土。在成千上万散养户面前，单靠政府部门的监管显然不够，还需要每一位市民的积极参与，提高自身保护水环境的公共意识，担当起自己能担当的责任[②]。

（《嘉兴日报》）

（4）黄浦江死猪事件折射我国生猪养殖困局　仅浙江嘉兴，今年以来死亡生猪就达 7 万多头。中国的生猪存栏量居世界之首，但技术及管理落后，病死率较高，而对死猪的无害化处理还远没有到位。处理池数量有限，养殖户意识欠缺，监管存在疏漏，种种漏洞提醒我们，当尽快完善法律法规，妥善处理好猪的后事[③]。

（《人民日报》　官方微博）

嘉兴处于上海、苏州、杭州的三角地区中间，这些市场的需求刺激了当地养猪量的大幅增长，养殖密度确实比其他地方高。很多养殖户是买仔猪育肥的短期化行为，没有从种猪、仔猪到育肥猪的产业体系建设，在养殖技术、防疫等各方面存有欠缺。自去年底以来，由于气温较低，污染较重，病害较多，加之生猪价格下降，养殖户疏于管理，当地病死猪情况要多于往年。此外，死猪大量出现还有深层次原因，一方面，畜禽扑杀补偿制度执行不到位，对资金缺乏监督，导致出现疫情后没有第一时间上报并进行焚烧、深埋等无害化处理；另一方面，养殖业为经济发展让路，地方政府不愿给予扶持和批准土地，养殖户不得不提高饲养密度，风险也越来越大[④]。

（《经济参考报》　白田田、裘立华、王政）

（三）网民关注情况

1. 网民关注趋势

与网络媒体新闻舆情走势相比，黄浦江死猪事件出现之始，其在新浪微博中的

---

① 《养殖业污染成为中国环保新挑战》，http：//www. zj. xinhuanet. com/newscenter/2013－03/19/c_115083146. htm

② 《同一方水土，同一份担当》，http：//jx. zjol. com. cn/05jx/system/2013/03/26/019235885. shtml

③ "@人民日报"，http：//weibo. com/rmrb

④ 《猪粪死猪围城：密集养殖酿风险》，http：//dz. jjckb. cn/www/pages/webpage2009/html/2013－03/14/content_72339. htm？div=－1

关注度和传播度即高于媒体。7 日晚间“@少林寺的豬 1986”发出首条微博后，当日即被部分网民和媒体转发。8 日媒体介入报道后，新浪微博舆情热度在此后三日内呈现迅猛上涨态势。微博舆情峰值也早于媒体一天出现，3 月 12 日的微博话题量达到 44 万余条，攀至顶点。从微博话题量看，10～16 日处于对事件的热议期，相关地方政府部门对事件的通报受到聚焦，针对“水质稳定”、“猪多为冻死”等调查结论网民发表大量微博评论。17 日至月末，舆情走势相对趋稳，4 月初基本平息。期间，莫言小说《生死疲劳》中对死猪被扔进河水的相关描写被网民贴出后引发热传。19 日，一张装饰花样为小猪游泳的蛋糕照片在微博中被冠名为“黄浦江蛋糕”，引发 12 万次的转发量，位居当日热门微博排行第三。

“黄浦江死猪事件”新浪微博舆情走势图

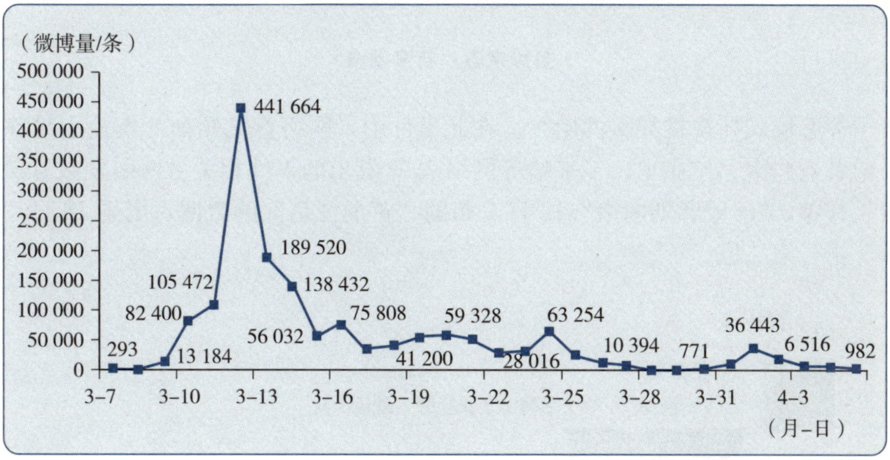

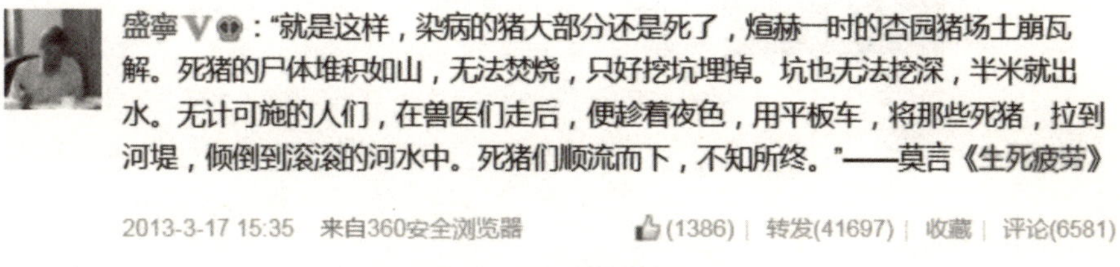

图片来源：新浪微博①

从微博传播内容看，“@头条新闻”、“@央视新闻”等媒体官方微博报道的上海、嘉兴等有关政府部门通报的事件进展成为主要话题设置，单条新闻的转发量突破万次。“@人民日报”、“@新华视点”等媒体发出的要求相关地方政府部门“拿出担当、忠实履行职责”的微短评也具有很高的传播度。黄浦江死猪事件被网民称为“二师兄的奇幻漂流”，揶揄嘲讽成为网民表达的主基调，漫画、歌曲改编、网

① 社科院研究员“@盛寧”，http：//weibo.com/u/1233811127

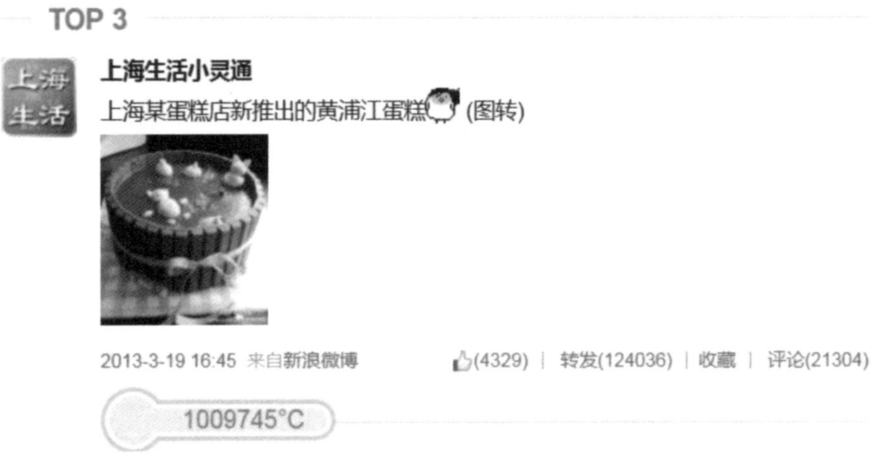

图片来源：新浪微博①

络段子等恶搞式狂欢贯穿事件始终。在此事件中，网络意见领袖的舆论引导作用明显，记者刘向南、作业本、丁来峰等网络大 V 发出的事件相关微博引发数万次的转发量。其中，"@记者刘向南" 12 日发布的"黄浦江鱼"的微博，居于 12 日"热门微博"排行第二位。

图片来源：新浪微博②

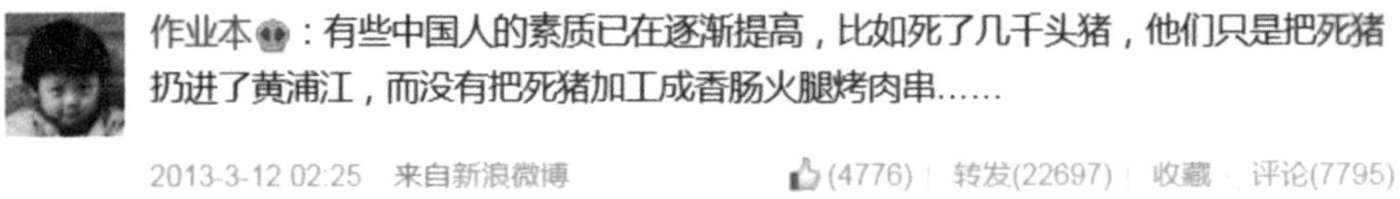

图片来源：新浪微博③

① 新浪微博"热门微博" 3 月 19 日排行榜截图，http://hot.weibo.com/daily/20130319

② 新浪微博"热门微博" 3 月 12 日排行榜截图，http://hot.weibo.com/daily/20130312

③ "@作业本"，http://weibo.com/314117444

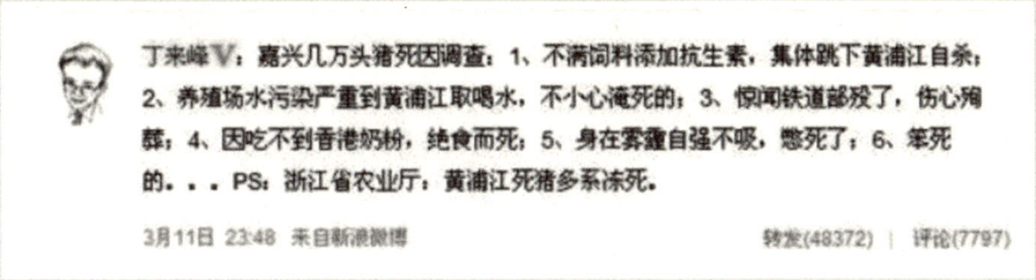
丁来峰V：嘉兴几万头猪死因调查：1、不满饲料添加抗生素，集体跳下黄浦江自杀；2、养殖场水污染严重到黄浦江取喝水，不小心淹死的；3、惊闻铁道部殁了，伤心殉葬；4、因吃不到香港奶粉，绝食而死；5、身在雾霾自强不吸，憋死了；6、笨死的。。。PS：浙江省农业厅：黄浦江死猪多系冻死。

3月11日 23:48 来自新浪微博　转发(48372) | 评论(7797)

图片来源：人民网①

2. 网民主要议题

（1）质疑相关地方政府的调查结论　“@作业本”：上海都从黄浦江里捞出 10 395 头死猪来了，还宣称水质稳定，嘉兴宣称死猪没对河水造成影响，甚至好于去年同期。既然稳定既然比去年还好，那建议领导们集体去舀碗一江水，一饮而尽。

“@1 句实话”：【差距】1996 年在澳大利亚悉尼，一只野狗在水库大便，结果当地水务局鉴定水质污染，悉尼水业在电视台和报社打广告，告诉大家自来水被污染——2013 年在中国上海，几千头死猪出现在黄浦江，结果当地水务局宣布水质没有问题。

“@Vivian 要上班赚钱”：黄浦江死猪事件，无疫情，无污染，游泳淹死的！

（2）有关部门未尽到监管职责　“@辛白”：黄浦江死猪事件，浙沪官方的说明远远不够。向河道抛弃病死牲畜确为吴地旧习，但今已非农耕时代，社会公共治理岂可无为？

“@无畏考拉”：为什么要等媒体报道后才重视？为什么主管部门不能第一时间主动公布加强防范？为什么在事态如此严重的情况下不最大限度地维护民众生命健康却忙于宣传没有发现致命的传染源？

“@龙溪湖畔”：这么大数量的死猪，当地政府应该集中掩埋或者采取相应措施安全处理，而不应该由猪倌们自行扔到江里完事，任由其腐烂变质，污染水质。

（3）事件信息公开和媒体报道存在迟缓　扬州广播电视报社总编“@扬州陈敏”：黄浦江上漂浮着上千头死猪而曝出了一个惊人的新闻，上游嘉兴已死了几万头猪。这么大规模的死猪事件怎么也算是重大疫情了吧，居然当地政府无任何通报，是不知还是隐瞒？民众有权责问当地政府：几万头死猪是怎么无害化处理的，有无流向市民的餐桌？

“@迷茫的门将”：【在数千条死猪面前，中国媒体完败！】我们有微博传播、微信传播、客户端传播、短信传播、网站传播、电视传播、报纸传播，可嘉兴死了上万头猪，这么大的事情，却要靠死猪自己来传播——直到死猪顺黄浦江漂到上海，公众才知道。在新媒体时代，要靠猪传播信息，请问：这到底是谁的悲哀？

作家“@李鸣生”：【上海为何不愤怒？】上海贯以东方明珠著称，现却以“东

① 《舆情观察：“死猪事件”还有太多问题待回应》，http：//js. people. com. cn/html/2013/03/13/213287. html

方死猪”闻名。如果说 1 千具死猪不足为怪，2 千具死猪也不足为奇，那么当 6 千具死猪集体上市后，上海为何依然若无其事超然淡定？不仅主媒集体装聋作哑，连韩寒周立波也持沉默？我当然深知其难；但大是大非前故玩深沉集体扮傻，便是纵容，便是同谋！

（4）以调侃方式表达对水质安全的担忧　“@Happy 张江”：我吃喝洗澡刷牙洗脸做饭用的都是肉汤！

电视主持人“@张泽群”：君住黄浦岸，猪住申江尾，日夜死猪又见猪，共饮一江水。

独立评论人“@老徐时评”：群猪投江何时了？死猪知多少？浦江昨夜又东风，死猪加紧打捞月明中。猪栏猪圈应犹在，只是猪颜改。问君能有几多愁？恰似一江死猪向东流！

（5）关注病死动物无害化处理　中国人民大学农村发展学院副院长“@张利庠”：黄浦江漂死猪再次证明国家要有处理死猪的方法、工具、流程、场地和设备，没有无害化处理场地和设备，让农民怎么办？更加要监管，而不是简单地给每头死猪处理费 80 元！钱也花了猪也扔了，没有捡起来吃掉已经很不错了。想简单处理，就会留下复杂的后果。

（四）事件启示

近来，跨区域污染事件屡见不鲜且有上升的趋势，表面上看是个别企业或者地方政府应对不力造成的，背后却需进行制度反思。此次黄浦江死猪事件的背后，养殖与防疫考量、长江流域环保的公共责任与分段责任等，都是需要认真思考。破除行政分割进行环境综合治理是大势所趋，单一区域的治理只有和周边区域治理同步，才能达到最好的治理效果。另外，这类跨地区环境突发事件极易引起民众恐慌，而消除恐慌唯有信息公开，这一点应成为共识①。

（新华舆情）

此外，针对黄浦江死猪事件，农业部门积极回应舆论关切，采取有力措施，不断完善政策法规，力图从根本上解决问题，受到舆论肯定。9 月中旬，农业部部长韩长赋在浙江省嘉兴市调研病死动物无害化处理工作时表示，各级农业部门在思想上要高度重视，在工作上要采取有力措施，以坚定的决心、改革的精神，通过试点探索路子、积累经验，加快建立病死动物无害化处理长效机制，严厉惩处丢弃病死动物的行为，努力确保不再出现类似黄浦江死猪漂浮事件。11 月下旬，国务院总理李克强签署国务院令，公布《畜禽规模养殖污染防治条例》，条例对畜禽养殖废弃物排放作出了严格规定。

① 《网民认为黄浦江漂浮死猪事件涉嫌瞒报》，http：//news. xinhuanet. com/yuqing/2013 - 03/15/c _ 124464052. htm

二、镉超标大米事件

2013年2月，“湖南万吨镉超标大米流入广东”的消息在互联网上热传，引发了舆论对广东民众大米食用安全的关注。5月16日，广州市食药监局通报8批次大米及米制品镉含量超标，再次引燃民众对镉米危害的担忧。事件进展过程中，有关部门的信息公开受到持续追问，镉大米映射的环境污染问题引发深度反思。针对此事，《人民日报》微博评论说，“公众所忧，百姓所求，无非一碗放心的米饭，一口清新的空气，一杯清洁的饮水。不回避，不遮掩，守住‘生态红线’，请从正视问题开始”①。

（一）事件经过

5月16日，广州市食药监局官方网站发布消息，通报第一季度广州市餐饮环节监督抽检情况。其中，共抽检18批次的大米及米制品中有8批次不合格，不合格原因均为镉含量超标②。

5月17日，《南方日报》、《羊城晚报》等广东省内媒体广泛报道了上述抽检情况，其中的“大米及米制品镉含量超标”成为关注热点。报道中还提到，“广州市

① “@人民日报”，http：//weibo.com/rmrb

② 《2013年第一季度广州市餐饮环节监督抽检情况通报》，http：//www.gzfda.gov.cn/publicfiles/business/htmlfiles/gzfda/jdxw/201305/90190.html

食药监局表示，不便透露被检出镉超标大米的品牌"[①]。对此，新华网发表评论文章，追问"镉含量超标的大米都是啥品牌，咋不公布?"[②]。

17 日晚间，广州市食药监局公布 4 家大米镉超标餐饮单位，并称此次抽检"只代表局部、个别的餐饮单位米和米制品抽检情况，不代表广州市整体情况"[③]。

5 月 18 日晚间，广州市食药监局官方网站公布了 8 批次镉超标米及米制品生产厂家及品牌标识。其中，6 批次镉超标大米产自湖南攸县及衡东县，2 批次不合格米制品产自东莞[④]。

5 月 19 日，《人民日报》援引上述"新闻通稿"相关内容，发文《广州抽检大米产品四成镉超标　镉超标大米主要来自湖南》[⑤]。新华社《新华视点》发文追问"市场上还有多少正在销售? 不合格产品到底流向了哪里? 不合格产品有什么危害?"[⑥]。

5 月 20 日，新华社文章《镉大米是如何流向餐桌的?》[⑦] 认为，湖南镉超标大米与当地的地理条件、工业布局、农业污染等因素相关。此外，《第一财经日报》报道指出，湖南的土壤重金属污染已到了亟待"还账治理"之时[⑧]。新华网发文《"镉米"来了，我们怎么办?》[⑨] 称，"在饮食习惯上，专家建议不要长期食用一个地方出产的粮食"。对此，《人民日报》以《勿长期食用一个地方粮食》[⑩] 为题进行转载报道。《南方日报》还关注了湖南大米在广东省的销售情况，称由于"一斤只赚一分钱"，广东省最大的大米集散地金珠三角粮油物流中心已停售湖南米[⑪]。

---

① 综合《南方日报》、《羊城晚报》消息：《广州食药监局公布首季度餐饮食品抽验结果》，http：//epaper. nfdaily. cn/html/2013 - 05/17/content _ 7190406. htm

《广州市食品药品监督管理局：大米及米制品抽检近半镉超标》，http：//www. ycwb. com/ePaper/ycwb/html/2013 - 05/17/content _ 158061. htm? div=- 1

② 新华网：《第一追问："镉超标大米"都啥品牌，咋不公布?》，http：//news. xinhuanet. com/comments/2013 - 05/17/c _ 115811254. htm

③ 综合《南方都市报》、《羊城晚报》消息：《广外女生申请公开"镉超标大米"》，http：//epaper. oeeee. com/A/html/2013 - 05/18/content _ 1860175. htm

《穗食药监局：不公布镉超标大米名单因抽样范围窄》，http：//news. ycwb. com/2013 - 05/18/content _ 4464701. htm

④ 《5 月 18 日广州市食品药品监督管理局新闻通稿》，http：//www. gzfda. gov. cn/publicfiles/business/htmlfiles/gzfda/jdxw/201305/90213. html

⑤ 《人民日报》，http：//paper. people. com. cn/rmrb/html/2013 - 05/19/nw. D110000renmrb _ 2013051 93 - 04. htm? div=- 1

⑥ 《食品安全信息公开为何"躲猫猫"?》，http：//news. xinhuanet. com/fortune/2013 - 05/19/c _ 115822771. htm

⑦ 新华网，http：//news. xinhuanet. com/fortune/2013 - 05/20/c _ 124733039. htm

⑧ 《湘苏"毒大米"溯源》，http：//www. yicai. com/news/2013/05/2714816. html

⑨ 新华网，http：//news. xinhuanet. com/food/2013 - 05/20/c _ 124732857. htm

⑩ 《人民日报》，http：//paper. people. com. cn/rmrb/html/2013 - 05/20/nw. D110000renmrb _ 2013052 0 _ 4 - 02. htm? div=- 1

⑪ 《南方日报》，http：//epaper. nfdaily. cn/html/2013 - 05/20/content _ 7190707. htm

5 月 21 日，新华网报道了湖南攸县有关部门对镉大米事件的调查回应。报道说，被广州方面查出镉超标的攸县 3 家大米厂原材料稻谷均收自当地农户，涉事米厂已停业整顿[①]。《南方日报》援引湖南省环境保护厅有关人士言论称，镉大米所涉及的湖南攸县等区域并未发现镉含量超标，镉米的出现倾向于“肥料带入”[②]。

5 月 22 日，广东省食品安全办公室官方网站对该省开展的大米专项检查情况发布通报称，全省共计抽检 1 577 批次大米，其中 31 批次镉含量超标。不达标大米中，14 批次来自湖南，4 批次来自广东，4 批次来自江西，2 批次来自广西，7 批次产地未标明[③]。

《经济参考报》赴湖南等地采访后发文称，大米产区到销区的收购、仓储、加工、销售等多个环节，粮食重金属检测缺失[④]。

5 月 23 日，广东省食安办官网公布了广州、深圳等 10 个地市上报的大米镉含量抽检数据[⑤]。新华网赴湖南攸县采访后表示，“镉污染的源头仍是未知数，有关部门也没有披露权威消息，这种不确定性成为米厂老板和粮农最大的担忧”[⑥]。《人民日报》文章指出，需尽快查清镉大米的污染源，并尽快制定防治措施[⑦]。

5 月 24 日，广东省食品安全办公室官网公布江门、东莞等 11 个地市上报的大米镉含量抽检数据[⑧]。

新华社《新华视点》发文《“镉大米”：核实三月无结果　“保密”还是“护短”?》，关注湖南镉超标大米污染源的信息公开问题[⑨]。

5 月 27 日，《南方日报》报道了湖南省食品安全办公室对镉大米事件的通报，

---

① 新华网，《攸县镉大米抽检结果：原材料稻谷均收自当地农户》，http：//www. hn. xinhuanet. com/2013 - 05/21/c _ 115853295. htm

中新网，《湖南通报镉超标大米情况　责令问题企业停业整顿》，http：//www. chinanews. com/gn/2013/05 - 21/4841310. shtml

② 《记者追访　滥用磷肥导致水稻镉超标?》，http：//epaper. nfdaily. cn/html/2013 - 05/21/content _ 7191544. htm

③ 综合广东省食安办官网及财新网消息：《我省全面摸查大米质量安全现状》，http：//www. gdfs. gov. cn/newsfilm/77642. jhtml；《“镉米”大事记：从传言到现实》，http：//china. caixin. com/2013 - 05 - 27/100533015. html

④ 《“镉米”扩散至更多省份　大米全产业链检测缺失》，http：//news. xinhuanet. com/food/2013 - 05/22/c _ 124747798. htm

⑤ 综合广东省食安办官网和财新网消息：《省食安办公布地市大米镉含量抽检不合格名单》，http：//www. gdfs. gov. cn/newsfilm/77706. jhtml

《“镉米”大事记：从传言到现实》，http：//china. caixin. com/2013 - 05 - 27/100533015. html

⑥ 《广州“镉米”风波追踪：镉源难寻“毒米”伤谁?》，http：//news. xinhuanet. com/photo/2013 - 05/23/c _ 124753762. htm

⑦ 《镉的来源需要说清》，http：//paper. people. com. cn/rmrb/html/2013 - 05/23/nw. D110000renmrb _ 20130523 _ 6 - 04. htm? div=- 1

⑧ 《省食安办公布 11 地市大米镉含量抽检不合格名单》，http：//www. gdfs. gov. cn/newsfilm/77745. jhtml

⑨ 新华社《新华视点》，http：//news. xinhuanet. com/2013 - 05/24/c _ 115899916. htm

“湖南省对问题大米进行封存和处理，并加强对库存粮食的监测”，“湖南省食品安全办公室强调，湖南省绝大部分粮食及加工产品是安全的”①。

5 月 28 日，《中国青年报》文章联系日本曾因农田镉污染出现的“痛痛病”，建议对我国骨痛病易感人群进行预防治疗②。中国新闻网对有关专家采访后发文说，采矿业是湖南大米遭受镉污染的重要渠道③。《广州日报》消息称，广州市工商局越秀分局免费对市民送检的大米进行镉含量检测④。

6 月 1 日，央视《朝闻天下》报道称，国家食品安全标准中的《食品中污染物限量》新国标今起正式实施，新国标对大米中镉的限量标准仍维持在 0.2 毫克/千克，比国际标准更为严格⑤。

6 月 3 日，《新世纪》周刊推出封面文章《拯救大米》，同时在其官方网站“财新网”上推出同名专题⑥。

6 月 12 日，新华网报道《“镉米”背后的危与机——从“鱼米乡”之觞看国内土壤污染之痛》，指出治理土壤污染的重要性与紧迫性凸显⑦。

6 月 27 日，新华网文章说，目前湖南省仍未公布“镉大米”调查结果，也未透露相关进展。文章还说，6 月中旬，湖南益阳兰溪米市发往东莞的近 20 吨大米因镉超标被当地工商部门扣留⑧。

7 月 30 日，新华社《中国网事》官方微博消息称，湖南“镉大米”调查仍无结论，受“镉大米”影响，今年湖南早稻增产不增收⑨。

（二）网络媒体关注情况

1. 网络媒体舆情走势

从网络媒体新闻舆情走势看，“镉大米”事件热度主要集中在 5 月下半月，6 月开始新闻量出现大幅下降，事件舆情趋于平稳。从媒体的关注角度看，报道过程中出现了由广东到湖南的地域转换，并从对“镉超标大米”食用安全的聚焦延展至对“土壤重金属污染”的讨论。同时，由于媒体对“镉大米”政府信息公开方面的追问，热点新闻的出现仍会引发 6 月和 7 月关注度的短暂反弹。

---

① 《南方日报》，http://epaper.nfdaily.cn/html/2013-05/27/content_7193422.htm

② 《日本“痛痛病”会在中国重现吗?》，http://zqb.cyol.com/html/2013-05/28/nw.D110000zgqnb_20130528_1-02.htm

③ 《“镉大米”引发农业污染思考　进口大米不是出路》，http://finance.chinanews.com/cj/2013/05-28/4862006.shtml

④ 《大米有无镉　今日免费检》，http://gzdaily.dayoo.com/html/2013-05/28/content_2263546.htm

⑤ 《食品中污染物限量新国标实施：大米限镉严于国际》，http://video.sina.com.cn/v/b/105684382-1446014322.html

⑥ 财新网，http://topics.caixin.com/rice/index.html

⑦ 《“镉米”背后的危与机——从“鱼米乡”之觞看国内土壤污染之痛》，http://news.xinhuanet.com/tech/2013-06/13/c_124847610.htm

⑧ 新华网，http://news.xinhuanet.com/local/2013-06/27/c_116317138.htm

⑨ “@新华社中国网事”，http://weibo.com/zhongguowangshi

"镉超标大米事件"网络媒体新闻舆情走势图

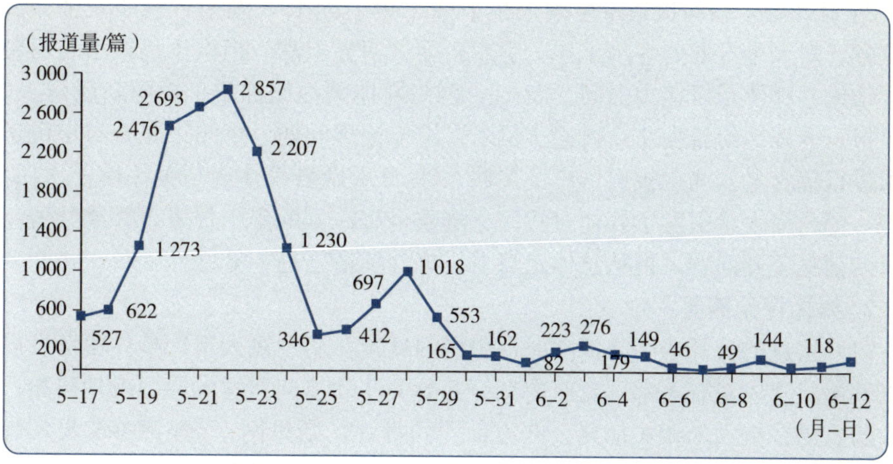

5 月 17～19 日，事件舆情走势处于快速递增阶段。广州市食药监局发布的官方消息成为主要信息源，广东省内媒体是新闻报道的主力军，镉超标大米的详细信息是媒体追问的热点。从网络媒体的转载情况看，"大米抽检超四成镉超标　官方称不便公布名单"是热点议题，网络媒体纷纷发出"为啥不公开"的质问声。

18 日晚间，广州市食药监局通报了镉超标大米的品牌产地等进一步信息，使得 19 日的新闻量成倍上涨，《人民日报》、新华社等媒体也开始介入报道。媒体继续追问镉大米流入市场等情况，并逐渐将注意力向镉大米的主要产地——湖南转移。

5 月 20～23 日，事件舆情处于高热阶段，日均新闻量突破 2 000 条。媒体的关注点主要集中在以下四个方面：一是追踪湖南产地"镉大米"的污染源。广州有关部门通报"镉大米主要产自湖南"后，"镉米"污染源头成为关注焦点。从媒体对有关专家采访后的报道看，工业污染、农业面源污染以及湖南特有的地理环境都有可能是污染源头。由于没有统一的权威定论，使得媒体对"镉米"污染源予以持续关注和追问，"大米镉超标来源成谜"被大量体现在报道标题中。二是关注广东、湖南开展的处置工作。22 日开始，广东省连续三天发布详实数据，通报该省开展的大米专项检查结果，获得舆论肯定。特别是 22 日对全省 1 577 批次大米抽检结果的发布，助推当日舆情热度攀至顶峰。湖南攸县针对镉米事件开展的工作也被高度关注。但由于未现对镉米污染源的调查结论，引发媒体接力热议湖南有关部门在"镉米"事件上的信息公开问题，"湖南曾摸底毒大米产地重金属污染多年未出结果"等报道成为热点新闻。三是"专家建议不要长期食用一个地方出产的粮食"引热议。新华网文章《"镉米"来了，我们怎么办?》中有"专家建议不要长期食用一个地方出产的粮食"等字样，成为媒体转载该文时的主要切入点，"防治毒大米要换着吃"遭到舆论调侃。四是报道"镉大米"事件给湖南产地大米销售及当地稻农带来的影响。《南方日报》、《广州日报》等媒体对广东省内批发市场走访后发文，"湖南米销量寥寥"、"商户自发停售湖南米"等情况受到关注。此外，中国广播网、《国际金融报》等媒体发布的

“镉大米‘毒倒’湖南稻农”、“湖南农民稻谷难卖”等消息也被广泛转载。

24 日开始，新闻报道量呈现大幅下降态势。27 日，湖南省食品安全办公室通报该省针对大米开展的专项工作，引发新闻量明显上涨。但由于仍未出现污染源的调查结论，媒体予以接力追问。28 日，网络媒体关注度回升，中国新闻网、《中国青年报》等媒体纷纷发文，讨论“镉米”综合治理问题。广州市免费对市民送检的大米进行镉含量检测也被媒体广泛关注。29 日后网络媒体舆情关注度再次回落。6 月份，镉超标大米引发了媒体对我国土壤重金属污染的集中报道，并继续关注有关部门的信息公开问题，但从总体走势看，事件舆情已趋于平稳。

2. 媒体评论摘要

（1）信息的公开透明是消除民众恐慌的良策　从“镉大米”事件舆情发展脉络可以看出，媒体对有关部门政府信息公开的关注和追问贯穿始终。事件伊始，广州市食药监局在镉大米相关信息公开方面受到批评，新华网、《经济参考报》等媒体指其在信息公开方面“躲猫猫”、“挤牙膏式公开”[①]。《南方都市报》文章认为，市场上的大米有问题，且问题大米比例不小，却不告知具体是哪些品牌、哪些批次，留给市民的只会是被放大了的普遍不安。相关情况须有独立、权威、透明的调查，否则将很难取得公众谅解，市民的呛声也不会退潮[②]。

随着广东对“镉大米主要产自湖南”等信息的陆续通报，媒体将关注焦点转移至湖南有关部门。5 月下旬，新华社联系 2 月以来湖南上万吨重金属超标大米流入广东一事，追问湖南对“镉米”信息核实三月无结果是“保密”还是“护短”？6～7 月，媒体的关注仍未放松，“湖南省仍未公布镉大米调查结果”、“湖南镉大米调查仍无结论”等消息经新华社等媒体发出后反响强烈。财新网认为，在这一轮镉米风波中，湖南省官方没有表现出正视问题的姿态。民以食为天，官方没有任何理由对镉米问题遮遮掩掩。公开信息，直面问题，是现代执政伦理应有之义[③]。

（2）“镉大米”折射土壤污染之痛，关注粮食安全　“镉大米”不仅是食品安全问题，更大程度上则是环境污染问题。国土部统计表明，目前全国耕种土地面积的 10％以上已受重金属污染，而水稻对镉的吸附能力又很强，导致大米中镉含量很容易超标。建议有关部门尽快建立土壤重金属污染的监测预警体系，加快土壤污染防治法的出台。湖南还需对“鱼米之乡”和“有色金属之乡”这种产业的错误搭配进行反思，政府有责任进行有意识的产业调整，让大米远离有色金属[④]。

（《广州日报》　李龙）

---

① 新华网，http：//news. xinhuanet. com/comments/2013－05/17/c _ 115811254. htm

新华社“新华视点”，http：//news. xinhuanet. com/fortune/2013－05/19/c _ 115822771. htm

② 《“毒大米”真相须彻查，“选择性公开”要反省》，http：//epaper. oeeee. com/A/html/2013－05/20/content _ 1860787. htm

③ 《沉默比“镉米”更可怕》，http：//china. caixin. com/2013－05－27/100533040. html

④ 《“镉大米”背后的土地污染之痛》，http：//gzdaily. dayoo. com/html/2013－05/21/content _ 2252950. htm

我国农业种植大量使用含磷肥的复合肥料，磷肥中的镉通过施肥进入土壤。一些稻米主产区的灌溉水系，沿岸城市的有色金属开采和冶炼业都比较发达，导致整个水系的重金属污染情况异常严重，镉通过灌溉进入土壤并富集。如果这些地方的污染治理没有进展，而农田又还在种植水稻，那么“镉大米”必然源源不断。粮食安全问题始终是一把高悬的剑，虽然每年公布的粮食总产量在稳步提升，但很有必要追问一下，粮食质量是否也在稳步提升？[①]

（《北京晨报》 贡万军）

（3）大米重金属检测缺失，政府部门的监管工作还须加力 从镉米事件本身而言，目前较大的责任应在于政府监管部门。新闻报道显示，重金属含量长期以来没有被列入粮食常规检测项目，企业普遍没有检测重金属的能力。另外，问题大米的跟踪回收工作较为迟缓，涉及民众切身利益的信息公开力度不足，此类批评甚嚣尘上。期待政府部门对大米镉超标事件的反思，不仅停留在普通的食品安全事故上[②]。

（《南方都市报》）

追逐利润的企业和资本，天生不是环保倡导者，需要强制其治理污染，承担相应的环境成本和环境责任。然而，现实中“谁污染，谁治理”变成了“企业污染，社会埋单”。究其原因，除了利益输送、监管不力、有法不依、执法不严、违法成本低等不同因素外，也与一些地方“护犊子”不无关系。不能等污染大面积扩散后才来治理，这时局面往往变得难以收拾。治理重金属污染，关键在于堵住污染源头，让污染企业切实承担治污责任[③]。

（《人民日报》 潘少军）

（4）关注镉米食用安全，讨论“大米镉含量国家标准” “镉大米”事件发生后，食品安全也是媒体重要议题。新华每日电讯、中国网等媒体发出了《我碗里的饭到底安不安全？》[④]、《别让‘痛痛病’在中国重现》[⑤] 等评论文章。媒体还纷纷采访有关专家对镉米食用安全答疑解惑，《人民日报》转载新华网文章称“专家建议勿长期食用一个地方粮食”，引发舆论吐槽。财经网文章说，对于以大米为主食的大多数中国人来说，“镉米”事发引起人们对主食安全的担忧，数据与科学的背书无法安抚民众的恐惧，找出原因、解决问题才是人们最期待的结果[⑥]。

我国食品安全国家标准《食品中污染物限量》中，关于大米的镉限量为不得高于 0.2 毫克/千克，国际标准限量为 0.4 毫克/千克，舆论对此看法不一。财新网在

---

① 《镉超标大米须追根溯源》，http：//bjcb. morningpost. com. cn/html/2013 - 05/21/content _ 226246. htm

② 《关注“毒大米”更要关注被污染的土地》，http：//epaper. oeeee. com/A/html/2013 - 05/21/content _ 1861380. htm

③ 《既然没污染 为何镉超标？》，http：//opinion. people. com. cn/n/2013/0601/c1003 - 21697129. html

④ 《新华每日电讯》，http：//news. xinhuanet. com/politics/2013 - 05/23/c _ 124752982. htm

⑤ 中国网，http：//opinion. china. com. cn/opinion _ 12 _ 71512. html

⑥ 《每周舆评：全民监督食品安全 舆论遏制火箭提拔》，http：//comments. caijing. com. cn/2013 - 05 - 25/112826035. html

专题中详列了正反双方针对大米镉含量标准的争论观点[①]。有舆论认为，中国之所以最终执行相对严的大米镉标准，是因为与国际上标准宽的国家饮食结构不同，大米是中国居民膳食的主要来源，控制大米镉含量几乎能控制中国居民1/2的镉膳食暴露[②]。也有舆论表示，在同样把大米作为主食的日本，大米中镉限量标准是0.4毫克/千克。镉作为对人体无益的重金属，自然是越少越好，但一刀切地定为0.2毫克/千克，值得商榷[③]。

（三）网民关注情况

1. 网民关注趋势

"镉超标大米事件"新浪微博舆情走势图

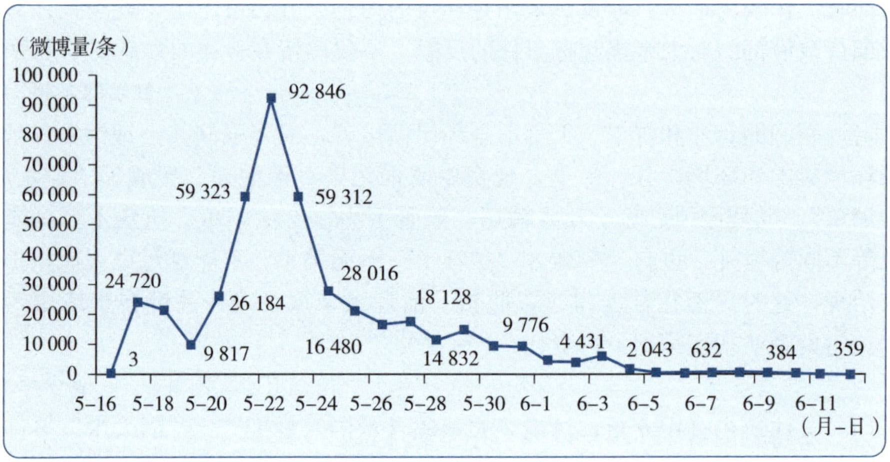

5月17日，镉大米事件的新浪微博舆情走势出现首个峰值。媒体报道对微博舆情走势起到主导作用。"@人民日报"、"@新华视点"、"@新华网"等媒体官方微博纷纷发布"广州大米抽检超四成镉超标 官方称不便公布名单"等相关消息，引发网民广泛传播。其中，"@央视新闻"发布的消息被转发8 000余次。"公布镉超标大米详细信息"是网民主要呼声。广东外国语大学学生"@蓝信封小岸"[④] 向广州市食药监局提出政府信息公开申请，获得网民的力挺和媒体的关注。

18日微博话题量略降，网民的热议话题仍集中在公布镉大米名单方面，律师"@袁裕来律师"[⑤] 认为广州市食药监局不便公布镉米名单是对广州人民的公然调戏，引发网民8 000余次的转发。此外，财新网2011年2月发布的"中国大米污染不完全分布图"在微博中再次热传。据"@中国之声"介绍，该分布图显示，辽

① 财新网专题：《拯救大米》，http://topics.caixin.com/rice/

② 《【镉米标准之争】正方：现行国标适中》，http://china.caixin.com/2013-05-28/100533816.html

③ 《【镉米标准之争】反方：现行国标太严》，http://china.caixin.com/2013-05-28/100533825.html

④ "@蓝信封小岸"（后改名为"@小岸ann"），http://weibo.com/guaan0621

⑤ "@袁裕来律师"，http://weibo.com/u/1097414213

宁、湖南、浙江、江西、四川、贵州、广东、广西等省（自治区）的部分地区，不同程度地存在重金属污染问题，其中绝大多数都存在镉污染，并且以厂矿地区为主①。

20日，镉大米事件微博舆情热度快速上升，22日攀至顶点。20日，新华网、《人民日报》关于“专家建议不要长期食用一个地方的粮食”的相关报道，引发舆论围观。网民在微博中对此纷纷吐槽，有网民调侃称“各个地方的都吃一遍才能凑齐元素周期表”。22日，广州市公布的该省大米抽检结果经媒体官方微博报道后被网民大量转发。

23日微博舆情热度快速下降，随后呈现整体回落态势，网民关注热点仍以媒体报道为主要信息源。5月末，调侃镉大米等食品安全问题的网络段子“中国式夫妻”② 在微博中热传，使得微博话题量仍达万余条。6月开始，镉大米事件的微博舆情走势趋于平稳。

2. 网民主要议题

（1）担忧镉大米危害　镉大米事件引发网民对大米食用安全的担忧。新浪微博“@Eaglesnest - Spain”说：“大米，全世界吃得最多的国家和人口是中国，国人对大米的依赖如同空气和水，若维系生命的大米都成毒物，还有多少人能做‘中国梦’?”搜狐网民“晴川”说，“我可以不喝奶、不吃羊肉、但总不能不吃大米吧”。新浪网民“壮壮二胖”调侃道：“较什么真啊！中国人拍扁了就是一张元素周期表，你懂的。”

部分科普工作者和有关专家在微博中发布镉大米危害和防治的相关信息，呼吁民众理性对待镉大米事件。科普作家“@松鼠云无心”：“污染物的危害不取决于它在食物中的浓度，而取决于吃下的总量。不同食物中的污染物往往不同，危害多数不叠加。多样化的食物种类，多样化的来源，即使碰上一些超标的，也因量少而避开了风险”。中国农业大学教授“@农大朱毅”：“政府当严控重金属含量超标污水进入农田菜地，普查公开土地镉污染值，因地而异调整土地利用方式，将不适宜种植农作物的污染土地改种园艺作物，切断污染物进入食物链的路径；对污染区农民的血镉、尿镉进行普查监测。城市居民尽量食物多样化，吃百家米，戒烟，保持身体处于良好状态，不要惊慌。”对此，有网民表示赞同。“@海外美食作家冰清”说，“没有绝对安全的食品，只有科学理性地对待食品安全新闻，才能活得自在”。也有网民认为，专家提出的降低镉大米对人体危害的意见是没有办法的办法，关键还是要阻断镉米污染源。

（2）呼吁政府部门及时公开信息，加强源头监管　17日，新浪网、网易网、

① 中央人民广播电台新闻综合频率“@中国之声”，http：//weibo.com/cnrzgzs

② 网络段子【中国式夫妻】神父：你是否愿这个男子成为你丈夫？陪他吃三聚氰胺奶、注水肉、避孕鱼、明胶囊……直至永远？新娘：最毒妇人心，我愿意！神父：你是否愿这个女人成为你妻子？为她买镉大米、瘦肉精、苏丹红、地沟油、明胶老酸奶……直至永远？新郎：无毒不丈夫，我愿意！神父：恭喜你们结为中国式夫妻。

凤凰网转载报道了“镉超标大米品牌不便透露”的相关新闻后，网民参与跟帖评论超过 15 万次。网易网民“水云天”表示：“不便公布名单”是对违法犯罪的纵容，是对人民不负责任的表现。凤凰网网民“人如菊澹”认为，“不便透露镉大米品牌，会给老百姓造成草木皆兵的恐慌心理”。网民在微博中也表达了对“不便透露”的不满情绪，法律学者“@徐昕”[①] 发出“立即公布名单”的呼吁，被网民转发 5 000 余次。此外，财经评论人叶檀在其新浪博客中发文，建议湖南有关部门公开镉大米信息，避免信息封锁、讳疾忌医所致的湖南大米信用日渐低下[②]。

网民纷纷建言有关部门加强监管，注重源头治理。中国新闻网网民“罗瑞明”认为，镉超标大米从生产到流通到销售能一路畅通，这其中有地方保护的因素，而更多的则是监管机构的后知后觉。腾讯网民“乐乐在水一方”表示，老百姓对大米质量的认可度还是很高的，应由中央部门牵头“除镉”，严格追查“镉大米”的来源。

(3) 反思镉大米背后的环境污染问题　网易手机网民：洁净的水和土地养育了我们，而人们却不懂得回报，肆虐的破坏，无情的污染，害人终害己。

新浪网民“s123lfa0”：对于环境污染与食品安全问题，应上升到国家战略问题，究竟是要环保的可持续还是要短暂的发展？这不是靠大家喊喊口号就解决了的，更需要全民的行动。政府和民众要本着为子孙负责的态度，减少污染物的排放，不做违法违规事情，不做影响环境的事情。

搜狐网民“嗷嗷乖乖”：善待大自然所赋予我们的环境。如果只一味追求片面的经济效益，不仅连食物，最后连资源都会被环境所报复。

(四) 事件启示

由于广州市食药监局对于抽检信息进行选择性地公布，在信息发布上未做到公开、透明，使得广州相关部门从一开始就让舆情话语权旁落，在媒体的再三质问下不得不把之前还有所保留的有关镉超标大米的使用单位、大米品牌以及生产厂家和盘托出。在这种被动、滞后的回应之下，虽然是将事实真相公之于众，很显然媒体及公众并不买账。可见在网络舆情事件发生之后，尤其是事关公众生命及健康的公共卫生事件，政府应秉着透明、公开、及时的原则将信息公之于众，在释疑解惑的同时也能起到很好的安定民心、维护社会稳定的作用，同时也能很好地向外界展现出阳光透明的政府形象。很显然，此次事件中广州相关政府部门采取了截然相反的策略，致使地方政府公信力及形象严重受损。

在具体的舆情应对上，广州相关政府部门也显得杂乱无章、缺乏统筹。在有关米粉中镉含量超标的事情上，对于南都记者的回复，各部门采用了踢皮球的方式，最终的舆情效果可想而知。在发生网络舆情危机时，只有各部门联合行动、统一发

---

① “@徐昕”，http：//weibo.com/poetjustice

② “叶檀的 BLOG”，http：//blog.sina.com.cn/u/1233227211

声，才能避免回应不当引起媒体及公众不必要的误会，从而使政府的声音有效传递出去，达到引导舆情、平息舆情的目的。

从整个舆情发展过程来看，广州相关政府部门对于公共卫生事件的舆情应对缺乏统一的舆情预警机制，也没有完善的舆情应对预案，在面对记者的追问、公众的质疑时，相关政府的应对毫无章法可言。被动、滞后、混乱是本次政府在舆情应对中最突出的特点，舆情应对手法的失败直接导致了舆情危机的出现。截止到5月20日本次事件仍在持续，相关政府部门应该在后期的工作中尽力弥补工作缺失、认真面对舆情，努力修复受损的公信力及政府形象。

（中国网）

三、山东潍坊“毒生姜”事件

5月4日，央视《焦点访谈》对山东潍坊峡山区有姜农在生姜种植过程中违规滥用剧毒农药“神农丹”问题进行曝光，受到网络媒体和网民的高度聚焦。节目播出后，毒生姜专供内销、姜农不吃剧毒姜，以及当地在生姜农药残留检测中存在的问题成为热议话题，同时引发了舆论对食品安全的关注。“毒生姜”事件发生后，潍坊市有关部门迅速展开相关工作，各地也对市售生姜加大检测力度，事件舆情热度持续近两周时间。对此事件，新华社《新华视点》官方微博评论指出，呼吸清洁的空气，喝干净的水，吃安全的菜……别让这些基本生存要求也成了梦想[①]。

（一）事件经过

5月4日晚间，央视《焦点访谈》[②] 对山东省潍坊市峡山区有姜农违规、滥

① “@新华视点”，http：//media. weibo. com/profile. php? uid=xinhuashidian

② “焦点访谈”：《20130504 食品安全又出重拳/管不住的“神农丹”》，http：//news. cntv. cn/2013/05/04/VIDE1367670720624117. shtml

用剧毒农药“神农丹”种植生姜进行曝光，并对当地在生姜农药残留检测中存在的问题予以关注。报道说，“潍坊当地出产的生姜分出口姜和内销姜两种。因为外商对农药残留检测非常严格，所以出口基地的姜都不使用高毒农药”，“与出口姜的严格管理不同，内销姜对农药残留实行的是抽查制度，一年抽查不了几次，无论是做内销姜生意的姜贩，还是农户对这种抽查都不太担心”。报道还援引有关专家言论称，滥用“神农丹”除了会造成生姜中农药残留超标，还会对地下水造成污染。

5 月 5 日，新华网①报道说，潍坊市将对查获的使用“神农丹”种植的大姜、大葱等农作物统一清除、销毁，对违法违规销售剧毒农药的经营业户坚决依法依规处理，并由各级农业部门牵头，组织专门力量，帮助农民用科学方法解决生姜等农产品生产过程中的病虫害问题。人民网②消息称，峡山区“赵戈果树（蔬）医院”涉嫌销售剧毒农药“神农丹”被查封，该店负责人被刑拘；使用“神农丹”种植大姜农田将全面翻耕，峡山区相关部门同时启动对土壤的降解、排毒工作。

5 月 6 日，《新京报》转述央视《焦点访谈》4 日节目内容，发表报道《种姜用剧毒农药　不出口专内销》③。报道还对北京新发地市场的生姜情况进行关注，文中提到，“新发地市场将加强对生姜的检测力度，到目前为止，没有检测出生姜农药残留超标”。同时，《京华时报》也发表了题为《新发地市场未现剧毒姜》④ 的报道。中国广播网在报道《山东潍坊农户用剧毒农药种生姜　多地围剿“毒姜军”》⑤ 中，对浙江杭州、河南郑州等地加大生姜抽检力度等工作情况进行了介绍。此外，龙虎网消息⑥称，南京众彩物流市场暂扣 6 吨来自山东的生姜，该批次生姜经过速检，发现“涕灭威”含量超标 22%，目前已送到有关部门进一步检测。

5 月 7 日，南京市委宣传部新闻发布官方微博消息称，江苏省质量技术监督局对南京众彩物流送检的生姜进行检测，确定并不含有毒成分⑦。对此，网络媒体纷纷以《快速检测闹出乌龙　南京 6 吨疑似毒生姜检测“合格”》等为题进行报道。此外，《南方日报》⑧

① 《山东潍坊集中收缴剧毒农药“神农丹”》，http：//news. xinhuanet. com/local/2013 - 05/05/c _ 115643151. htm

② 《山东峡山销售“神农丹”责任人被刑拘　用药姜田全部翻耕》，http：//sd. people. com. cn/n/2013/0505/c172941 - 18595099. html

③ 《新京报》，http：//epaper. bjnews. com. cn/html/2013 - 05/06/content _ 430801. htm? div=- 1

④ 《新发地市场未现剧毒姜》，http：//epaper. jinghua. cn/html/2013 - 05/06/content _ 1987190. htm

⑤ 中国广播网，http：//china. cnr. cn/xwwgf/201305/t20130506 _ 512521174. shtml

⑥ 《南京 6 吨山东生姜“涉毒”剧毒农药超标》，http：//news. longhoo. net/2013 - 05/06/content _ 10666725. htm

⑦ “@南京发布”，http：//e. weibo. com/njfb? type=0

⑧ 《广州海珠区江南市场抽检出山东生姜农残留超标》，http：//bo. nfdaily. cn/timeline/content/2013 - 05/07/content _ 68406962. htm

消息称，广州市江南市场抽取来自山东的8份姜样品送检，确认其中1份源自山东日照的样品中农药"涕灭威"超标，该批次生姜共计150千克已被销毁。中国广播网发表报道《各地严查入市生姜》[①]，介绍南京、合肥、武汉、福州等地有关部门针对当地入市生姜开展的质量监管工作。中国新闻网对潍坊市农业局有关人士进行采访，介绍当地对"毒生姜"事件的处置排查情况[②]。报道说，销售"神农丹"的赵戈果树（蔬）医院共购入38箱380千克"神农丹"，已售出375千克，售给峡山区董家套和西波浪泉两个村，两村共8.4公顷土地在播种时使用了"神农丹"，目前使用"神农丹"的种姜地块已全部翻种其他作物。

5月8日，中国新闻网连发两条消息，对广州、杭州市场生姜检测情况予以关注。报道介绍，广州市江南市场7日再次检测出2批次源于山东日照地区的生姜农药"涕灭威"残留超标，该两个批次生姜共计1960千克，已被销毁[③]；杭州市农副产品物流中心一批四五百千克的生姜被检测呈阳性，疑似"毒生姜"，目前正在进一步定量检测中[④]。

5月9日，新华网报道《山东"毒姜"事件后续：产区农民称"生姜太容易生病了"》[⑤] 说，生姜种植三四年后，老姜田很容易出病害，线虫病、姜瘟等一出现，对产量影响很大，严重时甚至会导致绝产；"神农丹"价格低，在治疗线虫病方面的效果好，对产量的提高较有帮助，导致个别姜农偷用。报道还对当地生姜批发价格出现下跌的情况进行关注。中国新闻网发表评论文章《各地紧急排查"毒生姜"严格检测可否来得更早些》[⑥]。

5月10日，《今日早报》[⑦] 消息称，经过定量检测，杭州市农副产品物流中心5月8日抽检的近500千克生姜，确定"涕灭威"含量超标10倍，该批生姜来自山东潍坊，目前已封存并将被销毁。

5月13日，李克强总理在当日上午召开的国务院机构职能转变动员电视电话会议上就加强市场监管，下决心治理掺假羊肉和毒生姜等食品安全问题提出要求。李克强指出，最近掺假羊肉、毒生姜事件接连发生，加重了民众对食品安全的担忧，这些虽然是局部的、苗头性的问题，但影响恶劣，危害很大，一定要高度重视，严

① 中国广播网，http://china.cnr.cn/NewsFeeds/201305/t20130507_512530243.shtml

② 《潍坊官员正面回应剧毒农药种姜事件 披露排查结果》，http://www.chinanews.com/sh/2013/05-07/4795712.shtml

③ 《广州江南市场再检出近两吨山东"毒姜"》，http://www.chinanews.com/gn/2013/05-08/4799760.shtml

④ 《杭州农业局：近千斤生姜检测呈阳性疑似"毒生姜"》，http://www.chinanews.com/sh/2013/05-08/4799477.shtml

⑤ 新华网，http://news.xinhuanet.com/local/2013-05/09/c_115706620_3.htm

⑥ 中国新闻网，http://finance.chinanews.com/cj/2013/05-09/4800019.shtml

⑦ 《500千克"毒生姜"流入杭城 有毒成分"涕灭威"超标10倍》，http://jrzb.zjol.com.cn/html/2013-05/10/content_2130499.htm?div=-1

格监管，严厉打击，重拳方有效，重典才治乱，决不能造成信任危机①。《北京晨报》② 消息《菜农为卖姜晒出“货源地”》说，山东“毒姜”的出现，让市民买菜时又增添了一份谨慎，为了卖姜，菜市场里的一些摊主专门标明自家姜的产地不是山东地区的。在农产品批发市场新发地，姜的销量和价格近日有小幅波动。《兰州晚报》报道《“毒生姜”拖累批发商　姜市变“僵”市》③ 说，受山东潍坊峡山区“毒生姜”事件持续发酵的影响，兰州生姜零售市场出现不同程度滞销，批发量也较往常减少了 1/3。

5 月 14 日，《每日经济新闻》④ 对潍坊市峡山区西波浪泉村采访后发文说，“当地姜农在前两年每种一亩姜，就要亏 1 500 元以上”，“连续两年的大亏本，是驱使村民用药以降低风险的一个重要因素”。同时，文章援引潍坊有关专家言论称，“生姜根线虫病高发与化肥施用过多造成的土壤酸化有一定关联”。《齐鲁晚报》在题为《毒生姜让种姜的都背了黑锅》⑤ 的报道中援引山东莱芜姜农的言论称，“潍坊毒姜事件对我们非潍坊姜农影响太大了。以前一车 5 000 多千克的生姜，平均三天就能卖完，现在一周了才卖了一半。”21 世纪网⑥对山东潍坊的安丘姜蒜批发市场走访调查后发文称，如今前来市场卖姜的车辆减少了一半，由于生姜不是“即时短缺”产品，所以在供应量减少的情况下，价格没有出现大的波动。但对于微利的姜批发商来说，依旧是沉重的打击。

5 月 15 日，《齐鲁晚报》报道了山东省政府对潍坊“毒生姜”事件的处置情况，并介绍了山东省将在全省范围内开展的农药大检查工作⑦。《法治周末》发文《神农丹“重灾区”的 6 年蜕变》⑧，对山东安丘生姜种植、农药监管等情况进行详细报道。文章介绍，安丘种植的生姜大多数供出口，在相当严格的高毒、剧毒农药管理下，“神农丹”在这里几乎“绝迹”。报道联系潍坊峡山区“毒生姜”事件说，一个是内销，一个是出口，不同的“目的地”，导致了不同的生姜质量，“内销生姜，何

---

① 综合：中国新闻网《李克强：简政放权、创新管理　打好职能转变攻坚战》，http：//www. chinanews. com/gn/2013/05－13/4813688. shtml

中国广播网《李克强要求：严格监管 严厉打击食品安全违法行为》，http：//china. cnr. cn/NewsFeeds/201305/t20130513_512574342. shtml

② 《菜农为卖姜晒出“货源地”》，http：//bjcb. morningpost. com. cn/html/2013－05/13/content_224587. htm

③ 《“毒生姜”拖累批发商 姜市变“僵”市》，http：//news. xinhuanet. com/2013－05/13/c_124701156. htm

④ 《潍坊姜农滥用高毒“神农丹”背后：农科专家称化肥用量 30 年增 6 倍》，http：//www. nbd. com. cn/articles/2013－05－14/740892. html

⑤ 《毒生姜让种姜的都背了黑锅》，http：//epaper. qlwb. com. cn/qlwb/content/20130514/ArticelA16002FM. htm

⑥ 《潍坊“毒姜”调查：交易量减半　村民否认存双重标准》，http：//www. 21cbh. com/HTML/2013－5－14/xMNjc1XzY4MjgxMw_2. html

⑦ 《山东省政府通报神农丹种姜事件处置情况》，http：//www. sd. xinhuanet. com/news/2013－05/15/c_115779314. htm

⑧ 《法治周末》，http：//www. legalweekly. cn/index. php/Index/article/id/2695

时才能像出口生姜一样安全?"此外,《人民日报》评论文章指出,重典治乱是保障食品安全的一剂良方①。

5 月 16 日,山东省食品安全办公室有关人士就近期山东发生的"潍坊峡山毒生姜"、"滨州阳信假羊肉"等食品安全问题接受记者采访。对此,新华网、中新网分别以《山东省食安办主任答本网记者问 谈"毒生姜"、"假羊肉"等事件》②、《山东省政府副秘书长:对玷污山东食品形象事件决不姑息》③ 为题予以报道。

5 月 17 日,《人民日报》评论文章《食品安全不能总打"运动战"》④ 指出,"毒生姜"、"假羊肉"等一系列食品安全事件中均经历了"重拳出击、销声匿迹、监管放松、卷土重来、再出重拳"的过程,消磨了社会公众对食品安全的信心。

5 月 19 日,《人民日报》发表评论文章《击溃"问题姜"监管要转型》⑤,关注"出口姜"与"内销姜"在农药残留检测方面存在的差距,建议在加快建设、完善农产品质量与安全监管体系的同时,改善监管方式,创新监管形式。

5 月 21 日,央视《经济信息联播》对大连、青岛蔬菜批发市场进行走访调查,关注"毒生姜"事件给部分省市的生姜销售带来的影响⑥。《中国食品报》发文《山东多举措消除"毒生姜"及其影响》⑦,报道了山东省农业部门在"毒生姜"事件中采取的相关举措,以及有关专家对杜绝"毒生姜"现象的建议。

5 月 22 日,《羊城晚报》对佛山市批发市场及农贸市场走访后发文《"毒姜"风波渐息 山东姜重占佛山市场》⑧ 说,"毒姜"风波渐息,批发商在销售山东姜时出示农药含量检测合格报告,目前山东姜销量已与事件发生前持平。

(二) 网络媒体关注情况

1. 网络媒体舆情走势

5 月 4 日晚,央视《焦点访谈》对"毒生姜"事件进行曝光后,5 月 5 日,事件新闻报道量出现大幅上涨。网络媒体的关注热点主要集中在两个方面:一是大量转载《焦点访谈》4 日报道内容。从媒体转载标题看,"剧毒农药种的姜,姜农自

---

① 《人民日报》:《重典治乱才能捍卫餐桌》,http://paper.people.com.cn/rmrb/html/2013-05/15/nw.D110000renmrb_20130515_7-01.htm?div=-1

② 新华网,http://news.xinhuanet.com/local/2013-05/17/c_124723963.htm

③ 中国新闻网,http://www.chinanews.com/gn/2013/05-16/4827451.shtml

④ 《人民日报》,http://opinion.people.com.cn/n/2013/0517/c1003-21515282.html

⑤ 《击溃"问题姜"监管要转型》,http://opinion.people.com.cn/n/2013/0519/c1003-21530797.html

⑥ 《毒生姜调查:大连——"毒生姜"拖累批发商 姜市变"僵"》,http://tv.people.com.cn/n/2013/0523/c39805-21583071.html

《毒生姜调查:山东——生姜产地销量减少三分之一》,http://tv.people.com.cn/n/2013/0523/c39805-21583068.html

⑦ 《中国食品报》,http://www.cnfood.cn/npage/shownews.php?id=15844

⑧ 《羊城晚报》,http://news.ycwb.com/2013-05/22/content_4473481.htm

己不吃”成为主要切入点。二是关注当地政府有关部门的应对举措。新华网、人民网分别于5日下午和晚间报道了潍坊市有关部门对“毒生姜”事件采取的措施，也被网络媒体广泛转发。

山东潍坊“毒生姜”事件网络媒体新闻舆情走势图

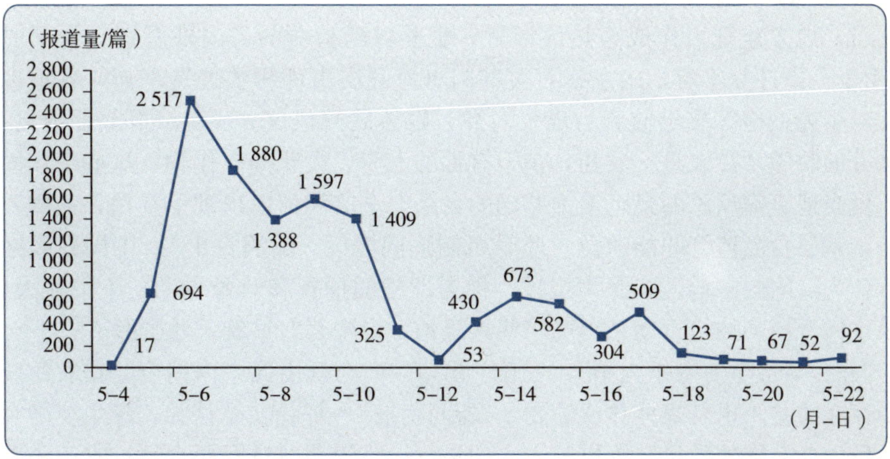

6日，事件舆情热度攀至峰值。《焦点访谈》4日节目内容仍被高度聚焦，媒体报道的切入点有所变化：一是“毒生姜不出口专内销”成为主要关注点。《新京报》以《种姜用剧毒农药 不出口专内销》为题，转述《焦点访谈》4日节目内容，使得“毒生姜只供内销”大量体现在网络媒体转载标题上，《新京报》上述报道当日即被转发千余次。二是“剧毒农药种姜或污染地下水”也成为媒体转载时使用的热门标题，当日相关标题转载报道近200次。三是“‘神农丹’系剧毒，50毫克可致人死亡”也是中国广播网、《新民晚报》等部分媒体转载报道时的切入点。此外，各地媒体纷纷关注当地市售生姜的食用安全情况，各地有关部门加大对生姜的质量监管工作也是媒体报道的热点。

7～10日，“毒生姜”事件处于后续处置阶段，网络媒体的关注热度出现明显的回落，但相关新闻量仍处于高位，日均报道达1 500条。各地严查入市生姜、加大对生姜的检测力度等相关情况被媒体密集报道，广州、杭州个别市场检出山东产地生姜农药“涕灭威”残留超标的消息成为热点。同时，“毒生姜”事件的处置进展也受到广泛关注。中国新闻网7日报道《潍坊官员正面回应剧毒农药种姜事件 披露排查结果》，当日也被转发百余次。新华网以“山东‘毒姜’事件后续”为题，介绍当地有关部门对“神农丹”的查获情况，并对峡山区部分农村在生姜种植过程中存在的病虫害多发等问题予以关注。

11日开始，相关新闻报道量大幅下降，各地生姜检测情况仍被媒体集中报道，“毒生姜”事件对部分省市生姜销售造成的影响成为新的关注点。至22日，“毒生姜”事件舆情渐趋平息。期间，事件舆情走势出现两次小幅波动，主要原因：一是13日，李克强总理在有关会议上对治理毒生姜等食品安全问题提出要求，受到高度关注，使得14日新闻报道量明显增加；二是16日，山东省食品安全办公室有关人士就"毒生姜"等食品安全问题接受记者采访，17日，相关报道被网络媒体大量转载，同时，《人民日报》在此期间发表的多篇评论文章也受到广泛关注。

2. 媒体评论摘要

（1）地方监管工作成为热议话题，生姜农药检测的"内外有别"受到关注 "毒生姜"事件发生后，山东省有关部门迅速开展事件相关处置工作，各地也纷纷加大对生姜抽检等质量监管力度。对此，媒体展开热议。《新京报》评论文章说，山东方面收缴"神农丹"农药，销毁有毒的大姜、大葱等农作物，这些工作固然必要，但当地更需反思的是，最为基础的食品安全监控何以出现了空白；最需要整顿的是，基层食品监管职能缺位，监管机制形同虚设、漏洞百出①。中国新闻网评论文章认为，国内多地区如此大规模、极为严格的抽查和监管行动，不禁让人感叹：如果这样严格的抽检行动来得更早些，恐怕"毒生姜"早就无处遁形了②。

同时，"毒生姜专供内销"，安丘"出口姜"与峡山区"内销姜"在农药残留检测中存在的差距也是媒体热议话题。《新闻晚报》③评论文章认为，毒生姜确实很可怕，但内外有别的质量监管更骇人。如果不让监管部门对问题食品、农产品质量及人民群众的身体健康始终怀有像对出口产品质量一样的敬畏感，毒生姜问题不会从根本上解决，新的问题可能还会"你方唱罢我登场"。《工人日报》文章指出，"出口姜"与"内销姜"在监管方式上的巨大差别，看似是为地方经济发展着想，但总有一天会造成地方产业为追求最大利润而走向疯狂以致崩盘。因为任何一种有毒产品的"生产者"，都可能成为其他有毒产品的"消费者"。如此恶性循环，如此选择性监管和良知、诚信之失，是时候该终结了④。

（2）治理"毒生姜"，舆论期待法律发力 5月初，最高人民法院、最高人民检察院发布施行《关于办理危害食品安全刑事案件适用法律若干问题的解释》，首次明确界定了生产、销售不符合安全标准的食品罪和生产销售有毒、有害食品罪的定罪量刑标准。对此，舆论结合"毒生姜"事件展开讨论。

《检察日报》文章指出，新的司法解释规定，生产、销售的食品中只要含有严重超出标准限量的致病性微生物、农药残留等，就足以定罪。滥用"神农丹"肯定会造成生姜中农药残留超标。由此看来，"毒生姜"事件应该不会止步于一场被高度关注的新闻事件，而应该被推进为"毒生姜"案件，有人必须为触犯刑律而买单，其警示

① 《新京报》，http：//epaper. bjnews. com. cn/html/2013－05/06/content＿430735. htm？div＝－1

② 《各地紧急排查"毒生姜" 严格检测可否来的更早些》，http：//finance. chinanews. com/cj/2013/05－09/4800019. shtml

③ 《监管内外有别比"毒生姜"更骇人》，http：//news. sina. com. cn/o/2013－05－06/125927038450. shtml

④ 《"自己不吃"频现，根在监管之失》，http：//news. xinhuanet. com/politics/2013－05/07/c＿115661141. htm

作用毋须赘言[①]。《新华每日电讯》文章认为，监管失职渎职是导致危害食品安全犯罪多发的重要原因，“两高”发布关于对危害食品安全犯罪案件从严量刑的司法解释，对食品监管失职渎职处理作出了明确规定，“监管渎职最高可判十年”。如此重典，不妨从潍坊毒生姜问责开始，以儆效尤，让所有的监管者不敢失职渎职[②]。

（3）“姜农不吃剧毒姜”引舆论反思“易粪相食” “易粪相食”是对“相互伤害”社会怪圈的概述。而“毒生姜”事件中，姜农只生产不食用，也印证了这点。“毒生姜”裹挟下，舌尖安全必然成奢望。监管隐身，道德秩序崩塌，说起来是老生常谈，可它指向的价值诉求应被重视——作恶的耻感，须在“零容忍”的监管态势中筑起；共同体意识，也要凭“彼此呵护”去捍卫[③]。

（《华西都市报》 佘宗明）

山东姜农虽能免受“毒生姜”的毒害，却很可能会成为其他有毒问题食品的受害者。在正常社会的食品安全链条中，每个人都不是看客，而应是一个积极的角色扮演者。食品生产者要捍卫安全底线，销售者要恪守诚信经营的原则，监管者要认清自己肩负的责任，而消费者也要在监督之中发挥应有的作用。任何初衷良好的制度和规则，最终还是要落实到每个人的共同坚守上来[④]。

（《广州日报》 朱昌俊）

（4）媒体积极建言生姜种植 解决“毒生姜”现象的“药方”，就是要解决生姜种植的“防病虫”问题。最好的方法是生产低毒的乃至无毒的农药，以及采取更经济更环保的“防病虫”方式，如通过“生态改良”、“害虫天敌链条”等途径减少病虫害的发生。还应理性引导市场和种植户。消费者应改变心态，农产品一定不是又大又光鲜的好，消费者心态的改变有利于农户种植心态的改变。政府应对农户科学使用农药予以财政鼓励，对于被“虫子咬”了的、损害了“收成”的种植户，给予适当的财政补贴[⑤]。

（东方网 毕晓哲）

利润较薄、收入不稳定、生活水平低的实际情况，无形中刺激了个别农户为减少成本、增加收益铤而走险。另一方面，当前农业小、散、乱的经营模式，增加了监管的难度和成本。希望国家和地方政府给予农民更多扶持和引导，只有农民做大做强了，才更有基础和动力去保证农产品质量，走上高品质高收益的良性循环。规

---

① 《期待新司法解释“解”生姜之“毒”》，http：//legal. people. com. cn/n/2013/0507/c188502 - 21392122. html

② 《山东“毒生姜”被曝光为何管不住?》，http：//news. xinhuanet. com/yuqing/2013 - 05/06/c _ 124667533. htm

③ 《舌尖安全，须筑起“零容忍”监管氛围》，http：//www. wccdaily. com. cn/shtml/hxdsb/20130507/95701. shtml

④ 《“毒生姜”现象：己所不欲，勿施于人》，http：//news. xinhuanet. com/fortune/2013 - 05/06/c _ 124666064. htm

⑤ 《整治打击“毒生姜”不能靠法律“打补丁”》，http：//pinglun. eastday. com/p/20130506/u1a7370692. html

模化生产普及了，才能保障持续有效的监管①。

（《齐鲁晚报》 赵丽）

（三）网民关注情况

1. 网民关注趋势

山东潍坊"毒生姜"事件新浪微博舆情走势图

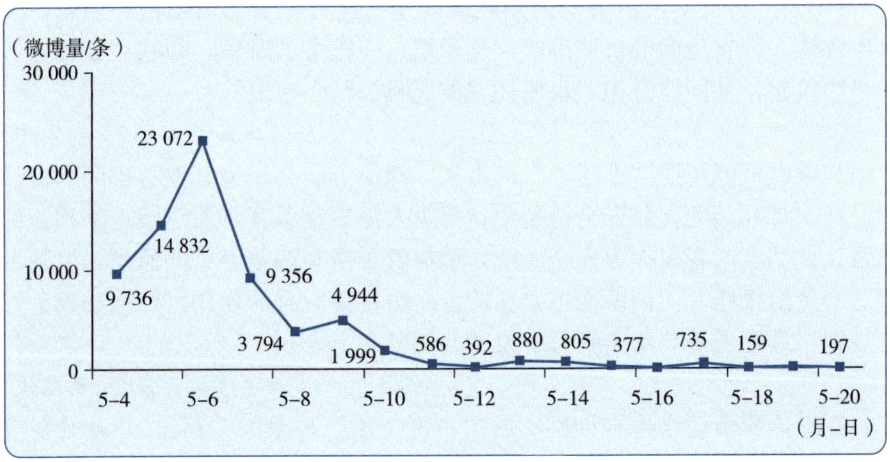

5 月 4 日晚间，央视《焦点访谈》节目播出后的半个小时内，部分网民即在新浪微博中转述了报道内容并发表观点。当日晚间，媒体官方微博是网民转发消息的主要参考，"@人民日报"、"@新浪视频"、"@央视新闻"等媒体官微以视频、图文形式迅速上传了《焦点访谈》的相关报道，成为网民微博转发消息的重要信息源。与媒体新闻舆情走势相比，微博舆情走势在 4 日晚间即呈迅速攀升态势，相关微博数据在短短数小时内达到近万条。

5～6 日，"毒生姜"事件的新浪微博数据处于持续上升阶段，并于 6 日达到峰值。《焦点访谈》4 日报道内容仍是主要热议话题，"@头条新闻"等媒体官方微博转发上述报道后被网民大量转发。同时，"@人民日报"6 日发布"如何识别毒生姜"的微博内容，成为网民关注热点。7 日开始，"毒生姜"事件的新浪微博数据大幅下降，至 10 日，舆情走势趋于平息。

此外，5 日，网易、新浪、腾讯以《山东姜农用剧毒农药种生姜 称自己吃的不用药》为题转载《焦点访谈》4 日报道后，共计 8 万多网民参与了跟帖评论。6 日，《新京报》转述《焦点访谈》相关报道后再次被网络媒体大量转载，同时引发凤凰网、新浪网、网易网约 23 万网民的跟帖评论。

① 《用更先进的生产方式铲除"毒药姜"》，http：//epaper. qlwb. com. cn/qlwb/content/20130506/ArticelA02002FM. htm

2. 网民主要议题

（1）“毒生姜”事件引发网民热议食品安全　有网民发出“我们还能吃什么”的质问，有网民调侃“我有一个强大的胃”。新浪微博“@王树兴”说，“央视《焦点访谈》有关毒生姜的揭露让我汗流浃背，还以为植物的根茎是安全的。层出不穷的食品问题，让我觉得我就是一个生活在垃圾堆里的蟑螂，我得靠身体机能的进化来抵御侵害，来得及吗?”

《人民日报》官方微博发布“如何识别毒生姜”后，被转发近8 000次。有网民表示方法很实用，纷纷转发收藏；还有网民依据微博所教方法鉴别自家所买的生姜，并发微博晒结果。也有网民认为此举不是治本之策。新浪微博“@小名叫圈儿”表示，教民众识别“毒生姜”，是无奈和可悲的选择；“@空想者之殇”认为，当务之急是从源头消灭问题，而不是让百姓个个成为食品专家。

（2）关注“毒生姜专供内销”，建议监管“一视同仁”　腾讯网民“孤藤老树昏鸦”：两种姜，一种监督管得严用于出口，一种随便应付一下销往国内，我替这些人感到脸红和伤心。

腾讯网民“1971539963”：为什么向香港供应的食品合格率达99.99%，而我们吃的食品和药品就经常出问题。建议国家迅速采取措施，要求各地对凡是吃的，一定要向输港产品那样检查检验。

（3）呼吁民众扮演好社会角色，坚守道德底线　新华网网民：人人追求个人利益最大化，整个社会道德水平无底线，乃社会最大危机。卖毒姜的吃着鼠肉沾沾自喜，贩鼠肉的就着毒姜一本万利，正是重利轻德社会真实写照。道德重建刻不容缓，不妨从自身起！①

新浪微博“@美丽的心灵2013”：如果我是农民，一定老老实实种菜卖的和自己吃的一样；如果我是工厂主，一定老老实实生产好的吃的用的没有掺假造价；如果我是商人，一定老老实实公平买卖只卖好的东西；如果我是官员，我一定老老实实秉公办事真正为人民服务。人在做，天在看，人的一辈子，但求无愧于心！

（四）事件启示

山东省在事件的解决过程中采用了部门联动以及上下级联动的事件处理方式，使事件得以迅速合理的处置，同时相关政府部门在事件的处理过程中合理发声，将事件的进展及处理结果有效发布，在释疑解惑的同时使得舆情得以迅速平息。同时需要肯定的是，山东相关政府部门在后期舆情修复阶段所做的积极努力对恢复山东省整体形象及公信力起到了积极的作用。

（中国网）

① 新华网，http：//news.xinhuanet.com/2013-05/08/c_124674834.htm

四、公安部公布肉制品犯罪典型案例

5月2日，公安部网站公布"十起打击肉制品犯罪典型案例"。舆论对其中的"江苏制售假羊肉案"、"福建漳州制售病死猪肉案"尤为关注，引发了网络媒体和网民对食品安全的高度聚焦。公安部治安管理局官方微博说，"今年以来警方打击肉制品犯罪情况和十起大案公布后，观者或叫好，或唏嘘，或吐槽，或捂鼻。犯罪分子利令智昏，丧尽天良，不择手段坑害百姓，令人痛恨！目前，我们仍在会同有关部门深入开展餐桌保卫战，对食品犯罪保持利剑高悬，坚决为民除害，让大家吃得放心"①。

（一）舆情发展进程

5月2日，公安部网站发布消息《公安部公布十起打击肉制品犯罪典型案例》②，对江苏、内蒙古、福建等地公安机关在打击食品犯罪保卫餐桌安全专项行动中侦破的十起打击肉制品犯罪典型案例进行了详细介绍。其中包括：狐狸、老鼠等动物肉制品冒充羊肉，鸭肉等为原材料生产假劣牛羊肉干，制售病死猪，有毒化工原料勾兑毒鸡爪等。

5月3日，东方网消息称，针对公安部公布的有江苏犯罪团伙用狐狸、老鼠肉

---

① "@公安部打四黑除四害"，http：//e. weibo. com/dshcsh？type=0

② 公安部网站，http：//www. mps. gov. cn/n16/n1237/n1342/n803715/3772293. html

冒充羊肉销往江苏、上海农贸市场，上海市食安办正在和公安部联系，了解“假羊肉”的销售渠道和数量[①]。

5月5日，《解放日报》消息称，有市民举报，上海周浦万达广场的某豆捞火锅店涉嫌销售原料不明的“掺假羊肉”，这批“掺假羊肉”来自上海鑫品南北干货批发市场。上海市有关部门在该市场查获一批没有任何生产日期和配料表的羊肉卷。这些可疑羊肉卷系商户购自山东阳信，已部分流入多个知名火锅店[②]。《东方早报》对上海市有关部门展开的假羊肉调查工作予以关注。由于假羊肉系不法分子从山东购入，对此，报道援引有关专家言论，山东存在部分狐狸和水貂养殖场，养殖场主取其皮毛可制成大衣销售，剩余的肉类无法得到有效处理，可能因此通过非法途径流入市场[③]。《潇湘晨报》在题为《福建部分死猪肉流入湖南》[④] 的报道中，对公安部公布的福建病死猪案例进行详细介绍。报道说，福建漳州南靖县两名被当地镇政府雇来负责无公害处理病死猪的工作人员，将捡来或以几毛钱一斤买来的病死猪，私自屠宰后，运往湖南、广东等地，最终流向了餐桌。

5月6日，新民网消息称，上海市食品安全办公室在当日下午召开的食品安全专题新闻通气会上介绍，公安部通报的流入上海的“问题羊肉”，已全部查清其在上海的销售情况，查获9家个体小熟食店涉案“问题羊肉”制品共计70余千克。此外，周浦万达广场品尚豆捞坊供应的羊肉片中，含猪肉和鸭肉成分。但两事件是并不相关的孤立案件[⑤]。《第一财经日报》报道《小肥羊卷入羊肉“掺假门”》说，羊肉造假屡禁不止的问题根源主要在于羊肉价格高、羊肉加工企业“小乱散多”难以监管。此外，餐企不断压低上游采购价格，采购廉价食材导致风险加大[⑥]。

6日晚间，央视《东方时空》节目说，记者暗访山东阳信肉制品加工厂，发现当地生产复合肉卷的现象很普遍，在各类肉制品当中，价格最低廉的就是一种用鸭胸脯肉加上羊尾油制成的复合肉卷，一些厂家为了降低成本，在加工肉卷时会注水，为了确保加到肉卷里的水分不流失，还会在里面加一种叫保水剂的东西[⑦]。

5月7日，《新京报》以《鸭肉再注保水剂　假上加假充羊肉》[⑧] 为题，转述央视报道。同时，湖南、广东等省对媒体报道的“福建漳州病死猪肉流向广东湖南餐桌”

---

① 《假羊肉入沪？上海市食安办：正调查销售渠道和数量》，http://sh. eastday. com/m/20130503/u1a7366827. html

② 《“混合羊肉”流入沪上多家火锅店》，http：//newspaper. jfdaily. com/jfrb/html/2013－05/05/content _ 1018390. htm

③ 《上海调查“假羊肉”流向和数量》，http：//epaper. dfdaily. com/dfzb/html/2013－05/04/content _ 764681. htm

④ 《福建部分死猪肉流入湖南》，http：//epaper. xxcb. cn/XXCBA/html/2013－05/05/content _ 2705132. htm

⑤ 《沪查处“问题羊肉”70余公斤　品尚豆捞因假羊肉停业整顿》，http：//shanghai. xinmin. cn/xmjd/2013/05/06/20103105. html

⑥ 《小肥羊卷入羊肉“掺假门”》，http：//www. yicai. com/news/2013/05/2679585. html

⑦ http：//v. ifeng. com/news/mainland/201305/79bff694－f10f－40b4－b98c－062db836edf2. shtml

⑧ 《新京报》，http：//epaper. bjnews. com. cn/html/2013－05/07/content _ 431011. htm? div=－1

展开调查。《新华每日电讯》[①] 消息称，湖南省工商局已于第一时间向福建省工商和公安部门、湖南省公安部门了解情况，并着手展开调查。《羊城晚报》报道说，公安部公布的福建病死猪肉案引起广泛关注，广州市工商局相关负责人表示，目前市场暂未发现福建这批病死猪肉[②]。此外，针对公安部公布的"福建漳州制售病死猪案"，新华网对当地走访调查后发文《福建漳州病死猪肉案调查：30 多吨病死猪肉曝监管漏洞》指出，小规模分散养殖、基层监管薄弱是导致不法分子有机可乘的重要原因[③]。

5 月 8 日，新华网消息称，近日媒体报道山东阳信县个别不法企业和商贩制售"假羊肉"后，阳信县迅速对当地制售假羊肉情况展开调查。截至 7 日 18 时，已抓获 5 名嫌疑人[④]。《第一财经日报》援引上海市食品安全办公室有关人士言论称，上海鑫品南北干货批发市场的"问题羊肉"，已查明进入上海 13 家火锅企业。这些火锅企业都是小型企业，没有知名品牌在内[⑤]。《京华时报》消息称，针对最近曝出的掺假羊肉流入上海一些知名火锅店的消息，"小肥羊"在其官微上发布消息称，掺假羊肉与己无关[⑥]。针对公安部通报的"福建漳州制售病死猪案"，新华网再发报道《拉网为何总在鱼跑后？——福建漳州 30 多吨病死猪肉事件调查》[⑦] 说，本是受雇收集病死猪进行无害化处理的人员，却利用工作之便监守自盗，干起了宰售病死猪肉的违法勾当，致使 30 余吨病死猪肉流往外地。与每次食品安全大案事发后一样，"拉网式"的整治风暴在漳州上演。消费者由此疑问，拉网为何总在鱼跑后？食品安全监管链条何时能真正轧紧？

5 月 9 日，《人民日报》消息称，国务院总理李克强 8 日主持召开国务院常务会议。会议要求，严格食品安全监管，严厉打击肉类产品掺假售假等违法违规行为[⑧]。

5 月 10 日，新华网消息称，湖南省湘乡市查获 7.72 吨疑似福建流入的病死猪肉[⑨]。

5 月 11 日，《京华时报》消息称，内蒙古呼和浩特市在历时数月的冷冻肉类市场整治行动中，累计查扣冒充牛羊肉的鸭肉卷约 75 吨，主要来源于山东、黑龙江等地，已在呼和浩特市的市场上流通了一段时间[⑩]。

5 月 13 日，李克强总理在当日上午召开的国务院机构职能转变动员电视电话会

---

① 《湖南调查"福建病死猪肉入湘"》，http://news.xinhuanet.com/mrdx/2013-05/07/c_132364068.htm

② 《福建 40 吨病死猪肉流入广东 广州市场暂没发现》，http://news.ycwb.com/2013-05/07/content_4439641.htm

③ 新华网，http://news.xinhuanet.com/local/2013-05/07/c_115675433.htm

④ 《山东阳信抓获 5 名"假羊肉"案件嫌疑人》，http://www.sd.xinhuanet.com/xhsksd/2013-05/08/c_115687758.htm

⑤ 《上海"问题羊肉"涉 13 家小型火锅企业》，http://www.yicai.com/news/2013/05/2685370.html

⑥ 《小肥羊声明掺假羊肉与己无关》，http://epaper.jinghua.cn/html/2013-05/08/content_1987540.htm

⑦ 新华网，http://news.xinhuanet.com/2013-05/08/c_115683018.htm

⑧ 《李克强主持召开国务院常务会议》，http://paper.people.com.cn/rmrb/html/2013-05/09/nw.D110000renmrb_20130509_1-01.htm?div=-1

⑨ 新华网，http://news.xinhuanet.com/local/2013-05/10/c_115723009.htm

⑩ 《呼和浩特调查制假黑色利益链 75 吨鸭肉充羊肉》，http://epaper.jinghua.cn/html/2013-05/11/content_1988497.htm

议上就加强市场监管，下决心治理掺假羊肉和毒生姜等食品安全问题提出要求。李克强指出，最近掺假羊肉、毒生姜事件接连发生，加重了民众对食品安全的担忧，这些虽然是局部的、苗头性的问题，但影响恶劣，危害很大，一定要高度重视，严格监管，严厉打击，重拳方有效，重典才治乱，决不能造成信任危机①。南方新闻网报道说，深圳市食品安全监督管理局查处南山农批市场掺假羊肉，相关检测机构对掺假羊肉的 DNA 成分检测后发现，其中含有鸭、猪、鸡肉的 DNA②。

5 月 16 日，山东食品安全办公室有关人士就近期山东发生的“滨州阳信假羊肉”等食品安全问题接受记者采访时表示，已依法对 4 家涉嫌违法企业羊肉造假原料进行了查封，查获问题羊肉 2.5 吨，抓获犯罪嫌疑人 5 人，对 3 名涉嫌监管不力的监管部门工作人员进行了刑事拘留③。新华网发布消息《国务院食品安全办公室：开展肉及肉制品专项治理行动》④。

（二）网络媒体关注情况

1. 网络媒体舆情走势

“公安部公布肉制品犯罪典型案例”网络媒体新闻舆情走势图

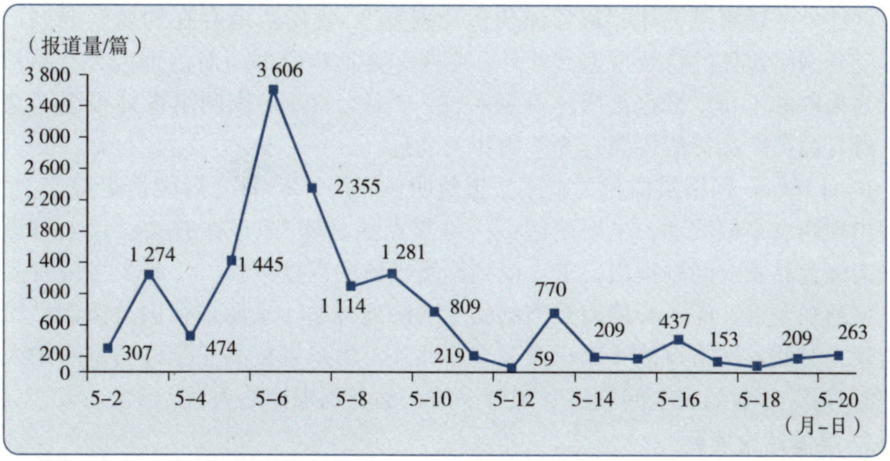

5 月 2 日，公安部网站发布消息《公安部公布十起打击肉制品犯罪典型案例》后，当日即被人民网、中国新闻网、网易网等网络媒体转发 300 余次。

3 日，网络媒体对公安部网站相关消息的关注热度快速上升。其中，“江苏无

① 综合：中国新闻网《李克强：简政放权、创新管理　打好职能转变攻坚战》，http：//www.chinanews.com/gn/2013/05－13/4813688.shtml

中国广播网《李克强要求：严格监管 严厉打击食品安全违法行为》，http：//china.cnr.cn/NewsFeeds/201305/t20130513＿512574342.shtml

② 《深圳疑掺假羊肉查出鸡鸭猪 DNA》，http：//epaper.oeeee.com/A/html/2013－05/13/content＿1856084.htm

③ 新华网，http：//news.xinhuanet.com/local/2013－05/17/c＿124723963.htm

④ 新华网，http：//news.xinhuanet.com/fortune/2013－05/16/c＿115789125.htm

锡卫某等用狐狸、老鼠等制售假羊肉案”受到重点聚焦。“挂羊头卖鼠肉”、“鼠肉充羊肉”等字句大量体现在媒体的转载报道标题中。此外，相关地方政府部门针对“问题肉制品”的回应也受到关注，上海市食品安全办公室针对流入的“问题羊肉”展开调查，被媒体大量报道。

4 日，由于未出现新的热点信息，当日舆情关注度明显回落。5 日，网络媒体新闻报道量大幅上涨，主要原因：一是上海多家媒体曝光当地个别批发市场售卖“混合肉”制成的羊肉卷问题，并爆料掺假羊肉疑流入小肥羊等多家知名火锅企业。对此消息，网络媒体予以大量转载报道。二是湖南、福建等地媒体对公安部公布的“福建漳州林某等制售病死猪肉案”进行详细报道。其中，涉案人员的政府雇员身份以及 40 吨病死猪肉的数量之巨成为媒体报道的热点。

6 日，舆情热度达到峰值。“假羊肉疑流入小肥羊等知名火锅企业”的消息继续被媒体热炒。同时，上海市食品安全办公室公布对“问题羊肉”的调查结果，受到网络媒体的高度聚焦。此外，“福建漳州病死猪案”虽然未现新的信息源，但仍是媒体关注的热点。

7～9 日，舆情关注度明显下降，但相关新闻报道量仍处于高位。7 日，网络媒体对央视曝光的“山东阳信制售掺假羊肉卷”进行大量转载，再次引发舆论哗然。新华网连发两篇报道关注“福建漳州病死猪案”，直指当地存在的监管漏洞，使得该案受到网络媒体的持续报道。此外，中央和各地政府部门对治理肉类产品掺假售假行为采取的工作举措也被媒体高度关注。9 日，200 多家网络媒体报道了“国务院：严打肉类产品掺假售假行为”的相关消息。

10 日开始，网络媒体相关新闻报道量明显回落，20 日之后舆情走势趋于平稳。期间出现两次小幅波动，主要原因：一是李克强总理 13 日在有关会议上对治理掺假羊肉等食品安全问题提出要求，受到网络媒体的高度聚焦。二是国务院食品安全办公室通知要求，深入开展肉及肉制品专项治理行动，全面加强肉及肉制品质量安全监管。对此，网络媒体予以积极报道。此外，山东省食品安全办公室有关人士就“掺假羊肉”等食品安全问题接受记者采访，也受到媒体的关注。

2. 媒体评论摘要

（1）肉制品犯罪案件暴露监管失察　老鼠肉冒充羊肉，犯罪嫌疑人自 2009 年开始制假，如此长时间内，原料竟然源源不断从山东运到江苏，这些原料谁在提供？他们如何一路瞒天过海、过关斩将？此案例之所以典型，不在于案值多大、手段多恶劣，而是其暴露出的从生产到销售方面一系列监管漏洞、缺位甚至不作为等问题①。

（新华网　任俊明）

“福建漳州病死猪案”的“亮点”，不光是犯案者中有政府雇员的身影，还在于他们本是承担对病死猪进行无公害处理的工作人员。为何在长达数月的时间里，一个看起来完全不曾试图掩人耳目的病死猪加工产业，竟然没有得到查处？40 吨规模

① 《第一追问：挂羊头卖鼠肉，心咋这么黑?》，http：//news. xinhuanet. com/comments/2013 - 05/03/c_115629658. htm

的病死猪肉，借以无害化处理流出，法定的监督程序又在哪里？正因为制度流程形同虚设，应有的监管无从谈起，才最终使得本以对人民健康负责的“无公害处理”工作，异化成为了真正的“公害”①。

（《新京报》 杨耕身）

（2）保障食品安全需要重典治乱　食品安全问题的一个重要症结在于违法成本过低、代价太小，须加大处罚力度、严惩犯罪行为，大幅提高违法成本，让不法分子付出高昂的代价。近来，从有关食品安全的“最严”司法解释出台，到“最严格”，“严厉打击”等词语频现食品安全工作部署，一再释放依法治理、从严监管等明确信号。高压线通电才有威慑力，捍卫餐桌安全，既要织密法网，更要不断打出执法重拳，使不法分子“步步惊心”。如此，才能让老百姓餐餐放心，持续提振对“盘中餐”的信心②。

（《人民日报》 郑平）

“挂羊头卖鼠肉”横行无忌，背后既有商家的利欲熏心，更存在着监管部门的不作为。对于不法商家，应依法严惩，开“绿灯”的监管人员也不能放过，必须承担责任。近日《最高人民法院、最高人民检察院关于办理危害食品安全刑事案件适用法律若干问题的解释》的发布，对危害食品安全和监管渎职从重定罪，不法商贩罪行严重可判死刑，监管渎职最高判十年，让这些黑心的恶鬼不敢造次③。

（红网　刘辉）

（三）网民关注情况

1. 网民关注趋势

“公安部公布肉制品犯罪典型案例”新浪微博舆情走势图

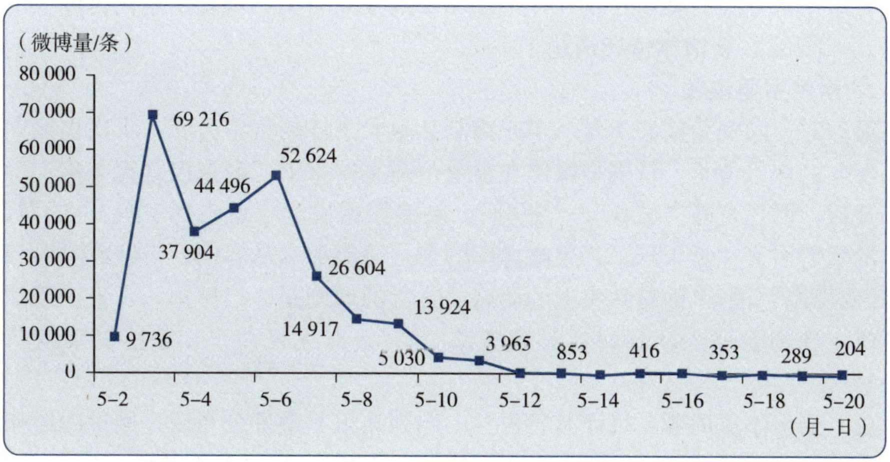

① 《病死猪肉“无公害处理”，怎成了生意》，http：//epaper. bjnews. com. cn/html/2013 - 05/06/content _ 430743. htm？ div=-1

② 《重典治乱才能捍卫餐桌》，http：//paper. people. com. cn/rmrb/html/2013 - 05/15/nw. D110000renmrb _ 20130515 _ 7 - 01. htm？ div=-1

③ 《挂羊头卖鼠肉，典守者不可辞其责》，http：//hlj. rednet. cn/c/2013/05/06/2994914. htm

5 月 2 日，公安部公布肉制品犯罪十大典型案例后，网民即在新浪微博中纷纷转发，其中的"老鼠肉冒充羊肉"成为热议话题。媒体官方微博也大量转载报道了公安部网站消息，"@人民日报"、"@央视新闻"在当日晚间以图文形式特别关注了"江苏制售假羊肉案"，引发网民大量转载和评论。相关微博在几个小时内即被转发近万次。

3 日，微博舆情走势攀至峰值。"老鼠肉冒充羊肉案"仍是舆论关注的焦点，"@新浪视频"以《犯罪团伙用老鼠肉加明胶冒充羊肉》为题转载公安部 2 日消息，并发问"你还敢吃羊肉串吗?"，引发大量网民回应，当日微博被转发万余次。同时，真假羊肉片的识别成为微博中的热议话题，"@人民日报"、"@央视新闻"等多家媒体微博图文发布"如何识别真假羊肉片"，受到网民的广泛关注。

5 日，新浪微博相关数据出现小幅上涨。"掺假羊肉卷疑流入上海多家火锅店"的消息经"@头条新闻"等媒体微博发布后被网民大量转发。同时，"福建病死猪肉案"也成为舆论关注热点，"@新闻晨报"发布题为"近 40 吨病死猪肉流入湖南、广东、江西等地餐桌"的微博，当日网民转发量突破万次。

6 日，新浪微博舆情走势继续上升。"老鼠肉冒充假羊肉"仍是网民的热议话题，"掺假羊肉疑流入上海知名火锅店"继续被媒体官方微博报道。同时，国外媒体对我国"假羊肉"等肉制品犯罪案件的报道情况也受到网民关注。亚洲通讯社社长徐静波"@徐静波微博"说："中国老鼠肉当羊肉卖的消息，竟然成了日本电视台今夜新闻节目的头条"。华尔街中文网官方微博"@华尔街日报中文网"发布题为"老鼠肉冒充羊肉　中国再现食品丑闻"的消息，也受到部分网民的关注。

7 日开始，新浪微博相关数据出现大幅下降，网民关注点仍主要集中在"老鼠肉冒充羊肉"方面，多以转发和评论媒体微博报道为主，没有出现网民原发的热点信息。12 日后，新浪微博舆情趋于平息。

2. 网民主要议题

（1）对食品安全信心不足　多起肉制品犯罪案件的集中公布，再次引发舆论对食品安全的焦虑情绪。特别是媒体在报道中图文发布了"老鼠肉冒充羊肉"等案件的图片后，网民直呼"恶心"、"想吐"。新浪微博发起"敢吃烤串吗?"的微话题，其中的微博留言"夏天到了，想吃烤串的你，还能那么从容吗?"被众多网民转发。"@锋砺思源"说，"面对舌尖上的诱惑，吃货的原则是：口感第一，安全第二。夏日莅临，作为普通人，我们难对烧烤说'不'。对无良商户，务请警察叔叔们多费心!"

（2）痛斥不法商贩，批评监管失察　肉制品犯罪案件公布后，网民纷纷痛斥不法商贩道德沦丧，并对相关部门的监管失察提出批评。凤凰网民"拔剑客"说，"食品安全关乎人命，不良商贩为了钱什么都敢做！无法可依，违法不究，执法不严，违法成本低，已成中国怪象。法制，治国，治民，治官，不要渐行渐远!"新浪微博"@黄鹤擎天 7 剑侠"表示："各个领域都有恶劣商人，特别是食品安全，更严峻，对人的伤害最重。在这样社会生态链里，谁也离不开谁，都会中招，呼吁诚信中国”。新浪微博“@辛苦灰太狼 2013”认为，多发的食品安全问题折射出有关政府部门工作的欠缺，以及现有司法约束力的不足。“@王强 _ 99”说：“如一个国家想方设法把百姓变成食品安全鉴定专家，那它的法制一定不健全！百姓凭什么为监管不作为买单？”

（四）事件启示

随着“假羊肉”、“病死猪”等一系列食品安全事件的曝光，有关部门迅速行动起来。反思近年来发生的一系列食品安全事件，无不是经历了一个监管部门重拳出击、犯罪分子销声匿迹、监管部门放松警惕、有毒有害食品再次出现、监管部门再出重拳的过程。这一场场周而复始的“运动战”，最后消磨掉的不是有毒有害食品滋生的土壤，反而是社会公众对于食品安全的信心。

一些地方监管部门在重大食品安全事件发生后，往往热衷于查处而不善于反思，对于如何保证以后不再出现类似事件并没有太多的作为。在食品安全这个关系民生的重大问题上，有关部门不能总是满足于轰轰烈烈的“运动战”，而是要立足于筑牢食品安全监管的制度防线，不断检视食品安全监管中存在的漏洞和薄弱环节，通过严防死守的“阵地战”将有毒有害食品堵在市场和餐桌之外，这样才能最终恢复和重建人们对于食品安全的信心[①]。

（《人民日报》　吴秋余）

① 《食品安全不能总打“运动战”》，http：//opinion. people. com. cn/n/2013/0517/c1003 - 21515282. html

五、山东平度拆迁事件

8 月上旬，记者陈宝成在微博中发出多条图文消息，称其在家乡山东平度金沟子村为房屋拆迁维权。8 月 11 日，陈宝成因涉嫌非法拘禁罪被平度警方刑拘。随后，陈宝成家人和律师提出的"25 小时内警察不作为，是给陈宝成等人下套"的说法引发舆情热度迅速升级。微博中，律师、媒体和意见领袖纷纷发声，表示对陈宝成的支持。由于事件涉及征地拆迁的敏感背景，且平度警方与陈宝成一方针对焦点问题各执一词，使得事件受到舆论的持续围观。当地政府部门在事件应对中的不足，以及新城镇化背景下的征地拆迁问题受到关注。

（一）事件经过

8 月 9 日 13 时许至 8 月 10 日 11 时许，财新网记者陈宝成在新浪微博"@记录者陈宝成"中发出 23 条图文微博，介绍其在家乡山东省平度市金沟子村和其他几位村民为房屋拆迁维权①。

10 日 14 时许，陈宝成妻子通过"@记录者陈宝成"发布消息称，陈宝成与多

① "@记录者陈宝成"，http：//weibo.com/zailushang1980

位村民被警察带走。

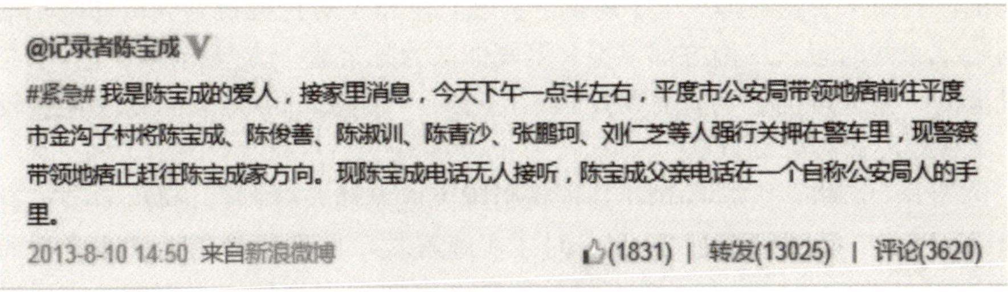
@记录者陈宝成

#紧急# 我是陈宝成的爱人，接家里消息，今天下午一点半左右，平度市公安局带领地痞前往平度市金沟子村将陈宝成、陈俊善、陈淑训、陈青沙、张鹏珂、刘仁芝等人强行关押在警车里，现警察带领地痞正赶往陈宝成家方向。现陈宝成电话无人接听，陈宝成父亲电话在一个自称公安局人的手里。

2013-8-10 14:50 来自新浪微博 (1831) | 转发(13025) | 评论(3620)

图片来源：新浪微博截图

11 日 18 时许，平度市公安局官方微博[①]发布简短消息，“平度市东阁街道金沟子村陈某某等人因涉嫌非法拘禁罪被刑事拘留”。当日 20 时，大众网在官方网站和新浪微博中同时发布消息《平度金沟子村多名村民因涉嫌非法拘禁罪被刑拘》说，8 月 9 日下午，平度市东阁街道金沟子村村民张某某、陈某某等人，将一挖掘机及驾驶员郭某某扣押，并持自制凶器、汽油瓶等限制其人身自由。陈某某等人因涉嫌非法拘禁罪被刑事拘留[②]。

12 日，大众网对事件处置现场的民警、挖掘机驾驶员进行采访后发出多篇报道。报道中详述“受害司机全身多次被倒满汽油”、“陈宝成持刀斧威胁”、“车内高温汽油弥漫，随时有爆炸的危险”等事发过程，并介绍了“被非法拘禁的挖掘机驾驶员郭晓刚身上多处被烧伤，仍住院治疗”等情况[③]。《北京青年报》对陈宝成妻子以及陈宝成的代理律师李会清采访后发表报道说，事件起因为当地村民的房屋遭强拆。文中还援引李会清转述的陈宝成言论称，“那位司机开始时是被拦下，后来是自愿留下，在滞留期间吃喝与村民一样，那位司机从被留下到警方出现之前，未有被烤伤的情况”[④]。

13 日，事发经过的相关视频在互联网上被大量传播，新浪网中相关视频的点击量达数百万[⑤]。大众网报道，视频拍摄者系当地村民，并援引该村民的话说“事发时，陈宝成手持自制刀斧守在挖掘机外，而张朋珂则在车内向驾驶员郭晓刚身上及周围泼洒了至少 8 瓶汽油”。大众网对当日赶到事发现场的 120 医护人员采访，

---

① “平度公安”，http：//weibo.com/2745955157

② 大众网，http：//sd.dzwww.com/sdnews/201308/t20130811_8752372.htm

“@大众网”，http：//weibo.com/dzwww

③ 《平度警方 25 小时解救人质速写：司机被浇汽油》，http：//sd.dzwww.com/sdnews/201308/t20130812_8757246.htm

《平度被非法拘禁者全身多处烧伤 仍住院治疗》，http：//sd.dzwww.com/sdnews/201308/t20130812_8757249.htm

④ 《被指涉嫌非法拘禁 维权记者被刑拘》，http：//bjyouth.ynet.com/3.1/1308/12/8198260.html

⑤ 《视频：曝记者陈宝成抗强拆现场 手持刀斧阻民警》，http：//video.sina.com.cn/p/news/c/v/2013-08-13/073962778725.html

发文《平度120医生：陈宝成等人以点汽油瓶相挟阻救人》[①]。同时，还以《对话被扣司机：汽油从头浇到脚　干了就倒》为题，发布了对挖掘机驾驶员郭晓刚的采访视频[②]。《京华时报》、《南方都市报》等媒体认为陈宝成一方与当地警方在“是否向司机浇汽油”、“司机是否自愿留下”、“警方是否出警”等焦点问题上存在较大出入，案件还存在多个疑点[③]。

14日，《京华时报》、中国广播网援引陈宝成家属及律师言论称，“警方有意夸大紧张情势并等待时间超过25个小时才实施解救，种种行为仍无法摆脱设局的嫌疑”[④]。《南方都市报》发布了陈宝成的律师和家属向平度警方提出的7点质疑，并称陈的家属呼吁警方公布25小时完整录像[⑤]。大众网针对陈宝成一方提出的“25小时设局论”，采访平度警方，披露25小时解救人质过程[⑥]。

15日，大众网发文《平度非法拘禁案十大疑点调查》，就舆论针对案件关注的“平度警方处置警力不足”、“被拘禁司机系自愿留下”、“被拘禁司机没有烧伤”等十大疑点进行走访调查后逐条回应[⑦]。

16日，《京华时报》消息称，律师对陈宝成的取保候审申请被驳回，陈宝成等人的刑事拘留时限延长至30天。文中还说，金沟子村通过村民投票的方式，决定对拒拆户进行强拆[⑧]。

26日，大众网报道说，金沟子村村委会向陈宝成家下发通知称，因难以满足陈宝成及其家人提出的超标准拆迁补偿要求，决定不再对其房屋和宅基地进行改造[⑨]。

9月6日，针对微博中热传的金沟子村拆迁废墟中家电课本都被砸的“悲惨

---

① 《平度120医生：陈宝成等人以点汽油瓶相挟阻救人》，http://sd.dzwww.com/sdnews/201308/t20130813_8763430.htm

② 《对话被扣司机：汽油从头浇到脚　干了就倒》，http://sd.dzwww.com/sdnews/201308/t20130813_8763155.htm

③ 《各方还原陈宝成“非法拘禁”过程　陈宝成律师称警方处置失当有“设套”嫌疑》，http://epaper.jinghua.cn/html/2013-08/14/content_18329.htm

《被指涉嫌非法拘禁，抗拆记者被刑拘，事实认定存在争议》，http://epaper.oeeee.com/A/html/2013-08/13/content_1914021.htm

④ 《京华时报》：《各方还原陈宝成“非法拘禁”过程　陈宝成律师称警方处置失当有“设套”嫌疑》，http://epaper.jinghua.cn/html/2013-08/14/content_18329.htm

中国广播网，《山东记者抗拆迁被刑拘　家属质疑警方恶意设局下套》，http://china.cnr.cn/gdgg/201308/t20130814_513319735_4.shtml

⑤ 《陈宝成家属呼吁公布25小时完整录像》，http://epaper.oeeee.com/A/html/2013-08/14/content_1914758.htm

⑥ 《平度警方回应“25小时设局论”：五轮谈判未果》，http://www.dzwww.com/shandong/sdnews/201308/t20130814_8763510.htm

⑦ 《平度非法拘禁案十大疑点调查》，http://sd.dzwww.com/sdnews/201308/t20130815_8772988_5.htm

⑧ 《陈宝成取保被驳回》，http://epaper.jinghua.cn/html/2013-08/16/content_18988.htm

⑨ 《金沟子村两委：因难满足超标准补偿拒拆陈宝成房屋》，http://www.dzwww.com/shandong/sdnews/201308/t20130826_8810363.htm

照”，大众网调查走访后发文《揭开平度“废墟图片”里的拆迁真相》予以澄清①。

7 日，大众网在报道《平度拒拆户陈俊善签协议 一家人开始“楼上新生活”》中回应了微博中关于“一家三口被取保的陈俊善家今天房子被拆！”的相关传言。报道中发布了陈俊善家新居的部分照片，并援引陈俊善女儿的言论称，“其父对自己阻碍旧城改造和参与陈宝成事件很后悔”②。

8 日，大众网发文《金钩子村村民眼中的陈宝成》，说，在 2006—2013 年，因为进行所谓的“拆迁维权”，陈宝成在村民心目中的形象一落千丈，对于他的所作所为，不少村民都感到“脸上无光”③。

13 日，大众网消息称，陈宝成等涉嫌非法拘禁罪被批捕④。

（二）网络媒体关注情况

1. 网络媒体舆情走势

“山东平度拆迁事件”网络媒体新闻舆情走势图

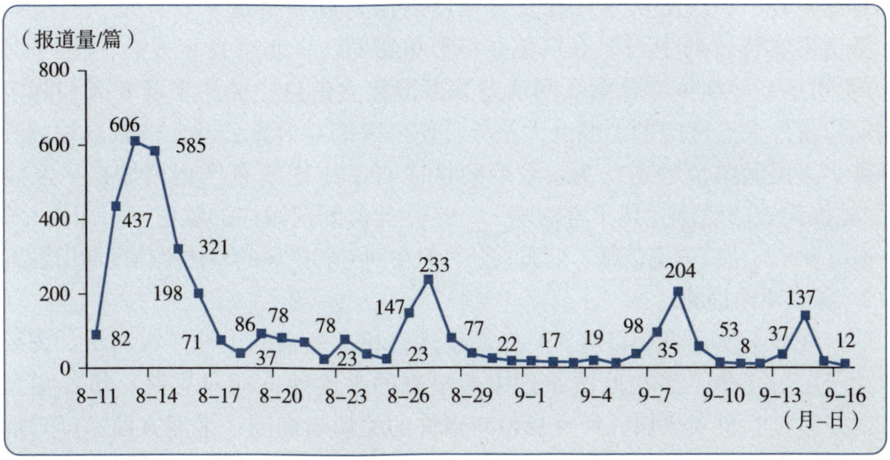

媒体对此事的报道始于事发的次日，主要的信息源是平度警方发布的陈宝成因涉嫌非法拘禁罪被刑事拘留的消息，大众网的报道受到重点关注。12 日，舆情关注度呈现大幅上涨态势，媒体发出的报道呈现了事件的两种版本。大众网对事件处置现场的警察、受伤司机进行采访，明确陈宝成所涉嫌的“非法拘禁”罪。《北京青年报》则关注了陈宝成家属和律师，体现了事发强拆的大背景，并援引陈宝成一

① 《揭开平度“废墟图片”里的拆迁真相》，http：//www.dzwww.com/2013/pdcq/news/201309/t20130906_8853032_1.htm

② 《平度拒拆户陈俊善签协议 一家人开始“楼上新生活”》，http：//www.dzwww.com/2013/pdcq/news/201309/t20130907_8856866.htm

③ 《金沟子村村民眼中的陈宝成》，http：//www.dzwww.com/2013/pdcq/news/201309/t20130908_8857851.htm

④ 《陈宝成等涉嫌非法拘禁罪被批捕》，http：//www.dzwww.com/shandong/sdnews/201309/t20130913_8885485.htm

方言论，强调涉事司机为自愿留下，没有被烤伤等情况。13 日，媒体报道量继续上涨，达到顶点。大众网连发三篇文章，以图文、视频形式继续采访事发现场的医护人员、目击村民，进一步印证陈宝成等人用汽油瓶限制挖掘机司机人身自由、阻碍营救等情况。《京华时报》等媒体的关注点集中在警方与陈宝成一方针对事件焦点性问题的各执一词方面，认为事件疑点重重。14 日，媒体关注度略有下降，“事件存疑”仍是舆论的主要基调，陈宝成一方认为“警方设局”，大众网对此采访平度警方予以回应澄清。从媒体报道情况看，陈宝成一方提出的相关质疑受到更多关注。

15 日开始，媒体关注度呈现明显下降态势，至中下旬，事件舆情走势趋稳。从报道内容看，并没有出现更多新情况，围绕“警方是否消极出警”、“司机是否自愿留下”等问题，警方和陈宝成仍各执一词，但双方均未出示有力的证据，事件陷入争论僵局。26 日，金沟子村村委会称不再对陈宝成房屋进行拆迁的相关消息引发媒体关注，致 27 日媒体新闻量又明显上涨，之后快速回落。9 月，大众网对事件持续关注，但整体舆情走势已趋于平息。

总体来看，大众网从事件处置方角度着眼，成为报道事发详情、回应舆论质疑、澄清不实传言的主力，但不免显得形单影只。《北京青年报》、《京华时报》、《南方都市报》等媒体综合大众网消息和微博相关信息，关注平度警方和陈宝成一方在回应事件焦点性问题上的巨大差异，使得舆论对信息公开、彻查真相的呼声不断高涨。人民网舆情频道认为，政府舆情应对不应把所有压力累加在一家媒体之上。“党媒代表的媒体立场不言而喻”——在类似既定倾向的驱使下，即使大众网的调查报道事实与法理依据清晰，信源充分，但在网络舆论场的整体受信度却仍不高①。

2. 媒体评论摘要

（1）呼吁平度官方积极应对，还原事件真相　复杂的土地产权纠纷，需要循着法律途径定纷止争，然在此次事件中所呈现的平度地方应对思路，却着实令人费解。对于被拘当事人家属、所在单位对事件的关切与询问，平度方面一度采取回避态度。呼吁平度方面，对长达数年的拆迁纠纷做全面、客观、完整的调查和还原，避免让民事纠纷继续激化，再进而寻求和解的可能路径②。

（《南方都市报》）

（2）平度拆迁事件须回到法治正途　真相和透明对渴望正义的公众是必要的，对平度警方和当地权力又何尝不重要。有个事实是，在这场拆迁攻防战中，当地权力是参与者。回顾这起事件升级前的拉锯战，不难看见当地政府权力僭越的痕迹。当地司法部门若不能公开透明地处理该事件，恐怕难逃“合伙人”的嫌疑。面对拆迁中冲突双方可能发生的冲动行为，司法不能不保持理性。之前对矛盾和纠纷置若罔闻，当地警方已有失

---

① 《山东平度拆迁事件舆情分析》，http：//yuqing.people.com.cn/n/2013/0829/c210118 - 22736612.html

② 《记者抗拆被拘：传真机坏了，真相不能坏》，http：//epaper.oeeee.com/A/html/2013 - 08/12/content _ 1913356.htm

职之嫌，此番如果不能客观公正地处理，那势必是对公平正义和法治尊严的再度伤害①。

（海外网 时言平）

平度市这起因拆迁而起的公共案件，应回归尊重村民意愿、尊重公民合法财产的逻辑起点。旧村改造、农民上楼、小城镇建设，无论蓝图多么美好，首先要问问村民愿不愿意，不能将长官的政绩冲动置于村民的意愿之上。政府的本职是守法，其次才是发展。回到平度拆迁事件本身，如果一个法科生真的沦为“非法拘禁罪”的嫌犯，这何尝不是发展的悲哀呢②？

（《东方早报》 沈彬）

（3）关注城镇化进程中的农村征地问题 陈宝成的七年维权路，如同一面镜子，照出了一些地方城镇化建设存在的目的迷失与程序失当。诚然，作为未来中国发展的方向，城镇化大潮浩浩荡荡不可阻挡。但需要指出的是，我们所倡导的城镇化应该是农民得实惠的城镇化，而非那种继续利用城乡价格“剪刀差”，通过掠夺农村土地来补贴城市发展，侵害农民合法权益的“带血的城镇化”。这不仅明显违背“共富”目标，以及“工业反哺农业、城市反哺农村”的舆论共识，同时也与富裕中国的发展阶段极不相称。一句话，当征地拆迁成为官民之间一场经年累月的利益搏斗时，谁对谁错、孰是孰非，还真不是强者能说了算的③。

（红网 王垚烽）

平度事件是集体土地以及房屋征收补偿问题的一个缩影。问题产生的根源不外乎：地方政府迫切征地以求发展，农民维权意识却越来越强；《集体土地征收补偿条例》迟迟难以出台，农民公平受偿权利移位于地方性法规、规章及其规范性文件，但这些法规制度在制定过程中难免夹杂地方利益，往往土地征求和房屋拆迁程序不明，导致农民无法接受。工业化、城市化快速推进，集体土地征地拆迁不可避免。规范征收土地行为，保护当事人合法权益，尽快下决心推进征地制度改革已经刻不容缓④。

（《东方今报》 路治欧）

（4）热议平度拆迁事件呈现的不同舆论场 自陈宝成被山东平度警方刑拘后，当事人各执一词，各自按自己的利益和逻辑来表述证明，却无法拿出第三方公正有力的证据，最终陷入无休止的争论与反复，这是“罗生门”事件的典型特征。如果官方口径中“前面辟谣后面证实”的事多了，“狼来了”效应就自然而然地出现了。“权威机构”的失信形象一旦形成，人们就趋于反向理解官方说法，哪怕是真实的说法。如果公共管理机关是权威的，信息流动是正常的，新闻媒体是客观的，社会

---

① 《时言平：用司法理性驱散“记者被刑拘”疑云》，http://opinion.haiwainet.cn/n/2013/0813/c232601-19294616.html

② 《让平度拆迁案回到法治的正途》，http://news.sina.com.cn/o/2013-08-14/101027945724.shtml

③ 《陈宝成案的待解之谜与未竟之问》，http://hlj.rednet.cn/c/2013/08/14/3111401.htm

④ 《“平度事件”是集体土地征收补偿问题的缩影》，http://news.dichan.sina.com.cn/2013/08/14/831515.html

诚信是可靠的，那么“罗生门”事件将会大为减少①。

（《羊城晚报》 何龙）

记者陈宝成因抗拆迁而被拘留，引发微博舆论对立：有赞同地方政府的，也有抗议警方做法的，还有一些法律界人士在网络上为陈背书。微博舆论场对一起热点事件的议论，在一定程度上影响着事件的走向。如何规避舆论天然的盲目性，让微博舆论不成为牺牲事实的利器，而是匡扶社会公平正义的武器，需要意见领袖具备足够的知识、运用足够的理性进行判断，需要对事实的科学推断和尊重，而不是因情废事，仅凭一厢情愿替任何一方背书②。

（《环球时报》 刘海明）

（三）网民关注情况

1. 网民关注趋势

“山东平度拆迁事件”新浪微博舆情走势图

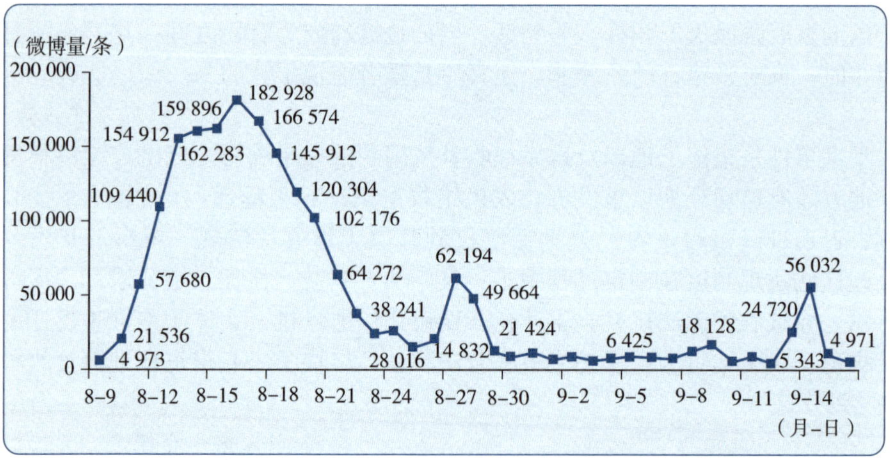

与媒体舆情走势比较可以看出，山东平度拆迁事件在微博中的关注热度高、持续时间长。8 月 9～24 日，微博舆情走势呈现了快速上涨、缓慢回落的过程。9 日，陈宝成通过新浪微博发布其在金沟子村对抗房屋强拆的图文消息，并同时@三位律师，当日发出的 14 条微博受到部分网民关注。至 10 日 11 时许，陈宝成再发出 9 条微博，言辞渐趋激烈，网民的转发量也明显高于昨日。10 日下午，陈宝成妻子发出的“陈宝成被强行关押在警车里”的相关微博在当日最受关注，网民转发量突破万次。当日，徐昕、赵晓光、栾少湖等法律界人士以及李蒙、何光伟等媒体记者发出声援。

① 《公众事件为何总是演绎成“罗生门”》，http：//sp. ycwb. com/2013 - 08/15/content _ 4853070. htm

② 《刘海明：微博舆论不能因情废事》，http：//opinion. huanqiu. com/opinion _ china/2013 - 08/4261789. html

11～13 日，微博舆情走势快速上涨。警方与陈宝成一方在事件焦点性问题上呈现出的巨大分歧引发舆论热议。法律界人士对陈宝成发出的声援也成为关注热点。袁裕来等知名律师在微博中纷纷表达了对陈宝成的支持，受到网民万余次的转发。“法学泰斗江平等十学者联署呼吁放人”的消息当日即被转发两万余次。同时，任志强、徐小平、洪晃等网络大 V 也纷纷发声，表示了对事件的关注。大众网针对事件发表相关报道也被舆论围观，网民对此类消息的质疑声较多，认为是官方的代言。此外，记者纪许光在微博[①]中持续发文，认为陈宝成制造了强拆假新闻、众多学者有干预司法嫌疑。

14～16 日，微博话题量继续上扬，但涨势趋缓。法律界和媒体界人士对陈宝成的支持仍是关注热点。大批媒体和律师赶赴平度的消息在微博中被大量转发。同时，已经到达平度的媒体人和律师对当地村民、陈宝成家人走访调查后纷纷以图文、视频形式发表微博，也引发网民的广泛关注。此外，“陈宝成是否构成非法拘禁罪”，受到舆论热议，多位律师纷纷从专业角度解析，对罪名予以否定。记者纪许光则以长微博、视频等方式，表明陈宝成的罪名“铁证如山”。

图片来源：新浪微博截图

8 月 17 日开始，微博舆情走势缓慢下降，9 月渐趋平息。期间没有出现引发舆情再度高涨的热点话题，仅在 8 月 27 日、9 月 14 日分别因“金沟子村村委会不再对陈宝成房屋和宅基地进行拆迁”、“陈宝成涉嫌非法拘禁罪被批捕”等消息，使得微博话题量出现明显涨幅，但回落迅速。从微博舆情走势看，律师、媒体人士等网络大 V 对事件的高度关注和参与，迅速推动舆情升级，他们通过自身影响力、传播力和抱团行动，扩大了事件影响的广度和深度，网络媒体官方微博在此次事件中影响有限，多为转述报道网络大 V 发出的事件相关微博内容为主。

2. 网民主要议题

据人民网对事件中网民言论倾向性的抽样数据显示，82％的网民对陈宝成表达了支持态度，并对当地官方说法表示质疑。从新浪微博中的网民评论看，网民积极支持媒体界和律师界对陈宝成的声援。网民在转发相关微博的同时，表达了“关注

① “@纪许光”，http：//weibo. com/laojishuoshi

陈宝成，就是关注你自己”的态度。由于事件的双版本描述一直存在于舆论场中，“陈宝成的行为是否构成犯罪”等问题受到网民的重点关注，律师界人士的相关解读受到网民围观。法律学者“@徐昕”认为，“房主控制司机，属于合法的私力救济；房主向公安报警，处置适当。陈宝成的行为合法正当”，该观点获得大量网民的认同。也有网民援引事发现场视频内容，认为陈宝成当时举动足以认定为“非法拘禁”。网民还对当地警方是否存在“钓鱼执法”、涉事司机是否为自愿留下等争议问题展开了讨论，并呼吁当地有关部门能充分公开信息，尽快公布真相。

同时，事件中网络意见领袖的活跃表现，也受到关注。有网民对此予以赞赏，称他们是业界的良心。也有网民认为网络大V的表现过度，呼吁各方理性，让舆论的归舆论，让法律的归法律。德阳市网络文化协会副会长“@安崇民”说，我从不判断不知道完全信息的是非，我也绝不敢替青岛平度当地党政说好话，但我知道：这一次围绕陈宝成之事，财新系列及与之有相当联系的媒体、所谓法学“泰斗”“专家”几个、还有一些律师，实实在在参与过早过激。舆论先行、法学先行、律师先行，走到了事实核查、调查之前，走到了当地公安发布之前！律师“@胡超奇律师”认为，陈宝成事件由于部分事实尚不清楚，法律人还是慎之又慎的好，可围观，促成案件公正处理，切勿轻率地下定论。

此外，记者纪许光在微博中持续表达了对平度官方言论的支持，并以图文、视频等方式举证陈宝成的“非法拘禁罪行”，并爆料“陈宝成借职务便利，通过维权为自己谋取私利，向开发商索取 7 套商品房和 600 万元”。对此，大部分网民予以质疑和批评。也有网民表达了支持态度，认为陈宝成仗着自己的法科毕业生和知名记者身份，假借拆迁维权之名，在高额拆迁补偿要求得不到满足的情况下对事件进行炒作，以积攒业界资本①。

（四）事件启示

1. 把握舆情阶段，同步信息公开

本案例中，相较于陈宝成家属、律师以及微博上律师、学者等的频密发言，平度警方的信息可谓少之又少。在应对舆情时，有关部门要把握舆情发展时期，针对不同舆情主体，同步信息公开。

2. 合理运用媒体，重视多重信息渠道

平度公安官方微博在 8 月 11 日发布刑拘陈宝成的消息后，便再无下文。面对舆论质疑，平度警方仅在接受大众网、《京华时报》等媒体采访时释放出一些信息，这对于正值高热的舆情不仅传播广度上不够，在传播力度上也有所欠缺。

① “@平正和”：【陈宝成的算盘】法科毕业的陈宝成明知拘禁司机违法为何铤而走险？1. 自恃有南方系和法律党双重背景，大V们的唾沫能淹死平度警察，警方最终治不了他的罪。2. 虽经多年折腾，其高额拆迁补偿要求始终得不到满足，唯有把事闹大才有一线机会。3. 经此一炒，可迅速积攒资本，从名不见经传的记者晋身意见领袖！

平度公安应该充分重视官方信息发布渠道，配合新媒体和传统媒体共同发力，平息质疑。

3. 化解对立局面，实现舆论引导

从众多声援陈宝成的法律人士、媒体人士的微博可以看到，措辞多采用“正义”、“法治”等词，先入为主地引导舆论，迅速占领了道德高地和法律高地。官方若应对不当，极易被舆论贴上非法、非正义的标签。

4. 摆正自身立场，厘清职能权责

政法机关既非拆迁方，也不是拆迁的直接管理单位，但是在拆迁冲突事件中，往往使自己处于舆情的风口浪尖。要防范和化解此类舆情，警方需要在执法时明确自己的立场和职能范围内的权责，把拆迁与抗拆迁的纠纷控制在法律许可范围内。在对舆情进行回应和引导时，应将执法问题与拆迁本身进行切割，传播“执法为公”的形象和理念①。

（法制网舆情监测中心　程琴怡）

① 《山东平度陈宝成被刑拘事件舆情研究》，http：//www. legaldaily. com. cn/zfzz/content/2013 - 09/22/content _ 4865553 _ 3. htm

六、湖南临武瓜农死亡事件

7 月 17 日 10 时许，湖南临武瓜农邓正加在与当地城管发生争执冲突后死亡。当日午间，事件相关图文消息已在微博中热传，随后媒体迅速介入报道。临武县政府在当天下午发布了事件相关通报，但舆论对邓正加“突然倒地死亡”的初步结论并不认可。随后，抢尸体、殴打记者等负面消息不断涌现，引发舆情热度直线高涨。媒体和网民在怒斥城管暴力执法的同时，也表达了对当地政府部门处置事件的不满和质疑。临武瓜农死亡事件，被称为“四个西瓜引发的血案”，舆论认为，在一个权力必须尊重权利的时代，只有给人以生计和尊严，城市管理才能走上正途。

（一）事件经过

7 月 17 日中午开始，新浪微博出现多条消息，称“临武城管当街砸死一个卖西瓜的农民”。微博中附有现场照片，以及疑似涉事城管的胸牌。同时，百度贴吧“临武吧”中也出现事发现场的相关图文网帖[1]。此外，网民在新浪视频[2]、凤凰网

① 《太过分了必须要求公道！》，http：//tieba. baidu. com/p/2464145320

② 《视频：曝湖南临武城管打死商贩　官方回应正调查》，http：//video. sina. com. cn/p/news/c/v/2013-07-17/192262681055. html

视频[1]中上传了瓜农死亡现场的相关视频，当日视频点击量共计数百万次。当日下午 5 时，人民网[2]、中新网[3]等媒体报道了湖南省临武县有关部门对事件的通报。文中说，“7 月 17 日上午，临武县城市管理行政执法局工作人员在执法过程中，与南强镇莲塘村民邓正加发生争执，邓正加突然倒地死亡”。

7 月 18 日凌晨 5 时许，媒体人“@记者曹晓波”在新浪微博中发布图文消息称，“临武当地警方出动 200 多人，手持电棍、伸缩式警棍，盾牌冲锋至人群，邓正加尸体被抢走、多人被打伤”。新京报网也在当日上午发出图文快讯《城管打死瓜贩续：警察凌晨抢尸　持械追打围观者》[4]。此外，优酷视频中题为“湖南临武城管打死瓜农后深夜集结待命准备抢尸现场”的视频当日点击量达 140 余万次[5]。

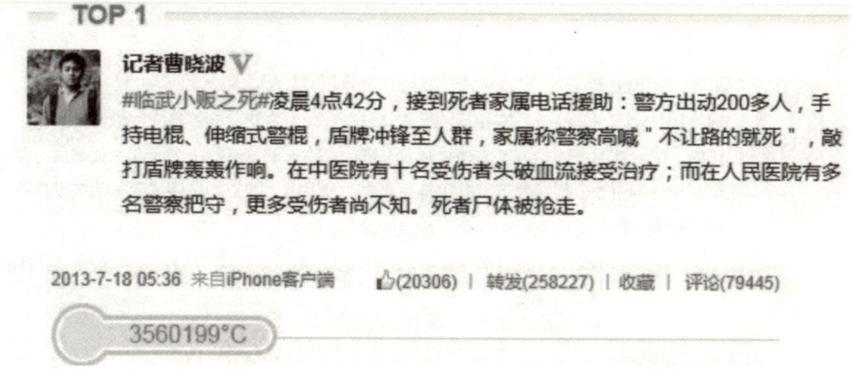

图片来源：新浪热门微博 7 月 18 日排行榜截图[6]

《新京报》综合微博爆料和官方通报在头版刊发消息《城管抄摊起争执　湖南瓜农倒地亡》[7]。文中对目击者及邓正加亲属进行了采访，称“七八个城管围殴邓氏夫妇，并用卖瓜的秤砣重击邓的头部”，“邓正加系脐橙种植大户”。此外，新京报网还在快讯中说，湖南当地两名记者在事件采访过程中被打伤[8]。《京华时报》发出

---

① 新拍客：临武城管暴力执法打死瓜农，http：//v. ifeng. com/news/paike/201307/01c23300 - 23b2 - 4611 - af8a - 2a8b05e246e6. shtml

② 《网曝湖南临武城管打死村民　官方回应称县领导正调查》，http：//society. people. com. cn/n/2013/0717/c1008 - 22230622. html

③ 《湖南临武城管被曝执法时一商贩死亡　官方全力查清》，http：//www. chinanews. com/fz/2013/07 -17/5054430. shtml

④ 新京报网，http：//www. bjnews. com. cn/news/2013/07/18/273994. html

⑤ 优酷，http：//v. youku. com/v _ show/id _ XNTg0NDg3ODg4. html

⑥ 新浪热门微博 7 月 18 日排行榜，http：//hot. weibo. com/daily/20130718

⑦ 《新京报》，http：//epaper. bjnews. com. cn/html/2013 - 07/18/content _ 450379. htm? div=- 1

⑧ 《两记者采访临武瓜贩事件被打　警方：让你们死在这儿!》，http：//www. bjnews. com. cn/news/2013/07/18/273995. html

题为《湖南临武县城管被曝打死瓜农》[1] 的整版文章。文章也提到了"秤砣给了致命一击"、"瓜农曾是县种植劳模"、"被打拽下打人城管胸牌"等信息。

18 日下午，临武县召开新闻通报会称，邓正加夫妇 17 日 10 时许违规摆摊卖西瓜，县城管局执法三大队大队长廖卫昌等人上前劝离。因邓正加夫妇不配合，双方发生口角，县城管执法人员暂扣其四个西瓜。10 时 50 分许，廖卫昌等人巡逻至另一岔路口，正在此处卖西瓜的邓正加夫妇辱骂廖卫昌等人。双方从言语冲突发展到肢体冲突，期间邓正加突然倒地身亡。目前，临武县公安机关已控制了涉事的城管队员。初步调查情况显示，城管队员没有如外界所称"用秤砣砸邓正加"。经亲属同意，已由法医对死者开展法医检验[2]。

7 月 19 日，邓正加的女儿邓艳玲分别开通新浪和腾讯微博，介绍其父邓正加的尸检情况。

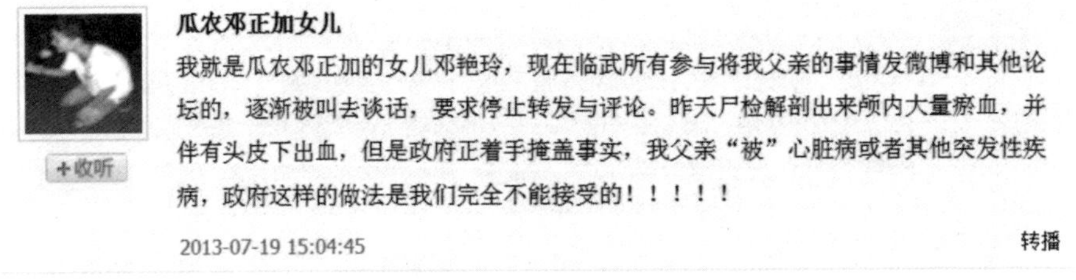

图片来源：腾讯网截图[3]

《新京报》、《京华时报》发文报道了临武县的新闻通报会，称当地官方否认抢夺瓜农尸体，系"协助家属转移"[4]。《法制晚报》采访邓正加女婿及当晚看护尸体的村民，认为官方通报的"不存在抢尸"是说谎[5]。新华网提出"小贩摊位摆在哪里合适"、"尸检报告何时出炉"、"监控录像为何不公布"等追问[6]。

20 日，新华网、中国新闻网等媒体报道了临武县对事件的最新处置：临武城管局长被免职，6 名涉事城管被刑拘，邓正加家属获赔 89.7 万[7]。《新京报》、《京华

① 《京华时报》，http：//epaper. jinghua. cn/html/2013－07/18/content _ 10433. htm

② 新华网《涉事城管被控制　湖南临武通报瓜贩死亡事件调查进展》，http：//news. xinhuanet. com/local/2013－07/18/c _ 116597209. htm

③ 腾讯网，http：//news. qq. com/a/20130719/001372. htm

④ 《新京报》，http：//epaper. bjnews. com. cn/html/2013－07/19/content _ 450915. htm? div=－1

《京华时报》，http：//epaper. jinghua. cn/html/2013－07/19/content _ 10801. htm

⑤ 《帮忙运尸　家属能受伤?》，http：//www. fawan. com. cn/html/2013－07/19/content _ 445668. htm

⑥ 《小贩之死、城管之痛——"湖南瓜农与城管冲突死亡"事件追问》，http：//news. xinhuanet. com/2013－07/19/c _ 116613590. htm

⑦ 中新网：《临武城管局长被免职　死者家属获赔 89.7 万元》，http：//www. chinanews. com/fz/2013/07－20/5065485. shtml

新华网：《湖南临武身亡瓜贩颅内有伤　6 名涉事城管被刑拘 4 人为协管》，http://news. xinhuanet. com/local/2013-07/20/c _ 116620694. htm

时报》报道了邓正加已下葬、尸检颅内有淤血等情况。报道还关注了邓正加女儿更新的“我们整个家族对政府的处理表示满意”、“感谢市、县相关部门的妥善安置”等内容的微博①。

21 日，《新京报》关注临武县农民在销售农副产品方面存在的问题。文章说，农贸市场摊位费贵、政府部门设立的“农民自产自销农副产品临时销售区”面积有限，商贩和城管存着“要么交钱，要么斗狠”的博弈②。

7 月 23 日，《法制晚报》消息称，邓正加的女儿邓艳玲澄清，之前那条“感谢政府”的微博是被人操纵，有人骗她拿着身份证拍照并上传微博③。

7 月 31 日夜间，新华社报道了郴州市公安局通报的邓正加的尸检报告，系“外力作用诱发脑部畸形血管破裂出血死亡”④。

8 月 2 日，《东方早报》消息称，邓正加亲属不接受尸检结论⑤。

8 月 5 日，中国法院网发文《理性解读临武瓜农尸检报告》。文章说，认定该类死亡并不意味着这只是一场意外，肇事者将不负刑事责任。报告认为系外力作用诱发死亡，实际上是肯定了外部暴力和瓜农死亡之间有因果联系⑥。

12 月 27 日，新华社对外部官方微博“@中国独家报道”消息称，“临武瓜农死亡事件”在湖南永兴县法院开庭，经过审理，以故意伤害罪宣布判处临武县城管局工作人员廖卫昌有期徒刑 11 年，袁城、骆威平、夏际玉有期徒刑 6 年、4 年和 3 年 6 个月⑦。

（二）网络媒体关注情况

1. 网络媒体舆情走势

7 月 17 日上午临武瓜农死亡事件发生，媒体下午介入。临武县有关部门对事件的调查回应是报道重点。媒体在报道官方调查的同时，还附上微博中传出的事件相关情况以及现场图片。虽然官方通报未透露实质性信息，但印证了微博所传确有其事，当日网络媒体的转载报道已表现得十分活跃。

---

① 《京华时报》：《湖南临武瓜农邓正加已下葬》，http：//epaper. jinghua. cn/html/2013－07/20/content _ 11068. htm

《新京报》：《郴州市派工作组调查“瓜农之死”》，http：//epaper. bjnews. com. cn/html/2013－07/20/content _ 451436. htm？div=－1

② 《临武商贩：交钱就可自由摆摊》，http：//epaper. bjnews. com. cn/html/2013－07/21/content _ 451661. htm？div=－1

③ 《瓜农女儿：“感谢”微博被操纵》，http：//www. fawan. com. cn/html/2013－07/23/content _ 446129. htm

④ 《湖南郴州公布瓜农邓正加死因：外力诱发血管破裂》，http：//news. sina. com. cn/c/2013－07－31/233027826445. shtml

⑤ 《湖南临武瓜农亲属称：全家都不接受尸检结论》，http：//epaper. dfdaily. com/dfzb/html/2013－08/02/content799309. htm

⑥ 中国法院网，http：//www. chinacourt. org/article/detail/2013/08/id/1044208. shtml

⑦ “@中国独家报道”，http：//weibo. com/u/2616293707

"湖南临武瓜农死亡事件"网络媒体新闻舆情走势图（一）

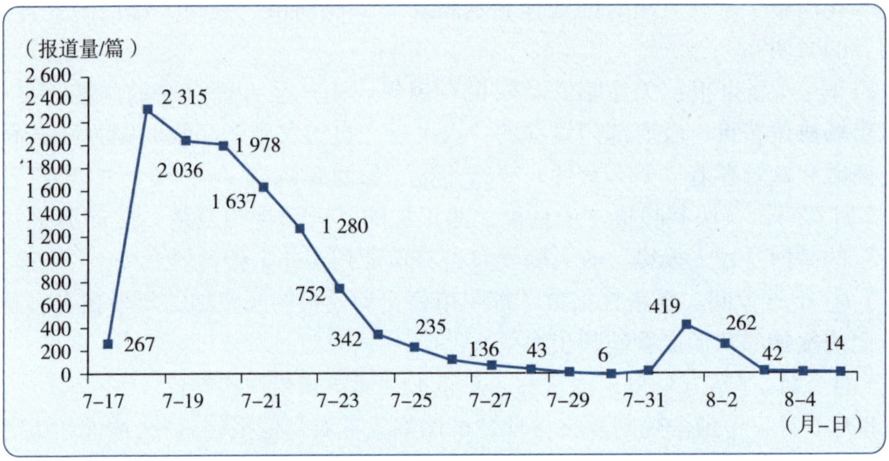

18日，事件舆情热度迅速升至顶点。"警察抢尸"、"警察殴打记者"、"邓正加被城管用秤砣砸死"等重磅新闻纷至沓来，并配以现场群众受伤的血腥图片。包括《人民日报》在内的多家主流媒体纷纷发出评论文章，临武官方被推至舆论的风口浪尖。当日下午，临武县在新闻通报会上对"抢尸"等信息予以澄清，网络媒体对此多以客观转述报道为主。

19日，新闻报道量稍有下降。临武县政府18日关于"不存在抢尸，系协助家属转移"的相关言论，成为报道热点。《法制日报》对邓正加亲属及目击者采访后，发表与官方通报内容相左的报道。官方舆论场与民间舆论场出现对立。新华网等媒体纷纷发文追问真相。

20日，6名涉事城管被刑拘、临武城管局长被免职等最新事件进展并未引发舆情关注热度的新一轮高涨，新闻量继续呈现下降态势直至7月末。期间，媒体针对临武城管暴力执法等议题发表大量评论文章，并对邓正加之女邓艳玲在微博中表达态度的大逆转予以跟进报道，但整体舆情未现起伏，走势趋稳。

7月31日夜间，有关部门通报邓正加尸检报告。8月1日的舆情关注度明显回升，之后渐趋平息。12月27日，司法机关对涉事城管进行宣判，当日的新闻报道达到400余篇。至此，事件尘埃落定，网络媒体的关注度也在随后两日内迅速转移，事件舆情平息。

临武瓜农死亡事件中，《新京报》、《京华时报》等媒体深入当地采访、持续跟进事件，曝出多条猛料，成为主要信息传播源，在推动事件舆情进展方面影响显著。《人民日报》、新华网等媒体针对事件细节发表调查和追问，反思其中深层原因，进一步推高事件的关注度。同时，新浪、搜狐、网易、腾讯、凤凰5大门户网站纷纷以专题形式对事件予以持续关注，为网民搭建了解事件全貌的便捷平台。在对相关消息修改标题后进行的二次传播，可引发数十万网民的跟帖评论，舆论影响力不可小觑。此外，对此事件，人民网舆情频道认为，湖南当地新闻媒体拥有主场信息优势却对事件的报道相对较少，当地官方未能充分借助当地媒体进行官方态度的传递，从而失去了对舆论进行有效引导的可能①。

“湖南临武瓜农死亡事件”网络媒体新闻舆情走势图（二）

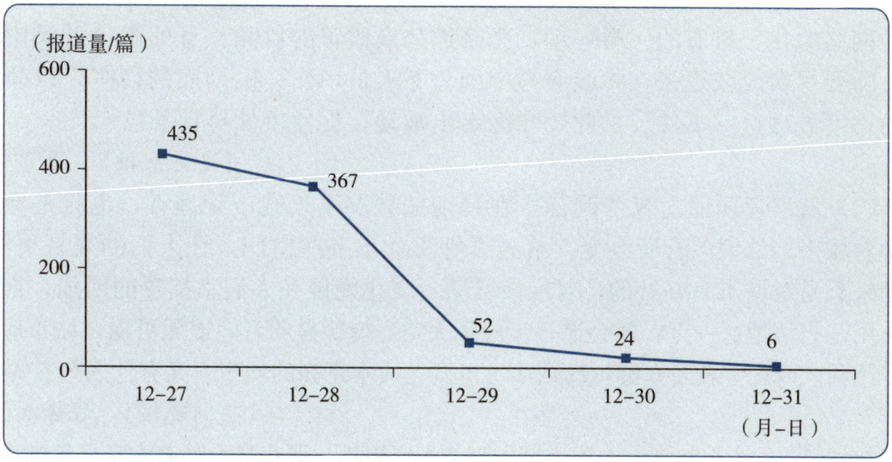

2. 媒体评论摘要

（1）反思城管暴力执法根源　暴力执法的根本原因在于，官利与民利的冲突之下，强势的权力就会对弱势的权利造成伤害。一边是领导要面子，一边是民众要填饱肚子，这就会产生利益的冲突。而城管就充当了马前卒和“权力打手”的角色，权力对权利的伤害在所难免。狂暴的城管其实是嚣张的权力的代言人，若不能实现真正的权力治理，即便取消了城管，新的替代者除了名字不一样，行为方式恐怕并无差别②。

（《法制晚报》　堂吉伟德）

时下的城管执法往往不纯粹是基于秩序的井然，而是主要是取悦于领导的“官”瞻考量。正是“为民”执法和“服务”商贩的理念缺失，才导致其权力匪化和职责扭曲。只为表面规范而不念小贩艰难遂成为矛盾冲突的诱因。只有将“服务”的理念真正引入城管，并辅以常态化的制度践行，城管的匪气才会有所收敛，其与小贩的猫鼠关系才会得以改观③。

（新华网　张玉胜）

（2）批评临武有关部门在事件应对中的不当之处　四个西瓜引发的血案，将湖南临武推上风口浪尖。冲突致死，尸骨未寒，不尽快启动调查、公布真相，却急于出动警力平息事态，怎能不使对立情绪升级？相似情景一再上演，警示地方官员：粗暴执法只会以暴易暴，强力维稳无异抱薪救火。权治不如法治，维稳不如维权，

① 人民网，http：//yuqing. people. com. cn/n/2013/0726/c210118 - 22340892. html

② 《漠视民生才是滋生暴力的根源》，http：//www. legaldaily. com. cn/bm/content/2013 - 07/19/content _ 4678766. htm? node=20735

③ 《新华网评：愿“瓜农之死”成城管暴力执法终点》，http：//news. xinhuanet. com/2013 - 07/19/c _ 116603253. htm

善作善成，当思当戒[①]！

（《人民日报》 官方微博）

发生在临武的“瓜农之死”事件，为地方政府的舆情应对，无疑又上了一课。抢尸、打记者、威胁亲友，这些做法，令死者的亲友心寒，也令公众气愤难平。网络时代，政府的一举一动，都难逃公众监督的目光。身处舆论漩涡中的临武，需要尽快改弦更张，将政府与个别公务人员，作一次彻底的切割，以公正中立的态度处理这一事件。如此，才能走出被动，促使事件早日平息[②]。

（《新京报》 于平）

（3）城市管理理念有待改善 在目前的状况下，城市管理者，也就是地方政府，对城市的认识该有所改变。给老百姓多让出一些空间，让人们的交易更便捷，长期来看是对城市有好处的，对经济繁荣、文化发展和人们幸福感的增加，都有积极作用。想清楚这一点，就会退一步海阔天空。摊贩是弱者，退无可退，城市应该进一步让利。造一个表面光鲜，却刻薄、单调、成本奇高的城市，又有什么意义呢[③]？

（《法制晚报》 程赤兵）

在城镇化的大趋势下，农民进城的潮流不可阻挡，那些身上贴着农字标签的农民工和“农二代”，注定要把自己的未来与城市联系在一起。他们是否真正融入了城市，不在于穿什么和住什么，而在于他们是否从心里接受了城市。在农民卖瓜都很难的城市，城乡之间的信任和融合注定任重道远。这就需要城市管理者多一些换位思考，体谅农民的难处，在政策的制定和实施中多考虑一下农民的现实，切实改善他们的地位[④]。

（《齐鲁晚报》）

（4）畅通绿色通道，包容农民进城 临武事件肇事者正得到应有惩处，但人们的关注和思考不会停止。瓜农之死，城管之恶，背后是农民之难，农业之弱。今年，许多地方多种农产品跌价滞销，像邓正加这样到城市摆摊直销的农民增多。相关部门应畅通绿色通道帮农助农，而不是趁机揩油伤农害农[⑤]。

（新华社《新华视点》 官方微博）

瓜也好、菜也罢，都是农民维持生计的“易碎品”，一旦搁置过时，那就是意味着整个季节的“失败”。瓜农进城、菜农“上街”呈现出的“城乡关系”，就是在以“包容性”建设城市的“街边文化”。城市，在特殊的季节，应以适合的方式，真诚地包容农民进城[⑥]。

（《北方新报》 乌琼芳）

---

① “@人民日报”，http：//weibo. com/rmrb

② 《“瓜农之死”为何激起轩然大波》，http：//epaper. bjnews. com. cn/html/2013－07/19/content_450776. htm? div=－1

③ 《城管之殇 何时是个头?》，http：//www. fawan. com. cn/html/2013－07/19/content_445605. htm

④ 《“卖瓜难”折射了城乡隔阂》，http：//sjb. qlwb. com. cn/qlwb/content/20130722/ArticelA02002FM. htm? jdfwkey=nzr8h3

⑤ “@新华视点”，http：//weibo. com/xinhuashidian

⑥ 《瓜农伤害了城市什么?》，http：//www. northnews. cn/2013/0722/1173764. shtml

（三）网民关注情况

1. 网民关注趋势

"湖南临武瓜农死亡事件"新浪微博舆情走势图（一）

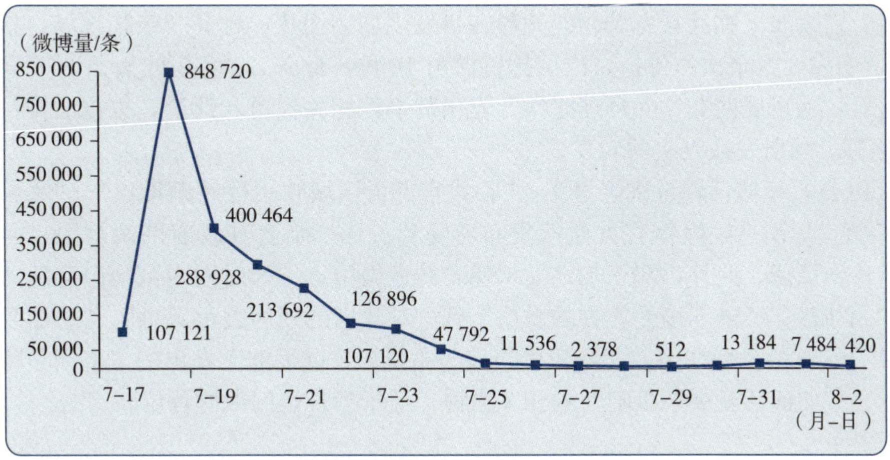

湖南临武瓜农死亡事件首先由网民在微博、论坛等自媒体中曝出，当日新浪微博话题量即突破 10 万条。17 日，新浪微博的事件相关话题量呈现爆发式增长。上午 11 时，新浪微博中开始出现零星信息，到下午 14 时，微博话题量已经上涨至6 000多条。经过网民对相关细节的互相补充，事件轮廓逐渐清晰。"@Cool 我不累不睡不休息又爱吉协"描述了事发经过，"城管在执法过程中与卖西瓜老农发生冲突，最后竟把老伯当场打死，老伯的妻子伤心欲绝，已经晕倒"。"@灰灰灰灰灰灰 HH"介绍了瓜农身份信息，"湖南郴州临武县南强乡莲塘村，邓正加，53 岁，为人忠厚老实"。"@小纯就是小纯"证明消息的真实性，"新闻是真实的，我家是临武的，死者是我外婆的亲弟弟"。随后，于建嵘、邓飞等网络大 V 转发事件并发表观点，"@南都深度"、"@新闻头条"等媒体官方微博也介入报道。至下午 18 时，事件相关微博量已经增至 5 万余条。临武官方发布事件通报后，当日晚间数小时内，微博话题量新增 5 万余次，"邓正加突然倒地死亡"的说法受到广泛质疑。网民发布的涉事城管的身份信息、工作证编号被人量转发，"查明真相、严惩凶手"的呼声高涨。当日夜间 23 时许，"@根正又苗红"[①] 发布的图文微博再度引发关注。微博称，"由于不满政府'突然死亡'的公告，隐瞒城管打人的细节，死者家属拒绝让政府拖走尸体，大批群众围观不肯散去，对家属形成严密保护，并与警察、武警形成对峙。为防止拍照录像，路灯都被切断，现场黑暗"。

① "@根正又苗红"，http：//weibo. com/dapeng666

18日，微博舆情热度直线飙升，话题量突破80万条。网络大V和媒体官方微博发布的相关消息和评论对舆情走势影响显著，当日新浪热门微博排行榜前20中，有8条微博都与事件相关。"@记者曹晓波"发布的当地群众在停尸现场与警察发生冲突的图文微博，时评人"@李承鹏"针对事件发表长篇微博《瓜农的中国梦》，当日均引发20余万次的转发量，分别位居热点微博排行榜的第一位和第五位。"@卫庄"还发布了临武县有关领导凌晨在事发现场的图片，称其"亲临现场，指挥抢尸"，引发3万余次的传播，位居排行榜第16位。此外，"@新闻头条"、"@人民日报"、"@凤凰网"、"@环球时报"发出的事件相关报道和评论，也位居排行榜前20之列，均引发数万次的转发。

19日，微博话题量下降过半。"临武官方否认城管用秤砣砸瓜农"、"家属获赔89.7万"等消息经媒体官方微博发布后受到关注。临武县政府网站被黑，网民截图后传至微博。此外，邓正加之女邓艳玲开通微博，一天时间内微博内容从"父亲'被'心脏病""绝不接受官方的做法"到"对政府的处理表示满意"、"感谢政府的安置"[1]，这两条微博引发了网民的热议。主持人"@孟非"发出的"看到在路边卖瓜的，方便的话就买个瓜吧"的相关微博，居于当日热门微博首位。

图片来源：新浪热门微博7月19日排行榜[2]

20日，新浪微博事件相关话题量继续下降，至月末舆情走势平稳，媒体报道成为网民的主要话题设置。7月末，邓正加尸检报告的公布引发网民短暂围观，之后关注点便迅速转移。12月27日，4名涉事城管被判处3年6个月至11年不等的有期徒刑，消息引发部分网民关注，当日微博量上升至9 000余条，次日便快速回落。

① 微博全文："现在政府已经妥善的安抚好了家人，我们整个家族对政府的处理表示满意，今日下午爸爸已经下葬，我们承受了很多的痛苦，逝者已去，入土为安，我们已经不希望受到外界太多的打扰，感谢市、县相关部门的妥善安置，感谢所有关心支持我们的人"。来源："@瓜农邓正加女儿"，http://weibo.com/u/3638422641

② 新浪热门微博7月19日排行榜，http://hot.weibo.com/daily/20130719

"湖南临武瓜农死亡事件"新浪微博舆情走势图（二）

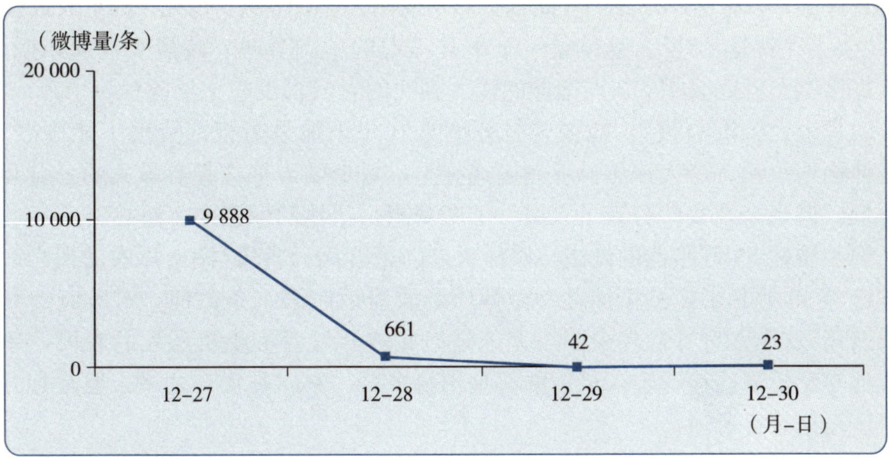

2. 网民主要议题

（1）批评临武县政府对事件的不当处置　经济学者"@光远看经济"：我不明白，为什么当地政府连和一个作恶杀人的城管切割的勇气都没有。明显的作恶杀人，果断表态，绳之以法，惩治恶劣，还人民公道即可大快人心。为什么非要愚蠢地和这些恶徒站在一起，公然说谎，动用武警抢尸，让全球笑话？难道不知道这样做对党和政府的形象造成不可估量的损失吗？

"@让磊"：对社会公众来说，临武县政府处理此事的方式绝对不能接受。城管粗暴执法群殴瓜农致死已铸下大错，政府却还在掩盖错误肆意动用警力抢尸，这就远远超出了社会能够容忍的底线。一个政府如此对待公民，孰可容忍？

"@作业本"：瓜农死后，微博剧烈扩散，当地人潮涌动，领导坐镇，警察出动，盾牌呼啸，关闭路灯，防摄像防扩散，上演深夜抢尸大戏，警民对峙，抢尸失败，微博爆炸，无奈声称召开验尸发布会，逼当地微博网友训话，逼删帖逼删光……结局都给你想好了：临武酷热，瓜农长途奔波，争吵时中暑，突发脑溢血，不治而亡。

（2）怒斥城管暴行，反思城管制度设计　律师"@袁裕来律师"：半个月前，媒体还曾报道，湖南临武县城管执法队员转变执法方式得到群众好评。想不到，半个月后，城管就打死了瓜农。舍本逐末的改革，没有出路。

海口经济学院院长"@刘耘博士"：临武瓜农死亡事件再次把城管推上舆论的风口浪尖，城管成为野蛮暴力的代名词。城管也是城市正常运转民众正常生活不可或缺的部门，我们应思考导致这些暴力事件的队伍管理、公权力边界以及公民素质等具体问题，更应反思民众情绪背后的民主法治等更深层次的制度性因素。

出版人"@王旭明"：不同意关于对个别城管批评但不要反思城管制度的论调。延安城管粗暴执法事未完、临武瓜农尸骨未寒、哈尔滨城管又野蛮，一系列城管恶性事件还不值得反思这项制度设计的不合理、机制之杂和队伍之乱吗？

（3）向瓜农致哀，感慨其生活之艰　"@Foxtrel3335"：我爱我的国，我爱我的家！我希望我生活的和谐社会不仅仅是一句口号，我希望每一个同胞的生命、梦想都能得到尊重。只有这样，我们才能真正地知道什么是安全感！为死去的瓜农致哀！

"@小纯就是小纯"：这就是一个平凡瓜农的中国梦吗？凌晨3点起床摘瓜，6点装好瓜上车开到县城，7点摆摊兜售。到死的时候都没吃上早餐！

时评人"@洪巧俊"：被城管打死的瓜农邓正加是劳模。劳模不能尊严卖瓜，不能体面地生活，令人深思。在制度选择上，每个城市都应带有最大的公益和最后的悲悯。但当今现实却打破了农民一个个梦想，让他们深感无力而心碎。

（4）质疑89万赔偿的做法　媒体人"@记者闵云霄"：湖南瓜农的死亡，有消息称已经89万私了。邓正加之女微博质疑政府后，第二条微博"对政府的安置表示感谢"。这非常意外。在中国，无论是河北被开发商推土机压死的农民，还是被蹊跷死在车轮下的钱云会，最后的都是用钱平息，家属是无奈之举，但是官方这种处事逻辑这非常可怕。

图书策划人"@易天"：邓正加的家属接受政府赔偿89万元的几点疑问：①此赔偿符合哪条行政赔偿条例？②如果是执法者行凶杀人，这算否民事赔偿？③民事赔偿是否应由行凶者赔付？④在法院尚未裁决由政府先走行政途径赔付是否合法？⑤用纳税人的钱给公务人员犯罪行为买单是否荒唐？

传统文化研究者"@雾满拦江"：当地政府承诺赔偿瓜农家属89万，但这钱可不容易拿到，家属延迟一天下葬，就少给10万，按此推算，如果死者下葬迟过9天，家属可要赔政府钱啦，对临武政府的经营思维表示十二万分的钦佩！执法的随意性，荒唐得离了谱！

（四）事件启示

临武瓜农死亡事件7月17日发生后，在短时间内吸引了媒体和网友的眼球，与之相关的新闻报道和评论也呈现出黑云压城之势。在此舆论背景下，临武当地官方的危机应对却显得差强人意。从整个事件的处理过程来看，官方的几次应对效果并不理想，这也从侧面暴露出当地官方亟需提升危机应对素养。梳理此事件的发展脉络，有以下几点需引起足够重视：一是视民如伤，换位思考。瓜农死亡，家属悲痛之情可想而知，然而从官方当天的表态来看，轻描淡写的"突然倒地死亡"，对辖内民众生命缺乏基本尊重和敬畏，妄图逃避责任的方法引民意沸腾。面对突发危机，政府应扭转思维，换位思考，感受受害人家属的感受，而不是把民众放在政府对立面，争取最广大的民意基础，唯有这般才能有效消除危机进一步升级的土壤，把危机化解在萌芽状态。二是谨慎应对，防范次生危机。瓜农死亡事件引发社会关注，事件本身造成的舆论压力已然不小，然而临武官方接下来"抢尸行动"、"殴打记者"等行为的一一曝光让瓜农死亡事件进一步升级，从瓜农死亡事件本身衍生出多种次生危机，使得官方在事件的应对中越发陷入被动的境地。

（人民网舆情监测室主任分析师　朱明刚）

七、河北农民“自锯病腿”事件

2012年4月，河北农民郑艳良因无力承担巨额医疗费，难忍病痛折磨，在家用钢锯小刀“自锯病腿”。2013年10月，《燕赵晚报》将此事刊出，引发舆论强烈反响。《人民日报》发文指出，当贫困者被逼成举刀自救的“医生”时，说明一个社会的医疗保障制度“生病”了，“自锯病腿”事件虽是个案，但对社会心理底线的冲击巨大，不仅容易引发百姓对自身医疗保障的担忧，还会动摇其对社会公平正义的信心。我国应逐步完善医保制度顶层设计，尤其是加快推进城乡居民大病保险制度，让亿万百姓早日实现病有所医的梦想①。

（一）事件经过

10月10日，《燕赵晚报》报道《保定硬汉自己锯断患怪病右腿 》说，2012年初，保定市清苑县东臧村村民郑艳良“双腿动脉不明原因大面积栓塞”，被医生诊断为罕见病症。在此后的三个月内，郑艳良饱受病痛折磨，且家中的积蓄也被花光。2012年4月14日，郑艳良用一把钢锯、一把小水果刀、一个裹着毛巾的痒痒

① 《让“自锯病腿”事件不再重演》，http：//he. people. com. cn/n/2013/1101/c197045－19819287. html

挠，在家中床上将自己已经大面积溃烂的右腿锯下，为忍住疼痛他咬掉了四颗槽牙。文章还说，"如今，同样的怪病还在郑艳良左腿上无情蔓延，他希望好心人支招，医治好时刻折磨自己的怪病，安上一副假肢，重新为妻女撑起一个家"①。

10月11日，《新京报》②、《北京青年报》③到清苑县实地调查采访。当地政府部门向记者证实了郑艳良"自锯病腿"属实，并介绍了郑艳良自2012年10月份开始享受低保和生活补助金等情况。郑艳良也向记者详细讲述了自己的病情和锯腿过程，并表达了希望能安上假肢的愿望。《燕赵晚报》消息称，郑艳良自锯病腿的报道引起社会强烈反响，仅昨日一天时间内，上千人表示要给郑艳良捐钱支招。郑艳良所在的臧村镇政府也将于今天安排他到医院进行检查治疗④。

10月12日，新华网发文《河北保定一农民"自锯病腿"事件焦点追踪》，针对郑艳良是否真的自锯病腿、为何有病不求医、未来的治病和生活怎么办等热点问题进行了走访调查⑤。《新京报》⑥、《北京青年报》⑦介绍，郑艳良被转入保定市三甲医院免费治疗，各界爱心捐款已达五六万元。文中还提到，郑艳良的病情并非罕见病症，该病前期截肢费用只要2万左右，一些医院的喊价太高致其放弃治疗的念头，错过了最佳治疗时机。

10月13日，《新京报》关注清苑县在新型农村医疗救助方面存在的资金短缺等问题。文章援引当地政府有关人士的言论称，"医院越好报销的费用越少，合作医疗目前只能满足农村居民基本的看病需求，大病的费用很难保证。对农村居民，稍大点的病，除了报销，自己还得再花几千元，他们肯定承受不了"⑧。《北京青年报》文章说，目前社会各界对郑艳良的捐款还在持续增加，总额已近10万元。有村民感慨郑艳良的遭遇是"冰火两重天"⑨。

10月21日，《新京报》报道《锯腿等死者郑艳良的医保与依靠》⑩认为，农村医疗保障体系难保证大病患者治疗费。文章说，"在东臧村，像郑艳良一样因病返

---

① 《燕赵晚报》，http://yzwb.sjzdaily.com.cn/html/2013-10/10/content_104053.htm

② 《有病无钱治 男子自锯腿》，http://epaper.bjnews.com.cn/html/2013-10/11/content_470401.htm?div=-1

③ 《河北一男子自锯病腿 网友疑不太真医生称可能发生》，http://www.chinanews.com/sh/2013/10-11/5364366.shtml

④ 《锯腿硬汉困境引发如潮爱心 昨日一天上千人要为他捐钱支招》，http://yzwb.sjzdaily.com.cn/html/2013-10/11/content_104451.htm

⑤ 新华网，http://news.xinhuanet.com/local/2013-10/12/c_117690029.htm

⑥ 《锯腿男子入院免费治疗》，http://epaper.bjnews.com.cn/html/2013-10/12/content_470675.htm?div=-1

⑦ 《自锯右腿男子 左腿也难保住》，http://epaper.ynet.com/html/2013-10/12/content_15845.htm?div=-1

⑧ 《郑艳良曾买好丧服在家等死》，http://epaper.bjnews.com.cn/html/2013-10/13/content_470836.htm?div=-1

⑨ 《锯腿男子获捐十万 村民叹"冰火两重天"》，http://epaper.ynet.com/html/2013-10/13/content_16054.htm?div=-1

⑩ 《新京报》，http://epaper.bjnews.com.cn/html/2013-10/21/content_472409.htm?div=-1

贫、大病难医的苦挨者，可轻易找见。在东臧村民看来，遇见这样的大病，郑艳良选择回家等死无疑是明智的”。文中还提到，“郑艳良怕自己的事降温。降温对他意味着只能躺在床上等死”。《北京青年报》走访东臧村村民后发表报道《自锯病腿困境调查》说，家庭贫困的农民患了花费高昂的重病后，往往放弃治疗或选择省钱的“保守治疗”，“低水平、广覆盖”的新农合等保障措施暂时还无法彻底让农民无后顾之忧①。

10 月 24 日，中国新闻网消息称，郑艳良已经顺利手术，预计 10 天后出院②。

（二）网络媒体关注情况

1. 网络媒体舆情走势

河北农民“自锯病腿”事件网络媒体新闻舆情走势图

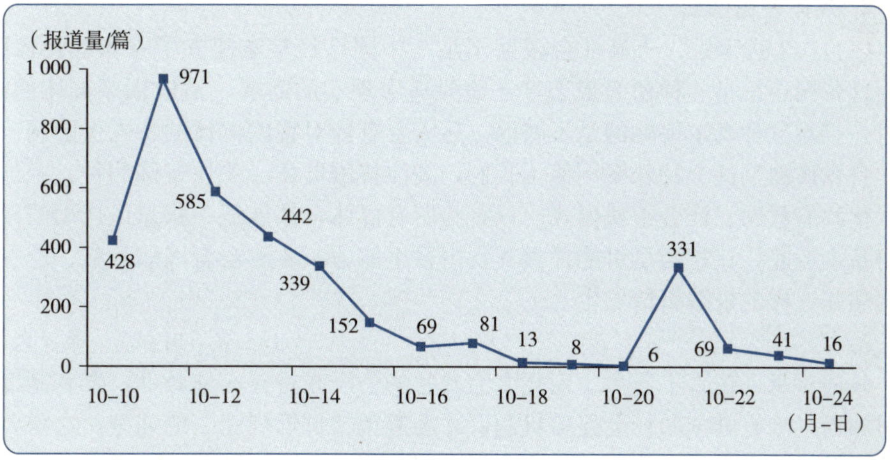

10 月 10 日，河北农民“自锯病腿”事件被曝出当日即引发广泛反响。《燕赵晚报》的相关报道成为媒体转载报道的主要信息源，光明网、荆楚网等网络媒体针对事件发出多篇评论文章。

11 日，媒体新闻报道量成倍上涨。《新京报》、《北京青年报》深入当地调查，并对郑艳良进行专访。从报道内容看，虽未出现更多新信息，但图文详实、注重细节、角度全面，不仅采访了当地政府部门，还就相关医学问题询问专业人士，印证了郑艳良“自锯病腿”消息的可靠性，引发新闻舆情关注热度攀至顶峰。同时，评论文章的数量也快速上涨，除人民网、中国网等网络媒体继续发出多角度置评外，《京华时报》、《羊城晚报》等纸媒也加入评论阵营。

12～14 日，舆情关注热度平缓下降。期间，郑艳良进一步接受治疗情况是报道热点，各界人士的爱心捐献被媒体广泛传播，该起事件折射出的农村医疗短板经

① 《北京青年报》，http：//epaper. ynet. com/html/2013－10/21/content _ 17722. htm? div=－1

② 《河北“自锯病腿”农民顺利手术　预计 10 天后出院》，http：//www. chinanews. com/sh/2013/10－24/5421944. shtml

《新京报》报道后引发热议。

15 日开始，媒体新闻报道量大幅下降，至 20 日，舆情关注度呈现阶段性平息。21 日，《新京报》、《北京青年报》再次发文关注当地农村医保困局，事件舆情热度明显反弹。《新京报》对“郑艳良害怕自己的关注度降低”等情况的描述，引发舆论深度反思。22 日，媒体新闻量明显回落，至 24 日，舆情基本平息。

从报道情况看，该起事件并未引发媒体的大量介入。《燕赵晚报》的报道引燃舆论关注。《新京报》、《北京青年报》持续跟踪，探究其中深层次原因，主推舆情事态发展。《京华时报》等媒体适时推出评论文章，助力舆论深度反思。新浪网、凤凰网等网络媒体积极转发热点新闻，对报道标题进行修改后的二次传播使得事件关注热度进一步扩散。

2. 媒体评论摘要

（1）“自锯病腿”凸显社会救助不足　中国已经基本建立了一张社会保障网，然而这张网还只是一种初级形态，还需要适应现实的需要，适应困难群体的诉求。同时，仅靠这种基本保障网是不够的，还需要有针对特困群体的特殊保障网。郑艳良“自锯病腿”这个特殊案例警示我们，关注特困群体、关注特殊病种，亟须建立和优化政府救助、社会帮扶模式。只有为所有群体，都能织一张遮风挡雨的网，让政府基本托底，让社会尽可能提供其自由再生能力，才不会有因病致贫、返贫乃至自锯病腿这样的极端事情发生①。

（《京华时报》　那云风）

政府对每一位看不起病、面临生命威胁的公民有责任实施救助，唯有制度化的及时救助，唯有健全的社会保障机制，才会避免“自锯病腿”的痛楚。这需要社会救助体系进一步完善。我国的社会救助法草案从 2008 年就开始征求意见，但至今没有进入审议程序。“无钱自锯病腿”折射社会救助之痛，要彻底解决问题，还是需要法律先“立”起来②。

（《检察日报》　王军荣）

（2）“自锯病腿”折射农民大病之困　对于一个贫困农村家庭而言，突如其来的重病就如同一场灾难，而对于这种灾难的恐惧，甚至能够压过一个人对于生存和健康的渴望。截至 2012 年 12 月月末，新型农村合作医疗参合率达 98.3%。然而，在居民疾病保障覆盖率处于较高水平的背后，大病保障始终是全民医保体系中的一块短板。从实际国情出发，一项大病保险制度无法彻底解决因病致贫、因病返贫的问题，但大病保险的建立，体现了政府改善民生的决心，同时也是对社会弱势群体尊严的维护。我们期望，大病保险的步伐能够更快一点，范围更广一些，保障力度

---

① 《懂了穷人的艰难才能理解锯腿》，http：//epaper.jinghua.cn/html/2013－10/13/content＿31659.htm

② 《“自锯病腿”折射救助之痛》，http：//newspaper.jcrb.com/html/2013－10/14/content＿143276.htm

更大一些，让和郑艳良一样境遇的患者，不再因为恐惧而放弃治疗①。

（《健康报》 曹政、肖建军）

在广大农村地区，“新农合”实现了基本的全覆盖，但如何来医治各种大病至少尚未成为一种可承受之重。2013 年，按照卫生部的部署，我国农村医疗保障重点将向大病转移。肺癌、胃癌等 20 种疾病全部纳入大病保障范畴。但大病保障的范围仍然显得相对逼仄，有些疾病并非可报销目录中的致命疾病，却依旧可让农村家庭一夜返贫。“锯腿自医”等忧伤报道，倾诉的其实是对大病扩容的热望。同时，如何建立大病医保的刚性支付机制，让大病报销不至于空留形式，必须被进一步探索与兑现②。

（《华商晨报》 王聃）

（3）媒体报道不应成为弱势群体的“救命稻草” 自锯病腿事件中，媒体报道前后的巨大反差引人深思。在一个正常健康的社会，媒体仅仅是支撑社会正义和良知的一个方面。在媒体救济之外，还应该有社会保障、官方救济与民间救济等渠道。但现实的很多案例表明，社会救助过分依赖媒体，自我循环系统还不健全；同时政府救助自觉性不够，只能在舆论压力下才能表现出一些热情，这是不正常的。各种救济渠道自我发育才是改变整个社会救济落伍的关键，应该早日编制一个健全的社会救济网③。

（《羊城晚报》 冯海宁）

河北保定硬汉郑艳良自锯病腿的消息传出，社会震动，捐款毕至，政府关怀，医院免单。这种因为媒体报道让个体的悲剧得以改观的现象屡见不鲜。但改变命运只能靠惊世骇俗之举引起媒体关注，让人依然悲哀。正如一位知名主持人所言，媒体毕竟只是新闻机构，它不是慈善机构也不是政府机关。政府为民办事、不折腾百姓、成为称职的公共服务者、恪守政府本分，需要舆论监督持续发力，但更应让民众直接进行监督，才是治本之策④。

（《侨报》 钟海之）

（三）网民关注情况

1. 网民关注趋势

与网络媒体新闻舆情走势相比，新浪微博中网民对事件的舆情关注度在 10 日即达到峰值，新闻报道是网民话题设置的主要信息源。当日，“@青年时报”、“@环球时报”、“@网易新闻客户端”等媒体官方微博转载了《燕赵晚报》的相关报

① 《健康报》，http://www.jkb.com.cn/htmlpage/39/390644.htm?docid=390644&cat=0D&sKeyWord=null

② 《“重病自医”悲剧呼唤大病医保扩容》，http://news.liao1.com/epaper/hscb/html/2013-10/17/content_348068.htm

③ 《新闻何以成为一种“救命稻草”》，http://www.ycwb.com/ePaper/ycwb/html/2013-10/22/content_280386.htm?div=-1

④ 《侨报：“补漏”不算为民 莫让媒体做了政府的事》，http://www.chinanews.com/hb/2013/10-14/5377444.shtml

道，引发网民广泛关注和热议。《燕赵晚报》在报道中拍摄的郑艳良的照片被大量上传至微博中。11 日，微博舆情关注度出现下降。《新京报》等媒体对郑艳良进行了专访，但由于报道中未现更多新信息，因此并未引发网民的进一步关注。12～20 日，媒体的报道量明显减少，使得该事件的相关微博话题量也呈现整体下降趋势。直至 21 日，《新京报》、《北京青年报》对当地村民在大病治疗上面临的困境予以详细报道，引发微博话题量出现短暂回升。24 日，事件舆情平息。

河北农民"自锯病腿"事件新浪微博舆情走势图

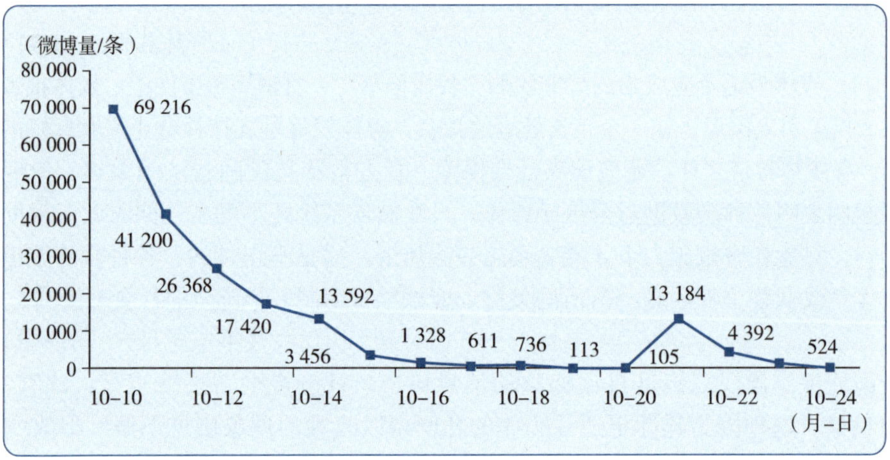

此外，从网民新闻跟帖评论看，网民对事件的关注也主要集中在 10 日、11 日两天时间。在此期间，新浪、网易等门户网站对《燕赵晚报》、《新京报》、《北京青年报》相关报道转载后，共计 50 余万网民参与跟帖评论。"河北男子无钱手术自锯病腿：钢锯崩断成两截"、"河北自锯病腿者妻子讲述：腿上拉道口子里面全是蛆"等转载标题的关注度较高。

2. 网民主要议题

（1）对"自锯病腿"之举感慨良多，祝愿郑艳良早日康复　郑艳良"自锯病腿"被媒体报道之初，有部分网民对新闻的真实性表示了质疑，认为"是医学上的不可能"。随着媒体调查的深入，"自锯病腿"被证明为属实后，网民纷纷发表评论，认为郑艳良是"悲情又无奈的农村硬汉"，祝福他早日康复。新浪微博"@Hello 微客"说，"赞生命坚强，叹社会悲哀"。腾讯网民"居橘举飓"认为，"这种勇气只有到了无路可走的时候才会有吧，对生活该有多绝望"。搜狐网民"流星箭"表示，"自锯病腿，难锯寒心"。凤凰网民还发出"自锯病腿丢了谁的脸！"的质问。

（2）直指医保缺失是罪魁，希望有关部门切实改善　网民认为，"自锯病腿"锯出了当前医保制度的"短腿"，建议有关部门尽快解决看病难、看病贵问题。新浪微博"@九天浴火"说："农民郑艳良锯腿自救；胡颂文自制血透机透析；老夫妻自制呼吸机为儿续命，在这个看病难、看病贵无法解决的医疗背景下，这些'自力更生'的故事透露出的更是一种心酸、无奈"。媒体人"@丁来峰"说，"郑艳良自锯病腿的毅力，传说中刮骨疗伤的关公亦有所不及，政府岂能假装没看见？我国还有很多穷人看不起病，政府岂能见死不救？呼吁国家从三公经费中省下一点儿，成立特困医疗基金，让穷人申请救济”。凤凰网民认为，“自锯右腿的郑艳良把新型农村医疗救助问题抛上台面，医保走到哪里，农民的尊严就到哪里”。

（3）呼吁政府部门主动作为，积极关注底层民众生活　郑艳良“自锯病腿”发生在2012年4月，2013年10月媒体报道后才引起社会各界的关注，当地有关部门在报道刊出次日便将郑艳良送至医院检查治疗。此举被新浪微博“@章立凡”评价为“ 雨后送伞，秋后送扇”。网民希望有关政府部门能积极主动作为，不要让媒体报道成为底层民众的“救命稻草”。新浪微博“@我拥有我的骄傲”说，“如果社会基层人，永远只能依靠舆论来求得政府帮助，那么只能说，人民当家做主是一句笑话。”新浪微博“@麦片麦圈”担忧，“郑艳良身后还有千千万万个平民郑艳良啊，他们的权利谁来保障，谁来关心”。

（四）事件启示

郑艳良“自锯病腿”事件遵循着统一的热点医疗事件过程：因病而穷愁潦倒并绝望——自我救治行为或惊世骇俗或怪诞诡异——媒体报道成为热点事件——领导批示和社会捐助——事件冷却，归于平静。很显然，这种救助模式终究不是正常的医疗救助体制所该体现出来的正常模式。每次有类似热点事件发生，人们都会发出类似于建立大病救助体制的热切呼吁，然而，单纯依赖新农合，大病救助体制很难得以建立并完善起来。新农合中关于大病救助体制的建立，还需政府在医疗经费的投入方面给予政策倾斜，有更高水平的作为①。

（新华网　李先梓）

① 《新华网评：“自锯病腿”事件终究是要降温的》，http：//news.xinhuanet.com/comments/2013-10/22/c_117811716.htm

八、方舟子崔永元微博争论转基因

9月7日，"转基因抗虫玉米现场体验活动"在中国农业大学玉米试验基地举行，参与活动的专家、媒体记者、网民试吃了转基因玉米，受到广泛关注。科普作家方舟子也参与其中，并在微博中进行积极宣传。8日，新浪、腾讯等网络媒体以《方舟子：应创造条件让国人天天吃转基因食品》为题，转载了试吃转基因玉米的相关报道，引发网民的大量跟帖评论，绝大部分网民对此言论予以否定和批评。崔永元就此消息在腾讯微博中发表个人观点，认为转基因食品应有选择权，方舟子随后予以回应。由此，方崔二人在腾讯微博中就转基因等话题展开激烈争论，时间持续约一周，舆论予以持续围观，数十万网民参与其中，表现出极高的活跃度。就此争论，是一场"转基因的科学之辩"还是一场"网络骂战"，各界众说纷纭，莫衷一是。

（一）事件经过

9月7日，人民网科技频道报道《数名科学家及媒体在京品尝转基因玉米》称，中国农业大学玉米试验基地举行"转基因抗虫玉米现场体验活动"。报道介绍，活动吸引了中国农业大学戴景瑞院士、罗云波教授，中国农业科学院林敏研究员、黄大昉研究员等生物技术专家，有"打假斗士"之称的科普人士方舟子，数十位媒体记者，以及对转基因技术好奇的网友参与[1]。同时，科普作家方舟子在其腾讯微博[2]中发布了转基因玉米品尝会的相关图文消息。

9月8日，《京华时报》发文《院士携网友试吃转基因玉米　目前尚未获批上市》，介绍了转基因玉米品尝会。文中说，“活动发起人、科普作家方舟子表示，品尝转基因玉米虽无科学研究价值，但有科普价值，应当创造条件让国人可以天天吃转基因食品”。对此消息，方舟子在腾讯微博中表示“我不是活动发起人”，“我最多算是英雄所见略同地提了个建议，并帮助宣传”。腾讯新闻频道在其腾讯官方微博中以《方舟子：应创造条件让国人天天吃转基因食品》为题转发《京华时报》报道[3]。对此消息，崔永元在其腾讯微博[4]中发表评论，方舟子也随后作出回应，双方争论由此展开。

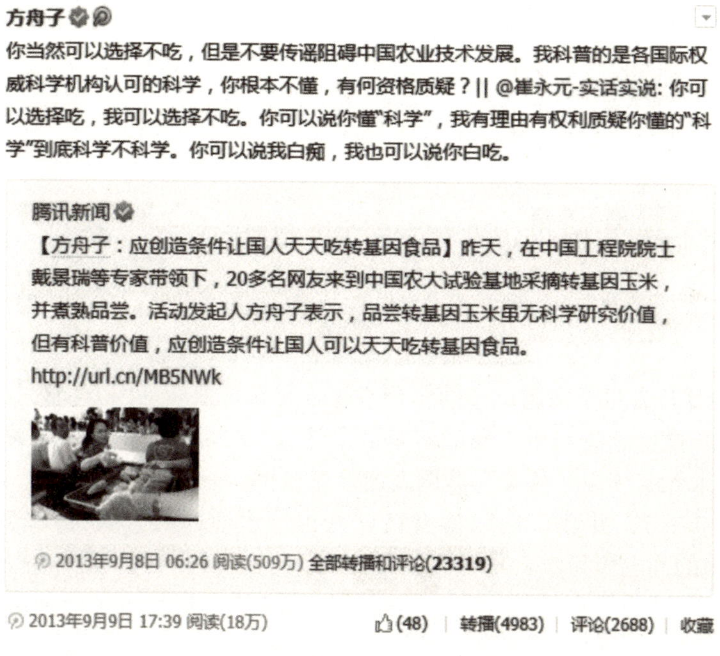
方舟子

你当然可以选择不吃，但是不要传谣阻碍中国农业技术发展。我科普的是各国际权威科学机构认可的科学，你根本不懂，有何资格质疑？|| @崔永元-实话实说: 你可以选择吃，我可以选择不吃。你可以说你懂“科学”，我有理由有权利质疑你懂的“科学”到底科学不科学。你可以说我白痴，我也可以说你白吃。

腾讯新闻

【方舟子：应创造条件让国人天天吃转基因食品】昨天，在中国工程院院士戴景瑞等专家带领下，20多名网友来到中国农大试验基地采摘转基因玉米，并煮熟品尝。活动发起人方舟子表示，品尝转基因玉米虽无科学研究价值，但有科普价值，应创造条件让国人可以天天吃转基因食品。http://url.cn/MB5NWk

2013年9月8日 06:26 阅读(509万) 全部转播和评论(23319)

2013年9月9日 17:39 阅读(18万)　(48) | 转播(4983) | 评论(2688) | 收藏

图片来源：方舟子腾讯微博截图

9月9日，方舟子与崔永元在腾讯微博中就是否存在转基因“传谣”行为、有无转基因科普资格、双方的语言逻辑等问题继续展开争论。

① 《数名科学家及媒体在京品尝转基因玉米》，http：//scitech. people. com. cn/n/2013/0907/c1057－22840567. html

② “@方舟子”，http：//t. qq. com/fangzhouzi

③ “@腾讯新闻”，http：//e. t. qq. com/qqnews

④ “@崔永元—实话实说”，http：//t. qq. com/storyofmovie

9 月 10 日，方舟子和独立学者司马南就转基因相关话题做客腾讯微访谈[1]。崔永元在腾讯微博中继续以"科普"为题，发出三条微博。方舟子也做出相关回应。腾讯网科技频道、中国青年网等网络媒体对方舟子、崔永元近几日微博争论内容进行整理汇总[2]。腾讯新闻频道发起网民调查"方舟子崔永元论战，你支持谁?"此外，凤凰网也就此事展开网民调查"你如何看待转基因食品?"，参与投票的 1.1 万余网民中，58%表示不了解转基因[3]。

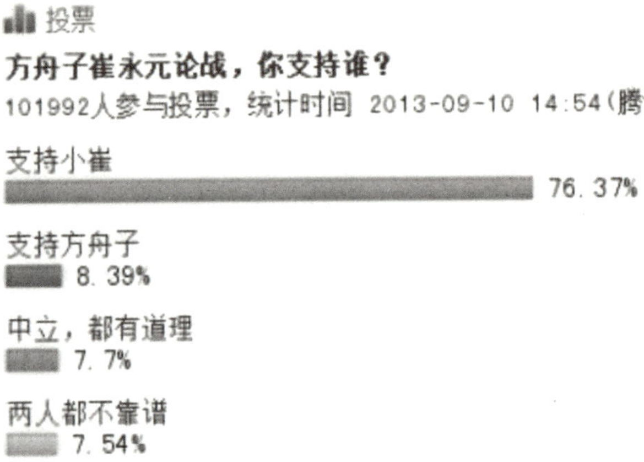

图片来源：光明网截图[4]

9 月 11 日，方舟子在腾讯微博中列举崔永元在传播转基因方面存在"传谣"行为，并发表长微博"我与崔永元的转基因争论"，对两人近日来的相关争论进行逐条整理。崔永元继续以"科普"为题发出 2 条微博，并在题为"总结"的微博中向方舟子道"再见"，并建议他以后有话好好说，用理性的方式推广转基因，并说"反对转基因的人也懂科学，不懂科学的主持人也可以插嘴，习惯打棍子扣帽子的人结局并不完美"。方舟子回应称"不懂科学的主持人当然也可以插嘴，那是你的权利，但是你到你不懂而我懂的领域气势汹汹地插嘴，我也可以掌你的嘴，那也是我的权利。"腾讯微博发起网民调查"方舟子 PK 崔永元，你会支持谁?"，6 万余网民参与投票。

① "达人脱口秀"，http://z.t.qq.com/celebrities/fzzsmn.htm

② 《方舟子就转基因话题微博对话崔永元》，http://tech.qq.com/a/20130910/007348.htm

《崔永元对骂方舟子：说我白痴　我也可以说你白吃》，http://news.youth.cn/yl/201309/t20130910_3853369_1.htm

③ 凤凰网调查，http://survey.ifeng.com/health/4751.html#p=result

④ 光明网，http://e.gmw.cn/2013-09/11/content_8875021_6.htm

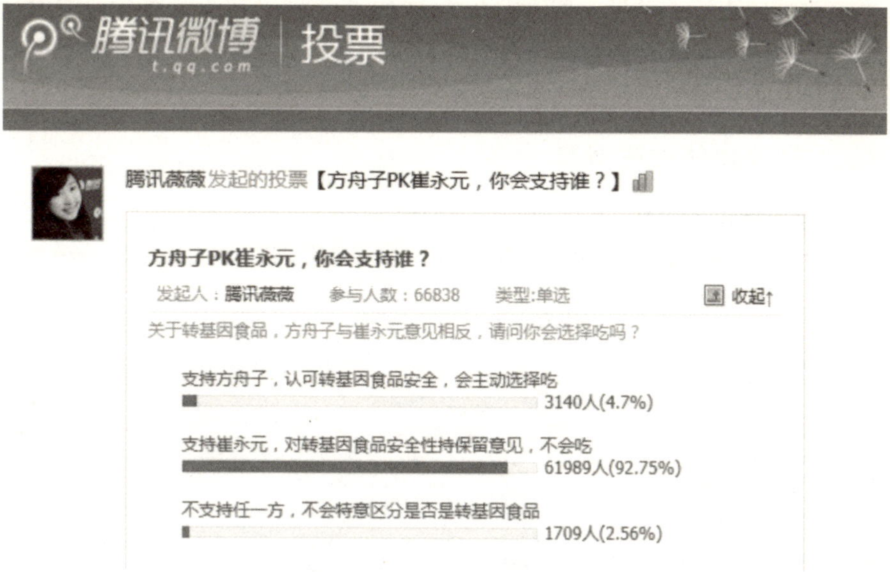

图片来源：腾讯微博截图[①]

9月12日，崔永元以“掌嘴”为题，就如何界定专家的权威性、美国转基因食品安全性等发出三条微博，方舟子继续做出回应。《北京晚报》、《南方日报》、新民网等媒体纷纷对此事发出评论文章，“对掐”、“对骂”等字样出现在文章标题中。

9月13日，方舟子做客人民网强国论坛，就转基因相关话题以及近日与崔永元的争论等内容回答网民提问[②]。崔永元在腾讯微博中表示，想换个对手交流或辩论转基因，原因是“你和他辩辩，他跟你便便，你又不喜欢便便，所以只能变变”。方舟子回应，“你要跟人辩辩，别人就跟你辩辩，你却把别人的辩辩当便便，还把第三方的辩辩也拿来当成是对方的便便，这样的家教果然是不错的”。方舟子在腾讯微博中说，“应创造条件让国人天天吃转基因食品”是网媒误报，原话是“应创造条件让那些想吃转基因食品的人能天天吃”，因为目前国内转基因食品很少，没有天天吃的条件。《东方早报》、《华西都市报》、中国网等媒体继续发文关注此事，“理性对待争论”、“加强转基因科普推广”等成为媒体的评论视角。

9月14日，方舟子将矛头指向崔永元发起的“给孩子加个菜”公益慈善项目。方舟子在腾讯微博中发出该活动此前发布的账单、照片等资料，指出参与该活动的学校炒菜用油是转基因油，认为崔永元在对待转基因问题上言行不一。崔永元回应说，“加菜用油是学校自己选择，保证进货渠道安全即可。现在他们知道有两种油了，还可以任选。我们不能因为做慈善就把自己的好恶强加于人”。

9月17日，腾讯微博组织“公众为什么不接受转基因”研讨会，方舟子应邀参

① 腾讯微博，http://vote.t.qq.com/vote/vote.php?id=1378858425&u=t&type=1&tpl=index

② 《方舟子暗指崔永元“传谣”：作为微博大V发言时更应慎重》，http://fangtan.people.com.cn/n/2013/0913/c147550-22917211.html

加，并在微博中表达了对与会其他代表发言内容的看法。崔永元在微博中说，争论转基因的意义远不是向公众普及这么简单，希望正反双方的科学家持续发声，并表示"忙完这几天，市民小崔还会掺和进来"。

（二）网络媒体关注情况

1. 网络媒体舆情走势

"方舟子崔永元微博论战转基因"网络媒体新闻舆情走势图

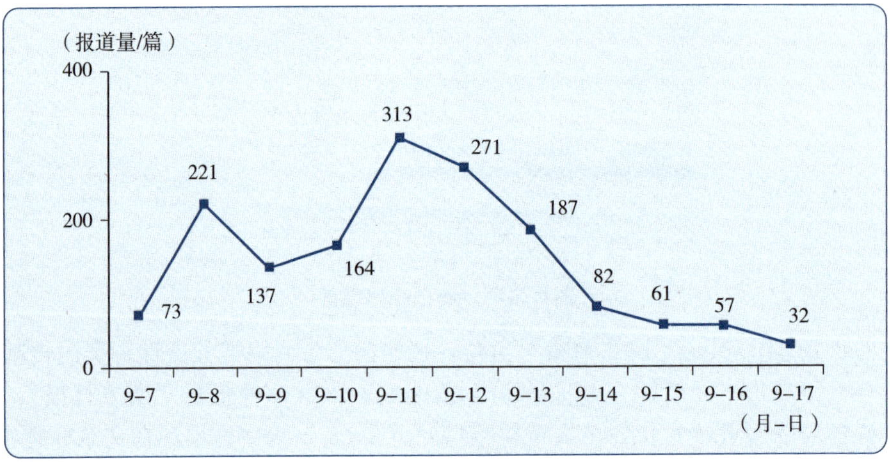

"方舟子崔永元微博论战转基因"的起因是媒体对方舟子参与的"转基因玉米品尝会"的相关报道。7 日，即在该品尝会举办当天，人民网科技频道发出简要图文报道，被部分网络媒体原文转发，当日未现舆情明显起伏。8 日，舆情热度快速上涨。《京华时报》对"品尝会"的报道受到广泛关注，新浪、腾讯、搜狐、网易、凤凰网 5 大门户网站以《方舟子：应创造条件让国人可以天天吃转基因食品》为题转载，共计 30 余万网民参与跟帖评论。9 日，舆情走势明显下降。方舟子与崔永元在腾讯微博中已进行多番争论，但媒体的报道仍以"转基因玉米品尝会"为主，评论文章也围绕该品尝会"是否为行为艺术"、如何看待"方舟子力荐转基因"等内容展开。

10 日，腾讯网、中国青年网等媒体对方舟子崔永元微博争论内容进行整理汇总后发文，被人民网、新华网等媒体转载。11 日，媒体舆情走势升至顶峰。媒体关注点向方崔二人的争论集中，多以"崔永元与方舟子论战"、"争论实录"为题，客观整理报道近几日二人的微博内容。12～14 日，媒体多以评论文章方式关注此事，舆情走势整体下降。15 日以来，方崔二人的微博争论内容明显减少，媒体舆情走势也逐渐趋于平息。

总体看，媒体对"方舟子崔永元微博论战转基因"并未进行过度渲染和多角度跟进，没有出现海量新闻报道的情况。网民如何看待方崔二人争论，成为媒体报道事件过程中的重要着眼点，腾讯网、凤凰网等网络媒体纷纷发起网民投票调查，还有媒体在转述二人争论内容的同时，一并附上网民评论观点。方崔二人在微博中对转基因的集中争论持续约一周时间，争论的后续情况也被媒体关注。10～12 月，媒体大量报道了崔永元赴美调查转基因、拍纪录片等情况。年末，崔永元称其辞职央视与方舟子的不断滋事有关等言论再次引燃争论，随后二人论战扩展至多个方面甚至要“对簿公堂”，媒体持续发文报道。

2. 媒体评论摘要

（1）方崔之争折射科普推广亟待加强　崔永元代表着公众对转基因食品的普遍焦虑，方舟子代表部分专家推广转基因食品的信心和决心。说到底，争辩的焦点仍然是以转基因为代表的新兴科学技术的不确定性问题。要让转基因争论升华为黑格尔式“螺旋上升”，不妨在争论的同时完善有关转基因食品的标识、转基因试验作物的实验室安全防护制度，并进一步扩展对转基因技术的科普，让更多的人了解转基因，从而才能在保证安全性的同时发展转基因技术，更好地为人类生存发展造福[①]。

（新华网　吴昊）

科普是建立在科学定论的基础之上的行为。崔永元与方舟子之间的这场论战，本应发生在科学家以据相辩的实验室里，发生在政府决策的会议桌上，甚至发生在讨论立法的文本之中。对人类、对科学，真正负责任的态度应该是，以政府的名义担起科学研究的重任，在探索中谨慎，在谨慎中规范，管控好涉及转基因食品安全的话筒，绝不能扔给社会，比谁的嗓门大，比谁的学历更接近专业[②]。

（《钱江晚报》　刘雪松）

（2）方崔之争具有积极意义　在如今这个多元社会，争论不是坏事，真理只会越辩论越明，争论会让转基因问题得到更多人的关注，让更多人主动地了解转基因知识。转基因问题归根结底是个科学问题，但它同时也是一个社会问题。科学的问题要在科学领域解决，而吃或不吃的选择权却在消费者。比起错综复杂的争论，完善法律法规，多让不同观点发声，营造一个能让消费者放心的消费环境似乎更为重要[③]。

（《中华工商时报》　席昱梅）

崔永元和方舟子在激烈的交锋中，给人们提供了一个公共表达的范本。公共表达需要的是多样的观点，观点是否能够立得住可以讨论，但这种表达的权利却是需要尊重和保证的。如果一方可以先入为主地认定另一方的观点没有技术含量，不屑一顾，那么真正的讨论将无法展开，观点的交流也不可能深入。每一次论战未必都

① 《转基因之辩应从不可知走向“螺旋上升”》，http：//news. xinhuanet. com/comments/2013 - 09/23/c _ 117460456. htm

② 《“崔方对掐”之战 缺位的裁判何在》，http：//www. chinanews. com/sh/2013/09 - 12/5275592. shtml

③ 《科学问题还是让科学家来解析吧》，http：//203. 86. 76. 53/epaper/uniflows/html/2013/09/13/01/01 _ 51. htm

能达成共识，只要能给公众提供观察和思考问题的角度，即为成功[1]。

（《成都商报》 李劭强）

（3）评价方舟子力荐转基因行为　8 日网络媒体以《方舟子：应创造条件让国人可以天天吃转基因食品》为题报道转基因玉米品尝会后，媒体就方舟子大力推广转基因食品的行为展开讨论。

《检察日报》评论文章肯定了方舟子的行为。文章认为，科学是解决粮食不足的基本出路。转基因，更是一种前途广阔的方法。因其对人类影响的直接性，我们有必要保持审慎态度。但大胆研究、严谨试验之后，还需人们大胆尝试。方舟子的这次尝试，固然有冒险性，但因其有益于人类的发展，有利于科技的推广，应该受到赞扬[2]。也有媒体质疑其科学性，认为这种行为是"作秀"、是"闹剧"[3]。《长沙晚报》文章说，没有严肃科学论证的转基因食品，无论怎么试吃、谁来试吃，充其量也只是一次形式意义大于现实意义的行为艺术。民众关心的是，一日三餐食用转基因食品，长年累月下来，健康风险究竟存在不存在？避重就轻的试吃行动，恐怕并不具备说服力[4]。

（4）热议网络骂战现象　在网络平台上，辩论是海量的，但却处处是低质量的"骂战"。"骂"很多时候成为一种姿态，一种站队的方式，一种宣泄的途径，而高质量有成果的辩论却极少见，这不能不说是网络媒体发展的一个遗憾。方舟子和崔永元的争论是网络时代的典型模式，争议的主题本来是一个值得讨论的话题，但双方一旦短兵相接，重要的就不是话题本身，而是怎样去骂赢对方。对于参加围观并加入战斗的双方粉丝来说，重要的也不是关心话题本身，而是去帮助偶像战胜对手。等到新的议题产生，新的骂战开始，人们的注意力又迅速转移，至于几天前讨论过的转基因到底是怎么回事，已经无人关心[5]。

（《南方日报》 朱迅垚）

不光是转基因食品问题，网络骂战自网络普及的深入，网民言论权的成长，就已经频繁出现，尤以名人、大 V 等社会影响力大的群体为重。他们一张口，一激情，一失去理性，即可引发双方的斗嘴，进而可能引发双方粉丝的对骂攻讦，一时间弄的网上网下乌烟瘴气，厌恶至极。要治理网络骂战，除了需要公众人物恪守网络话语权公德之外，更需要网络行为共识能够不断补充完善。必须不断在纠结的真

---

① 《崔永元方舟子对掐与公共表达的界限》，http：//www.chinanews.com/sh/2013/09－12/5278368.shtml

② 《方舟子力荐转基因食品理应受到赞扬》，http：//newspaper.jcrb.com/html/2013－09/09/content_140605.htm

③ 红网：《转基因试验不该是一场推销闹剧》，http：//hlj.rednet.cn/c/2013/09/09/3138443.htm

《大连日报》：《作秀能给转基因食品"正名"吗?》，http：//guancha.gmw.cn/2013－09/09/content_8843202.htm

④ 《邓海建："试吃转基因食物"只是行为艺术》，http：//xjpl.changsha.cn/h/584/20130909/1340499.html

⑤ 《廉价的"骂战"和娱乐化的"骂神"》，http：//epaper.nfdaily.cn/html/2013－09/12/content_7225433.htm

相面前，让事实出来说话。只有事实清楚了，附着在其上的骂战或者谣言，自然“皮之不存毛将不附”①。

（东方网　张立）

（三）网民关注情况

1. 网民关注趋势

“方舟子崔永元微博争论转基因”微博舆情走势图

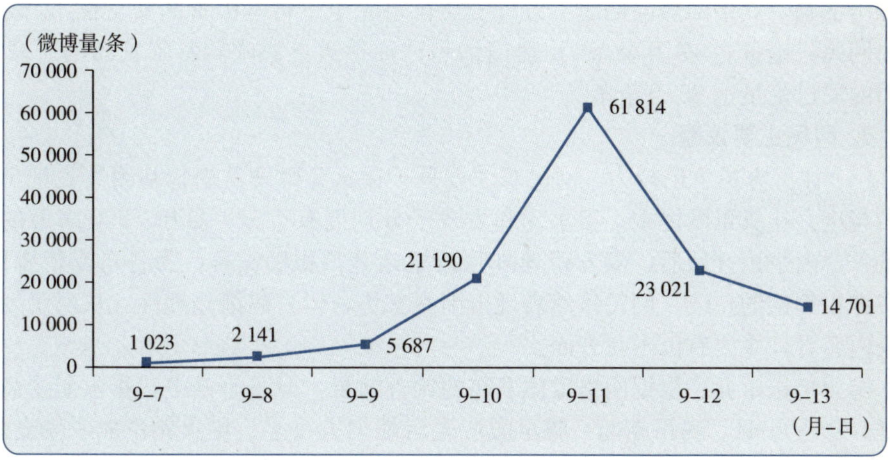

图中数据来源于人民网舆情频道，为原创微博量②

7 日，转基因玉米品尝会的相关报道已经吸引了部分网民的关注。8 日，腾讯新闻频道官方微博“@腾讯新闻”发布题为“方舟子：应创造条件让国人天天吃转基因食品”的转载报道，该条消息引发 2 万余次的网民转发，也成为方崔争论的导火线。崔永元针对该消息发出“你可以选择吃，我可以选择不吃”的相关评论后，方舟子与崔永元的微博争论正式开启。据方舟子整理的“我与崔永元的转基因争论”实录显示，二人在约一周的时间内发布的相关争论共计 1.4 万余字（长微博字数未列入统计）。从微博发布的频次看，9～13 日处于热辩阶段，二人就对方的微博言论关注紧凑，多为逐条回应。从微博热度看，崔永元发出的微博更易受到网民关注，多条微博的转发量在万次以上。从网络意见领袖对事件舆情的影响情况看，独立学者司马南、《新京报》传媒副总裁李多钰 、《南方都市报》记者李立君等网络大 V 也就此事发表了观点，但方舟子与崔永元的微博言论在引导舆情走势中发挥绝对作用。

据人民网舆情频道发布的数据显示，微博网民对此事的关注峰值出现在 11 日。从当日微博内容看，崔永元向方舟子道“再见”，表现出结束争论之意，受到网民高度关注。方舟子在回应中“掌嘴”等相关言辞也引发了网民热议。12 日，方崔

---

① 《崔永元与方舟子论战，网骂也应治》，http：//pinglun. eastday. com/p/20130911/u1a7654174. html

② 人民网舆情频道，http：//yuqing. people. com. cn/n/2013/0913/c212785 - 22917114. html

微博争论继续，但较昨日的网民转发和评论量，已呈现明显下降态势。网民呼吁双方停止无谓争论，表达观点也渐趋理性。

针对方崔争论，腾讯微博成为网民的主要舆论场。腾讯网对相关话题的设置在网民对此事的关注中发挥了重要作用。在方舟子崔永元微博激辩的一周时间内，腾讯微博组织了两次人物访谈，先后邀请了方舟子、司马南、基因农业网主编方玄昌、科普作家龙哥、华中农业大学教授严建兵等专业人士，就转基因相关问题与网民在线交流，引发数万网民的积极参与。同时，腾讯微博中出现了多个与此事相关的热门话题，其中的热门话题"方舟子与崔永元争论转基因食品安全性"，截至11日的网民讨论量达47万余条①；热门话题"你每天愿意吃转基因食品吗"截至13日的网民讨论量达85万余条②。

2. 网民主要议题

（1）评价方崔争论行为　网民对"方舟子崔永元微博争论转基因"表现出极高的参与度。在腾讯微博中，崔永元和方舟子分别拥有1 500多万、500多万的粉丝数量，二人争论开始后，双方粉丝阵营自觉站队，积极发言，为各自支持者助威。随着方崔争论的持续，网民依然表现出围观态势，但言辞渐趋理性。从网民发出的评论内容看，主要有以下几方面。

①力挺崔永元。根据网络媒体发布的调查结果，此番争论中，崔永元受到网民力挺。10～11日，腾讯新闻、腾讯微博先后就"方舟子、崔永元论战，你支持谁"发布网民调查，分别有10万余人次、6万余人次的网民参与投票。两次调查中，崔永元的支持率分别占70％和90％以上。

崔永元在转基因问题上所表达出的"选择权"受到网民称赞。"@思想汇聚人生"说，"关于转基因食品，老百姓有知情权、选择权！方舟子打着科学的旗号，干的都是伪科学的事！崔永元是有良知的中国人！请支持！"。也有网民从质疑转基因安全性的角度，表达对崔永元的支持，发出"支持崔永元！抵制转基因食品！"、"声援崔永元！捍卫食品安全！"等评论。还有网民从不认可方舟子的角度，支持崔永元。"@仙人指路010"说，"方舟子这种变态人品，在对待转基因的问题上，态度很尴尬，基本上除了他自己，别人谁提转基因，他就跟谁急；轻则骂人，重则闹工作单位。以央视两位名牌主持人为例，王志安支持转基因，方骂人家，在他看来这是跟他抢功，有分他好处费的嫌疑；崔永元对转基因持谨慎态度，方还骂人家，觉得这是砸他的买卖"。

②方舟子在争论中更有说服力。"@萧伯纳"：在方舟子和崔永元的论战中，我是支持方舟子的。任何一个对生物学，尤其是遗传和变异有基本认识的人，都应该能够理解我为什么对转基因产品的安全性有如此的信心。我不喜欢方舟子，但我绝对认可方舟子在生物学领域的基本功。另外，转基因作物和转基因食品，是两个概

① 新华舆情，http：//news.xinhuanet.com/yuqing/2013-09/13/c_125385151.htm

② 人民网舆情频道，http：//yuqing.people.com.cn/n/2013/0913/c212785-22917114.html

念，作物有危险，不代表是食用风险。

“@不罚款会穷死”：崔永元，你是一个强势的媒体人，有话语权，但对于未知领域不能不懂装懂，哥白尼就是被无知给害死的，大众不认可的未必就不科学，真要和方舟子理论，就去请教生物遗传学的专家出来和方舟子理论。更不要认为支持你的人多，你就是真理了。方舟子被妖魔化了，国人的无知，科学的悲哀。

@吐槽鬼：特别有意思的一点就是，支持转基因的人群里，带头发声的大多为相关学科人士，支持者里不少都是理工男女。反对转基因的人群涵盖了明星、作家、诗人、画家、记者、律师、主持人、性学家、中医业者等。基本上，我很多时候都是以一件事支持人群的特点，来对这件事真伪做出一个预判的，在做明灯这点上，他们大多时候都很有效。

③关注方崔争论的实际效果。东华理工大学文法学院教师“@李斌 0791”：窃以为崔永元、方舟子论战所给公众的意义，并不是给予公众一个令人信服的科学和实践结论，而是通过论争使更多的人来关注转基因食品，更理智地对待转基因食品，这能够有效地促使转基因食品的安全研究与立法等问题。

科普作家“@杨铁_月下美丽的梦”：观察参与“崔永元和方舟子转基因论战”的网民的言论，不难发现严谨而理性的话语寥寥无几，绝大多数都是情绪化的讽刺、谩骂及无可查证的谣言。不少评论中充斥着不堪直视的人身攻击、毫无逻辑的主观臆断和无中生有的阴谋论。

主持人“@董路”：方舟子和崔永元之于“转基因”的辩论应该有“专业评委”站出来说话，至少应该对双方论据的真伪给出判定，否则不明真相的围观群众看谁都有理似的。

④呼吁双方保持理性。“@张家界中国国际旅行社”：首先请方老师停战，潜心去做你该做的学术研讨，让科学在质疑中成长，为人类进步多做实质性的科学论证；央视名嘴此次可谓大家风范，但也请结束这场混战，公道自在人心，无谓在此耗心费神。我相信还有更多需要关注的事情值得您去“实话实说”，您让我们尊敬，还是那句话，我们有吃或不吃的权利！

（2）热议转基因　广西北海市科学技术局局长“@广西黄健”：科学结论并非来自于“少数服从多数”。在转基因问题上，我以前误以为沉默是金，现在我认为应该主动作为。我今后将抓住一切合适的机会，表明自己的立场：我认为转基因食品与其他食品在安全性方面并无二致，我支持转基因的研究与应用。

“@阿木兄”：我不挺转，也不反转，我反强转、盲转、商转。反对专业话语霸权为亿民口粮安全定性，反对转基因食品模糊身份夺知情权选择权，反对无充分必要仅由商业利益推转。

自由撰稿人“@张如泉”：在没有任何证明食用转基因食品对人体有危害之前我想我们还是保持中立的态度，毕竟它对于人口剧增与土地减少食物不足的矛盾有很好的缓解作用。但从内心深处来讲，我更喜欢以前农村的原始、自然，尊重自然规律，毕竟自然的永远是对人体最好的！

海洋安全与合作研究院院长"@戴旭"：有人在中国推广食物转基因，有人在中国推广思想转基因。都是有美国和西方背景的人在推，转的都是美国和西方的基因。有的用科普的名义，有的用民主的名义，似乎都与国别无关。真的吗？真是这样的吗？

（3）转基因科普需要进一步发力　华中农业大学教授"@种田农民"：在方舟子和崔永元这场辩论中，崔永元获得了压倒性的支持，这不是崔永元的胜利，却是社会的悲哀。同时也提醒我们，我们应该更加负责任和更加积极的科普，并且要有更多的人来科普。

《新京报》传媒副总裁"@李多钰"：小崔并不是完全反转基因，他的观点对于媒体界来说，是一个相对来说比较普遍的心理，即如何去普及转基因。我们如果总结这几十年转基因的科普情况，可以得出一个结论，转基因的科普是非常失败的。大家对转基因是存疑的，而不是反对的。在大家存疑的情况下用什么样的态度消除疑虑，可能是更好的一个科普的态度。

公共营养师"@宋颖"：如果让我选择，我暂时选择不支持。信息的不对等，有太多的不了解。作为消费者我们应该清楚我们吃进去的食物是什么，是不是安全，目前我们不清楚。建议强制要求转基因食品必须标识清晰，所有生产、销售转基因食品的企业必须备案。先让消费者放心，再说是否去选择。此外，政府部门是不是应该反思科普宣传力度不够啊！

（四）事件启示

崔永元、方舟子此番辩论，受名人效应影响，转基因话题迅速引发几十万网民参与讨论，这种广泛争论，一方面促使科学家更加谨慎地对转基因食品的安全性进行更严格的评估；另一方面也能够对公众更好普及转基因知识。从政府层面看，科普知识宣传推广的组织管理存在明显滞后，希望有关部门能及时调整科普知识宣传推广的策略方式，让科普精神同大众生活紧密相连。另外，方与崔的论战能够获得高度关注，本质上源于大众对专家公信力充满焦虑。矛盾中人们看重的是，专家公众人物如何在事关大众健康安全的问题上表态发声，更希望借助名人辩论形成强大舆论从而促使政府提升转基因以及大众关切问题的关注，给大众营造一个和谐舒适的生存环境①。

（人民网舆情频道　马强）

① 《今日舆情解读："崔方"网络对掐既伤和气又伤科学》，http：//yuqing.people.com.cn/n/2013/0913/c212785-22917114.html

九、山东省环保厅与网络大 V 微博辩论

2013 年春节前后，“山东部分企业用高压泵地下排污”的相关微博消息，经邓飞等网络大 V 转发后成为社会热点。8 月末，媒体报道了湖南警方查获的特大网络造谣传谣团伙，该团伙参与炒作“高压泵地下排污”等 10 余起重大事件。对此消息，山东省环保厅在官方微博中进行转发，并表示山东省环保厅为查证网传“高压泵深井排污”付出极大的行政成本，但所有举报无一属实。邓飞随后对此消息作出回应。由此，山东省环保厅与邓飞展开了近 6 小时的微博辩论，双方从交锋走向交融的“新媒体时代官民对话”，获得舆论肯定。

（一）事件经过

2013 年 2 月，有网民在微博中爆料称，山东潍坊多家企业通过高压水井，将污水压到地下 1 000 多米的水层，直接污染地下水。该情况经免费午餐发起人、凤凰周刊记者部主任邓飞等网络大 V 转发后，引发舆论热议。

8 月 31 日 19 时许，新华社中国网事[①]在其新浪官方微博中发布消息称，武汉警方目前查获号称“中国最大的网络推广网站”的特大网络造谣传谣团伙，其中涉

① “@新华社中国网事”，http：//weibo. com/zhongguowangshi

嫌参与谣言传播的大V微博帐号达300多个，粉丝数量达2.2亿。此团伙参与炒作"高压泵地下排污"等10余起重大事件，年获利100多万元。当日21时许，山东省环保厅在官方微博①中转发了上述报道，并称"春节（2013年）以来，山东省环保厅为查证网传'高压泵深井排污'付出极大的行政成本，不少企业甚至暂停生产被挖地三尺，但时至今日，所有举报竟无一属实!!"

9月1日6时许，邓飞就山东省环保厅昨晚发布的微博内容发问，"哪个企业被山东省环保厅挖地三尺了?"7时许，山东省环保厅回应邓飞，"请问邓先生，被冤枉的企业名单公布以后，您是否愿意向他们一一道歉呢?"对此，邓飞在随后20分钟的时间内，连发5条微博，追问道歉的依据，质问"政府公开信息，需要和民众对赌吗?"，并要求公开被检查的企业名单。8时29分，山东省环保厅表示将公布被冤枉企业名单，并希望邓飞能勇于承担其中的责任，引发网民的广泛转发和评论。8时52分，山东省环保厅再发微博，高度评价了民间环保人士为环保部门查处环境违规违法行为所给予的帮助，并希望不断深化这种合作。9时许，邓飞微博说，"很多人要我沉默，认为山东必借打击网络谣言来报复我们年初曝光地下水污染，我不这么想。山东地下水污染披露，无论官民都是为了人民身体健康，如能意外公开详尽展示，达成共识和推动改变，则善莫大焉"。对此，山东省环保厅发出"实事求是天地宽"的微博，表示不会有所谓的报复。邓飞随后回应称，希望共同学习官民对话，克制有序讨论社会问题，并尝试合作解决共同的社会问题。对此，山东省环保厅认为是个很好的倡议，称"愿意和邓先生一起探索构建一个新媒体时代官民对话的案例，为合作解决我们共同的环境问题作出贡献"。

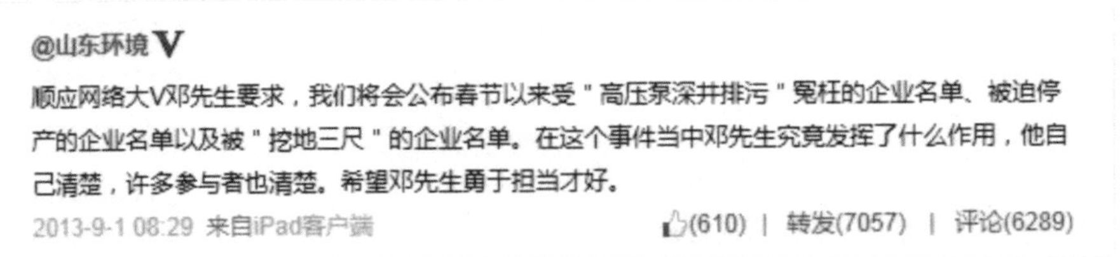

图片来源：新浪微博截图

9月2日，山东省环保厅微博发布消息，介绍了就"高压泵深井排污"事件与邓飞进行的正面交流，并提议"放弃无谓的争论，团结一致干环保"。对此，邓飞回应称，"我们的敌人不是彼此，而是水污染"，表示"愿和山东环保系统并肩而战，更好地服务齐鲁大地父老乡亲"。

9月8日，山东省环保厅发表长微博，以详细的图表形式发布"春节以来被举报用高压泵深井排污企业调查情况"。

① "@山东环境"，http：//weibo.com/3354394424

（二）网络媒体关注情况

1. 网络媒体舆情走势

"山东省环保厅与网络大V微博辩论"网络媒体新闻舆情走势图

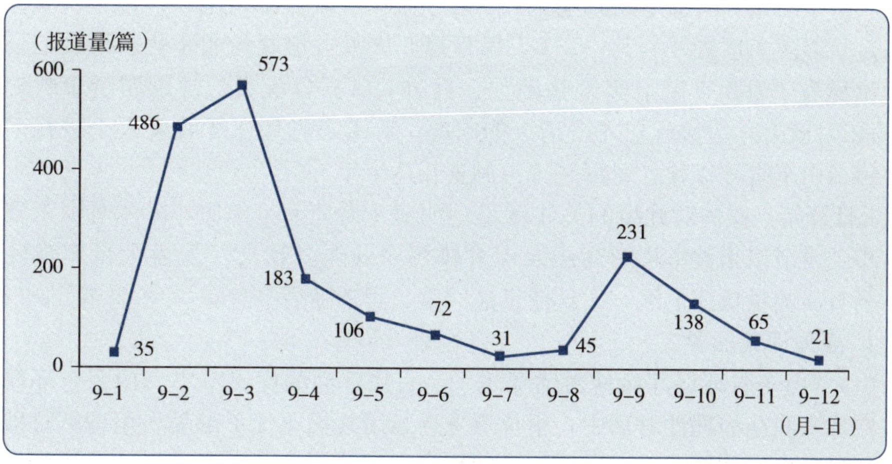

9月1日上午，山东省环保厅与邓飞的微博辩论，受到少量媒体关注，新闻报道以人民网①、《中国日报》② 发出的消息为主，内容为回顾2月份微博传出的"山东地下水排污"相关情况，并以截图或文字方式客观转述新华社中国网事、山东省环保厅、邓飞的微博内容。

2日，媒体报道量呈现大幅上涨态势。中国广播网③、《北京青年报》④ 等媒体继续以昨日的微博内容为主要信息源，对双方辩论予以转述报道。还有媒体对辩论双方进行采访后发文。中央人民广播电台新闻综合频道⑤在其官方微博中发布消息《山东省环保厅回应微博辩论事件》，采访了山东省环保厅有关人士。《新京报》官方微博⑥以《邓飞：不能指望网民举报如此精确》为题，发布对邓飞的访谈。此外，大众网、齐鲁网等山东省内媒体也开始积极发声，多以《山东省环保厅：愿与大V携手推进环保新模式》⑦、《山东省环保厅回应论战称"不整人" 欢迎邓飞自我批

① 人民网，《山东省环保厅：将公布受冤枉的"排污"企业名单》，http：//society. people. com. cn/n/2013/0901/c1008 - 22763991. html

② 《中国日报》，《山东省环保厅："高压泵深井排污"无一属实 将公布受冤枉的"排污"企业名单》，http：//www. chinadaily. com. cn/dfpd/sd/bwzg/2013 - 09/01/content _ 16935398. htm

③ 中国广播网，《鲁环保厅官微：因谣言查高压泵排污企业曾"挖地三尺"》，http：//china. cnr. cn/yaowen/201309/t20130902 _ 513473445. shtml

④ 《北京青年报》，《官微大V交锋"深井排污"》，http://news. 163. com/13/0902/07/97OJ9E3K0001124J _ all. html

⑤ "@中国之声"，http：//weibo. com/cnrzgzs

⑥ "@新京报"，http：//weibo. com/xjb

⑦ 大众网，http：//sd. dzwww. com/sdnews/201309/t20130902 _ 8836974. htm

评》[1] 等为题，对双方辩论发表综合性报道。同时，还以《山东省环保厅微博论战邓飞续"受冤枉" 企业名单尚在统计》为题，采访山东省环保厅有关人士，报道事件后续情况。

3 日，事件舆情热度升至顶点，媒体评论文章成为当日的重头戏。《人民日报》、《京华时报》、《新华每日电讯》、《新京报》、《南方都市报》等重量级媒体纷纷对事件予以多角度置评。其中，《人民日报》文章《坦诚沟通是化解误会的良方》，被舆论称为"为此事定下舆论基调"[2]。此外，《齐鲁晚报》继续跟进事件，针对"传言二月就有，为何现在才澄清"的问题，对山东省环保厅有关人士进行采访后发文称《山东省环保厅：对深井排污调查长达半年》[3]。

4 日开始，媒体对此事的关注度呈现明显下降态势。9 日，媒体对山东省环保厅发布"春节以来被举报用高压泵深井排污企业调查情况"发表大量客观转述报道，当日新闻量快速上涨，次日便迅速回落，舆情随后平息。

2. 媒体评论摘要

（1）"山东省环保厅微博对话邓飞"是官民互动的优质范本 山东省环保厅与邓飞在你来我往的理性对话中，争执双方逐渐用共识取代了偏见、用理解打破了隔阂。这场思想的碰撞，向网民展现了理性的力量，也为两个舆论场的对接尝试，起到了良好的示范作用。官民对话，要避免思维双轨下的"鸡同鸭讲"，求解国计民生更需要双方合力。地方政府须坚持以人为本，以"宁可多查一百，不可错漏一个"的态度去积极履职，用真诚坦荡应对众声喧哗。公共舆论也要明白公共治理不是简单的"过家家"，应该对其中的细节和难点抱以充分理解[4]。

（《人民日报》 吴心远）

山东省环保厅能提升环境执法的警觉度，闻讯暗访、深入调查，值得认可；据实澄清事理，不避质疑，也颇显谦抑之态。邓飞既没妄断情势，也没恶意攻击，而是抱存疑求证心态，其质问意在监督，而非败坏企业声誉。有些企业被迫关停，也跟"未取证先处理"的执法程序失当有关，跟监督无必然关联。微博交锋"深井排污"，不是坏事。政务微博敢于表达，听取异议、正视质疑，并遵循议事规则，成为互动平台，这也不失为善治图景，很慰藉人心[5]。

（《新华每日电讯》 佘宗明）

（2）回应公众举报，官方应避免误伤善意 在违规排放造成环境污染的新闻经常见诸媒体的当下，对这样的举报信息如果无动于衷知而不报，那反而不是一个有责任有担当的公民。至于其中的真假，个人既没有能力调查，也不负有当然的调查

---

① 齐鲁网，http：//news. iqilu. com/shandong/yuanchuang/2013/0902/1652607. shtml

② 中国网，http：//opinion. china. com. cn/opinion _ 33 _ 81033. html

③ 《齐鲁晚报》，http：//epaper. qlwb. com. cn/qlwb/content/20130903/ArticelA10002FM. htm

④ 《坦诚沟通是化解误会的良方》，http：//env. people. com. cn/n/2013/0903/c1010－22784003. html

⑤ 《官民微博交锋也是良性互动》，http：//news. xinhuanet. com/yuqing/2013－09/03/c _ 125307686. htm? prolongation＝1

责任。而环保部门本来就应该经常检查企业的排放情况，利用“举报”做全面排查，有则整改，无则放心，并非多此一举，怎么可以怪罪提供信息的人？[1]

（《羊城晚报》 何龙）

给舆论监督一点豁免权，是和打击谣言一样重要的命题。“坊间舆论”是粗放的、原生态的，总会与科学或理性有距离。若非心存恶意、也无不当得利，更没有危及公共秩序，那么，杯弓蛇影也好、杞人忧天也罢，总是提醒权力对公共利益秉持起码的警觉，就算离事实相去甚远，也当多多沟通，少拿“棒子”示人。譬如“@邓飞”对深井排污事件的作用，若无违法证据，恐怕更多地还是应该秉持宽容的姿态[2]。

（《洛阳晚报》 邓海建）

（3）治理地下水污染，环保部门还须发力　若从结果来看，如果一次网络交流真能促成社会关切的公共信息得以公开，这种交流无疑值得鼓励。若以当下的时间点来评价，“举报无一属实”在“@山东环境”看来乃是不争的事实。但对真相的追求，往往是一个过程而不仅仅是一个结果。现未发现是否表示将来也不可能发现？这处没发现是否表示别处也不可能发现？恐怕谁都不敢打这个包票[3]。

（《京华时报》 王云帆）

面对“高压泵地下排污”的爆炸性的信息，有关部门在排查过程中付出了一定的行政成本，但结果一无所获是否就意味着可以彻底否定此次爆料？是否就可以认为是网络团伙迫害政府部门和企业？从舆论的反响看，当初这则爆料所起到的作用，主要在于让民众关注地下水污染现象。此后的媒体报道和有关调查数据可以看出，我国地下水污染现象已趋于严峻，并引起了有关部门的重视。与其纠结地下水污染是通过何种途径实现，并为受到过去爆料的“伤害”而感到委屈，不如正视日趋普遍的地下水污染问题[4]。

（《南方都市报》）

（4）网络大V更应谨言慎行　在对事件调查不够充分的条件下，网络大V邓飞转发了山东“高压泵地下排污”的信息。消息得到广泛传播，并被很大部分网民采信。由于信息极为不对称，权威部门、专家的声音发不出去，在社会上造成极坏影响。在此提醒下大V们，你们在网络上有很大的影响力，请谨言慎行。也许你们并没有恶意，也许你们本身想传递正能量，但一定要说有根据的话，不要被误导，如果你们被误导，可能影响一大批人被误导[5]。

（齐鲁网 陈敬）

---

① 《回应公众举报，官方应避免误伤善意》，http：//sp. ycwb. com/2013－09/03/content _ 4985801. htm

② 《舆论监督，总该给点儿豁免权》，http：//lywb. lyd. com. cn/html/2013 － 09/03/content _ 967645. htm? s=001

③ 《官微与大V多互动方能求同存异》，http：//epaper. jinghua. cn/html/2013 － 09/03/content _ 23584. htm

④ 《不能因“受伤”而让官民互动失去理性》，http：//epaper. oeeee. com/A/html/2013－09/03/content _ 1927357. htm

⑤ 《愿“地下排污谣传”成网络良性互动开始》，http：//pinglun. iqilu. com/yuanchuang/2013/0903/1653222. shtml

山东潍坊企业“高压泵深井排污”谣言也给大V提了个醒，大V行使公民监督权没有错，发布一些事关老百姓切身利益的讯息的出发点也是好的。但是，应当把握一个度，不要被他人利用，发布的讯息应当建立在真实和有根有据的基础之上，对于自己完全不了解的道听途说的讯息，不要轻易发布，以免造成不必要的损失和支付不必要的内耗成本①。

（荆楚网　张立美）

（5）政务微博在公民问政热潮中前行　山东省环保厅开了政务微博与网络大V及其铁杆粉丝们公开辩论的先河。在公民微博问政成为热潮的大环境下，话不说不明，理不辩不正，越来越多的中国官员认识到政务微博、微信成为新闻发布和舆论引导的新阵地。同时，“网络水军”“网络谣言”时常让这个新阵地“乱花渐欲迷人眼”，也考验着政务微博及官员微博的语言表达能力和反应速度。互联网突破了时空限制，让人们的交流愈加方便，也应该成为政府和民众交流沟通的平台。政务微博将会在打造这一平台中起到很大作用，而如何发挥好这一作用，值得相关部门持续重视和细致研究②。

（新华网　高洁、刘宝森）

政府既然开设微博网络问政，就应该响亮发声，发出对质疑的质疑，这才是科学严谨的态度。微博的生命在于互动，网络问政应当有和网民互动的信心，应当有敢于表达、善于表达、勇于表达的决心。只有这样，真理才会愈辩愈明③。

（中国法院网　李义山）

（三）网民关注情况

1. 网民关注趋势

“山东省环保厅与网络大V微博辩论”新浪微博舆情走势图

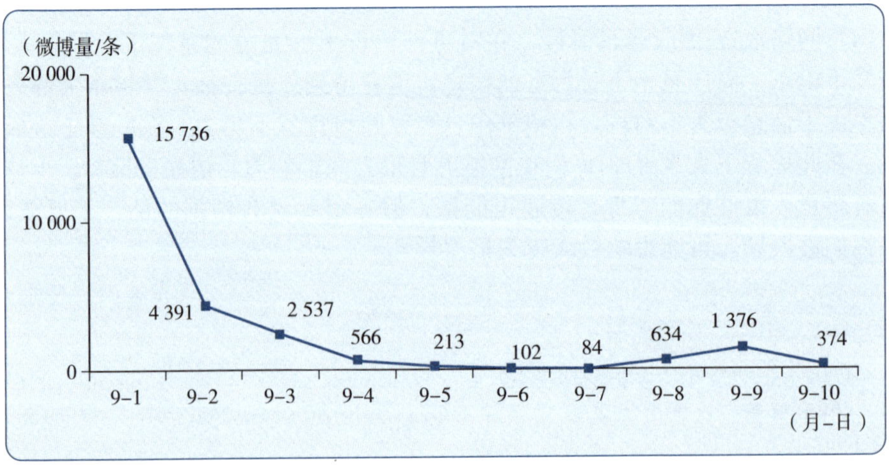

① 《要求向被冤枉企业道歉并不过分》，http://focus.cnhubei.com/original/201309/t2690700.shtml

② 《中国政务微博在公民问政热潮中前行》，http://news.xinhuanet.com/legal/2013-09/04/m_117221163.htm

③ 《政务微博要勇于表达》，http://www.chinacourt.org/article/detail/2013/09/id/1061726.shtml

与网络媒体新闻舆情走势相比，微博舆情热度在 1 日即攀至顶峰。当日上午，山东省环保厅与邓飞在新浪微博中进行了近 6 个小时的辩论，受到舆论广泛关注。特别是山东省环保厅 8 点 29 分发出的微博内容，引发 7 000 余次的网民转发。从当日情况看，山东省环保厅和邓飞发出的微博内容成为网民的主要话题，媒体官方微博和网络意见领袖发出的评价观点也在一定程度上对网民有所影响。

2 日，微博话题量大幅下降。山东省环保厅在微博中介绍了与邓飞的正面交流，并表示“团结一致干环保”，邓飞也随后积极回应。部分网民转发了双方微博内容，并予以中肯评价。

3 日开始，微博舆情走势逐渐趋于平稳。8～9 日，山东省环保厅公布的调查企业名单引发微博量小幅上涨，但舆情整体平息态势未变。

2. 网民主要议题

网民对此事件持续关注的时间较短，发出的评论观点很大程度上受到辩论双方的微博内容影响。在山东省环保厅与邓飞辩论的前三个小时内，网民积极声援邓飞。针对山东省环保厅向邓飞发出的“是否愿意道歉”的相关微博，网民表达了否定态度，认为政府部门应该坦诚面对公众质疑。“@摩尼教掌门人”称，“邓飞是在帮助山东省环保厅履行职责，给其提供有用信息，至于信息是否完全可靠，需要山东省环保厅在工作中核实查证，有就严查，若没有，也要履行对公众的环保职责，对信息提供者的工作表示感谢，这才是政府部门应有态度”。

山东省环保厅 8 点 29 分发出的以“顺应网络大 V 邓先生的要求”为开头的微博内容，在整个事件中最受关注。网民的批评和质问成为主要声音，于建嵘等网络意见领袖以及财新网等媒体官方微博纷纷参与评论。舆论认为，“网络大 V 邓先生”的标注在打击网络谣言的当下或含某种暗示，并认为微博中提到的要邓飞“勇于担当”是一种威胁。“@财经网”认为，不应以“网络大 V 邓先生”为名，点名邓飞，尤其在目前被营造出的语境下。中国社会科学院农村发展研究所社会问题研究中心主任“@于建嵘”说，不要认为抓“造谣”了，就可以打击报复所有的批评者。“@王冉”说，“政府部门回应社会质疑是再正常不过的义务，用不着以这种充满威胁的语气吧?”

在接下来的三个小时内，双方辩论渐趋理性，就环境保护方面达成一致意见，获得网民的积极评价。舆论认为官民平等坦诚沟通，更有利于解决社会公共难题。清华大学新闻与传播学院常务副院长“@尹鸿”说，“不搞站队，不动辄剑拔弩张，而是求同存异，求真去伪，共同为社会进步努力。这样的态度是当今政府与民间最缺乏的理性态度。必须赞一个!”

（四）事件启示

“大众麦克风时代”官民交锋，媒体舆论场充满辩证性。“@山东环境”与“@邓飞”的辩论，媒体既有“规劝政府”的非议也有“提醒大 V”的告诫。剖析这场官民辩论下的媒体舆论，无论是中央媒体抑或是地方媒体，尽管角度立场多有不同，但他们都主张理性协商平等对话。短短几日，大量报道相继出炉，如此高涨的舆论氛围，足以说明，传媒对官民辩论问政的关注和期待。而这种热情更是对民意人心的回应和尊重。作为承载社情民意的微博舆论场，同样为官民辩论的常态化做好必要的共识准备。“@山东环境”与“@邓飞”的辩论，官与民的较量注定是一场极具看点的“大片”。对于其中的主角，网民和意见领袖的态度也经历了从习惯性质疑到交叉争鸣再到趋于共识的过程。这一过程必然存在反复，好在结果是和谐的。辩论是一种极端的讨论形式，剑拔弩张的气氛与各执己见的风格，并无助于实际问题的解决。当然，如果能规避辩论固有的弊病，在平等协商的基础上进行议题安排，以各自真实立场充分表达各自真实意愿，则名之为辩论亦无不可[①]。

（中国网　马强）

① 《“克制有序”的官民辩论应成为问政常态》，http：//opinion. china. com. cn/opinion _ 33 _ 81033. html

第四章 热点综述

一、农产品质量安全问题

2013年，食品安全继续成为最受关注的民生话题。据《小康》杂志对“中国全面小康进程中最受关注的十大焦点问题”[①] 进行的调查显示，食品安全再度位列十大焦点问题榜首。从8万余民众对食品安全的满意状况投票看，虽然和2012年一样，表示对食品安全“不太满意”的公众最多，其次是“一般”，再次是“很不满意”，但从数据上看，表示“不满意”的公众占比下降了7个百分点。作为食品安全的源头和基础，农产品质量安全更加受到关注。据中国食品科学技术学会发布的研究结论称，2013年食品安全热点舆情聚集于原料污染与恶意造假，近三年食品安全热点事件的关注重心从“非法添加”到“过程控制”再到“原料安全”转移[②]。人民网指出，2013年各级农业部门紧紧围绕“努力确保不发生重大农产品质量安全事件”的目标，全面强化监管，农产品质量安全呈现出总体平稳、逐步向好的发展态势，为农业农村经济持续健康发展提供了有力支撑[③]。

（一）舆情概况

2013年，农产品质量安全依然是舆论关注的重点，舆情呈现出热点问题与政府重拳监管“双焦点”的特点，特别是下半年各级政府部门频繁出台的政策法规和相应举措成为舆论热点，这大大增强了政府监管的影响力、威慑力和社会效果，发挥了积极的舆论引导作用，受到广泛关注。

就热点事件而言，农药残留超标与滥用、耕地重金属污染、养殖业药物滥用问题、农产品生产加工环节的食品安全问题等成为热点话题，上半年出现了阶段性高热，其中山东“毒生姜”事件、“陕西渭南滥用高毒农药”、“湖南镉超标大米”、“海南毒豇豆”、“江苏无锡假羊肉”、赣南染色脐橙、毒豆芽、非法加工销售病死猪等引发强烈关注。

---

① 《2013最受关注十大焦点问题：贫富差距首闯前五》，http：//henan. sina. com. cn/news/z/2013－12－06/1744－111193. html

② 《12位权威专家解读2013年食品安全热点事件》，http：//www. 21food. cn/html/news/35/1165603. htm

③ 《2013年农产品质量安全水平不断提高》，http：//finance. people. com. cn/n/2013/1219/c47807－23888603. html

同时，政府部门在保障食品安全方面的政策举措也成为2013年的焦点话题。上半年，针对频繁曝光的食品安全事件和当前食品安全的严峻形势，各级政府部门密集出台相关举措，高调倡导重拳出击加强监管，相关新闻成为舆论关注的热点，特别是李克强总理对食品安全的多次表态以及各部门合力打响“食品安全保卫战”受到舆论聚焦。下半年，这种严打、严管和严治的高压态势持续，获得了舆论的高度关注和一致响应，相较于以往，质疑声、批判声有所减弱，正在逐步形成质量安全的网上正面舆论场强势。据2013年“农产品质量安全热点话题新闻TOP30”数据显示，政策举措信息占比1/3强，较2012年有较大提升，这也在一定程度上体现了政府部门积极作为，强化监管。

2013年农产品质量安全话题新闻舆情走势图

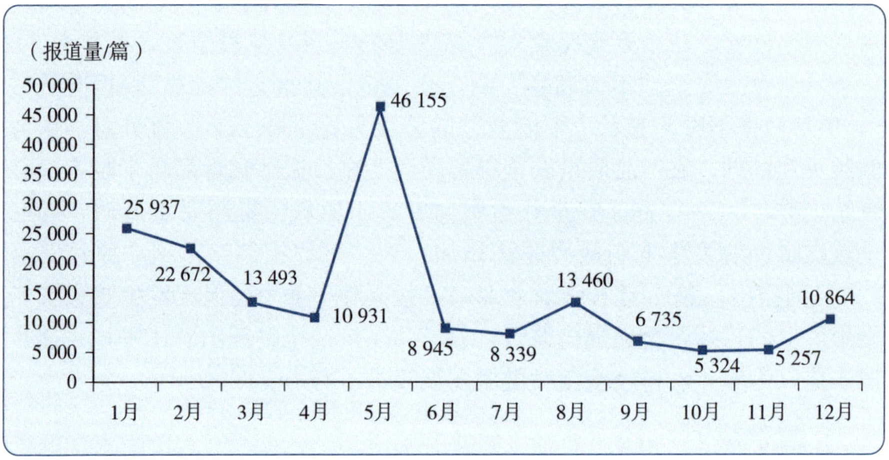

从网络媒体关注情况看，新闻舆情走势呈现上半年起伏大，下半年波动小的特点。2013年年初，受2012年年末“速成鸡”事件影响，1月新闻量呈现高企态势。5月，假羊肉等肉制品犯罪案件的公布、山东“毒生姜”事件的曝光以及大米镉含量超标信息的披露，引发当月舆情热度攀至全年顶点。8月，毒豆芽、病死猪肉、兽药非法添加瘦肉精等食品安全案件被新华网等媒体集中报道。12月，各级政府部门出台的食品安全相关政策举措以及中央经济工作会议、中央农村工作会议对食品安全特别是农产品质量安全工作的部署受到重点关注，舆情走势明显上扬。

农产品质量安全网民舆情走势与媒体舆情走势整体一致，媒体新闻报道对网民舆情走势的影响显著。总体看，全年没有出现经微博、论坛首曝的农产品质量安全热点事件，网民对热点事件和新闻话题多以广泛传播和积极评论为主。与2012年相比，2013年农产品质量安全网络热帖的帖文数量和帖文点击量上均出现明显下降。打击肉制品犯罪案件的相关新闻被网民上传至论坛后受关注程度较高。养殖业药物滥用方面的网络传言也受到一定关注，3月猫扑论坛网帖《据说这是死猪的真正原因，如果是真的，那可太恐怖了》传言黄浦江死猪原因系饲料中添加的砷中毒，当月网民予以关注；10月中华网再次出现网络谣言旧帖《不要再吃鸡蛋！养

2013 年农产品质量安全话题网民舆情走势图

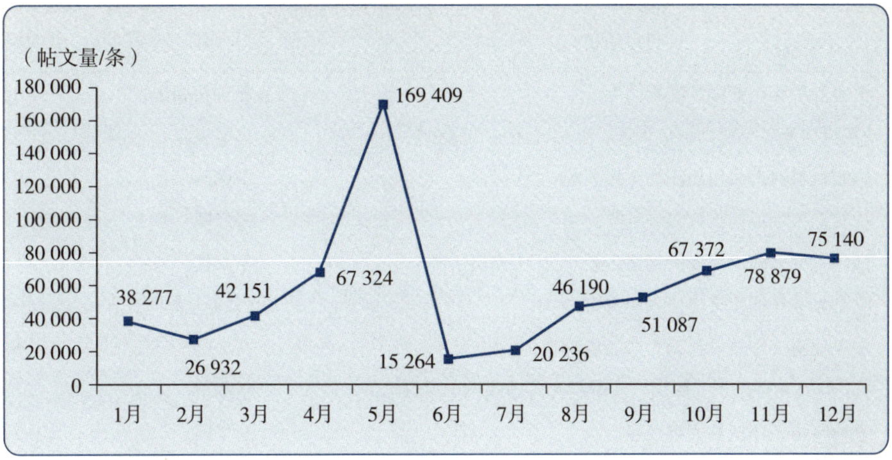

鸡场老板女儿的忏悔和劝告》，当月仍被点击 20 余万次。此外，网络意见领袖在食品安全相关问题上的影响力减小，针对镉超标大米、假羊肉等问题，科普作家云无心、时评人叶檀、中国农业大学教授朱毅纷纷在博客中发表评论文章，但网民关注度有限。

2013 年“农产品质量安全”热点话题新闻 Top30

排名	热点话题	首发媒体	新闻报道量
1	“镉超标大米”事件	《南方日报》	18 646
2	公安部公布“十起打击肉制品犯罪典型案例”	公安部网站	15 275
3	山东潍坊“毒生姜”事件	中央电视台	12 783
4	“两高”发布司法解释严惩食品安全犯罪	中国广播网	3 078
5	中央农村工作会议：确保“舌尖上的安全”	中国新闻网	2 799
6	全国“两会”食品安全话题	新华网	2 317
7	央视曝光皮蛋制作滥用硫酸铜	中央电视台	2 100
8	《中华人民共和国食品安全法（修订草案送审稿）》公开征求意见	中国广播网	2 042
9	北京一非法屠宰场 1 年供应高校食堂近 3 万斤死猪肉	新华网	1 826
10	农业部：五年内健全农产品安全标准体系	《人民日报》	1 586
11	中国特大地沟油案江苏宣判涉案金额达 6 000 万	中国新闻网	1 469
12	2013 年全国食品安全宣传周话题	新华网	1 430
13	国务院：将农产品质量安全纳入县、乡级政府绩效考核	中国政府网	1 396
14	赣南脐橙被曝由青果催熟染色打蜡后上市	《北京晨报》	1 252
15	广州检出海南“毒豇豆”	《南方日报》	1 181
16	央视曝光石家庄“注水牛肉”	中央电视台	1 162

（续）

排名	热点话题	首发媒体	新闻报道量
17	汇源等果汁企业陷"瞎果门"	《21世纪经济报道》	1 120
18	[焦点访谈] 兽药添加抗生素：兽吃人药危害何在？	中央电视台	1 100
19	网媒爆料河南大用集团加工病死鸡	中国网	1 064
20	广东韶关农业局长称镉大米吃一两年没事	每经网	1 064
21	国内首例兽药添加瘦肉精案告破涉及21省份	《新京报》	1 058
22	安徽4万斤病死猪肉流入四省市场	《北京晨报》	933
23	中央经济工作会议强调农产品质量和食品安全	新华网	879
24	150吨病死猪肉流入深圳　残留有害兽药超标12倍	新华网	838
25	媒体暗访天津蓟县"毒豆芽"	新华网	776
26	广西打击食品犯罪　冷藏库里缴获"史上最老鸡爪"	广西新闻网	688
27	一头死猪为何能"摁住"八个部门？	新华网	633
28	最严食品安全法力争年内完成修订	《新京报》	618
29	国务院食安办采取6项措施推进2014年食品安全工作	新华网	597
30	《食品中农药最大残留限量》最新国标3月实施	《人民日报》	552

2013年"农产品质量安全"网络热帖Top20

排名	标　题	来源	日期	点击量	回帖量
1	都报道洋奶粉去了，洋蜂蜜出事了怎么没人管了？	天涯论坛	8月6日	693 408	2 443
2	配合公安部打假，踢爆十大食品网络谣言！	天涯论坛	8月23日	426 758	1 519
3	不要再吃鸡蛋！养鸡场老板女儿的忏悔和劝告（旧帖）	中华网论坛	10月17日	207 866	180
4	肥料？农药？转基因？你清楚自己在吃什么？	天涯论坛	11月20日	204 103	117
5	中国15种食品坚决不能吃"加料"后毒似砒霜	中华网论坛	7月6日	189 741	109
6	闲来没事，谈谈食品安全吧，本人做快餐的！	天涯论坛	7月2日	171 081	1 519
7	警方破获特大造毒羊肉卷案 强致癌物超标2千多倍	中华网论坛	2月4日	139 679	342
8	震惊！海口鱼塘被垃圾包围，鲶鱼以鼠尸为食，你还敢吃鱼煲吗?!	天涯论坛	9月4日	124 914	1 511
9	揭露蔬菜农药的内幕	新浪博客	5月6日	114 238	849
10	不容忽视的"镉大米"与镉中毒	新浪博客	5月18日	108 474	394
11	慎吃路边摊！羊肉串中竟含耗子药成分	凤凰论坛	7月22日	101 316	78
12	40吨病死猪肉如何流向百姓餐桌？	凤凰网博客	5月6日	89 543	7
13	病死猪肉流入餐桌暴露了什么问题	凯迪社区	5月6日	83 939	88
14	鸭得堡之"偷梁换柱"：谁在制造痛心？	凤凰网论坛	7月12日	67 213	61

（续）

排名	标　题	来源	日期	点击量	回帖量
15	毒姜专供国人谁在自我毁灭路上狂奔	凤凰网论坛	5月7日	65 367	59
16	从鱼米之乡到毒米之乡	新浪博客	5月21日	53 422	536
17	鼠非鼠，羊非羊	网易博客	5月8日	47 868	114
18	毒食品问题的背后	中华网论坛	5月6日	43 460	199
19	揭秘柳州“地沟油”回收生产产业链	天涯论坛	10月12日	21 646	57
20	“打针西瓜”只是个童话	新浪博客	4月12日	20 361	30

（二）热点舆情分析

1. 农药残留超标与滥用仍是热点舆情爆发口

2013年上半年，蔬菜农药残留超标与滥用问题、中药材农残超标受到媒体的集中关注。2012年，山东“药袋”苹果、张裕葡萄酒“农残”风波、立顿茶陷“农药门”等高热舆情事件迭出。与2012年比较，2013年农药残留超标与滥用问题出现的高热舆情相对减少，仅山东潍坊峡山区“毒生姜”事件经央视报道后受到舆论聚焦。

1月初，《羊城晚报》报道“神奇黄瓜”放冰箱后自动生长，或与滥用“920农药”有关。媒体对此分别以《农药滥用四川现神奇蔬菜：黄瓜咬一口长一截》《农药920遭菜农滥用打了“激素”的蔬菜你还敢吃吗?》等为题大量转载。舆论调侃“农药滥用催生神奇蔬菜”，并关注果蔬中含有过量激素是否影响身体健康。1月底，《南方日报》报道称，广州市江南市场在农产品质量监测中发现来自海南三亚崖城镇的豇豆样品农药残留超标。报道引发舆论的广泛关注。对此，海南省、三亚市相关部门第一时间介入事件调查，在查明问题豇豆源头后公开向社会致歉，并在全省下发了加强豇豆等瓜菜质量检测的紧急通知，对平息舆情发挥了积极作用。由于应对及时透明，豇豆的价格和销量未受到明显影响。3月中旬，《时代周报》爆料茅台酿酒原料种植基地滥用化学农药、有机认证造假。有媒体认为，茅台的有机认证乱象，足以让人遐想市场上高价出售的所谓“绿色有机食品”究竟有几分真假，建议有关部门严查。5月4日，央视《焦点访谈》播出节目《管不住的“神农丹”》，称记者在山东潍坊地区采访时发现，有人明目张胆滥用剧毒农药种植生姜，并且山东“毒生姜”不出口专内销。报道引发舆论哗然，当日即被400多家网络媒体转载，十余万网民参与跟帖评论，随后各地纷纷采取措施严查山东产地姜。新华网评论文章《第一追问：“毒姜”上餐桌，都是姜农的错?》指出，农民用剧毒农药种地，固然是“小人心态”作祟，但根子上还是农药残留检测监管不力、把关不严、内外有别、外严内宽造成的。5月29日，《新快报》用5个版面，分别以“广州多处菜地滥用禁限农药”、“菜农儿子不敢吃父亲种的菜”、“剧毒农药上的厂址只是居民区"、"国家禁用农药为何禁而不绝?"为题，对广州番禺、白云等地，以及山东省沧县部分地区的菜农违规使用国家禁/限用农药问题进行报道，再次引发了舆论对农药滥用问题的关注。6月末，央视曝光陕西渭南滥用农药的消息被网络媒体大量转载。报道称，陕西渭南农药市场各种高毒农药随处可见，农药经销商违法违规随意销售；当地菜农对高毒农药的危害心知肚明，家家都有自留地，从不敢吃大棚菜。此外，媒体还关注了山东、东北等地农村的"新自留地"现象（即大田里施过化肥、洒过农药的蔬果粮食卖给城市，小块"自留地"里的"绿色"蔬果自己食用)。新华网指出，"新自留地"现象正在使城乡农产品供给一定程度上呈现"二元结构"，在食品安全问题凸显的当下，这不仅是农民"自保"的选择，也是对加强食品安全工作的警示。

中药材农药残留超标问题也是媒体报道的热点。6月下旬，国际环保组织"绿色和平"公布的《中药材农药污染调查报告》被媒体大量转述报道，使得"中药材农残超标"成为热议话题。舆论呼吁反思"救人之药为何变害人之物"，建议从严把关药材生产和流通的各个环节，逐步实现有机种植。7月，"绿色和平"再次发布消息，称英美等七国市场上产自中国的中药材产品含有多种农药残留，大部分农药残留含量超出欧盟限量规定。消息再次引起媒体的关注，新华视点评论文章指出，监管部门应该公布权威数据，加强"农药残留"检测，严格管理农药生产及流通，保障中药材质量安全。同时，《时代周报》还曝光了山东省平邑县在金银花种植中滥用高毒农药、农药残留检测缺失等问题，被百余家媒体转载。对此，10月中旬，国家食品药品监督管理总局、工信部、农业部等八部门联合发出通知《关于进一步加强中药材管理的通知》，对中药材产业全链条各环节的管理提出了明确要求，联手打响了中药保卫战。媒体指出，八部门的联手整顿，将使中药材产业迎来全产业链管理水平提升的机遇。

此外，我国农药残留限量标准和检测工作也受到媒体关注。6月中旬，《燕赵都市报》报道《我国环境污染所致食源性疾病有暴发风险》说，我国自然环境污染和化学物质污染食品还很严重，但食品检测技术水平、相关标准与发达国家相比还有较大差距。我国内地限行的农药兽药残留限量标准仅为667个，只达日本的1/100。针对此文，新华网等百余家网络媒体以《媒体称中国农产品药物残留标准为日本1/100》为题予以转载。媒体认为，执行世界上最严格的农药兽药残留限量标准，是日本极少发生食品安全事故的制度保障，我国的农药残留控制工作任重道远。6月23日，《法制日报》指出，蔬菜从田间到市场，需要对农药残留经过数十种检测方可走上餐桌。然而媒体调查发现，抽查检测项目不足、抽检人员不足、抽检仪器不足等问题还很普遍，看上去青绿一片的蔬菜，很可能是"喝"了高毒农药的问题菜。

2. 环境污染引发的食品安全问题受关注程度增加

与2012年相比，2013年，媒体和网民对环境污染所致的食品安全问题关注度增加。"镉超标大米"事件引发了舆论对土壤重金属污染以及粮食食用安全的持续关注和热议，位居年度热点新闻话题首位。同时，多地被曝出的"垃圾菜"、"黑苹果”、“垃圾鱼”等问题凸显了环境污染给食品安全带来的隐患和忧虑。

2月底，《南方日报》以《湖南万吨镉超标大米流向广东餐桌》为题报道，2009年深圳市粮食集团有限公司在湖南购买了上万吨食用大米，经深圳质监部门质量标准检验，该批大米质量不合格，重金属含量超标，但随着大米市场价格的上升，深圳市粮食集团又将这批问题大米向外销售，流入口粮市场，严重危害消费者的身体健康。该消息被曝光后，受到媒体和公众广泛关注。深圳市粮食集团随即召开新闻发布会，认为报道不实。由于相关企业和监管部门应对及时，此次事件的舆论影响得以迅速平息，与事件有关的后续报道多以零散式呈现。5月16日，广州市食药监局公布广州市第一季度的餐饮食品抽验结果，其中“44.4%的大米及米制品抽检产品发现镉超标”，并在进一步公布的检测信息中披露“镉超标大米主要产自湖南”。由此，“镉大米”问题再度被舆论关注。随着对“镉大米”事件的深度挖掘，土壤重金属污染治理、粮食重金属检测以及有关部门在信息公开方面的不及时受到热议。《光明日报》认为，开矿、工厂排放的废气以及施用镉含量高的肥料都会导致土壤中的镉超标，建议有关部门尽快对土壤、空气等进行检测，及时公布污染源。《经济参考报》关注了粮食重金属检测缺失问题，指出“重金属检测技术已非常成熟，关键是政府部门和企业是否愿意投入力量进行检测”。新华网在文章《湖南“镉大米”：核实三月仍无果》中梳理了自今年2月份以来湖南镉超标大米的相关信息，称湖南省食品安全委员会就有关情况核实了近三个月仍旧没有明确答复。随后，央视8月报道的“四川德阳农田镉超标率超50%，有毒大米流入餐桌”，福建省质量监督管理局9月关于“检出个别批次大米镉含量超标”的相关通报，《南方都市报》12月发布的“香港3款市售大米检出镉超标”等消息均引发广泛关注。舆论指出，镉大米不是阴魂不散，而是从未离开，对食品安全的漫不经心，最终受害的是权力公信力和南方涉事产地的粮农。

部分地区因工矿污染、污水灌溉、垃圾堆肥所致的食品安全问题也引发舆论深度反思。3月中旬，大河网对河南新乡用造纸厂污水灌溉麦田进行曝光，引发媒体跟进报道。当地农民对央视记者直言，用污水浇的麦子“自己不吃，都卖给你们了”。此言一出，舆论哗然，有网民调侃“这是中国式的以毒攻毒”，也有网民表示不应过分指责农民，农民是农田污染的最大受害者。6月下旬，央视《经济半小时》对张家口煤炭矿区附近村庄常年遭受污染情况予以详细报道，文中提到的由于受到煤炭粉尘污染，当地种出的苹果都是黑色的，洗都洗不掉。网民认为“黑苹果”是长期污染种出的“伤心果”，新华网批评“黑苹果”是不计后果、不计成本的盲目发展观产下的“怪蛋”。8月，《人民日报》发文关注广州市番禺区垃圾种菜问题。文章说，番禺区部分菜农用垃圾堆肥种菜一事曾在2012年年末引起广泛关注，当地有关部门也曾介入治理，但时隔7个月，垃圾种菜又在当地死灰复燃。舆论认为，“垃圾菜”的死灰复燃，当地有关部门应改善运动式监管，并从土壤修复方面进行根本治理。9月初，网民爆料海口每天有上万斤“垃圾鱼”流入市场，引发多家媒体的跟进调查。《法制日报》图文发布的涉事鱼塘养殖环境恶劣的相关报道被大量转载。媒体认为“垃圾鱼”暴露的仍是监管漏洞的老问题，网民呼吁尽快建立一套行之有效的从源头到终端的监管“硬制度”。

3. 养殖环节药物滥用问题受到阶段性关注

2012 年 12 月出现的“速生鸡”事件，成为养殖业抗生素滥用问题的高热舆情事件，舆情热度持续至 2013 年 1 月。受此事件影响，养殖业抗生素滥用等问题在 2013 年年初仍具很高的关注度，媒体发出的相关报道易引发广泛反响。此外，3 月“黄浦江死猪”事件中关于“嘉兴生猪死于喂砷”的相关谣言在互联网上热传。上述情况使得养殖环节药物滥用问题在 2013 年上半年仍是热点话题，重金属滥用成为新的关注点。

1 月 12 日，中央电视台《新闻联播》以《记者调查：饲养牲畜吃人药　谁受害?》为题报道了河南海润兽药厂在生产兽药过程中添加违禁抗生素。消息发出后被大量媒体转载报道。当晚，农业部责成河南省有关部门迅速查处，并派出工作组前往河南督导。由于事件发生在“速成鸡”事件后，形成了连锁式的负面影响，部分网友甚至认为，“速成鸡”事件并非个案，而是国内普遍现象。《京华时报》发表文章指出，当地地方执法部门对养殖用药情况缺乏基本监管，每一次执法的“姗姗来迟”，都意味着纳税人购买的公共服务严重短缺。如果公共服务者始终不用看纳税人的脸色行事，那么这种懈怠与失职便很难彻底纠治。

3 月上旬，《南方周末》、《财经》杂志等媒体报道了我国养殖业存在的抗生素和重金属滥用问题。据介绍，中美两国科学家分别在北京、福建、浙江的三个大型养猪场检测到 149 种耐抗生素基因，养猪场还在饲料中超量添加铜、锌和有机砷制剂，使得生猪体内重金属超标。《财经》杂志指出，养殖业滥用抗生素和重金属带来的环境污染和食品安全风险不可小觑，亟需充分评估与应对。3 月中旬，“黄浦江死猪”事件舆情持续发酵，互联网上关于死猪源于饲料中添加的砷中毒的相关传言受到网民的高度关注。19 日，《21 世纪经济报道》援引坊间关于“嘉兴生猪死于喂砷”的传言，指出“有机砷到底在何种程度上运用于生猪养殖前端，它的危害性以及与此事件的关联度，仍待相关部门作深入调查”。消息发布后被百余家网络媒体转载，网民也在微博等自媒体中大量转发。20 日，农业部网站发文《黄浦江漂浮死猪组织样品均未检出砷》予以回应。文中强调，“‘砒霜’属于无机砷，是一种剧毒物质；有机胂是一类砷化三氢衍生物。无机砷和有机胂，‘砷’和‘胂’虽是一字之差，但两类物质却完全不同。饲料中加入的是有机胂制剂，而不是无机砷”。对此，新华网等百余家媒体予以广泛转载报道，相关网络传言也随后平息。4 月中旬，《第一财经日报》在广东一家饲料厂暗访后指出，含砷添加剂的使用面并未如传言那么严重，但不排除小型猪场超量使用含砷添加剂的可能，并认为监管部门在实际的监管工作中还存在不足。此外，公安部门侦破的相关案件也受到高度关注。8 月，《新京报》消息称，公安部统一指挥浙江、江西等 21 省区市警方协同作战，破获首例兽药非法添加“瘦肉精”案件。新华网随后赴浙江等地展开跟进调查，报道了瘦肉精非法掺入兽药的全过程。文章还说，由于我国生猪散养面积大，兽药行业监管存在薄弱环节、药品残留检测手段相对落后。文章建议提高检验设备水平和检测强度，引进先进的设备充实基层检疫检验部门。

4. 生产加工环节的食品安全问题成为常态话题

2013年，注水肉、病死猪肉、毒豆芽、毒皮蛋、假冒牛羊肉等食品生产加工环节违禁添加、假冒伪劣等问题成为舆论关注的常态话题，以媒体暗访和相关司法案件结案后公布的消息为主，热点新闻贯穿全年。

1月末，央视《焦点访谈》播出了题为《问“水”牛横行到何时》的报道，揭露了石家庄牛肉市场注水乱象。2月，“记者暗访元宵黑作坊：色素拌香精包出黑芝麻馅”、“添加剂＋鸭肉边角料假冒‘牛羊肉’”、“鸭肉羊油‘保水剂’制成有毒‘羊肉卷’”等经媒体暗访或公安部门侦办后被曝出的食品安全问题引发广泛反响。3月，《检察日报》报道了江苏省南通市司法部门宣判的食品安全犯罪案件。报道说，不法商贩用生猪水油、“脯肉”等下脚料，熬制食用猪油，并运往江西等地销售，最终流向百姓餐桌。4月，新华网先后报道了江西小作坊制售“毒豆芽”、湖南商贩用工业硫黄熏制干辣椒等司法案例，并对北京毛肚百叶加工黑作坊进行暗访。5月，大河网报道了河南新乡警方查获的制售“毒豆芽”黑窝点，大楚网也报道了不法商贩因在豆芽中添加漂白剂而获刑。6月，江西南昌不法企业用工业硫酸铜腌制“毒皮蛋”的消息经央视曝出后成为当月的热点话题。7月，《北京晚报》报道《男子吃羊肉串后现瘀斑　血检显示体内含鼠药成分》再次引发舆论对假冒羊肉问题的关注。凤凰论坛热帖《慎吃路边摊！羊肉串中竟含耗子药成分》谴责商贩无良，呼吁行业自律、官方主动监管。8月，毒豆芽、病死猪肉等食品安全犯罪案件受到新华网的集中关注。3日，新华网报道说，河南省三门峡市司法机关对非法制售17万千克问题豆芽的犯罪嫌疑人提起公诉。8日，新华网以《一年卖出3万斤，病死猪肉何以“裸奔”到餐桌?》为题，报道了北京市海淀区法院审理的一起非法制售病死猪案件。29日，新华网《新华视点》报道了安徽省萧县警方侦破的一起制售病死猪案。报道说，该案涉案时间达8个月，关涉4省9市县，监管部门“集体失灵”。此外，硫黄熏制枸杞、20万千克毒血豆腐流入郑州等食品安全问题被媒体曝光后引发网民的广泛关注。9月，广东省公安厅通报的“150吨茂名病死猪肉流入深圳”案件被新华网等媒体大量报道。同时，江苏审理的一起地沟油案件也受到舆论聚焦。该案涉及12个省市的117家粮油企业，且有2 000多吨“地沟油”已售出。对此，《人民日报》追问，为何如此多的“地沟油”能在1年多时间里通过重重检测而畅行12个省市。10月，赣南脐橙染色事件受到社会各界的高度关注。《北京晨报》以《赣南脐橙由青果催熟　染色打蜡后上市》为题报道了赣南脐橙染色上市的消息。随后，黑龙江、福建、上海等地媒体相继曝出当地有“催熟染色”脐橙在售。对此，江西当地相关部门及时开展全国性赣南脐橙专项检查，并召开新闻发布会，称“染色橙”仅是个别不法经销商的行为，数量极少，同时积极利用新媒体平台开展正面宣传，最大限度减少了该事件对赣南脐橙品牌和市场的负面影响。11月，新华网报道《一根豆芽几多毒？——直击“毒豆芽”生产黑幕》，揭露了天津地区违法加工问题豆芽行业内幕，引发了数百家网络媒体的转载。该文章评论指出，“毒豆芽”之所以频频出现，除了商贩本身利欲熏心外，相关部门在执法过程中容易存在争议和推诿，监管的漏洞更让人揪心。12 月，《华西都市报》爆料成都部分市场和餐馆用鸡鸭肉制作“假羊肉”、用化学添加剂熬制“羊肉汤”。新华网消息称，西安警方打掉一非法制售“毒豆芽”的黑窝点，该窝点每天生产万余斤“毒豆芽”。

（三）媒体积极报道保障食品安全的政策举措，汇聚网络正能量

2013 年，针对频繁曝光的食品安全事件和当前食品安全的严峻形势，中央高调提出严厉打击加强监管，各级政府部门密集出台相关举措，司法机关重拳惩治食品安全犯罪，获得媒体和网民的高度赞赏和热烈期许。政府部门在保障食品安全方面的工作部署在互联网上形成强大气场，保障食品安全“重拳出击、重典治乱”，成为舆论共识。

1. 李克强总理对食品安全的多次表态受到舆论聚焦

1 月 23 日，李克强总理组织召开国务院食品安全委员会第五次全体会议，并严肃指出，政府的一切工作都是为了人民的利益，而当前人民的突出愿望便是食品安全。他突出强调：“要把食品安全作为考量各级政府转变职能的一把重要标尺。”有舆论指出，在当前食品安全问题频发的背景下，这样的表态非常必要且意义非凡，接下来需要努力去做的是如何有效落实。3 月，李克强总理在答记者问中再度指出，“食品安全，那可以说是天大的事”，政府应该对假冒伪劣和黑心食品坚决进行查处，并且让不法分子付出昂贵代价。数百家媒体对此予以转述报道。《人民日报》评论文章呼吁，全社会行动起来，同心携手维护食品安全。文章说，食品安全直接关系广大人民群众的身体健康和生命安全，关系国家的健康发展和民族的美好未来。“天大的事”容不得推诿扯皮，需要个个担当，方能人人受益。

5 月份，李克强总理多次提及食品安全问题，受到舆论高度关注。6 日，李克强总理主持召开国务院常务会议，在 2013 年深化经济体制改革重点工作中提出，建立最严格的食品药品安全监管制度，完善食品药品质量标准和安全准入制度。8 日召开的国务院常务会议再次强调，要严格食品安全监管，严厉打击肉类产品掺假售假等违法违规行为。对此，新华社发表评论指出，中央的态度和部署给了人们信心，而维护这种信心，需要监管执行真正严起来、硬起来，以实际行动惩处害群之马、震慑不良商家，营造起安全健康的食品生产经营环境。中国新闻网评论指出，本周召开的两次国务院常务会议两度提及食品安全监管，显现出新一届中央政府对食品安全问题的重视。

5 月 13 日，在全国电视电话会议上，李克强指出，对食品、环境、安全生产等领域群众高度关注、反映强烈的问题，“一定要高度重视、严格监管、严厉打击”。《人民日报》评论指出，李克强总理关于食品安全监管的一番话，引起强烈共鸣。从有关食品安全的“最严”司法解释出台，到“最严格”、“严厉打击”等词语频现

食品安全工作部署，一再释放依法治理、从严监管等明确信号。高压线通电才有威慑力，捍卫餐桌安全，既要织密法网，更要不断打出执法重拳，使不法分子“步步惊心”。如此，才能让老百姓餐餐放心，持续提振对“盘中餐”的信心。

11月1日，在地方政府职能转变和机构改革工作电视电话会议上，李克强要求，对假冒伪劣、坑蒙拐骗，尤其是损害人民生命健康的食品安全等领域违法违规行为，要严惩不贷。建立健全“黑名单”制度，让违法者付出承受不起的代价。《中国证券报》文章认为，有关食品安全的监管已经上升到了国家层面。可以预期的是，伴随着国务院会议精神的逐步落实，各地加大进行食品安全检查的动作还会增加，全社会食品安全监管检测的体系、办法也将加快设立，食品安全检测行业的需求或许也将如食品溯源产业那样迎来快速井喷的阶段。

2. 中央会议强调“舌尖上的安全”引热议

12月中旬，中央经济工作会议指出，“坚持数量质量并重，更加注重农产品质量和食品安全，注重生产源头治理和产销全程监管”。对此，舆论认为是对民生的现实关切，回应了百姓最迫切的需求。12月下旬，中央农村工作会议提出用最严谨的标准、最严格的监管、最严厉的处罚、最严肃的问责，确保广大人民群众“舌尖上的安全”。12月25日，中央农村工作会议闭幕后的第一天，确保“舌尖上的安全”占据了各大新闻网站的重要位置。“能不能在食品安全上给老百姓一个满意的交代，是对我们执政能力的重大考验”，被舆论大量引用。媒体纷纷以《中央用“四个最”要求确保舌尖上的安全》等题发文报道。新华网评论文章说，“食品安全是对执政能力的重大考验”的表述是党和政府全力保障人民群众“舌尖上的安全”的决心书，也是提高农产品质量、保障食品安全的军令状。《人民日报》指出，这样的宣示与承诺，对农产品生产提出了更高要求，回应了全社会对食品安全的关切，更彰显了党和政府勇于担当、为民纾困的坚强决心。中国社会科学院研究员李国祥认为，“四个最”切中了农产品质量和食品安全保障工作的命门，其中以“最严肃的问责”最为关键。如果没有切实执行，就如同空文；要落实标准的执行，就得靠严格监管；如何保证监管到位，最终需要“最严肃的问责”，只有进行最严肃的问责，才能让监管者切实担负起自身的职责，才能让其不敢随意为之。

3. 食品安全监管政策举措的密集出台获得舆论肯定

2013年，政府部门加强监管，积极应对，重拳频出，相继出台一系列保障食品安全政策举措，合力打响了“食品安全保卫战”，受到了媒体和网民的高度关注和积极肯定。

1月下旬，新华网等媒体对公安机关开展的“打击食品犯罪保卫餐桌安全”专项行动予以积极报道。2月初，公安部网站消息称，公安机关春节前集中开展“打击食品犯罪保卫餐桌安全”专项行动，已侦破食品安全犯罪案件120余起　抓获违法犯罪嫌疑人350余名。3月下旬，人民网等媒体以《农业部深入推进农产品质量安全专项整治》等为题，对农业部组织开展6个专项整治行动予以大量报道。4月中旬，国务院办公厅印发《2013年食品安全重点工作安排》受到高度关注。文中强调的"严惩违法犯罪，加强应急处置。各级监管部门要认真履行职责，坚持重典治乱，对有危害食品安全等违法犯罪行为，强化刑事责任追究"等举措被媒体和网民大量传播。5月中旬，中国新闻网等200余家媒体报道了国务院食品安全委员会办公室开展的肉及肉制品专项治理行动，有网民在新闻跟帖中发出"欢欣鼓舞"的评论。6月，媒体纷纷以《农业部：农产品质量安全专项整治取得阶段性成效》为题，对农业部在全国范围组织开展农药及农药使用、"瘦肉精"等6个专项整治行动所取得的进展予以关注。7月下旬，在全国农产品质量安全监管工作会议期间，农业部部长韩长赋"用更严措施全面提升监管水平"的表态成为新华网等媒体报道的焦点。9月初，在国务院食品安全委员会第一次全体会议上，国务院副总理张高丽指出，要抓好源头治理，加强农业投入品管理和农业面源污染防治，坚决守住食品安全的第一道关口。媒体评论称，这传递出高层治理"食品安全"顽疾、保障"餐桌上的民生"的决心和信心。12月，中央和各级政府部门就农产品质量和食品安全工作纷纷表态并采取相应举措，再度引发舆论的聚焦。"国务院：将农产品质量安全纳入县、乡级政府绩效考核"、"我国拟建食品药品安全黑名单"、"国务院食安办采取6项措施推进2014年食品安全工作"、"农业部视频会议部署落实《国务院办公厅关于加强农产品质量安全监管工作的通知》"等消息被网络媒体积极报道。舆论评价称，这彰显了中央政府强化食品安全监管的决心和举措，不仅是工作方式的转变，更是执政理念的进步，值得期待。

同时，食品安全相关标准的完善和有关法律的修订也被广泛关注。3月初，《人民日报》发文《〈食品中农药最大残留限量〉最新国标3月实施》，对卫生部、农业部联合发布的《食品中农药最大残留限量》予以详细介绍。文章说，"新国标"的发布为规范科学合理用药和农产品质量安全监管，严厉打击非法使用和滥用农药行为，提供了法定的技术依据。文章还援引有关专家言论称，"新标准是个不小的进步，还应继续完善，加快建立适合我国国情的豁免残留限量和一律残留限量农药名单"，"尽快修订完善并发布实施新的《农药管理条例》，再强化农药生产企业准入制度"。5月初，最高人民法院、最高人民检察院发布司法解释，明确界定了食品安全犯罪的定罪量刑标准，被舆论称为"严刑峻法"。媒体指出，保障食品安全，法制是根本，鉴于当前食品安全严重形势和比较猖獗的犯罪特点，只有加大打击力度，严密编织法网，依法严惩危害食品安全犯罪，才能够有效地回应全国人民的关切。10月末，《食品安全法（修订草案送审稿）》面向社会公开征求意见，媒体对此高度关注。新华网《新华视点》指出，"送审稿"在强化婴幼儿食品监管、加重处罚食品安全违法行为等方面亮点突出，是食品安全升级保障的"紧箍咒"。还有媒体表示，作为保障食品安全的"顶层设计"，"送审稿"还应进一步强化全社会共治理念，确保消费者司法救济渠道的畅通也应是题中之义。

4. 打击肉制品犯罪引发媒体持续报道

公安机关在打击肉制品犯罪方面接连发力，媒体对此予以持续报道。其中的一些病死猪、假冒牛羊肉案件由于关涉省份多、涉案数量大，受到各界高度关注，同时也引发了舆论对畜禽产品质量安全和有关部门监管职能的讨论。

2月和5月，媒体集中报道了“公安部公布6起打击食品安全犯罪典型案例”和“公安部公布10起肉制品犯罪典型案例”等消息，在社会上引起强烈反响。据新华网5月初发布的消息称，1月25日公安部部署全国公安机关开展打击食品犯罪保卫餐桌安全专项行动以来，各地公安机关以各类肉制品为重点，集中侦破各类注水肉、假牛羊肉、病死肉、有毒有害肉制品犯罪大要案件382起，抓获犯罪嫌疑人904名，现场查扣各类假劣肉制品2万余吨。媒体和网民对其中的辽宁假羊肉卷、贵阳“毒鸡爪”、江苏犯罪团伙用狐狸和老鼠肉冒充羊肉、福建40吨病死猪肉流入餐桌等犯罪案件表示震惊，呼吁司法机关加大侦办力度，对犯罪分子严惩不贷。各地在打击肉制品犯罪方面开展的工作和侦破的案件也被关注。《河南捣毁肉制品犯罪窝点116个》、《广东茂名150吨病死猪肉流入深圳兽药超标12倍》、《瑞安破3000万跨省假牛肉大案》、《安徽病死猪肉案抓获24名犯罪嫌疑人　全省拉网打击肉制品违法加工》、《黑龙江开展肉及肉制品专项治理严打制售假牛羊肉》等消息被媒体大量报道。

针对肉制品犯罪频发的态势，舆论展开讨论。《大众日报》报道，制售病死畜禽肉制品的案件，在山东省公安机关侦办的食品犯罪案件中占很大比重，高发势头明显。文章说，山东省畜禽养殖存量数量庞大，每种畜禽在养殖过程中都有一定的病死率，这就给不法商贩提供了大量的“原料”；另一方面，加工病死畜禽肉制品不愁卖。文章援引山东省公安厅食品犯罪侦查支队有关人士的言论称，正是这种“供销两旺”的现状，导致制售病死畜禽肉制品犯罪高发。如果不给病死畜禽畅通“出口”，找到“归宿”，它们就极有可能被不法分子用来制售成肉制品流向百姓餐桌。保卫餐桌安全，应健全完善病死畜禽处理机制，切断供应的源头。还有舆论认为，肉制品质量问题案件也折射出政府部门的监管措施和监管力度不足问题，重大食品安全案件多是跨省市作案，地方政府部门应对食品安全问题守土有责，提高监管能力，走出“事后重视”的怪圈。长江网评论文章指出，我们应为公安机关严厉打击食品犯罪保卫餐桌安全专项行动取得的显著成果叫好，但遏制“黑食品”的猖獗，不能仅靠执法部门，打击肉制品犯罪还需要全民参与。

（四）舆情传播特点

1. 从舆情热度来看，农产品质量安全舆情总量呈上扬态势，但相关热点事件相对减少，下半年负面舆情量明显回落

2013年，农产品质量安全新闻舆情总量呈现较大幅度增长。2012年农产品质量安全网络媒体新闻舆情（包括新闻报道和评论，含转载量）总值达12万余条，峰值近3万条；2013年舆情总值则达到19万余条，峰值达4.5万余条，媒体关注度上涨态势明显。与2012年相比，经媒体和网民曝光后成为热点的农产品质量安全事件的数量和事件舆情持续热度均有所下降。2012年出现了“速成鸡”、“药袋苹果”、“甲醛白菜”、张裕葡萄酒农药残留风波等多个热点事件，其中最受关注的

"速成鸡"事件舆情热度持续近两个月时间。2013 年 5 月相继出现的"毒生姜"事件和"镉超标大米"事件，是最为关注的年度热点事件，舆情热度均持续约两周即平息。此外，下半年，影响范围大、媒体和网民参与度高的热点问题大幅减少，没有出现舆论持续关注的高热事件，农产品质量安全方面的负面舆情明显回落。

2. 从舆情传播主体来看，传统媒体发挥舆论监督和舆情引导功能，微博等自媒体多以转发媒体报道和参与评论为主

能够引发高度关注的农产品质量安全相关的首发报道主要来自中央电视台、新华网、《广州日报》、《南方日报》等传统主流媒体，"毒生姜"、"毒皮蛋"、"郑州假兽药"、"注水牛肉"、"陕西渭南滥用高毒农药"等问题都是由央视曝光后迅速成为社会热点。微博、论坛等更多地成为了网民参与传播和讨论的平台。同时，微博已经成为传统媒体在社交媒体上布局的重要阵地，进一步实现了官民舆论场的对接，对政府部门的政策宣传和舆论引导发挥了重要作用。2013 年，《人民日报》、新华网、中央电视台等传统媒体在广泛宣传食品安全监管政策举措的同时，还充分利用自身官方微博的强大影响力，将相关报道通过微博传播，进一步增强政府部门在保障食品安全方面的网络正能量。

3. 从舆情内容来看，食品安全相关问题与政府部门的保障举措成为舆论关注的双焦点

2013 年，生产加工领域"毒豆芽"、"病死猪肉"、"假羊肉卷"等违禁添加、假冒伪劣等食品安全问题成为常热话题，农药兽药残留超标与滥用也呈现阶段性高热，环境污染引发的大米食用安全问题出现了热点舆情事件，由此可以看出，从源头到餐桌的食品安全整个过程仍是媒体和网民关注的重点。同时，各级政府部门在保障食品安全方面的相关举措也受到高度聚焦。2013 年，媒体关于政府部门保障举措的相关报道占农产品质量安全话题总量的 32%，与上年相比呈现迅猛上涨态势。

4. 从舆论关注上看，职能不清权责不明、政府监管缺失依然是热点事件中舆论指向的焦点

2013 年出现的热点事件，多是政府管理中机构重叠、职能交叉等带来的问题，如"毒豆芽"、"病死猪肉"等，舆论的矛头也是纷纷指向质量监管的体制、政策法规的漏洞和政府执行力等方面。例如"病死猪肉"事件中，《人民日报》以《一头死猪为何能"摁住"八个部门?》为题，质问我国现行的食品安全管理体制，并指出要改变相关监管部门"重审批、轻监管"、"有利抢着管，没利让着管"等现象，必须强化问责，通过对疏漏失察、玩忽职守、营私舞弊等行为的惩处，切实落实监管职责。在"毒豆芽"事件中，新华网同样表示"三个部门为何管不住一根豆芽?"，事件同工商、质监、农业这三个部门都有关系，每个部门都能管，但却谁都不愿趟浑水，出现"三不管"的尴尬局面。舆论指出，真正做到捍卫食品安全，尚有不少的路程要走，关键还是要避免执行靠"装"、管理靠"推"、监督靠"拖"的现象一再重演。此外，从频繁曝光的食品安全事件舆情看，舆论质疑的焦点一直围绕政府监管缺失，特别是基层监管失效等方面，这给各级监管部门带来了前所未有的压力。如“镉大米”事件，公众普遍认为政府监管对国内食品安全环境现状负有责任。“毒生姜”事件，舆论更是一针见血地指出，山东剧毒农药种姜暴露出的问题不容小觑，国内食品安全监管的宽松和懈怠值得反思。因此，提升基层监管能力，增强监管实效应成为各级政府部门不懈努力的目标。

5. 食品安全领域依然是网络谣言多发地，是个别媒体断章取义的“重灾区”，主流媒体和政府部门对此及时予以了澄清

食品安全毕竟是一个高度敏感的领域，2013 年涉及农产品质量安全的网络谣言、传言仍时有发生，例如菊花产品有毒、樱桃生蛆虫、蘑菇含重金属、喝牛奶致癌、白米饭是垃圾食品之王等，对此政府部门密切监测，积极回应，有效处置；主流媒体及时还原事件真相，正面引导舆论，这对于有效阻止谣言发挥了积极作用。例如，《人民日报》针对菊花产品有毒、樱桃生蛆虫以及转基因大豆致癌等传言接连发文，进行辟谣澄清，及时纠正了错误言论和不实猜测，有效缓解了公众恐慌情绪，对维护产业发展、保护农民切身利益发挥了积极作用；针对互联网中“家禽感染炭疽杆菌，不要吃鸡肉”等传言，杭州市农业局今年以来连续三次辟谣。

二、乳业问题

2013年被称为中国乳业的变革年，以婴幼儿奶粉为突破口的乳品质量安全保障成为国计民生的重大问题，受到中央的高度重视。媒体指出，乳业改革风暴席卷全国，相关政府部门密集出台相关政策，大幅提高安监及准入门槛，清理落后产能，引发业内强震[①]。据中国乳制品工业协会发布2013年行业报告称，"在政府有关部门的领导下，在行业全体员工的努力下，原料基地建设、企业管理升级、产品质量安全有了显著进步，消费者信心、乳制品市场得到了恢复，乳制品生产、销售取得了较好成绩。我国乳制品行业走出了低谷，进入新的良性发展时期"[②]。

（一）舆情概况

2013年，乳业相关话题成为"三农"舆情中增幅最为明显的话题，新闻话题量较2012年增长了4.5倍。全年热点话题主要集中在乳品质量安全、奶粉限购、液态奶涨价等方面。其中，乳品质量安全仍是乳业的焦点话题。与2012年相比，国产乳品质量安全话题量明显减少，全年未现因质量安全所致的热点事件，但舆论仍有一定的关注度，2月"烧碱保鲜牛奶"、7月"婴幼儿奶粉含反式脂肪"等相关传言出现后，引发了短暂舆情起伏。洋奶粉质量安全问题受到重点聚焦，出现了两起高热舆情事件，洋奶粉贴牌生产乱象也被央视等媒体集中曝光，舆论对洋奶粉的态度逐步回归客观、理性。此外，政府部门政策举措也受到媒体和网民的高度关注。国务院对加强婴幼儿奶粉质量安全的工作部署、九部委出台的乳业新政、发改委开展的奶粉价格反垄断调查、农业部针对生鲜乳质量安全和稳定供给采取的保障举措等被广泛报道。舆论认为这些措施彰显了国家在保障乳品质量安全、规范乳品行业发展、重振消费者信心方面的勇气和魄力。

乳业相关话题网络媒体新闻舆情走势全年波动明显，峰值出现在8月份。1月出现的新西兰奶粉双氰胺事件引发高热舆情，使得年初舆情走势呈现高开低走态势。3月，香港奶粉限购、央视曝光洋奶粉贴牌生产等热点话题叠加，当月话题量成倍增长。5～6月，政府部门在保障乳品质量安全方面接连打出"组合拳"，成为媒体报道重点，使得这两月的新闻量持续上涨。8月，新西兰奶粉在质量安全方面出现多个热点，其中恒天然乳品遭肉毒杆菌污染事件再次引发高热舆情，当月新闻

---

① 《盘点2013年奶瓶里的风暴　至少一半代工奶企将退出》，http：//www.gd.xinhuanet.com/newscenter/2013-12/25/c_118695490.htm

② 《乳制品行业2013年回顾及2014年工作重点》，http：//info.food.hc360.com/2014/03/070857800822-5.shtml

2013 年乳业话题新闻舆情走势图

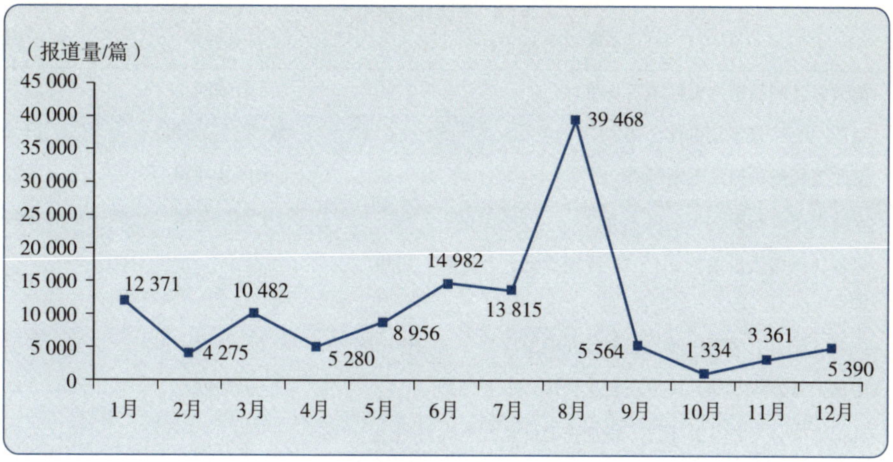

2013 年乳业话题网民舆情走势图

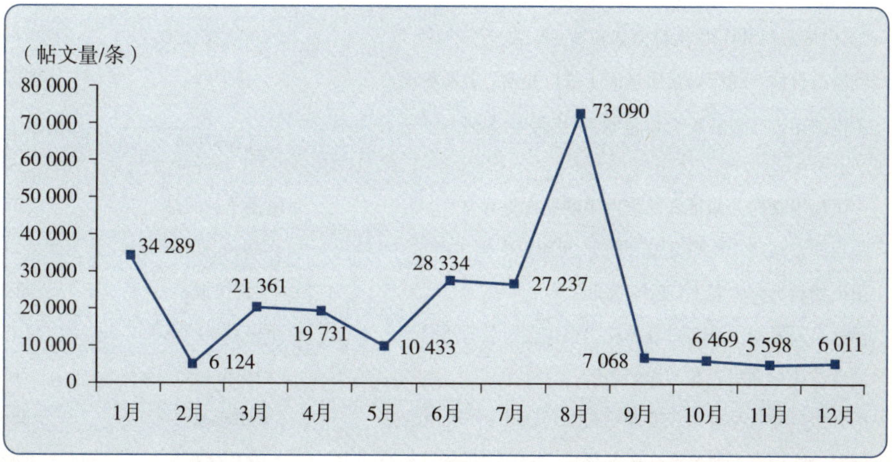

量攀至顶峰。9 月开始，媒体关注度由乳品质量安全向液态奶涨价等话题转移，新闻报道量也出现大幅回落。

乳业相关话题的网民舆情走势与媒体新闻舆情走势整体一致，网民多以转发和评论媒体的相关报道为主。与 2012 年相比，2013 年乳品相关网络热帖在发帖量和点击量上均出现了明显的上涨。3 月成为网络热帖密集度最高的月份，香港奶粉限购受到了集中关注和热议。网民对乳品质量安全问题的曝光更易受到围观，3 月天涯、猫扑先后出现的爆料雅培奶粉致婴儿性早熟的网帖点击量达数十万次。网民在对网帖的传播方面更趋理性，5 月猫扑论坛出现的爆料“光明酸奶喝出死老鼠”的相关网帖引发 18 万余次的点击量，但从跟帖评论看，网民纷纷表达了对帖文真实性的质疑。此外，在乳业话题方面，网络知名人士仍具很强的舆论影响力，央视《百家讲坛》主讲人马未都、《新京报》编辑潘采夫、时评人张敬伟就乳品质量安全、香港奶粉限购等话题发表的博客文章受到网民聚焦。

2013 年乳业相关热点话题新闻 Top20

排名	热点话题	首发媒体	新闻报道量
1	恒天然乳制品遭肉毒杆菌污染事件	新华网	32 336
2	新西兰奶粉双氰胺事件	《新西兰先驱报》	11 595
3	发改委奶粉价格反垄断调查	中国新闻网	6 258
4	香港发布奶粉限购令	中国广播网	4 102
5	央视《每周质量报告》3·15 特别行动："美素"奶粉疑云	中央电视台	3 721
6	国务院研究部署进一步加强婴幼儿奶粉质量安全工作	人民网	3 549
7	中国发布新版婴幼儿配方乳粉生产许可审查细则	新华网	3 247
8	九部委联合发布《关于进一步加强婴幼儿配方乳粉质量安全工作的意见》	新华网	3 032
9	国产婴幼儿配方乳粉"反式脂肪酸风波"	《南华早报》	2 781
10	"国内液态奶 60%以上都由奶粉冲兑"言论引热议	《中国经营报》	2 720
11	乳协报告称"国产奶粉质量优于进口奶粉"引发热议	新华网	1 934
12	工信部印发《提高乳粉质量水平 提振社会消费信心行动方案》	工信部网站	1 771
13	中国检出新西兰两批乳铁蛋白硝酸盐含量异常	质检总局网站	1 559
14	央视调查贴牌洋奶粉乱象 5100 元即可变出洋奶粉	中央电视台	1 310
15	南山奶粉曝维生素 K1 超标逾 900 倍	《新快报》	853
16	质检总局发布《进出口乳品检验检疫监督管理办法》	质检总局网站	846
17	焦点访谈：雾里看花"洋奶粉"	中央电视台	763
18	中乳协推介六品牌国产婴儿奶粉 否认存在"国家队"	中国新闻网	656
19	网曝奶农误食光明牛奶保鲜剂死亡 光明急辟谣	《京华时报》	562
20	2013 上半年婴幼儿奶粉投诉翻番 六成洋品牌	中国网	517

2013 年乳业相关网络热帖 Top20

排名	标　题	来源	日期	点击量	回帖量
1	雅培奶粉致婴儿性早熟！太可怕了	猫扑论坛	3 月 15 日	797 199	690
2	新西兰奶粉又出事，作为一个从事食品行业多年老手，告诉你一些真相！	天涯论坛	8 月 5 日	618 205	2 627
3	局长流泪是一种责任担当①	新浪论坛	3 月 5 日	547 361	11
4	第九百三十七篇·奶粉	新浪博客	3 月 3 日	340 639	1 263
5	港媒拿反式脂肪酸做文章令人遗憾	凤凰论坛	7 月 10 日	272 558	82
6	网曝光明酸奶喝出死老鼠！有图有真相	猫扑论坛	5 月 14 日	185 653	79

（续）

排名	标题	来源	日期	点击量	回帖量
7	我是香港的奶粉供货商，请大家客观的看待问题。	天涯论坛	3月10日	161 323	2 846
8	新西兰婴幼儿奶粉查出肉毒杆菌这些产品已销往中国在内的7个国家	19楼空间	8月4日	144 074	115
9	“崇洋媚外”是光明正大的事业	凤凰博客	3月11日	136 739	250
10	香港限奶，国产奶粉当知耻自强	新浪博客	3月2日	132 879	1 021
11	雅培奶粉造成几个月大的BB“早熟”	天涯论坛	3月12日	109 386	2 063
12	带奶被拘，滑天下之大稽！	天涯论坛	3月3日	93 545	941
13	奶农中毒死亡，光明乳业否认相关，15吨含“保鲜剂”毒奶失踪	天涯论坛	2月5日	62 089	867
14	恒天然爆出了“原装进口”的真相！	凤凰博客	8月7日	47 295	20
15	谈谈此次奶粉事件！	天涯论坛	8月5日	40 303	763
16	八成洋奶粉原来是“中国制造”	凤凰论坛	3月5日	31 439	7
17	香港洋奶粉限供大陆：肉痛何处？	凤凰论坛	3月3日	24 549	10
18	奶粉造孽	新浪博客	7月12日	18 193	104
19	国内乳品巨头为何集体缄默？	网易博客	3月13日	13 584	117
20	中国为何生产不出让妈妈放心的奶粉？	网易博客	2月7日	12 032	125

①据《潇湘晨报》3月3日消息称全国政协委员、国家工商总局局长周伯华谈到内地市民对一罐奶粉都缺乏信息的时候几欲落泪。http：//epaper. xxcb/xxCBA/html/2013－03/03/content _ 2689046. htm

（二）热点舆情分析

1. 国产乳品质量安全舆情总体平稳，热点话题偶有发生

与2012年相比，媒体和网民曝出的国产乳品质量安全热点问题从数量和舆情持续热度上都明显下降。从全年总体情况看，国产乳品质量安全方面的热点问题较少，仅在2月末出现了“2012年宁波抽检六品牌鲜奶　合格率仅为68.66%”、6月末出现了“南山奶粉曝维生素K1超标逾900倍　专家称易中毒”等关注度较高的消息，媒体对上述新闻的转载报道量达数百次，舆情热度约持续2天时间。

国产乳品质量安全的热点舆情多出现在相关传言方面，“烧碱保鲜牛奶”、“内地婴儿奶粉含反式脂肪”等消息被曝出后引发广泛关注，媒体和相关政府部门对传言予以及时回应澄清。2月上旬，“光明乳业使用烧碱保鲜牛奶”的相关消息受到舆论围观。消息源起网民发布的“光明奶农误食‘保鲜剂’身亡”的微博内容，在传播过程中还出现了“乳品行业使用烧碱保鲜潜规则”的传言。光明乳业和当地政府紧急辟谣，及时还原事件真相，澄清当事人系误喝清洗奶罐的火碱水身亡。对此，《京华时报》等媒体纷纷发文对整体情况予以报道，给网民呈现完整、具体的事件全貌。中国广播网还采访了王丁棉等业内专家，从专业角度对“烧碱保鲜牛奶

成行业潜规则”的不实传言予以澄清。经过多方努力，事件舆情快速平息。7月上旬，国产婴幼儿配方乳粉“反式脂肪酸风波”引发广泛舆论反响。7月8日，香港《南华早报》刊登题为《内地婴儿奶粉含反式脂肪》的文章，并称“反式脂肪可以导致心脏病，婴儿不宜饮用”。消息发布后引发社会各界的高度关注，国家食品药品监督管理总局等相关部门快速应对，反式脂肪酸相关科普文章也被积极传播。有媒体批评《南华早报》的报道“是不负责任之辞，对行业造成打击、对消费者形成误导”。网民对此事的关注度也很高，凤凰网论坛网帖《港媒拿反式脂肪酸做文章令人遗憾》，当月点击量达27万余次。网民认为有关媒体应为不实报道向公众道歉。还有网民表示，这是某些国外奶粉品牌与媒体勾结，借助网络水军造势，抹黑国产奶粉。《证券时报》评论说，在官方及时背书、企业群起反击以及舆论的理性辟谣下，中国奶粉行业的这次“反式脂肪酸”危机得以消散。7月下旬，“奶粉冲兑液态奶”成为热点话题。《中国经营报》报道，西部乳业发展协会执行副会长魏荣禄介绍，国内的液态奶市场存在着普遍的欺诈行为，据他保守估计，可能60%以上液态奶都是由奶粉冲兑的。消息发出后引发舆论哗然。《新京报》等媒体报道了有关部门的回应，称国家食药监总局、中国乳制品工业协会表示，鲜牛奶和纯牛奶不允许使用奶粉冲兑，用奶粉作原料的液态奶必须在包装上标明“复原乳”，如不标明属于违法。《京华时报》、《南方都市报》对有关专家和乳品企业采访后发文说，乳业行业内确实存在一些用奶粉冲兑非法纯牛奶、也未对外明示标注的现象，但量不会特别大，说60%的液态奶都用奶粉冲兑，有些偏颇和夸张。《新闻晚报》评论指出，专家口中的60%以上的数据如果只是“估计”，难解百姓疑惑，也容易引发人们的恐慌甚至影响一个行业的未来。拿出有效的调查和统计，才能令公众信服，也才能真正促进行业的改进和完善。还有媒体建议监管部门对“六成液态奶由奶粉冲兑”给个权威说法，并加强对纯牛奶和复原乳的标注规范。

国产乳品质量的总体状况也是舆论关注的重点，有关部门和相关机构发布的调查数据、检测结论易受到热议。3月全国“两会”期间，国产奶粉质量安全成为最受媒体关注的热点问题之一。全国政协新闻发言人吕新华在回答记者提问时表示，“根据质检总局统计数字，内地奶粉99%符合质量标准”。媒体对此纷纷发文，并指出99%合格并不等于100%安全，毒奶粉即使只毒害了1%的儿童，以中国的人口基数也是一个可怕的数字，哪怕只能带来万分之一的风险，也应采取更有效的手段予以排除。马未都在其新浪博客文章《第九百三十七篇·奶粉》中援引一个母亲的言论说“谁能保证我孩子喝了国产奶粉不陷入那剩余的1%里面，以前那些不幸的婴儿和母亲都是1%造成的?”，引发网民的普遍认同。4月末，中国乳制品工业协会召开“国产与进口婴幼儿配方奶粉质量调查结果”新闻发布会，称“检验证明国产婴儿奶粉质量优于进口”。消息发布后受到舆论的质疑。媒体指出，检验结果还需要对“受检测的奶粉品牌、检测参照标准、覆盖率”等信息予以说明。网民认为，报告结果与消费者实际感受相矛盾，且中国乳制品工业协会作为国内乳企的“娘家”，难逃为国内品牌代言的嫌疑。《新华每日电讯》评论文章说，“国产婴儿奶粉质量优于进口”的消息引发数万网民吐槽，其中顶起者寡而拍砖者众。应清醒地看到，国人热衷国外奶粉、拍砖国产奶粉的背后，推崇的其实是国外的食品安全监管力度。

2. 洋奶粉质量安全受到重点聚焦，出现多个高热舆情事件

洋奶粉出现的质量安全问题以及贴牌生产乱象是舆论关注的重点。与2012年相比，洋奶粉出现了新西兰奶粉双氰胺事件、新西兰恒天然肉毒杆菌事件等高热舆情事件，在推动乳业话题舆情走势方面影响显著。“美素丽儿”奶粉造假事件经央视曝光后也引发媒体对洋奶粉贴牌生产的持续关注。从舆情反馈看，网民对洋奶粉的态度正在逐步发生转变。舆论认为，洋奶粉出现的多起热点事件虽然目前难以撼动其在国内的消费市场，但网民中理性对待洋奶粉、不要盲目崇洋的呼声渐长。

2013年，洋奶粉质量安全问题成为常热话题。1月下旬曝出的新西兰奶粉双氰胺事件引发高度关注。新浪网等网络媒体以《新西兰牛奶含有毒物　中国进口奶粉八成来自该国》等为题，援引外媒消息称，新西兰牛奶中检出一种名为双氰胺的有毒物质。原因在于，新西兰农民通常会在牧草上喷洒双氰胺，防止肥料的副产品硝酸盐流入河流和湖泊，同时促进牧草生长。对此情况，国内相关部门及时介入处置，新西兰政府积极回应，相关涉事企业也纷纷发声，事件舆情热度持续至2月上旬。网民对此事件未现过度焦虑情绪，认为新西兰用于牧草处理的双氰胺残留与三鹿奶粉事件中的三聚氰胺添加有本质上的区别，但洋奶粉也并非想象中的那么完美，对洋品牌的态度应回归理性。2月中旬，《新京报》消息称，国家质检总局公布多款从新西兰、荷兰、西班牙进口的婴幼儿奶粉查出不合格被销毁。舆论指出，洋奶粉安全问题不容忽视，质量监管还应加强。3月中旬，“雅培奶粉致女婴性早熟”的消息在论坛、微博中引发高度关注，猫扑论坛相关网帖的点击量达79万余次。雅培声明该奶粉不会导致婴儿性早熟，称网帖消息“不实”，要求发帖人删帖并书面道歉。对此，网易财经文章感叹洋奶粉的牛气范儿，呼吁中国家长积极发声，不要让追捧与认可成为洋奶粉脱责的底气。6月，中国新闻网报道《美赞臣奶粉吃出死虫子　售后拒退款称你去找“3·15”》被百余家媒体转载。网民呼吁涉事企业直面问题，建议消费者通过法律维权。7月，《北京晨报》消息称，国家质检总局公布的2013年5月、6月进境不合格食品名录显示，来自新西兰、法国、德国等多地的乳制品发现质量问题被销毁或退货。其中，三批次近百吨奶粉亚硝酸盐超标。8月，新西兰奶粉质量安全受到舆论聚焦。其中恒天然乳制品遭肉毒杆菌污染事件引发高热舆情，居于2013年乳业热点话题排行首位。舆情热度持续一个月时间，给全球市场带来强烈震荡。事件最终以“恒天然肉毒杆菌污染事件检测出的细菌不是肉毒杆菌，而是生孢梭菌”的检测结论收场。此外，“恒天然在斯里兰卡被检测出双氰胺”、“新西兰西部乳业被检测出硝酸盐含量异常”等消息也在8月被相继曝出。舆论认为，洋奶粉的安全神话已破灭，国内消费者不应盲目崇洋。

此外，3～5月，央视对洋奶粉贴牌生产乱象予以持续关注。3月末，央视《每周质量报告》曝光标榜为荷兰原装的“美素丽儿”奶粉，实际上是不法进口商将来源地不明的进口奶粉与过期奶粉掺杂，重新灌装并私自更改保质期后生产出来的问题奶粉。4月末，央视《焦点访谈》播出《雾里看花“洋奶粉”》，节目中援引业内有关人士言论称，我国8成进口奶粉是贴牌生产。从2008年到现在，中国市场上出现过将近300种贴牌奶粉，贴牌奶粉不全是使用国外奶源在国外加工的，还有很多是使用国外奶源在国内加工，甚至是使用国内奶源在国内加工的，然而包装上却写着“原装进口”、“100%国外奶源”。5月中旬，央视《新闻直播间》播出节目《聚焦洋奶粉乱象》说，记者暗访发现，只需交5100元就可贴新西兰奶粉商标，只需花一万多元，就可拥有一个原产地新西兰的品牌。针对洋奶粉贴牌乱象，媒体纷纷发出评论文章，痛斥贴牌洋奶粉“挂羊头卖狗肉”，并认为这种乱象的背后是质量监管的失灵。《新华每日电讯》评论指出，“美素丽儿”问题奶粉事件，不仅让消费者看清洋奶粉质量参差不齐的现实，也再次折射了我国食品安全监管的漏洞。《法治周末》认为，海外商标注册便利、国内外信息不对称、奶粉代购者恶意炒作，让国内“伪洋奶”泛滥。网民也呼吁有关部门对洋奶粉加强监管，公众应理性消费，不要一味迷信洋品牌。

3. “香港奶粉限购”成为热议话题

2013年年初，有关国家实施的奶粉限购措施受到媒体广泛关注。1月末，中国新闻网消息称，2012年年底以来，中国内地买家在海外代购，将当地超市奶粉抢购一空的现象愈演愈烈。美国、德国、荷兰、丹麦、澳大利亚、新西兰等国接连推出限购措施，直接在超市用中文提示限购数量。文章说，除了对国内品牌不信任外，洋奶粉境内外价差也是重要原因之一。同时，《国际金融时报》等媒体还报道了香港、澳门将出台相关措施，应对当地奶粉供应紧张现象。舆论认为，香港、澳门采取的措施是为了应对中国内地消费者抢购当地奶粉的热潮。港澳地区洋奶粉都来自原产国，但内地标着进口的奶粉有很多却是在当地加工的，质量上与原装有一定差距，且在食用安全上，原装进口奶粉要求也更高。

3月1日，香港《2013年进出口（一般）（修订）规例》正式实施。据中国广播网介绍，新规中对离境成人携带出境的奶粉数量进行了严格限制，“每人不得超过两罐，违例者一经定罪，可被最高罚款五十万元乃至两年监禁”。随后，媒体对香港奶粉限购情况予以跟进关注。3月2日，新华社消息称，截至2日8时，香港限制携带奶粉措施实行后，共拘捕25人，检获115罐奶粉。2014年1月末，《南方都市报》援引香港海关相关消息称，2013年3月实施婴幼儿配方奶粉出口管制起至2013年年底，海关在各口岸共截获4 300宗相关案件，拘捕4 737人，检获超过3.3万千克奶粉。被捕人士中，内地与香港居民各占一半，内地居民稍多。

舆论对“香港奶粉限购”展开热议，普遍认为其背后反映出的是消费者对国产奶粉缺乏信心，政府监管还须发力。《检察日报》指出，来自香港的奶粉数量对内地的婴幼儿奶粉市场来说占比很低，人们大可不必因为香港奶粉限购而感到恐慌和焦虑。但是，中国的婴幼儿配方奶粉市场总额是全球第一，而中国的奶粉市场上洋奶粉成为主力。对于内地乳制品企业来说，人们对其提供的乳制品失去信心，这既是其经济利益的巨大损失，也是其社会责任严重欠缺所酿制的苦果，不能不说是中国乳制品企业的莫大悲哀。要真正解决人们对国产奶粉的信心问题，除了强调并切实落实企业责任外，政府监管是其中的重要环节，政府应当切实负起监管的责任。网民对香港奶粉限购也予以高度关注。3月2日，新浪热门微博排行前20位中，关于讨论香港奶粉限购的话题占比过半，媒体人刘春、演员姚晨、法律界人士徐昕等微博意见领袖发出的相关评论均被转发数万次。“世上最遥远的距离，是孩子在怀里，而奶粉在对岸”等言论在微博中被热传。从4万余网民参与的腾讯网调查看，72%的网民认为香港限购奶粉不合理，但多数网民认为政府部门应反思内地消费者为何舍近求远到香港购买奶粉，并指出根本解决的方法是加强内地食品安全监管与检测，让消费者重拾信心。此外，还有舆论认为，香港奶粉限购是市场规则的一种倒退，有违自由港原则。《中国企业家》援引有关评论指出，香港是中国自由经济的橱窗、法治、有限政府的范例，而奶粉禁令，扩大了政府在经济中的角色，侵犯了公民权利，在迎合民粹的过程中消融了法治，是对香港自由之精神的极大损害。

4. 液态奶价格上涨引舆论关注生鲜乳供应趋紧

9～12月，全国多地液态奶涨价现象被媒体集中报道。9月上旬至10月中旬，北京、广东、浙江、山东、河北等地媒体纷纷报道了当地出现的“国产高端液态奶涨价、平价袋装奶断货”现象。中国广播网等媒体分析称，涨价的主要原因在于国内生鲜乳供应紧张，“恒天然事件”也使得从新西兰进口的部分原料中断；双节临近，奶企出于扩大利润的考量，调低了中低端产品配比，导致市面上的袋装奶供应吃紧。12月，三元、光明等国内多家乳企宣布从12月1日起上调部分乳制品价格，再次引发高度关注。乳品价格上涨原因成为热议话题，舆论普遍认为奶源、物流、人工等成本上涨是主因。新华网指出，原料奶价格居高不下是乳制品行业整体价格偏高、企业利润偏低的主要原因。

国内生鲜乳供应趋紧现象也成为关注热点。9月下旬开始，媒体多在标题中冠以“奶荒”字样，关注国内生鲜乳产量下降、收购价格上涨情况。新华网发文称，由于夏季高温、奶牛淘汰率增高、乳牛存栏量不足等原因，导致国内生鲜乳供应量持续走低，刮起“涨价风”，一些乳制品企业陷入“奶荒”。10月下旬，《南方都市报》报道，全国生鲜乳价格连续13个月上涨，目前低端奶到处断货，高端奶涨价，出现这种现象的背后是巨大的鲜奶供给缺口；有乳企坦言，面对奶荒，唯有采取“压缩中低端，力保高端”的方式调整产品结构。11月末，《人民日报》对有关专家和奶牛养殖户采访后发文说，近期乳制品价格上涨的主因是原料奶等生产成本持续上涨，目前市场上乳制品供应充足，但仍需解决生鲜乳供应趋紧状况。此外，媒体还对奶源地出现的“抢奶潮”现象进行了报道。12月初，新华网文章说，今年下半年以来，企业单方面提高价格到别的企业奶源基地抢奶的现象频发，“抢奶潮”覆盖了内蒙古、山西、陕西等十多个牛奶主产区，且波及了几乎所有的乳制品企业。在“抢奶潮”的推动下，原料奶价格迅速涨至历史新高，导致部分乳企生产成本短期大幅度增加，成为今年下半年多个乳制品品牌涨价的主要原因。

还有媒体从奶农利益保障、乳业优化升级的角度解读此轮奶价上涨。《21世纪经济报道》认为，这一轮涨价的根本原因在于中国的乳业养殖模式存在缺陷，如果不改变奶农在乳业价值链配角的模式，每一次周期来临都会给奶农、乳业、消费者带来伤害。中国广播网对河北多个奶源基地县走访调查后发文称，奶牛养殖户在养殖成本不断上涨的情况下，应得的利益缺乏保障，除了被奶站高额分成外，面对企业更是没有话语权，养殖积极性严重受挫。《济南时报》对当地近郊奶农走访调查后指出，由于乳企垄断压低收购价，奶农并未在鲜奶涨价中受益。文章呼吁尽快建立原奶收购价格联动机制，并介绍了上海市的有益做法：根据饲料价格波动情况，由上海奶业行业协会牵头，上海市农业委员会畜牧兽医办公室、上海市物价局派代表参加，不定期召开价格协调会，奶农代表与乳企共同确定原料奶的收购价格。此外，《人民日报》针对奶价上涨、生鲜乳供应趋紧等问题发出多篇文章，指出消费市场的刚需增长较快，而规模养殖发展慢于散户退出速度，奶源困局短期难以缓解，发展"一体化奶业"，鼓励乳企自建奶源基地、养殖企业自建乳品加工厂，改变长期"重生产、轻奶源"的产业发展失衡局面是治本之策。

（三）舆论关注政府部门积极发力保安全保供给

2013年，政府部门在提升乳品质量安全，规范乳品行业发展方面积极发力。有关部门在加强婴幼儿奶粉质量安全监管、保障生鲜乳质量安全和稳定供给、开展奶粉价格反垄断调查等方面实施的一系列举措成为2013年乳业话题的主旋律，引起社会各界的密切关注。舆论评价政府部门的相关保障举措"部署井然、出招有序、霸气十足"。

1. 政府部门"组合拳"保障婴幼儿奶粉质量安全

政府部门把婴幼儿配方乳粉质量安全作为乳品质量安全的重中之重，接连打出"组合拳"，受到媒体的持续关注和广泛报道。1月下旬，国家质检总局发布《进出口乳品检验检疫监督管理办法》。对此，人民网等媒体评价为"史上最严检疫办法"，并称"5月起，进口奶粉今后要经过50多项风险评估并符合要求后，才能进入中国"，"假洋奶粉等问题将得到进一步解决"。

5月31日，李克强总理主持召开国务院常务会议，研究部署进一步加强婴幼儿奶粉质量安全工作。会议强调，婴幼儿奶粉的质量安全，既是重大民生问题，也是重大的经济社会问题。会议要求把提升婴幼儿奶粉质量安全水平作为突破口，把优质国产品牌树起来，使消费者的信心提起来。会议在"开展婴幼儿奶粉质量安全专项行动"、"严格生产经营监管，落实企业首负责任"等五方面加强监管部署。对此，舆论认为，这些空前严格的监管措施表明了政府从严从全监管婴幼儿奶粉质量安全的决心，也是儿童节前夕送给孩子们最好的礼物。《人民日报》评论文章说，国务院召开常务会议，专门研究婴幼儿乳粉质量安全工作。这表明，婴儿奶粉质量，既是食品安全的突破口，也是国计民生的大问题，中央高度重视。婴儿奶粉已成国产品牌质量安全的标志性产品，提升婴儿奶粉质量安全之箭，挽弓月满，已在弦上。抓好产品质量、重塑消费信心，是重要突破口。

5月中旬，工信部印发《提高乳粉质量水平，提振消费信心行动的方案》（以下简称“双提”行动方案）。6月18日，在“全国食品安全宣传周”工信部主题日上，工信部集合国内一百多家婴幼儿奶粉企业召开发布会，对“双提”行动方案予以部署实施，数百家媒体对此发文报道。方案中提到的建设食品安全追溯体系、实行婴幼儿配方乳粉的GMP（药品生产质量管理规范）管理模式、鼓励企业兼并重组、将行业集中度提高到70%以上等措施受到重点关注。舆论认为，工信部的“双提”方案，在提升国产婴幼儿奶粉质量的同时，也会提振消费者对国产婴幼儿乳粉的信心。《法制晚报》援引业内有关人士言论称，奶粉企业建立自己的产品追溯体系，生产出更多放心、安全的产品，可进一步消除消费者的忧虑。方案中推行的GMP认证，按照药品管理办法来监管婴幼儿奶粉质量，在全世界范围都算是最严格的。提高行业集中度、打造出几个过硬的大品牌，是让消费者对国产乳制品恢复信心的关键，更是“双提行动”的着力点之一，也是未来几年中国婴幼儿奶粉行业的大趋势。

6月中旬，国家食药监总局等九部委联合发布《关于进一步加强婴幼儿配方乳粉质量安全工作的意见》（本段简称《意见》）。对此，《经济参考报》指出，这是我国目前出台的最严格婴幼儿配方奶粉制度，是我国婴幼儿配方奶粉制度的纲领性文件。媒体纷纷以《九部委联手颁布婴幼儿奶粉“新政”》、《九部委出台最严格婴幼儿奶粉制度》等为题发表大量报道，并认为《意见》的出台对提升我国婴幼儿配方乳粉质量安全水平，促进我国乳制品行业健康发展具有重要意义。《意见》提出，“婴幼儿配方乳粉生产企业须具备自建自控奶源”。《中国证券报》认为，这是国家有关部门首次对婴幼儿奶粉生产企业提出奶源要求，是从源头保证国产奶粉的品质安全，“乳业新政”在大幅提高行业门槛的同时，将明显利于拥有丰富奶源的优势企业做大做强。《意见》提出的“实行婴幼儿配方乳粉专柜专区销售，试行药店专柜销售”成为关注热点，舆论纷纷讨论“奶粉进药店”销售的可行性。此外，《意见》还加大了对进口婴幼儿配方乳粉的监管力度，提出了“国产奶粉不得贴牌生产”、“进口奶粉严禁境内分装”、“进口婴幼儿配方奶粉的中文标签须在入境前直接印制在最小销售包装上”等一系列规范举措，被舆论称为是对杂牌“洋奶粉”、高风险的水货洋奶粉、假洋奶粉的有力打击。

8月上旬，国家食药监总局公布各省级食品监管部门批准取得食品生产许可证的128家婴幼儿配方乳粉生产企业的相关信息。此举旨在方便社会各界查询，鼓励广大消费者和社会各界参与婴幼儿配方乳粉质量安全监督，获得舆论的广泛肯定。9月末，国家质检总局发布关于加强进口婴幼儿配方乳粉管理的公告。对此，媒体认为是对婴幼儿奶粉进口的再念“紧箍咒”。10月中旬，商务部下发通知，要求各地商务主管部门做好婴幼儿配方乳粉药店专柜销售试行工作，成为关注热点。媒体纷纷报道了北京等地启动的“奶粉进药店”活动，并认为通过把奶粉纳入药店的渠道在销售环节加强监管是必要举措，但提高奶粉质量才是提振消费者信心的根本。

12月下旬，国家食药监总局发布《婴幼儿配方乳粉生产许可审查细则（2013

版)》(本段简称《细则》),再次成为关注焦点。媒体援引业内分析人士言论称,《细则》中最大的亮点在于,实施标准严格并借鉴了发达国家做法和药品监管经验,设定了一些更加严格的审查项目和许可条件。媒体纷纷以《最严乳粉生产许可标准:所有环节可追溯》为题发文报道,认为《细则》在起点、门槛、企业资格上均采取了最为严格的措施,"是食品生产企业当中最严格的许可标准"。

2. 农业部从源头保障乳品质量安全

农业部加强生鲜乳质量安全监管,从源头上保障乳品质量安全的工作举措也是媒体报道热点。3月中旬,十二届全国人大一次会议期间,陈晓华副部长就保障乳品质量安全方面回答记者提问受到广泛关注。媒体纷纷以《农业部:严格把好生鲜乳质量关　全国1/3奶站被取缔》、《农业部:加强检测等三举措并重解决生鲜乳和奶粉质量问题》等为题发文报道。3月下旬,农业部印发《2013年农产品质量安全专项整治方案》。其中提到,开展生鲜乳违禁物质专项整治行动。以奶牛主产省区、奶牛养殖大县和奶牛养殖重点区为重点区域,严厉打击生鲜乳收购站和运输车无证经营、生鲜乳中违法违规添加各类物质、私自倒卖和非法收购不合格生鲜乳的违法行为。对此,中国新闻网等媒体以《农业部:严厉打击生鲜乳中违法违规添加各类物质》为题进行广泛报道。网民对此表示积极支持,并希望好的政策能得到切实践行。

4月上旬,农业部网站发文介绍了"全国生鲜乳质量安全暨奶业工作研讨会"召开情况。会议对2013年奶业生产和生鲜乳质量安全监管工作的部署成为媒体报道热点。人民网等媒体消息称,畜牧部门将在"加快推进奶牛标准化规模养殖"、"加强奶站监管和实施生鲜乳监测计划"等五方面重点着力,全力推进奶业持续健康发展。6月初,新华网以《农业部要求从源头上提高国产牛奶质量》为题,对辽宁锦州召开的"振兴奶业苜蓿发展行动"现场会进行了报道,近百家网络媒体予以积极转载。6月末,中国经济网等媒体以《农业部扎实推进奶牛标准化规模养殖》为题报道了国家食药监总局、农业部等九部委联合召开的"加强婴幼儿配方乳粉质量安全工作媒体座谈会"。报道对"今年奶牛标准化规模养殖项目资金规模已从5亿元增加到10亿元"予以重点关注,并详细介绍了农业部进一步做好奶业生产和生鲜乳质量安全监管工作方面实施的五项举措。

12月末,韩长赋部长主持召开农业部常务会议,听取当前奶业发展等情况汇报,研究部署相关工作。新华网等媒体纷纷发表报道称,会议指出,当前和今后一个时期,要以奶业质量安全为核心,以奶源基地建设为重点,加快建设现代奶业,努力确保生鲜乳质量安全和稳定供给。《中国证券报》还联系其他政府部门出台的相关举措,推断"乳品安全成为明年食品安全关注重点"。文章说,在高层定调重视食品安全后,相关部门也相继出台了一系列措施,农业部和国务院食品安全委员会均出台相关措施推进明年食品安全工作,尤其值得注意的是,乳品安全成为其中最受关注领域。

3. 发改委开展奶粉价格反垄断调查

6月末开始,发改委对奶粉价格展开的反垄断调查成为媒体报道热点。据中国新闻网报道，合生元、多美滋等奶粉企业的产品，从 2008 年以来涨价幅度达 30% 左右，已涉嫌价格纵向垄断，发改委反垄断局对此展开调查。中国网援引业内分析人士言论称，“国内婴幼儿奶粉全球最贵”已成为市场共识，尽管奶粉定价是市场行为，政府干预得越少越好，但并不等于不能干预，目前很多洋奶粉的零售价格已不是其真实价格的体现，政府部门对操纵价格的行为进行清理和打击，将有助于维护市场竞争秩序和消费者的合法权益。《京华时报》、《证券时报》等媒体还说，在九部门联手整顿国内婴幼儿奶粉市场的背景下，此次政府层面的反垄断行为绝不是孤立事件，国家监管部门有意通过这记组合拳来大力整顿国内乳业市场。奶粉作为婴幼儿的粮食理应受到国家战略性重视，未来不排除政府从关税等方面出台更为严苛的保护措施，国产奶粉品质和安全提升将驱动消费者理性回归。

由于此次调查涉及惠氏等多家进口品牌，“洋奶粉遭反垄断调查”受到集中关注。网络媒体在后续报道中纷纷转载了“惠氏认错紧急降价 11%”、“美赞臣下调 7%～15%”等消息，并评论指出反垄断调查有望终结洋奶粉的暴利盛宴，国产奶粉或将受益。对此，国际在线文章《澄清对“洋奶粉”反垄断调查的“几个误区”》指出，此次的反垄断调查是对国内市场的规范和净化，并不是对洋奶粉的“打压”，是让一些“被暴利冲昏了头脑”的洋奶粉品牌，尽快清醒过来，承担好企业和品牌责任。此次的反垄断调查，对于国内奶粉业和奶粉市场也将是一次荡涤不良风气的引导和震动。反垄断调查保护的是市场竞争和消费者权益，而不是保护国产品牌。在市场上赢得消费者，靠的不是政府“支持”，国产奶粉能不能抓住反垄断调查契机，需要拿自己的品质和信誉来说话。《人民日报》文章说，遭遇反垄断调查，进口奶粉会有降价的压力，国产奶企要以优质低价的产品迎接境外同行的挑战。还有网民指出，奶粉是生活必需品，消费对象是普通受众，只有通过国家力度对价格虚高的洋奶粉进行监管，才能营造公平合理的竞争环境，给真正优质的奶粉一个市场空间。

8 月下旬，中国新闻网消息称，据发改委反垄断局透露，合生元、美赞臣、多美滋、雅培、富仕兰（美素佳儿）、恒天然等六家企业，已分别将共计 6.687 3 亿元的罚款汇入财政部指定的物价罚没收入账户，全部上缴中央国库。上述六家涉案企业均明确表示不申请行政复议和提起行政诉讼。至此，史上最大罚单的奶粉价格垄断案已顺利结案。《国际商报》援引法律界人士言论称，中国此次用法律法规对市场垄断行为进行惩处，力度之大前所未有，表明了新一届政府创造公平竞争环境、破除垄断的决心。不仅是 6 家涉案企业受到直接处罚，其他正在或意图进行价格垄断的生产商和经销商也会受到震慑。

（四）舆情传播特点

1. 从舆情热度来看，乳业相关舆情总量迅猛上涨，成为 2013 年涉农舆情中增长幅度最快的话题

2012 年乳业相关网络媒体舆情（包括新闻报道和评论，含转载量）总值为 2.8

万余条，峰值 3 200 余条；2013 年舆情总值达到 12.6 万余条，峰值 3.9 万余条。乳业舆情总值为上年的 4.5 倍，峰值更是增长了 11 倍有余，媒体对婴幼儿奶粉等乳品质量安全以及整个乳品行业呈现空前关注态势。从总体情况看，洋奶粉质量安全相关话题对乳业总话题量起伏影响显著，仅恒天然乳制品遭肉毒杆菌污染事件和新西兰奶粉双氰胺事件，这两个高热舆情事件的话题量已占乳业话题总量的 1/3 以上。我国政府部门的相关政策举措也成为乳业话题的重头戏，占比近 1/4。特别是 5～7 月，工信部发布的“双提”行动方案、九部委联合发布“奶粉新政”、发改委开展的奶粉价格反垄断调查等政府举措，报道量均达数千条。国内乳品全年未现重大质量安全事件，相关话题量明显减少，但“内地婴儿奶粉含反式脂肪”、“国内液态奶 60%以上由奶粉冲兑”等乳品质量安全方面的相关传言仍能引发数千条的报道量。年初有关国家和地区出现的“奶粉限购”也受到广泛关注，特别是香港 3 月开始正式实施相关法规限制成人离境携带奶粉的数量后，媒体对此予以集中报道，话题量也随之快速增长。此外，9 月份以后，乳品质量安全方面的热点问题大幅减少，媒体关注度转向液态奶涨价等方面，乳业话题量呈现整体明显回落态势。

2. 从舆情传播主体来看，主流媒体发挥舆论监督和引导功能，知名论坛仍是引爆乳品质量安全热点话题的重要平台

从 2013 年乳品相关热点话题的首发媒体看，人民网、新华网、中国新闻网、中央电视台等主流媒体具有明显的传播优势。人民网、新华网等媒体对相关政策举措进行积极报道，全面展示政府部门在保障乳品质量安全、提振乳品行业发展方面的决心和魄力，与社会期待紧密契合，为政府部门进一步开展工作汇聚了强大的舆论支持。中央电视台在舆论监督方面发挥了重要作用，利用《焦点访谈》、《每周质量报告》等权威栏目，对洋奶粉贴牌生产问题予以集中曝光后引发社会高度关注，再次强化了客观、理性地看待和选择奶粉品牌的消费理念。同时，新浪、搜狐、腾讯、网易、凤凰网 5 大门户网站在热点事件专题发布、热点话题网民调查方面都具有很强的活跃度。上述网站拥有庞大的用户群，对相关报道的二次传播可引发数万网民的跟帖评论，影响力不可小觑。此外，天涯、猫扑论坛的热点问题首曝功能和网民话题设置功能仍很强劲，相关网帖的当月点击量可达数十万次，舆情影响力广泛。例如网民爆料雅培奶粉质量安全问题的相关网帖，在猫扑和天涯两个论坛上当月创下共计 90 余万次的点击量，成为媒体跟进报道的重要信息源。

3. 从舆情内容来看，乳品质量安全受到重点聚焦

2013 年，乳品质量安全问题仍牵动着舆论敏感的神经。虽然国产乳业品牌全年未现重大质量安全问题，但“烧碱保鲜牛奶”、“婴幼儿奶粉含反式脂肪”等网络传言依然引发了社会各界的广泛关注。洋奶粉质量安全更易形成关注热点，新西兰奶粉在 1 月和 8 月先后出现的两个高热舆情事件以及央视对洋奶粉贴牌生产乱象的屡次曝光，成为媒体对 2013 年乳业盘点时必然提及和重点解读的话题。与此同时，政府部门相关工作部署也受到舆论的高度聚焦。媒体对此发出的大篇幅报道以及网民进行的高密度传播，表明了公众对乳品质量安全保障举措的强烈支持和对美好愿景的热烈期待。

4. 从舆论指向来看，提升国产乳品质量、重振消费信心成为核心话题

全年乳业热点话题涉及洋奶粉质量安全问题、奶粉限购、政府部门保障举措等多个方面，但从媒体和网民发出的评论看，政府监管打造质量保证机制、国内乳企再造商业诚信，成为舆论对上述热点话题评价中所体现出的共同点。针对多个国家发布的奶粉限购举措，《人民日报》指出，中国人喜欢到海外购买婴儿奶粉，主要是对国内奶业的失望，海外限制中国人购买奶粉的举措，该感到脸红的是中国的乳品企业和监管体系。针对“烧碱保鲜牛奶”等乳品质量安全传言引发的风波，舆论认为是由于消费者对国内乳品的信心没有恢复，稍有风吹草动，涉事企业乃至整个行业都将招致一边倒式的质疑。针对洋奶粉质量安全问题屡被曝光、多家洋奶粉企业遭价格反垄断调查，媒体再次指出，在对洋奶粉加强质量和价格监管的同时，真正应该研究的是抓住时机如何重塑中国乳业在消费者心目中的形象，化解诚信危机，让消费者回归国内市场，才是当前亟待解决的问题。

三、农业生产与粮食安全问题

2013年，我国农业农村经济形势运行良好。全年粮食总量再获丰收，首次实现“十连增”。农民收入持续增长，实现“十连快”，增幅再次超过城镇居民。对此，舆论评价“2013年是农业农村经济捷报频传、亮点纷呈的一年”。“十连增”和“十连快”为农业农村经济发展夯实了基础，但农业农村经济面临的矛盾依然突出，农业农村工作还将着眼于稳中求进、改革创新，扎实推进农村改革。

（一）舆情概况

2013年，农业生产与粮食安全话题被媒体广泛报道。热点话题主要集中在春耕生产与农业灾害、粮食产量“十连增”、粮食安全等方面。春耕生产与农业灾害方面，媒体对各地春耕备耕情况以及部分地区在落实惠农资金发放方面存在的问题予以关注；东北地区的低温春涝以及夏季出现的“南旱北涝”也是媒体报道热点。粮食产量方面，全国夏粮增产以及各地夏粮收购情况是关注重点，秋粮收获后，全国粮食总产量“十连增”受到聚焦。粮食安全方面，耕地质量下降引发舆论对粮食增产后劲以及未来粮食安全的担忧；粮食进口量增加现象受到舆论热议，针对“粮食进口威胁论”，媒体纷纷采访有关专家进行回应。此外，中央经济工作会议、中央农村工作会议强调国家粮食安全、中央一号文件聚焦农业生产经营体制创新，政府部门多举措保障农业增产和农民增收，也受到媒体和网民的广泛关注和高度支持。

2013年农业生产与粮食安全话题新闻舆情走势图

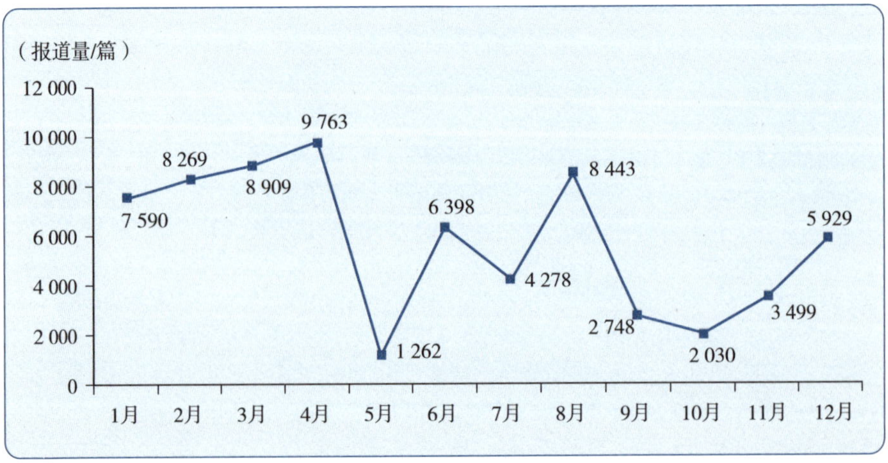

农业生产与粮食安全话题网络媒体新闻舆情全年走势波动较大。1～4月，新闻量持续增长，各地春耕备耕情况是关注热点，中央一号文件等重大政策举措的出

台也受到高度关注。3 月下旬开始，东北地区出现的低温春涝农业灾害和有关部门保障春耕生产的相关举措也被大量报道，助推 4 月新闻量达到顶点。6 月，各地展开的“三夏”工作以及南方地区的旱情被广泛报道。8 月，“南旱北涝”成为关注焦点，新闻量攀升。12 月，全国粮食总产量“十连增”成为热点话题，中央经济工作会议和中央农村工作会议对粮食安全的强调受到聚焦，当月新闻量再次明显上涨。

2013 年农业生产与粮食安全话题网民舆情走势图

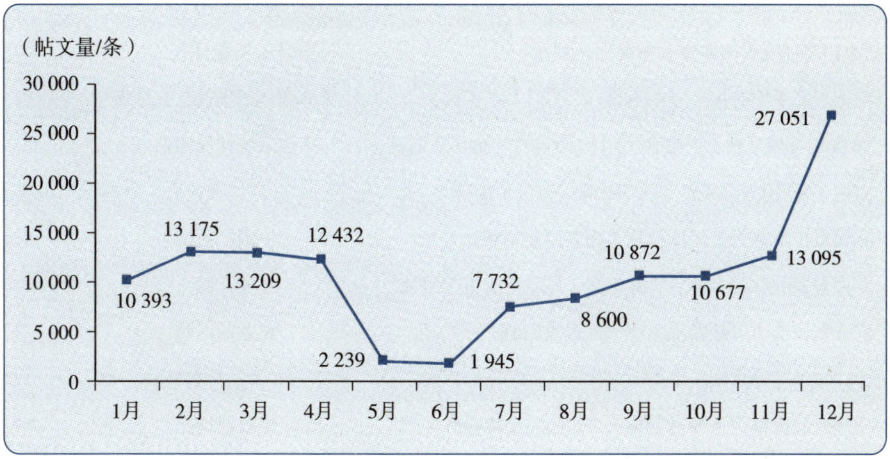

农业生产与粮食安全相关话题的网民舆情走势也出现明显的起伏。上半年，“粮食进口威胁论太夸张”、中央一号文件的出台、东北低温春涝等热点新闻经媒体曝出后受到广泛关注，1～4 月的网民话题量持续居于高位。7 月“全国夏粮总产量再创新高”等相关新闻被网民大量转发；8～11 月，“南旱北涝”以及南方沿海地区遭遇的强台风给农业生产带来的影响成为网民关注热点。上述情况使得 7～11 月的舆情走势略有上扬。12 月，中央会议高度强调粮食安全，成为网民关注焦点，当月舆情攀至全年顶点。此外，从 2013 年农业生产与粮食安全的相关网络热帖排行可以看出，农民增收与粮食安全是关注重点。排行榜前三位的网帖内容均为农民增收致富的正面范例，赢得了网民的广泛赞赏，点击量共计 85 万余次。

2013 年农业生产与粮食安全相关热点话题新闻 Top20

排名	热点话题	首发媒体	新闻报道量
1	中央一号文件：新型农业经营体系吹响现代农业号角	新华网	4 782
2	中央农村工作会议重申粮食安全战略	新华网	2 450
3	中央经济会议确定 2014 年首要任务是保障粮食安全	新华网	1 792
4	中储粮黑龙江林甸直属库发生火灾　过火粮食 4.7 万吨	新华网	1 850
5	舆论关注南旱北涝对粮食生产影响	央视	1 380
6	低温春涝考验东北大粮仓	《人民日报》	1 324

（续）

排名	热点话题	首发媒体	新闻报道量
7	中国粮食总产量首破 6 亿吨大关　连续十年增产	国家统计局网站	853
8	秋粮作物重大病虫呈偏重态势　各地多举措防控虫害保丰收	新华网	731
9	西南西北局部地区春季旱情偏重	新华网	658
10	农业部就"粮食增产、农民增收"等答问	中国网	592
11	《全国高标准农田建设总体规划》发布	发改委网站	475
12	习近平：手中有粮　心中不慌	新华社《新华视点》微博	336
13	2013 年全国夏粮总产量达 13 189 万吨　再创历史新高	国家统计局网站	332
14	专家："我国进口粮食 7 000 万吨"一说不准确	《人民日报》	257
15	我国每年浪费上千亿斤粮食　相当两亿亩耕地产量	中国广播网	234
16	江西种粮大户给 100 多位种粮能手颁发 140 万年终奖	大江网	226
17	农业部：全力打好春耕生产"三大攻坚战"	农业部网站	215
18	中国粮食进口"威胁论"太夸张	《人民日报》	191
19	中央财政拨粮食直补资金等 1 222 亿元支持春耕生产	财政部网站	174
20	农业部发布落实良种补贴等政策	农业部网站	133

2013 年农业生产与粮食安全相关网络热帖 Top10

排名	标　　题	来源	日期	点击量	回帖量
1	江西一种粮大户给百余农民发 140 万元年终奖	猫扑论坛	1 月 7 日	421 619	358
2	一个农民逃离广东 8 年——我在阳朔农村的种地致富纪实	天涯论坛	1 月 18 日	225 267	1 228
3	农民大叔的种地生活：有山有水有惊喜	天涯论坛	9 月 9 日	214 822	1 490
4	中储粮大火折射我国粮食储备过剩问题	凤凰博报	6 月 5 日	210 777	188
5	未来最有前途的行业是农业	天涯论坛	10 月 8 日	157 970	768
6	中国粮食"九连增"的水分有多少？	凤凰博客	1 月 7 日	136 557	26
7	聚焦中央一号文件：首提发展家庭农场　已有 6 600 多个	发展论坛	2 月 15 日	90 670	583
8	习总为何也说"手中有粮，心中不慌"？	发展论坛	12 月 15 日	63 681	117
9	高度重视农业！一号文件或调整粮食自给率目标不坚持 95%红线	发展论坛	12 月 22 日	48 278	64
10	程国强：对近期几个粮食热点问题的回应	新浪博客	1 月 5 日	47 823	75

（二）热点舆情分析

1. 春耕生产与农业灾害

（1）各地掀起的春耕备耕潮被积极报道 春耕时节，各地媒体纷纷以“田间地头春耕忙”为主题发文，对各地掀起的春耕备耕高潮予以广泛关注和多角度报道。“农技人员下乡助春耕”、“万吨农资保春耕”、“气象服务护航春耕春播”、“春耕保电在行动”、“信贷支农助力春耕”、“远程教育讲春耕”等消息被网络媒体积极传播。4月上旬，《人民日报》赴河北、河南、湖南等地春耕生产一线调查走访后发文《春耕三问》指出，种粮补贴打进“一折通”，调动了散户种粮积极性，种粮大户盼扩大补贴试点范围；农资价格基本保持稳定，市场供应充足，农民选择余地大，送货上门成为趋势；农民专业合作社、种粮大户、专业服务队等新型农业经营方式兴起，但大户仍感资金周转难，盼金融支持加力①。

中央财政对春耕备耕的支持是报道重点。1月中旬，中国新闻网等百余家媒体以《中央财政拨付逾千亿元支持春耕生产》为题报道，财政部将151亿元粮食直补和1 071亿元农资综合补贴存量资金下拨地方，并要求各地抓紧制定补贴兑付方案，原则上在春耕前将补贴资金兑付到种粮农民手中。3月下旬，中国新闻网在跟进报道中称，九成粮食直补和农资综合补贴已兑付到户。4月中旬，新华网消息称，在年初预算已安排拨付相关资金的基础上，中央财政近日又安排79亿元，支持各地做好春耕备耕工作。同时，个别地区在发放惠农补贴中存在的问题也被媒体曝出。2月初，《中国青年报》报道了湖北省监利县多个村庄农民遭遇乱收费、强行摊派集资、粮食补贴“被绑架”等问题。文章说，当前造成农民负担的体制性弊端并未真正消除，要杜绝惠民资金由少数人关门操弄的现象，否则农民负担随时有可能反弹②。4月上旬，东北网消息称，早在2月8日，黑龙江省今年的各项涉农补贴就已经拨付完毕，各项补贴通过“一折通”存折发放到农民手中。然而哈尔滨市宾县平坊镇两个村千余农户的“一折通”存折被当地信用社收走，里面的补贴款始终无法领取③。6月初，《经济参考报》赴福建等地调查走访后发文称，由于工作量大、操作困难等原因，农资综合补贴、农作物良种补贴等种粮补贴在实施中走样变形，变成按照农民土地承包面积发放。这种不管有无种粮，只要有承包地就发种粮补贴的做法起不到调动农民种粮积极性的效果。报道建议政策和资金向种粮大户和农民种粮合作社组织倾斜，真正发挥支农惠农的作用④。

---

① 《春耕三问》，http：//news. ifeng. com/gundong/detail _ 2013 _ 04/07/23916125 _ 0. shtml

② 《湖北监利：惠农政策被“跑偏”农民负担在反弹》，http：//zqb. cyol. com/html/2013 - 02/02/nw. D110000zgqnb _ 20130202 _ 3 - 03. htm

③ 《“一折通”存折成抵押物 宾县千余农户涉农补贴被封》，http：//news. hexun. com/2013 - 04 - 07/152876296. html

④ 《惠农资金“撒胡椒面”难调动种粮积极性》，http：//dz. jjckb. cn/www/pages/webpage2009/html/2013 - 06/03/content _ 75558. htm? div=－1

农资价格也受到媒体关注。农业部部署的农资储备和价格监测工作、发改委开展的涉农价格和收费专项检查等成为热点新闻。与 2012 年相比，各地农资价格上涨方面没有出现大面积报道。从媒体发出的新闻看，多地农资价格趋稳。如，"江苏省 2013 年春农资供需平衡　部分价格低于去年"、"河北省农资价格以稳为主　化肥价格稳定"、"陕西春耕肥市稳"、"安徽春耕化肥价格稳定"、"春耕在即萧山农资市场价格平稳"。同时，新华网、《南方都市报》也关注了黑龙江和广东个别地区出现的农资价格上涨 10%现象，称"农民感到了一定的压力"。

（2）东北低温春涝、西南西北春旱受到关注　春耕期间，东北地区遭遇低温春涝天气，西南西北局地的旱情较重，媒体对此关注较多。4 月下旬，《经济参考报》消息称，"东北粮仓"遭受春涝和低温灾害，东北的春播延迟已成定局；北方 11 个冬小麦主产省中有 10 省出现不同程度的旱情。同时，各地保障春耕生产的相关举措受到持续关注。人民网介绍，黑龙江省对受涝地块逐一摸排，组织群众采用机械和畜力对旱田积雪提早耙耢，加快融雪散墒和耕地化冻，水稻产区抢抓晴好天气，清雪扣棚全面启动。新华网消息称，吉林省把"抗低温、抗春涝、保春耕"作为当前农业农村工作的中心任务，及时提供配套服务，加大农资保障和信贷支持力度，坚决打好春耕生产攻坚战。《农民日报》报道，针对当前部分地区出现春涝、春播受阻的情况，辽宁省抓住气温回升的有利时机，加大工作力度，加强指导服务，全力推进抗春涝保春播，力争在 5 月 10 日适播期前完成玉米播种、在 6 月底前完成水稻移栽，赢得全年粮食丰收的主动权。此外，"云南打好抗旱保民生促春耕战役"、"甘肃加强抗旱春耕改种补种"、"山西：近万台农机具投入抗旱保春耕"等消息也被积极报道。

春季农业灾害对粮食生产的影响也被关注。《经济参考报》指出，多个粮食主产区遭遇到异常天气，使得今年粮食增产形势严峻。与往年相比，今年粮食生产的不利因素占主导。如果不能采取有效措施，粮食减产的风险加大，从而给粮食"十连增"带来不小的考验①。4 月下旬，《经济日报》援引有关专家言论称，今年农业生产开局良好，春播进展总体顺利，目前播种进度与上年同期相当，但旱涝双重影响不容忽视。中央财政已下拨 79 亿元资金支持春季农业生产，有效调动农民生产积极性。针对西南西北地区旱情，农业部启动农业抗旱四级应急响应，并组织开展东北抗春涝保春播、西北西南抗旱促春管保春播、长江中下游水稻集中育秧促增产等春耕生产"三大攻坚战"，全力保持粮食生产好势头②。

（3）夏秋"南旱北涝"和农作物病虫害被广泛报道　据《光明日报》介绍，受极端天气影响，今年夏季我国呈现"南旱北涝"的态势，东北、华北地区降水比常年偏多 3～5 成，三江平原和华北部分地区发生了洪涝灾害，东北地区受涝面积超

---

① 《异常天气考验粮食"十连增"》，http：//jjckb. xinhuanet. com/2013 - 04/26/content _ 441845. htm

② 《东北春涝西北春旱　今年春播双重威胁不容忽视》，http：//politics. people. com. cn/n/2013/0427/c70731 - 21305008. html

过 1 000 万亩。与此同时，南方出现了 1961 年以来最强的高温少雨天气，给粮食生产带来极大困难。尤其是长江中下游地区持续高温干旱，给中稻造成不同程度的高温热害，一些地区双季晚稻因缺水栽插困难，只能改种①。央视播出对韩长赋部长的专访称，“北涝南旱对秋粮生产影响有限”②。针对北涝南旱的严峻形势，国家防汛抗旱总指挥部办公室、农业部、水利部等相关部门就保障民生和农业生产防灾减灾做出综合部署，新华网、中国新闻网等媒体对此也予以积极报道。

“南旱北涝”折射的农田水利建设问题受到关注。中国证券网指出，今年以来随着北方持续降雨，南方持续高温干旱局面的进一步加剧，近几年连续出现的“南旱北涝”趋势进一步确立。由于历史原因，我国农田水利设施欠账严重，特别是南方抗旱基础设施缺乏，北方则在防汛基础设施建设上投入不足。针对今年“南涝北旱”的情况，水利部发布《全国冬春农田水利基本建设方案》，要突出抓好水毁灾损水利工程修复、抗旱水源建设和水量调度。针对今年南方干旱暴露出来的部分地区水源工程缺乏等问题，将加快实施全国抗旱规划实施方案，建设一批水源工程③。此外，《人民日报》还报道了东北洪涝灾害和南方旱灾的农业保险赔付情况。文章援引中国保险监督管理委员会通报的数据称，截至 9 月 27 日 17 时，东北洪涝灾害农业保险已接到报案估损金额 31.21 亿元，受灾农户 258 万户次。南方旱灾农业保险已接到报案估损金额 19.60 亿元，受灾农户 796 万户次。文章说，历经 10 年试点推广，农业保险的快速发展，使保险业对国民经济的保障作用显著提升。文中以黑龙江省为例称，该省保险业对灾害损失的补偿占比超过 15%，而黑龙江省的保险深度和密度在全国并不靠前，但 15%的数值已超过亚洲平均水平④。

据中国广播网消息，6 月份以来，由于气候条件有利，加之一代虫源基数大，二代、三代黏虫相继在东北、华北、黄淮等地区严重发生，对秋粮作物构成严重威胁。多地玉米作物受到黏虫的危害，辽宁在内的东北地区出现了严重的黏虫灾害，华北地区虫量很高，黄淮局部也危害很重，部分地区的虫口密度均高于去年⑤。对此，农业部和对各地有关部门积极开展病虫害防控工作。《农民日报》介绍，为应对秋粮病虫害偏重发生风险，农业部在实行重大病虫防控“一周两报”制度、组织百名植保专家开展巡回指导服务、强化秋粮作物重大病虫防控督导检查的同时，突出重点，分区推进，科学防控，打响了病虫害防控三大攻坚战，有效遏制了病虫害的暴发流行。

---

① 《秋粮：向“南旱北涝”要丰收》，http：//news.hexun.com/2013-09-21/158179182.html

② 《农业部部长：北涝南旱对秋粮生产影响有限》，http：//v.ifeng.com/news/mainland/201308/01cdebd1-5c35-432a-a389-50e84b037db0.shtml

③ 《农田水利建设近 900 亿破解南旱北涝》，http：//stock.sohu.com/20131101/n389367625.shtml

④ 《今夏北涝南旱 保险赔偿占灾害损失比例显著提高》，http：//www.gov.cn/jrzg/2013-09/30/content_2498116.htm

⑤ 《东北华北黄淮发生严重黏虫灾害 威胁秋粮生产》，http：//china.cnr.cn/ygxw/201307/t20130724_513138155.shtml

2. 粮食产量"十连增"

(1) 关注"三夏"生产，热议夏粮丰收 "三夏"期间，全国各地的夏收夏种夏管工作成为媒体报道重点。农业部网站消息《全国大规模小麦跨区机收会战告捷》受到人民网等主流媒体的积极关注。山东、河南等省的夏粮收获情况也被广泛报道。同时，夏粮丰收后的增产后劲、农民种粮积极性等话题受到媒体热议。6月上旬开始，《人民日报》推出系列报道"三问三夏"：一问农民种粮赚不赚钱；二问谁来种地，怎么种地；三问连年丰收的增产后劲。报道介绍，散户仍是种粮主力军，挣钱不多；大户希望荒地等后备耕地得到政策更多眷顾；合作社规模效益显现。报道建议健全保障机制，扶持新型经营主体，提升粮食综合生产能力。

7月中旬，国家统计局网站消息"2013年全国夏粮产量13 189万吨"，被网络媒体以"中国夏粮总产量创历史新高"、"全国夏粮连续十年获丰收"等为题进行了转述报道。同时，农业部网站消息"2013年夏粮产量再创历史新高 成绩来之不易，意义尤为重大"，也被人民网等媒体积极转载。《人民日报》发文《夏粮十连丰 农民有赚头》说，今年夏粮在产量基数高、生产成本高、灾害威胁大等不利条件下再创新高，实属不易。政策持续发力、科技服务到位、防灾应对有效、气候总体有利是夏粮增产的主要支撑因素。在当前国际经济形势错综复杂、我国经济下行压力增大的情况下，夏粮再获丰收，具有特殊重要的意义①。中国广播网援引有关专家言论称，夏粮单产水平的提高表明科技兴农的政策在发挥作用，11个夏粮主产区中7个出现增长也说明农民的种粮积极性在逐步增强②。

夏粮收购情况也被报道。7月上旬，中国广播网消息称，全国夏粮收购渐入高潮，河南、山东、河北、安徽等主产区小麦收购价格一路上行，已明显高于托市收购价。上涨的粮价，抬高了农民对粮价的预期，农民卖粮产生了不小变化，多是卖一半留一半，惜售心理越来越浓。报道援引业内人士言论称，市场价格走高，说明托市收购取得了实效，对农民来讲是件好事；农民出现的惜售现象也说明了农民市场意识的增强③。7月中旬，新华网消息称，今年夏粮收购初期小麦价格上涨较快，目前价格企稳，政策性收购已经停止，市场化收购将成主导。今年夏粮收购托市收购启动早，这对市场价格的上涨发挥了明显的提振作用，保护了农民利益，稳定了粮食市场④。

(2) 聚焦粮食产量"十连增" 11月下旬，农业部网站消息《秋粮丰收已成

---

① 《夏粮十连丰 农民有赚头》，http：//paper. people. com. cn/rmrb/html/2013－07/15/nw. D110000renmrb_20130715_2－02. htm

② 《全国夏粮连续十年获丰收 总产量达13 189万吨》，http：//china. cnr. cn/NewsFeeds/201307/t20130712_513046649. shtml

③ 《全国夏粮收购渐入高潮 主产区小麦收购价格一路上行》，http：//china. cnr. cn/news/201307/t20130704_512976387. shtml

④ 《夏粮收购价格企稳 市场化收购将成主导》，http：//news. xinhuanet. com/fortune/2013－07/16/c_116563032. htm

定局　全年粮食有望“十连增”》被百余家网络媒体转载。新华网评论文章说，今年粮食生产在遭遇了东北低温春涝、西南西北冬春连旱、夏季南旱北涝以及害虫频发等灾害的多重考验之下，取得历史罕见的“十连增”，为实现全年国民经济发展目标提供了有力支撑。我国在农民稳步增收的同时实现粮食“十连增”，是值得书写的成就①。11 月 29 日，国家统计局发布公告称，全国粮食总产量 60 193.5 万吨，比上年增长 2.1%。消息再次引发关注，“粮食总产量首破 6 亿吨大关”、“连续十年增产”是媒体报道的重点。

《人民日报》援引有关专家言论称，粮食稳定增产，对于管好通胀预期，稳定消费价格总水平，实现经济增长和社会和谐稳定，具有重要意义②。《农民日报》认为，在创造“十连增”奇迹的各项因素中，农作物优良品种的选育和推广无疑是增产增效的重要内因。2013 年，良种面积扩大、品种结构优化、市场供应充足、产品质量提高等多方面成效的取得，让良种良法的配套成为了现实可能，从而为粮食“十连增”奠定了坚实的基础③。《经济日报》文章还说，粮食连续增产固然可喜，但今后还要打造粮食生产的“升级版”，更注重节约资源、保护环境，实现可持续发展。大水大肥猛药、重用地轻养地、只顾铺膜不管回收毕竟难以为继，迫切需要转变发展方式。一方面，要实施高标准农田建设、耕地质量提升、农业面源污染综合治理等工程，另一方面，要大力推广节水、节肥、节药技术④。

3. 粮食安全

（1）耕地质量下降引舆论担忧粮食安全　化肥农药过量施用致耕地质量下降，粮食增产后劲问题受到关注。7 月中旬，《半月谈》文章说，我国耕地不足世界的 10%，却使用了全世界 1/3 还要多的化肥。过量施肥看似保住了产量，却进一步恶化了耕地质量，终究难以持续。文章援引多地基层农业专家言论称，十年前，一些地方肥料、粮食投入产出比为 1∶5，即投入 1 块钱的肥料可以增产 5 块钱的粮食。但现在这一比例已经降到 1∶1 甚至更低。这表明，农业生产不再因为化肥用量增加而线性上升，单纯依靠化肥增产的路子正越走越窄⑤。8 月，美国科技博客 Quartz 网站文章《中国的农业为何正在衰退?》也被部分网络媒体转载报道。文章列举了我国耕地存在的问题，如大量使用氮肥致土壤质量下降、1/5 土地被污染、农田面积萎缩等。文章说，中国在成为全球制造业中心的过程中，农田和水资源已

---

① 《述评：在城乡一体化进程中实现粮食丰收农民增收》，http://news.xinhuanet.com/politics/2013-11/22/c_118259857.htm

② 《粮产十连增夯实控物价基础》，http://paper.people.com.cn/rmrbhwb/html/2013-12/02/content_1355404.htm

③ 《粮食“十连增”良种奠定坚实基础》，http://www.farmer.com.cn/xwpd/btxw/201312/t20131209_921012.htm

④ 《我国粮食十连增　粮食安全这根弦始终不能放松》，http://finance.chinanews.com/cj/2013/12-23/5649984.shtml

⑤ 《夏粮十连丰背后存隐忧：靠肥料增产　耕地质量恶化》，http://www.chinanews.com/gn/2013/07-16/5045229.shtml

遭严重损害，尽管经济突飞猛进、民众更富裕且在食物链中地位攀升，但中国保持粮食增长的能力却大不如前。11 月，《人民日报》报道，我国东北黑土区正在面临水土流失、土层变薄、肥力下降等问题。文章认为，化肥使用量的增长和使用效果的降低与黑土“变瘦”形成了恶性循环。由于土壤肥力变弱，为了多产粮食，再多施化肥，导致土壤板结硬化程度加剧，耕层变薄，犁底层变厚、变硬、上移，耕地质量变差[①]。

耕地“占优补劣”威胁粮食安全引发关注。5 月，《光明日报》文章说，伴随着中国城镇化进程，一些城镇周围和交通沿线质量好、基础设施好的良田沃土被大量占用，部分新补充耕地主要分布在耕作条件相对较差的地区，耕地质量总体下降，已严重影响到我国耕地生产能力，威胁国家粮食安全[②]。9 月，《经济参考报》指出，虽然我国实行严格的耕地“占补平衡”政策，但耕地“占优补劣”现象严重，特别是我国各类项目大多占用优质耕地，平原或居民点周围优质高产良田面积大幅缩减，若不加制止，将会突破 18 亿亩耕地红线[③]。11 月，人民政协网文章说，江苏省一些沿海地区用滩涂围垦造田，用新增耕地置换建设用地指标。但沿海滩涂土壤盐碱度高、沙性重，农业基础条件极其薄弱，由此形成的补充耕地只能在数量上保持占补平衡，质量却难以达到被占用耕地的水平[④]。12 月，《人民日报》援引国土部相关数据称，从优质耕地减少的情况看，13 年间，城镇用地增加 4 178 万亩，占用的大多是优质耕地。我国人均耕地少、耕地质量总体不高、耕地后备资源不足的基本国情并没有改变，耕地保护形势仍十分严峻[⑤]。

（2）粮食进口量增加受到热议　1 月中下旬以来，“我国大豆进口创新高”、“2012 年我国进口大米同比增 3.1 倍”等消息受到广泛关注，有舆论由此抛出“粮食进口‘威胁论’”等论断。对此，《人民日报》发文《中国粮食进口“威胁论”太夸张》予以回应[⑥]。文中援引农业部、商务部、国务院发展研究中心等相关部门专家言论称，进口激增并未动摇我国的粮食安全，但保障粮食安全始终是我国长期的艰巨的政策目标，需要高度重视。1 月末，“我国粮食自给率跌破 90%”的消息在互联网上大量出现，《人民日报》再次发文《如何看待我国粮食自给率》说，把大豆纳入粮食统计，往往明显夸大了我国粮食安全问题的严重性，甚至会形成不必要的恐慌。我们应把粮食安全的重点放在口粮和饲料粮的安全供给上，就是要大力发

---

① 《东北黑土地面临水土流失等问题》，http://news.ifeng.com/mainland/detail_2013_11/04/30919586_0.shtml

② 《时事网评：耕地资源可持续利用与国家粮食安全》，http://futures.hexun.com/2013-05-27/154536523.html

③ 《城镇化不是建“空中花园”》，http://news.xinhuanet.com/house/sy/2013-09-26/c_117515842.htm

④ 《沿海地区城镇化进程中耕地“占优补劣”现象亟待关注》，http://cppcc.people.com.cn/n/2013/1104/c34948-23416994.html

⑤ 《人多地少基本国情未改变　耕地后备资源严重不足》，http://news.sina.com.cn/c/2013-12-31/031029123146.shtml

⑥ 《中国粮食进口“威胁论”太夸张》，http://finance.people.com.cn/n/2013/0121/c1004-20265650.html

展稻谷、小麦、玉米等谷物生产，增加有效供给。2012 年，我国谷物进口虽然增量较大，但占国内谷物生产、消费总量比例较小，并未改变我国谷物供需基本平衡的局面，对全球粮食市场运行也未产生明显影响①。

7 月初，媒体援引相关数据发文称，“我国三大农作物进口不断创新高，中国粮食进口去年全年超过了 7 000 万吨，是历史上粮食进口量最多的一年”。“进口量激增或威胁我国粮食安全”的相关论断再次出现。《上海证券报》援引专家言论称，工业化城镇化发展、国际国内粮食差价、大豆进口占比过高等多重因素造成了我国粮食进口量迅速增加，目前我国的粮食安全并没有受到威胁，但在当前的“紧平衡”状态下，还需要未雨绸缪稳定粮食自给率②。《人民日报》文章说，从战略上看，今后保障国家粮食安全、确保主要农产品有效供给，进口国外农产品、利用境外农业资源将不可避免；对重点的口粮产品确保国内供应，对非口粮产品放开市场，提高统筹国内外两种资源，两种市场的能力③。

12 月，“粮食‘十连增’为何还进口”成为热点话题。6 日，国新办举行新闻发布会，介绍粮食增产、农民增收以及贯彻落实十八届三中全的有关情况。韩长赋部长在新闻发布会上就粮食进口量增加等相关问题回答记者提问，引发广泛关注。中国新闻网等媒体以《农业部回应“十连增后仍进口”：适度利用国际市场》、《中国政府有能力解决和保证全国人民的吃饭问题》等为题发表大量报道。12 月中旬，《中国证券报》援引专家言论称，国家的粮食安全从供给角度看包括两个层面，一是生产能力，二是进口能力。我们的生产能力在不断提高。进口方面，2012 年我们的粮食进口只占外汇总额的 3%，进口能力没有问题。从某种程度上说，适度进口粮食不仅不会威胁到粮食安全，还是保障粮食安全的一个途径④。

（3）舆论呼吁重视粮食产后浪费问题　粮食产后损失及餐饮环节浪费现象也受到关注，舆论呼吁要重视粮食产后浪费问题。中国广播网援引国家粮食局有关人士言论称，我国粮食产后仅储藏、运输、加工等环节损失浪费总量就达到了 700 亿斤以上，请客吃饭讲排场比阔气等不良的消费方式造成的餐桌浪费更是触目惊心，我国每年粮食损失浪费量大约相当于 2 亿亩耕地的产量，比第一产粮大省黑龙江省一年的产量还要多。中国网指出，我国粮食产后损失和浪费问题相当严重，每年损失和浪费的粮食已经超过粮食进口总量。在国内粮油供给压力大，土地产出能力受到硬约束，粮食浪费严重的大背景下，科学用粮、节约用粮、杜绝粮食浪费，是确保

① 《如何看待我国粮食自给率》，http：//paper. people. com. cn/rmrb/html/2013 - 02/03/nw. D110000renmrb _ 20130203 _ 2 - 02. htm? div=－1

② 《中国粮食进口激增　粮食安全战略需顶层设计》，http：//news. hexun. com/2013 - 07 - 05/155810545. html

③ 《专家：“我国进口粮食 7000 万吨”一说不准确》，http：//finance. people. com. cn/n/2013/0703/c1004 - 22056690. html

④ 《适度进口是保障粮食安全新途径》，http：//finance. china. com. cn/stock/20131218/2055297. shtml

国家粮食安全的重要举措①。

此外，5月末发生的中储粮黑龙江林甸直属库大火，引发舆论对粮食储备过剩的讨论。凤凰博客文章《中储粮大火折射我国粮食储备过剩问题》指出，中国巨量的储备粮食，明显已超出了实际需求范围，恰恰是这种与需求端不相吻合的储备规模，最终导致了以中储粮大火为代表的国储粮浪费事件的发生。BWCHINESE中文网文章认为，火灾仅仅是导致囤积粮食浪费的因素之一，但假使没有发生火灾，巨量粮食的囤放其实也很容易以其他方式导致粮食的霉变或不可食用。无论是中储粮大火，还是粮食陈化，中国粮食过剩问题带来的最终结果都会是生产效率的低下、浪费并且无法调节。文章表示，目前的粮食储备过剩问题主要集中的主产区，这些问题不单纯是流通体制改革所能解决的，解决粮食问题必须要把流通与生产、贸易结合起来，通盘考虑②。

（三）舆论关注农业生产与粮食安全相关政策举措

1. 中央定调粮食安全

保障粮食安全是中央领导层关注的重要议题。7月下旬，新华网消息称，习近平总书记在湖北农村调研时着重强调，"粮食安全要靠自己"③。11月下旬，新华社《新华视点》微博报道，习近平在山东省农业科学院召开座谈会时表示，"手中有粮，心中不慌。保障粮食安全对中国来说是永恒的课题，任何时候都不能放松。历史经验告诉我们，一旦发生大饥荒，有钱也没用。解决13亿人吃饭问题，要坚持立足国内"④。此外，中国新闻网11月初在报道《李克强一年三看粮食安全　谋划现代农业大局》中介绍了李克强总理在黑龙江省抚远县查看粮食收储情况，并指出"这是他就任总理8个月来第三次就农业问题进行考察，从春播到夏收到秋粮入库，查看粮食收成的同时，亦在谋划现代农业大局"⑤。舆论认为，国家领导人对粮食安全的表态情深意浓寓意深，再一次验证了新一届政府对粮食安全的重视程度，并相信在党中央的坚强领导和高度重视下，在全国各族人民的齐心协力下，我们完全有能力解决好粮食安全问题，真正实现粮食自给自足。

12月，中央经济工作会议把"切实保障国家粮食安全"列为明年经济工作的首要任务，中央农村工作会议再次强调了粮食安全的重要性，引发各界高度关注。新华网文章说，把"粮食安全"列为首要任务，在中央经济工作会议历史上非常罕见。在连年丰收的背景下强调"粮食安全"，显示了中央政府未雨绸缪的态度，如何追求数量与质量的平衡，应该是未来的着重点。还有舆论表示，中央农村工作会

① 《科学储粮减少产后损失》，http：//finance. china. com. cn/roll/20130809/1711323. shtml

② 《谁导致了中国粮储过剩?》，http：//www. bwchinese. com/article/1041898. html

③ 《习近平：粮食安全要靠自己》，http：//news. xinhuanet. com/politics/2013－07/22/c_116642708. htm

④ 《习近平：手中有粮　心中不慌》，http：//news. xinhuanet. com/politics/2013－11/28/c_118339303. htm

⑤ 《李克强一年三看粮食安全　谋划现代农业大局》，http：//www. chinanews. com/gn/2013/11－05/5465329. shtml

议对粮食安全的部署，体现了中国粮食安全战略的新思路，不再过分强调数量，而是更加关注质量，今后更多的问题将聚焦在如何树立百姓对粮食质量的信心，以及如何平衡资源环境与农业发展问题等方面。

“中央为何频提粮食安全”成为热议话题。《上海证券报》文章指出，中央会议频提“粮食安全”，并不能用国内粮食供给将来可能有短缺来简单解释，也不能用全国粮食减产或国家储备粮食不足来简单说明，更不能用有些人所担心的海外进口粮食存在重大隐患来猜测来分析。锁定“粮食安全”，是直接回到中国特色的经济原点，用农业经济激发的发展活力，用农村智慧创造的财富潜力，通过新型城镇化建设的聚集效用，去解决一大批城市自身解决不了的问题，这既是尊重经济规律的表现，也是务实求真的反映①。中国社会科学院农村发展研究所研究员李国祥在接受财新网采访时表示，中央对粮食安全问题的强调，主要是由于新的粮食安全战略的提出以及深化农业改革的要求。国际形势也是促使强调粮食安全问题的原因，目前中国的经济发展水平、国际地位、进口能力以及参与国际分工的能力都在大幅度提高②。

2. 中央一号文件聚焦农业生产经营体制创新，解决“未来谁种地”问题

1月31日，中央一号文件《中共中央国务院关于加快发展现代农业进一步增强农村发展活力的若干意见》正式公布。今年的中央一号文件，对过去十年我国的农业农村工作进行了总结，突出强调围绕现代农业建设，充分发挥基本经营制度优越性，着力构建新型农业经营体系。有关专家指出，中央一号文件中提出的“创新农业生产经营体制”成为最突出亮点。媒体认为，农业生产经营体制的创新将解决“未来谁种地”问题。

中央农村工作领导小组副组长、办公室主任陈锡文在接受新华网等媒体采访时指出，在越来越多农村人口外出打工就业的背景下，提出创新农业经营组织问题，各地反映很必要。着力构建集约化、专业化、组织化、社会化相结合的新型农业经营体系，就是要使农村生产关系更加适应生产力发展，把各类农业经营主体的优势都发挥出来。同时，创新农业生产经营体制，在相当程度上也是为了把各种生产要素更好地组合起来，更有效地发挥作用，更好地满足日益增长的农产品需求③。《人民日报》文章说，当前农户兼业化、村庄空心化、农村老龄化的趋势愈发明显。同时，农业机械化快速发展，农业科技创新加快推进，农业社会化服务蓬勃兴起，发

① 《专家：把粮食安全排在明年经济任务首位的深意》，http：//finance. ifeng. com/a/20131217/11289163 _ 0. shtml

② 《李国祥：为何中国要强调粮食安全》，http：//opinion. caixin. com/2013 - 12 - 25/100621509. html?utm _ source=mail. caixin. com&utm _ medium=referral&utm _ content=caixin _ news _ mail&utm _ campaign=caixin

③ 新华网：《中央农村工作领导小组副组长、办公室主任陈锡文解读一号文件亮点》，http：//news. xinhuanet. com/politics/2013 - 01/31/c _ 114575238. htm

《经济日报》：《陈锡文解读一号文件：使务农种粮有效益得实惠》，http：//www. ce. cn/macro/more/201302/01/t20130201 _ 24085302. shtml

展农业规模经营的基础条件日渐成熟。中央一号文件提出的创新农业生产经营体制，是农村生产关系的进一步完善，必须积极稳妥地加以推进。要支持地方大胆实践，但也必须明确，创新农业生产经营体制，真正的主体还是农民，创新什么、怎么创新、啥时创新，都要让农民自己做主、自主决策①。新华网对山东等地种粮大户走访调查后发文称，随着劳动力结构的变化，城镇化进程的加速，土地越来越集中，扶持种粮大户、联户经营等是大势所趋，中央一号文件的出台是"及时雨"、"定心丸"，增加了种粮大户的生产积极性，有利于继续扩大种植面积，提高生产管理水平，增加粮食产量②。

此外，中央一号文件首次提出"家庭农场"的概念，受到舆论广泛关注。中国广播网认为，"家庭农场"首次出现在中央一号文件中，这不仅代表未来土地政策的导向，也明确了培育和扶持新型经营主体的要求，专业大户、家庭农场和农民合作社将成为政策扶持的重点。人民网援引有关专家言论称，之所以提出要发展家庭农场，很重要的一个因素就是要解决职业农民的问题，这可能是今后培育新型农业主体的一个重要的方向。中国共产党新闻网文章指出，中央一号文件首提"家庭农场"，彰显我国发展现代农业的决心和信心，彰显了让农民得到实惠的实际行动将一步落实，意味着中国通过家庭农场等新型农业经营体系发展现代农业的号角已经吹响，相信中国农民将成为现代农业的最终受益者③。新华网援引农业部相关数据称，近年来，上海松江、湖北武汉、吉林延边、浙江宁波、安徽郎溪等地积极培育家庭农场，在促进现代农业发展方面发挥了积极作用。农业部确定的 33 个农村土地流转规范化管理和服务试点地区，已有家庭农场 6 670 多个。该消息被网民在新华网发展论坛转发后，当月点击量达 9 万余次。有网民对此表示支持，认为这是今后农业生产规模经营的发展方向。也有网民建议完善相关法律，对家庭农场进行规范，确保其真正发挥应有的作用。

3. 政府部门多举措保障农业增产和农民增收

3 月 20 日，农业部公布了 2013 年国家支持粮食增产农民增收的政策措施，内容涉及 38 项举措。其中提到，今年将继续加大良种补贴、农机购置补贴，同时加大对专业大户、家庭农场和农民合作社等新型农业经营主体的支持力度，实行新增补贴向专业大户、家庭农场和农民合作社倾斜政策。对此，媒体纷纷以《农业部发布落实良种补贴等政策》为题广泛报道。中国经济网指出，目前，种粮直补、农资综合补贴、良种补贴和农机购置补贴等四项针对农民的直接补贴措施，已成为现阶段我国农业补贴政策的重要组成部分。从长期趋势看，随着国家财力的不断提升，

---

① 《今后谁来种地（政策解读·关注一号文件②）》，http://politics.people.com.cn/n/2013/0205/c1001-20430594.html

② 《山东种粮大户："一号文件让我们吃了定心丸"》，http://news.xinhuanet.com/fortune/2013-02/01/c_114587314.htm

③ 《中央一号文件首提"家庭农场"彰显啥》，http://cpc.people.com.cn/pinglun/n/2013/0216/c241220-20493838.html

农业补贴的能力不断增强，不断加大对农业的补贴支持力度，是今后我国工业化进程中的必然政策选择①。

相关部门在保障农田水利建设以及土地整治方面实施一系列举措，也引发关注。10月下旬，《经济参考报》报道，中央财政下拨农田水利建设资金63.25亿元，重点支持粮食主产区、中西部地区和革命老区、民族地区、边疆地区、贫困地区农田水利建设。11月上旬，新华网消息称，2013年中央财政共计拨发341.08亿元资金，用于基本农田建设和土地整治。其中，下拨高标准基本农田建设资金300亿元，比2012年增加70亿元，增幅达到30%；资金分配对粮食主产区给予了倾斜，共安排粮食主产区255亿元，占资金总量的85%。同时，2013年中央财政安排土地整治重大工程资金41.08亿元②。

12月上旬，中国新闻网消息称，由发改委会同国土部、农业部等多个部委共同编制完成的《全国高标准农田建设总体规划》（以下简称《规划》）正式公布。《规划》提出到2020年，建成集中连片、旱涝保收的高标准农田8亿亩，亩均粮食综合生产能力提高100千克以上的总体目标。《规划》指出，建成8亿亩高标准农田，可新增粮食综合生产能力800亿千克，将直接促进农民增收。同时，高标准农田建成后，每年可节约灌溉用水200亿$米^3$以上、可节肥120万吨以上③。舆论认为，高标准农田建成后将显著提高我国粮食生产能力，确保粮食安全，并在提高耕地和基本农田质量的同时，促进集中连片分布，为发展现代农业提供平台。《中国财经报》援引有关专家言论称，《规划》最大的亮点在于将涉及发改委、财政部、国土部、水利部、农业部、人民银行等多个部门的资源和资金整合起来，加大对高标准农田建设支持投入力度，极大地提高了效率④。《经济日报》指出，适度规模经营机制、新品种和新技术推广体系、素质较高且较为稳定的使用管理队伍等都应是高标准农田建设的题中之意，各地应在高标准农田建设中建立起既算“数量账”，又算“质量账”的导向机制⑤。《中国经济时报》认为，制定严格规范的建设标准是高标准农田建设目标达成的前提条件，对高标准农田项目建设的验收也事关重大，各地有关部门应定期严格验收，并将验收结果予以公布并接受舆论监督⑥。

① 《农业部巨额补贴落实　农机等三子行业重燃活力》，http：//news.xinhuanet.com/yzyd/fortune/20130322/c_115115822.htm

② 《中央财政340亿治土保粮　补血18亿亩红线》，http：//news.xinhuanet.com/fortune/2013-11/05/c_125650482.htm

③ 《中国筹建8亿亩高标准农田　投资或逾万亿》，http：//finance.chinanews.com/cj/2013/12-09/5598414.shtml

④ 《高标准农田建设：一场事关粮食安全的攻坚战》，http：//finance.ifeng.com/a/20131206/11231351_0.shtml

⑤ 《祝惠春：高标农田要“量”“质”并重》，http：//views.ce.cn/view/ent/201310/24/t20131024_1660137.shtml

⑥ 《高标准农田建设：规范标准更须严格验收》，http：//he.ce.cn/gtzypd/xxtt/201310/30/t20131030_1169320.shtml

（四）舆情传播特点

1. 从舆情热度上看，农业生产与粮食安全相关舆情总量稍有上涨

2012 年农业生产与粮食安全相关网络媒体舆情总值 6.6 万余条，峰值 1.2 万余条；2013 年舆情总值 7.1 万余条，峰值 9 700 余条。舆情总值稍有增长，峰值下降。从整体情况看，我国政府在保障农业生产和粮食安全方面的政策举措是媒体关注热点，相关话题占据较大比重。其中，中央一号文件聚焦农业生产经营体制创新以及中央经济工作会议、中央农村工作会议对粮食安全的部署成为报道焦点，在年度热点新闻话题排行中位居三甲。同时，粮食丰收也有很高报道量，特别是夏粮增产和全国粮食总产量十连增，成为助推当月新闻舆情走势攀升的重要因素。此外，农业灾害的相关话题量也很大，春季东北地区的低温春涝、西南西北的旱情，夏秋季节的"南旱北涝"以及病虫害偏重发生等，经媒体报道后成为关注热点，有关部门开展的农业灾害防控工作也被大量报道。

2. 从舆情传播主体看，新华网、《人民日报》等主流媒体发挥了重要舆论引导作用，相关政府部门官方网站发布的消息成为媒体报道的热点

从全年热点话题排行可以看出，前 20 位热点话题的首发媒介全部来自主流媒体和政府部门网站。新华网、《人民日报》等发布的重要政策信息和权威言论是众多媒体新闻转载报道和网民转发评论的主要信息来源。农业部、国家统计局、发改委等政府网站发布的相关数据和政策举措更易成为关注热点，被媒体广泛报道。此外，从年度网络热帖排行也可以看出，热点新闻报道经网民转发至论坛、博客后受到高度关注。1 月，猫扑论坛热帖《江西一种粮大户给百余农民发 140 万元年终奖》即出自大江网的新闻报道，该帖当月点击量达到 42 万余次。

3. 从舆情内容和舆论指向看，粮食安全是媒体和网民的中心议题

2013 年，"保障粮食安全是永恒的课题"、"中国人的饭碗应主要装中国粮"、"粮食安全要靠自己"等经典阐述被舆论广泛传播。中央对粮食安全的顶层部署以及相关政府部门在保障粮食安全方面的工作举措引发高度关注和广泛支持。从全年热点话题也可以看出，在部分地区发生旱涝、病虫害等农业灾害后，粮食产量是否受到影响是热点议题。我国粮食进口量增加的相关报道也引发了舆论对粮食安全的持续讨论。在全国粮食总产量"十连增"后，舆论还对"十连增"后如何保障"中国饭碗"进行了深度思考和积极建言。

四、农村土地问题

党的十八届三中全会对农村土地改革作出全方位部署，有关政府部门在农村土地确权方面持续发力，各地也积极开展农村土地流转改革试点，农民的土地增值收益不断提高。媒体和网民对此表达了广泛支持和高度期许。同时，个别地方在城镇化进程中出现的强征强拆问题仍很突出，由此引发的冲突事件和极端个案受到各界高度关注。舆论寄望政府部门在农村土地改革中进一步完善法律规范、不断加大制度保障，让农民充分享有土地财产权益。

（一）舆情概况

2013 年，农村土地相关话题继续受到媒体和网民的关注。热点话题主要集中在农地征用与农村土地流转、中央对农村土地改革的部署等方面。其中，个别地区在农地征用过程中存在的暴力征地问题，以及因征地拆迁引发的群体性事件和极端个案成为舆论关注的焦点。新型城镇化进程中的农村土地流转话题成为 2013 年新的关注热点。媒体对各地开展的农村土地流转试点予以大量报道，并对土地流转中存在的强制流转、无序流转等问题积极建言。同时，中央一号文件、党的十八届三中全会、中央农村工作会议对农村土地制度改革的顶层部署引发各界高度聚焦，有关政府部门在农村集体土地确权登记、规范农村征地方面开展的工作也获得舆论的高度支持。

2013 年农村土地话题新闻舆情走势图

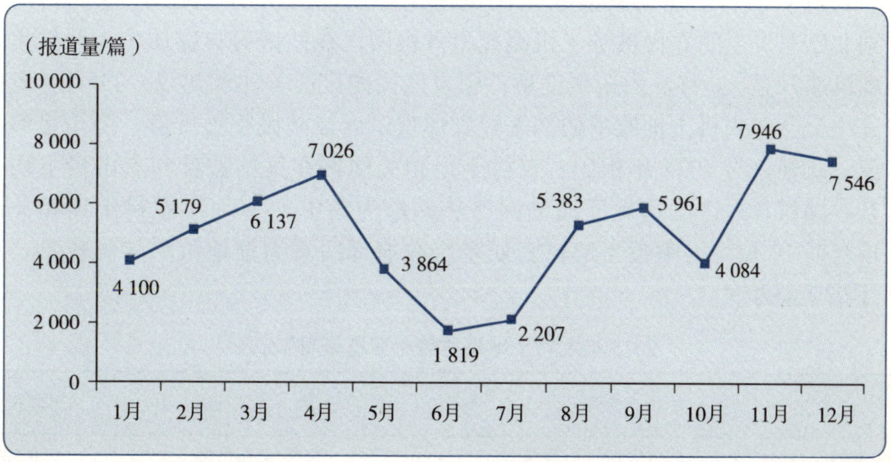

农村土地相关话题网络媒体新闻舆情全年走势起伏明显。中央一号文件在农村土地确权、农村征地制度改革等方面出台的政策举措引发 2 月新闻舆情走势出现明显增幅。3～4 月，河南等三地在农地征用中发生农民被碾死的惨剧，部分地区还出现因征地拆迁引发的冲突事件，使得这两月的新闻量接连上涨。8 月，山东平度拆迁事件成为 2013 年农村土地话题方面媒体报道量和舆论持续关注度最高的舆情事件，新闻量成倍增加。9 月，各地农村土地流转试点受到媒体的积极关注，舆情热度继续升温。11 月，党的十八届三中全会对农村土地制度改革的全方位部署受到高度聚焦，新闻量升至全年峰值。12 月，中央农村工作会议对"农村土地农民集体所有"等重大论断的强调，再次成为媒体关注热点；韩长赋部长在 12 月 6 日国务院新闻办公室召开的新闻发布会上对农村土地改革的相关解读，也引发媒体大量报道；安徽宿州等地在农村土地流转方面的有益尝试受到广泛关注。上述情况使得 12 月新闻量仍居于高位。

2013 年农村土地话题网民舆情走势图

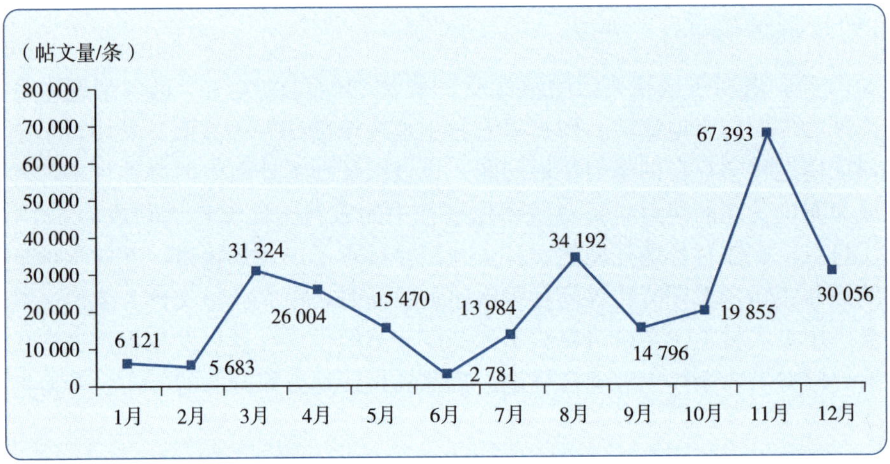

2013 年，农村土地相关话题网民舆情走势出现三次明显波动。3 月，河南中牟、湖北巴东发生的农民被推土机碾死事件被网民在微博等自媒体中大量转发，舆情热度迅速升温。8 月，山东平度事件引发网民的广泛关注和热议。11 月，党的十八届三中全会对农村土地改革的部署经媒体报道后被网民积极传播，舆情量攀至全年峰值。此外，与 2012 年相比，农村土地相关网帖在发帖数量和点击量上均有明显上升，爆料各地违法违规征地的网络热帖最为集中。2013 年农村土地相关网络热帖排行前 10 位均为举报当地村官或基层政府部门暴力征地敛财的维权帖，点击量共计 950 余万次。

2013 年农村土地相关热点话题新闻 Top20

排名	热点话题	首发媒体	新闻报道量
1	党的十八届三中全会部署农村土地改革	新华网	6 426
2	山东平度拆迁事件	大众网	3 948
3	中央一号文件：保障农民地权	新华网	2 085
4	中央农村工作会议：坚持农村土地农民集体所有	新华网	1 913

（续）

排名	热点话题	首发媒体	新闻报道量
5	国土部下发紧急通知　防止违法违规征地	国土部网站	997
6	河南中牟县农民被开发商铲车碾死	新浪微博	892
7	农村集体土地确权发证基本完成	人民网	854
8	河北曲周县毁麦事件	河北新闻网	623
9	安徽国土厅澄清“农民可以买卖宅基地”言论	《新京报》	614
10	12 月 6 日国新办新闻发布会上，韩长赋部长解读农村土地改革	中国网	559
11	宁西铁路潢川段征地纠纷　中铁十三局 300 人殴打村民	大河网	577
12	清华大学调查显示：征地拆迁波及全国 16%家庭	新华网	465
13	广西南宁警察用橡皮霰弹向抗拆村民射击	新浪微博	431
14	湖北巴东高速工地村民因纠纷被碾死	新浪微博	406
15	福建漳浦征地 3 岁女童被碾死	新浪微博	397
16	习近平：好好研究土地流转问题	新华社《新华视点》微博	396
17	安徽完成全国首例农地信托　农民获 7 成增值收益	《新京报》	393
18	云南晋宁数百村民打砸公务车　县委书记按手印承诺不征地	《新京报》	336
19	四川西昌一村民遭推土机碾死	《南方都市报》	284
20	网传福建泉州村民反对强征地　扣押防爆特警	腾讯空间	265

2013 年农村土地相关网络热帖 Top20

排名	标　　题	来源	日期	点击量	回帖量
1	河北省衡水市安平县兴贤村村官卖田暴富，失地村民含冤被抓	天涯论坛	5 月 28 日	1 525 296	13
2	湖北省永胜村村民遭遇当地政府违法拆迁！	天涯论坛	6 月 4 日	1 213 590	54
3	天理何在，自家口粮田被强行占领	天涯论坛	5 月 24 日	1 181 539	370
4	法网恢恢　湖北荆州城南白龙村委暴力征地，打伤农民、霸占民宅，谁敢管？	天涯论坛	7 月 2 日	1 144 861	2 756
5	何处诉冤？千万元养殖场被摧毁！谁能制止？鞍山市暴力强拆无处说理！	天涯论坛	11 月 3 日	1 092 538	5 956
6	村长书记演双簧　吸金逾亿齐张狂	天涯论坛	7 月 16 日	1 011 601	516
7	游离在笼子外的黄塘镇政府：某些官员勾结黑恶势力殴打村民强占耕地	网易论坛	5 月 12 日	948 288	161
8	受伤的农民，真理何在？人民政府为人民？	天涯论坛	4 月 10 日	568 237	116

（续）

排名	标　　题	来源	日期	点击量	回帖量
9	山东省新泰市泉沟镇康乐村农民八年维权路！与拘留所结缘！——暴力拆迁	天涯论坛	7月9日	468 645	771
10	四川农民阻止强拆，竟被黑社会砍断四肢？	网易博客	8月17日	350 036	2 447
11	碧翰烽：农民成为三中全会改革的最先受益者	凤凰博报	11月14日	296 028	91
12	十天碾死三农民，中央政府如何表态？	凤凰博报	4月7日	231 998	36
13	无须担心农村土地兼并	搜狐博客	9月15日	232 953	487
14	柴静：广州杨箕村钉子户拉锯战付出的代价	凤凰博报	8月12日	231 560	96
15	我差点成了山东平度版“钱云会”	财新博客	2月1日	191 339	501
16	河南“平坟”之事不能只像一场戏	新浪博客	2月20日	166 834	650
17	农民被碾死，为何找不到罪魁祸首	凤凰博报	4月3日	145 513	405
18	如何土改？	凤凰博报	11月18日	136 774	39
19	违法征地拆迁：富了地方金库，埋下巨大隐患	凯迪社区	2月8日	130 239	89
20	［抛砖引玉］举报深圳市衙边村支书贱卖村民土地	凤凰网论坛	4月19日	125 667	6

（二）热点舆情分析

1. 强征强拆问题继续受到聚焦，个别地区出现的冲突事件和极端个案被曝光的频次增加

2013年，从媒体报道的热点新闻和网民在网络论坛等自媒体曝出的网络热帖看，农地征用过程中的强征强拆问题仍很突出。总的看，与2012年相比，2013年农村征地拆迁引发的高热舆情事件从发生数量和舆情持续热度上均有所减少减弱，“山东平度拆迁事件”成为年度最为关注的热点事件，舆情热度持续近一个月时间。但个别地区出现的冲突事件和极端个案被曝光的频次增加，反应强征强拆问题的网帖热度明显上涨。

（1）暴力征地受到高度关注，极端个案引发舆论愤懑情绪　3月末至4月初，河南中牟、湖北巴东、四川西昌在征地拆迁中先后出现农民被推土机碾死事件，舆论对此反响强烈。3月27日，河南省中牟县农民宋合义因不同意开发商以每亩800元价格征用自家承包地，在阻拦直接开进地里的铲车时被碾压致死。消息经微博曝出后，多家权威媒体跟进报道。面对央视采访，开发商笑谈事件过程，并强调“宋合义事发时饮酒过量”。3月30日，湖北省巴东县村民因房屋拆迁补偿纠纷被宜巴高速公路建设工地的水泥罐车碾压致死。网民将此事图文上传至微博、论坛，惨烈现场令人扼腕。媒体在随后的采访中爆料，碾压事件是“项目部领导下的令并称碾了不要紧”。4月3日，四川西昌再次出现农民被推土机碾死事件。针对短时间内连发三起悲剧，舆论群情激愤，怒斥“视人命如草芥”，并质问“开发商碾压村民的

底气从何而来”。针对上述事件，凤凰博报中出现的《十天碾死三农民，中央政府如何表态?》、《农民被碾死，为何找不到罪魁祸首》等相关博文被关注，当月点击量共计 37 万余次。媒体也发表了大量评论文章。新华网指出，三位农民之死，将农村征地矛盾，本地农民与外来开发商矛盾展现出来。在官商联手的现实面前，在权力与资本双重的挤压之下，农民个体完全丧失了博弈能力。如何保护农民合法权益，如何不再践踏农民的生命尊严成为当前各方亟需思考的话题。

4 月中旬，河南部分地区出现的暴力征地问题被媒体曝出后也受到关注。大河网消息称，因征地纠纷，河南省潢川县村民遭到中铁十三局 300 余人殴打。《中国青年报》报道，河南省淮滨县低价强征农民数千亩耕地造人工湖，一些护地的农民遭到了殴打。两篇报道发布的当日即被数百家媒体转载。7 月初，《中国商报》报道了河北省邢台市元庄村村民遭遇的暴力征地问题。文章说，数百名手持砍刀或棍棒的不明身份人员对村民进行殴打，征地现场配备的救护车“耐人寻味”。

8 月，媒体和网民集中曝光了四川、河南、福建等地在征地拆迁中出现的暴力征地致人重伤、农民不满被征地自杀、女童被碾死等事件，再次引发舆论哗然。8 月中旬，微博中关于“四川省遂宁市蓬南镇政府雇佣黑社会砍断阻拆农民双腿”的图文消息被网民大量转发，网易博客相关帖文当月点击量 35 万余次。对此，遂宁市政府官方微博于 18 日做出回应说，打人者系施工方人员，当地纪检部门已对蓬南镇政府是否雇凶打人展开深入调查。19 日，《中国经济周刊》报道《河南新乡强征数千亩耕地盖别墅　有村民愤而自杀》被新浪等门户网站转载后，共计 7 万多网民参与了跟帖评论。当地政府 20 日回应称，“征地手续合法不存在强征，村民自杀行为与征地无直接关联”。但《中国经济周刊》认为该回应是“选择性的回应”。人民网也登出了自杀村民的遗书，其中有“肆无忌惮地从农民手中强取豪夺良田”等字样。28 日，网民微博爆料称“福建漳浦县发生强征惨剧，一名 3 岁女童被推土机碾死”。微博发出当日即被转发数万次，网络媒体迅速跟进报道。29 日，东南网转述漳浦县政府部门的回应称，“推土机倒车时不慎碰倒女童，是意外事故”。对此结论，网民在凤凰网、腾讯网发表跟帖评论万余条，大部分网民持不信任态度。《人民日报》29 日夜间在官方微博中称，“生命已破碎，真相不能被碾碎”，“期待负责任的调查”。

10 月中旬，“河南西华强征耕地村民被逼服毒身亡”的相关消息经《大河报》发出后在互联网上大量传播。随后当地政府部门表示，该农民曾“多次对乡村干部肆意谩骂，影响恶劣”，在对其执行行政拘留的过程中“趁局面混乱，服下农药”。对此回应，有网民斥为“一纸胡言”，呼吁彻查。12 月末，《华夏时报》报道“安徽淮北暴力强拆　村民深夜被胶带封嘴扔荒野”的消息被网易、腾讯等网络媒体转载后近十万网民参与跟帖评论。

针对多地屡屡发生的暴力征地事件，媒体展开热议。《新京报》文章说，正是因为个别地方权力与资本长期以来对农民合法权利的漠视，甚至巧取豪夺、肆意践踏，才最终导致暴力征地悲剧的发生。面对农民日渐苏醒的权利意识以及日渐复杂的利益格局，有关各方不能再以模糊的地方经济发展、重点工程建设进度等理由，强迫农民低头，更不能动辄要求农民牺牲自己的合法权益，应保持足够的理性与克制，尊重农民的权利，并通过法律的途径来寻求破解之道①。

（2）征地拆迁引发的冲突事件被持续曝出　2月上旬，广东省陆丰市因征地纠纷出现的村民打砸事件经《南方日报》等媒体曝出后成为热点新闻。3月下旬，网民微博图文爆料称，"云南省大理市玉龙县副县长带队暴力征地，与村民发生强烈冲突"。人民网对此予以跟进报道，并称"当地县主要领导第一时间要求立即停止施工，及时做好群众思想疏导化解工作，合理解决群众的利益诉求问题"。4月初，大河网报道，河南省西峡村民因不满当地政府拟定的"65年后支付每亩800斤玉米和小麦"的征地补偿，与施工方发生激烈对峙。该征地补偿也被舆论评价为"奇葩征地补偿"。

5月，贵州、福建、浙江等地在征地拆迁中出现的群体性事件受到广泛关注。5月初，贵州省三穗县政府网站发布"三穗县发生扶贫生态移民及保障性住房工程建设群众聚集强行阻工事件"的通知公告。凤凰网、腾讯网、新浪网、网易网以"贵州三穗百余村民因征地围攻警察损坏5辆警车"等标题转载报道后，共计35万网民参与了跟帖评论。5月中旬，福建省泉州市惠安县东桥镇征地冲突的相关网帖和网络视频被大量传播。据南方新闻网介绍，网帖《网传福建村民反对强征地扣押防暴特警》图文发布了东桥镇村民不满当地暗箱操作、违规征地，"近千村民围攻南湖村委会，用石块击退防暴警察"。网帖上传的一张"农妇绳牵被俘警察交换被抓村民"的图片在微博中被大量转发。5月下旬，网民发帖图文爆料浙江省苍南县洽尾村村民拉横幅抗议强拆。人民网以"网爆苍南发生暴力强拆　抗议村民当场被拉走"为题发表报道，被网络媒体广泛转载。

8月，"山东平度拆迁事件"受到高度聚焦，成为2013年的热点舆情事件。8月上旬，记者陈宝成在微博中发出多条图文消息，称其在家乡山东省平度县金沟子村为房屋拆迁维权。8月10日，陈宝成与其他几位村民因涉嫌非法拘禁挖掘机司机，被当地警方拘留。随后舆论对"陈宝成的行为是维权还是违法"、"警方是救人质还是设局"展开激烈讨论，据人民网发布的网民调查看，八成网民认为陈宝成是抵抗强拆的正当防卫。大批记者和法律界人士也纷纷赶赴平度表示对陈宝成的支持。8月下旬，金沟子村委会贴出通知称，由于难以满足陈家的"超标准补偿"要求，不再对其家进行拆迁改造。媒体指出，山东平度拆迁事件是集体土地以及房屋征收补偿问题的一个缩影，也反映了一些地方城镇化建设存在的目的迷失与程序失当。规范征收土地行为，保护农民合法权益，尽快下决心推进征地制度改革已刻不容缓②。

---

① 《农民接连被碾死让人难接受》，http：//www.bjnews.com.cn/opinion/2013/04/01/255971.html

② 《陈宝成案的待解之谜与未竟之问》，http：//hlj.rednet.cn/c/2013/08/14/3111401.htm

《"平度事件"是集体土地征收补偿问题的缩影》，http：//news.dichan.sina.com.cn/2013/08/14/831515.html

10月，浙江、云南、广西个别地区因征地拆迁引发的冲突事件再次被集中曝出。10月12日，网民在微博中图文爆料称，杭州千岛湖强征耕地引发冲突，当地官员的公车被掀翻。网络媒体对此发表大量转述报道。10月22日，云南省晋宁县官方通报称，当地发生群体性事件，200名村民聚集，30余辆公务车被打砸。《新京报》在跟进报道中说，事件因强行征地引发，当地县委书记按手印承诺不征地。10月下旬，“南宁警察枪击抗拆村民”的视频在微博中被大量转发。当地回应称，执法人员在拆除违章建筑时生命安全受到威胁，警察被迫使用催泪弹和橡皮子弹。

针对征地拆迁引发的冲突性事件，《南方都市报》指出，当地政府征地的目的很大程度上与公共利益无关，而是在为商业服务。由此不难想象，政府征地的如意算盘是其中的土地差价和商业区建立之后的滚滚税收。而村民的反抗在于对失去土地之后的生计问题的担忧。不能给予村民社会保障的拆迁政策，村民的恐慌、不信任乃至抗议势必不断加剧和蔓延。从这一点出发，地方政府的城镇化过程必须绑定将失地农民“市民化”的责任，只有提供了市民化的社会保障，农民的后顾之忧才能被解除[①]。

（3）强征耕地、强毁农作物仍是热点话题　1月14日，河北人民广播电台报道说，2012年11月19日，邯郸市磁县磁州镇北来村150亩长势良好的麦田一夜被人毁坏，村民们怀疑麦田被毁与此前村里500多亩耕地被征用有关，期盼有关部门能尽快给个说法，但当地政府在过去近两个月的时间内仍没有任何答复。对此消息，新华网等媒体予以大量转载。17日，当地镇政府对事件进行了书面回应，但媒体称政府答复“疑点重重”。1月下旬，中新网发表图文消息称，河南省项城市千佛阁办事处尚营行政村的几十亩麦苗夜间被毁，还有5名村民被打伤住院。报道说，面对“打人者是否被抓”的记者提问，当地有关部门负责人一言不发。

3月，媒体跟进报道经论坛、微博曝出的河南焦作、鹿邑等地出现的强征耕地、强毁农作物问题。3月中旬，网民在大河网论坛中爆料称，河南焦作两个村庄共计200余亩耕地在没有合法手续的情况下被强制推毁，耕地上的麦苗全部废弃。大河网随后进行了跟进报道，并称“因保护麦田，七个农民被打伤住院”。3月下旬，网民在微博中发布图文消息称，河南鹿邑陈楼村近500亩耕地被当地政府强征，铲车已毁去长势正旺的麦田数十亩。《东方今报》随后赴当地调查后发文称，为保护麦田，村民昼夜看守，严防麦田被政府部门悄悄“征收”，但回家吃饭的工夫，数十亩麦田已经被毁坏，导致群众网上投诉，向媒体求援。

5月，河南、陕西个别地区出现的“毁麦占地”问题经媒体和网民曝出后也被广泛关注。5月初，网民在大河网论坛爆料称，河南省濮阳市清丰县镇干部带头强行用推土机推毁村民麦田，有村民因遭到暴力殴打重伤入院。对此，大河网予以跟进报道，并援引网民言论称“再有一个月麦子就熟了，难道就不能等一等么？这麦

① 《规避拆迁暴力化，亟须土地制度变革》，http：//epaper.oeeee.com/A/html/2013－10/30/content_1960672.htm

田被推毁，太可惜了!”5月6日，《陕西日报》报道，陕西省扶风县为争取变电站项目，强行将法门镇三驾村20亩即将成熟的麦子推掉，至今未给任何赔偿。

6月，河北省曲周县“毁麦”事件引发舆论热议。6月13日，河北新闻网曝光河北省曲周县政府以“储备土地”为名，强毁300余亩农田，即将成熟的小麦、进入盛果期的蔬果均未幸免。报道还上传了当地农民手捧枯黄的小麦跪地哭诉的照片。消息被数百家网络媒体关注，新浪、搜狐等门户网站发表转载报道后，网民累计参与跟帖评论近55万次。同时，该消息位列新浪微博13日“热门微博”第四位，多条相关微博内容被网民转发上万次。网易论坛帖文《河北曲周300余亩农田被毁》当月点击量近7万次。网民怒斥当地政府毁麦行为，质疑其征地程序的合法性。还有网民说，农民种田“粒粒皆辛苦”，即使是合法的储备土地，也应等收获之后。媒体也纷纷发文批评当地政府与民争利。光明网文章指出，一些地方政府漠视农民利益，借城镇化之名行占用农村耕地之实，相关土地管理法规的修正成为当务之急。

（4）网民高度关注强征强拆相关网络热帖　从天涯论坛等网络社区出现的网络热帖可以看出，爆料各地违法征地拆迁的相关网帖具有极高的关注度。其中，反映村官暴力征地、侵吞征地补偿款等问题突出，相关网帖的当月点击量即可达到百万余次。5月末，天涯论坛网帖《河北省衡水市安平县兴贤村村官卖田暴富，失地村民含冤被抓》，在短短数天内即引发了150余万次的点击量。7月初，网民在天涯论坛图文爆料称，湖北省荆州市白龙村居委会领导成员勾结当地恶势力暴力强占耕地、强铲农作物、多位村民被打成重伤。网帖还上传了当地村民的实名举报信，希望能引起有关部门的重视。该帖当月点击量达到110余万次。7月中旬，网民在天涯论坛爆料广州市番禺区洛浦街上漖村村长和村支书拉票贿选、勾结开发商低价出租村民集体土地从中获取巨额利益。该帖当月点击量突破百万次。

部分地方基层政府部门违规征地、粗暴占地等问题经网民曝出后也引发高度关注。5月初，网民在网易论坛实名举报称，福建省泉州市惠安县黄塘镇某些政府官员恣意妄为，滥用权力，伙同开发商、承建商纠结黑社会人员强占耕地，殴打农民群众。网帖当月点击量近95万次。6月初，网民在天涯论坛发帖，图文爆料湖北省大冶市永胜村村民房屋被当地有关部门强拆，有两位老人受伤入院，并称“那些打人者和拆房者在警察面前悠然自得地走了”。网帖当月的点击量达120余万次，在网易、新浪等网站论坛中被大量转发后，相关网帖的点击量也达到数十万次。11月初，网民在天涯论坛实名发帖称，其在辽宁省鞍山市铁东区营城子村承包荒山进行饲养和种植，经过十年的经营已初显收益。但目前遭到当地政府部门的违法强拆，生产经营用房全部推倒、养殖场被强占、种植的树木遭强铲。帖文呼吁当地政府能公平合理的解决此事，并希望城市化进程中的每一家动迁户都能被妥善安置、各得其所。该网帖当月点击量近110万次。

针对网络论坛中曝出的征地强征强拆问题，网民发表大量跟帖评论。有网民指出，农民的生存权和土地捆绑在一起，没土地，没技术，没就业岗位，没社会保障，别说幸福感，连填饱肚皮都成问题。官方看的是发展的政绩，开发商看的是昧心的利益，为了更好生活，农民只好赌命上演生死大戏。还有网民说，强征强拆已成对弱势群体的最大威胁，如果权力不被限制，人民永无安全。

2. 征地拆迁后的权益保障缺失问题受到关注

10月末，清华大学发布的中国城镇化相关调查报告，其中提到的“征地拆迁波及全国16%家庭”引发媒体广泛关注。据《中国青年报》援引上述报告有关数据称，征地拆迁波及全国16%家庭，征地拆迁后给予家庭的就业安置和城镇社会保障的比例较低。承包地被征后，在补偿款、就业安置和城镇社会保障方面得到补偿的受访者分别占79.5%、3.9%和10.1%；宅基地被征后，在就业安置和城镇社会保障方面得到补偿的受访者分别占8.5%和28.1%（补偿款在调查中未提问）；房屋被拆后，在补偿款、就业安置和城镇社会保障方面得到补偿的受访者分别占94.2%、1.8%和20.6%①。

对此，《羊城晚报》文章说，16%的家庭受到直接波及，折射出城镇化、工业化带来大量土地需求并产生极大的征地拆迁浪潮。不可否认，一些家庭在征地拆迁中“一夜暴富”。但从很多报道来看，由于在征地拆迁中很多家庭是被动的弱势群体，知情权、谈判权得不到保障，很多家庭并没有从征地拆迁中拿到公平合理的补偿。这就需要有关部门对征地拆迁波及的全国16%的家庭进行详细调查，进而发现征地拆迁制度的实际落实情况，对于下一步制定农村土地征收补偿条例和完善城市房屋拆迁补偿制度大有好处。另外，土地是农民的命根子，一旦失去土地，等于失去了保障。有关部门应对调查中提到的征地拆迁后相关社会保障比例较低问题予以高度重视，建立完善的长效征地补偿安置保障机制。征地拆迁波及16%家庭，意味着在城镇化浪潮推动之下，尽管国家层面的土地改革还未启动，但土地变化带来的实际影响已经在发生。这警示我们，土地改革已滞后于社会发展，如果不早日启动，土地实际变化就有可能带来不利影响②。

3. 城镇化进程中的农村土地流转成为新的关注点

2013年，随着城镇化进程的加速，农村土地流转也成为热点话题。媒体对农村土地流转的当前现状以及各地在土地流转中的有益尝试发表大量报道。1月中旬，《第一财经日报》联合山东大学“农村之光”调研组发布了针对德州、淄博和济宁三地的土地流转调查报告。调查显示，上述三地流转户的比例占54.1%，81.3%的受访农户为自愿参加，表明土地流转已在当地农村广泛开展。分别有33.7%和30.7%的受访农户希望以“租金”和“土地入股”的方式获得补偿，表明农民在接受租金便利性的同时，也对土地入股分红的新型流转方式有较强的期待。在流转途径上，亲友介绍、村集体协商占绝对比重，反映了受访群体的土地流转行

① 《清华大学调查显示中国户籍城镇化率仅为27.6%》，http：//zqb.cyol.com/html/2013－11/05/nw.D110000zgqnb_20131105_1－07.htm

② 《“征地拆迁波及16%家庭”的警示》，http：//sp.ycwb.com/2013－10/29/content_5281479.htm

为基本处于村民自发流转与乡镇引导流转的层次，土地流转市场尚未形成。1月下旬，中国新闻网消息称，河北省无极县农民在流转的500亩土地上建立92个蔬菜大棚，已盈利60余万元，未来还将流转万余亩土地，形成集产、供、销、储、运于一体的综合性大型农民专业合作社。2月初，《人民日报》报道了河南省汤阴县在农村土地流转方面取得的成绩，并关注了农民在土地流转中所担忧的流转价格、工作机会等问题，并指出“确保农民利益不受损是农村进行土地流转的前提”。2月下旬，中安在线消息称，安徽省土地流转面积2 314.47万亩，其中耕地1 537.86万亩，约占全省耕地总面积的24.7%。土地流转后的规模经营大大提高了土地利用率和产出率，土地资源利用更有效，农民增收渠道进一步拓宽。3月上旬，中国广播网报道了山东兖州“先付钱再种地”的土地流转模式。报道说，通过承租方先交钱再种地方式打消农户的顾虑，当地1 000多亩土地成功流转，村民每年由此获得的直接收益达100多万元。5月下旬，新华网报道了甘肃省高台县宣化镇朱家堡村的土地流转模式，该村1 400多亩土地经流转后成立农业综合开发专业合作社，农户以土地入股，享受分红，还成为合作社中的农业工人，可以获得工资和流转租金的双份收益。9月，媒体对各地开展的土地流转尝试予以集中报道。《人民日报》报道称，武汉市约1/6农用地已通过农交所流转，16万武汉农民拿上“土地租金”。《中国证券报》介绍了对福建省沙县和湖南省益阳市尝试“土地信托”流转，并称土地流转信托模式对于提高农村土地流转效率、规范农村土地流转运作大有裨益，该模式目前已在北京、江苏、河北以及东北等省份推进。此外，浙江杭州、宁波等地实行的“土地换股权”，重庆市将农村建设用地打包整合后以“地票模式”面向社会公开交易等模式也被广泛关注。11月中旬，安徽省政府在官网发布指导意见，决定在全省20个县（区）开展农村综合改革示范试点工作，有媒体将此解读为“农民可以买卖宅基地”。对此，安徽省国土资源厅有关人士表示，文件中“可以流转使用宅基地”，并非是“买卖”，这是对文件的误读。有舆论认为，对“宅基地可以买卖”的误读，能够看到公众对于当下农村土地制度的种种担忧和进行深入改革的公共期待。12月，安徽宿州尝试的农地流转信托模式成为“全国第一单”，受到聚焦。据《新京报》消息，安徽省宿州市埇桥区政府将5 400亩农地的经营权委托给中信信托公司，通过其设计的农业产业园融得资金，解决当地农企的融资难题，当地农民可获得土地增值收益的70%。

部分地区土地流转中存在的强制流转、无序流转等问题也受到媒体的广泛关注和积极建言。《人民日报》援引中央农村工作领导小组办公室主任陈锡文的有关言论称，部分地区在农村土地流转实践中存在违背农民自身意愿、强制性流转土地的情况。文章指出，土地流转要效率和公平兼顾，提倡适度规模经营，不能片面追求规模化。还应对城市工商资本参与土地流转设定准入门槛，原则上不鼓励工商资本长时间大面积租赁农民土地，准入后要进行监督，防止非粮化、非农化倾向。《法制日报》说，随着城乡一体化建设和现代农业战略的快速推进，农村土地承包经营权流转步伐日益加快，有力促进了高标准农田建设。在此过程中，因城镇化建设农田征用、无序流转、历史遗留问题等原因引发了大量的矛盾纠纷，进入诉讼渠道的案件数量亦呈上升趋势，一定程度上影响了农村社会的和谐、稳定和发展。文章建议，建立健全农村土地流转配套规定，对农村土地流转相关法律冲突问题及时修订，加快制定农村集体土地征收法律法规。《长江时报》文章认为，农村土地流转面临集体土地所有权虚置、城乡户籍藩篱以及福利保障的二元割裂等制度壁垒，土地流转顺畅与否，有待于这些改革的深入。文章指出，土地流转制度要以农民利益为核心设置流转结构、程序，真正让农民自由流动，择业的诉求也须得到制度回应。

（三）舆论关注农村土地相关政策举措

2013 年，党的十八届三中全会、中央农村工作会议等中央会议对农村土地改革进行了全面部署，引发各界强烈关注。媒体对此发表大量报道并采访有关专业人士予以解读。中央一号文件在农村土地确权方面的政策举措引发热议，国土部、农业部在农村土地确权方面开展的工作也是舆论关注重点。此外，针对部分地区出现的违法违规征地问题，国土部下发紧急通知，成为媒体报道热点。

1. 中央会议部署农村土地改革受到聚焦

党的十八届三中全会通过的《中共中央关于全面深化改革若干重大问题的决定》备受瞩目。《决定》提出的关于“三农”问题的一系列改革措施中，“农村土地改革”受到舆论的集中关注和重点解读。其中，“允许农村集体经营性建设用地出让、租赁、入股，实行与城市建设用地同等入市、同权同价”“赋予农民对承包地占有、使用、收益、流转及承包经营权抵押、担保权能”“慎重稳妥推进农民住房财产权抵押、担保、转让”等三方面内容成为热议的焦点，被新华网称为“全会送给农民的三个大红包”。媒体纷纷表达对改革举措的支持和赞赏，认为改革具有重大理论创新，激活了农民的土地资产，让农民捧上了“金饭碗”。《中国经济周刊》报道说，党的十八届三中全会将激活的农村土地至少达 15 亿亩；据专家估算，承包耕地每年或撬动 1.3 万亿资金，农村建设用地价格或高达百万亿，将给农民、农村及相关产业带来无穷的想象力。《经济日报》指出，改革赋予农民更多的土地使用权利，将有效缓解农业农村发展中面临的融资难题，增加农民财产性收入，为农业现代化发展提供强大动力。此外，还有媒体认为，《决定》赋予农民足够多的财产权利，但切实给农民带来益处，还需要相应的配套，也需要中央层面的具体指导意见，以防止政策在基层悬空。同时，有关专家对农村土地改革问题的相关解读受到广泛关注。中央农村工作领导小组办公室主任陈锡文表示，建立城乡统一的建设用地市场，要保障农民的长远生计，要形成相关机制，让农民、开发商以及政府合理分配土地收益。中国社会科学院研究员李国祥认为，推进农村集体建设用地流转试点，政府应实行用地管制，防止市场化过程中的“强制流转”。中国人民大学教授温铁军建议，政府慎重对待农村住宅市场化，注意在城市房地产价格过高情况下，大量资金涌入农村住宅带来的负面影响。此外，财经评论人叶檀在其凤凰博客中发文《如何土改?》说，土改不必急于求成，发挥市场内生动力，在东中西部进行试点，成熟一块发展一块。

中央农村工作会议指出，坚持农村土地农民集体所有，这是坚持农村基本经营制度的“魂”，其他任何主体都不能取代农民家庭的土地承包地位，不论承包经营权如何流转，集体土地承包权都属于农民家庭①。媒体对此纷纷发文解读。《人民日报》援引国务院发展研究中心农村研究部研究员徐小青的言论称，当前一些地方在推进农村改革过程中，存在一些对政策的误读，损害了农民利益。这次会议强调农村土地农民集体所有，这是农村最大的政策，给农民吃了“定心丸”。农民有了长期自主经营的土地，才能有稳定长远的打算，才能切实保障国家粮食安全②。中国新闻网援引国务院发展研究中心农村经济研究部部长叶兴庆的观点称，这是对最近一个时期社会上关于党的十八届三中全会有关农村土地制度改革误读、误判的“拨乱反正”③。新华网援引业内分析人士言论称，近期中央频频出台的“三农”政策或将推动中国农民私有财产的崛起。中央的一系列农村政策同样需要配套，特别需要农业部门、银监部门及国土管理部门等联合攻关，探索农村产权的抵押、担保和评估制度④。

2. 中央一号文件强调农村土地确权引发热议

1 月 31 日，2013 年中央一号文件《中共中央、国务院关于加快发展现代农业，进一步增强农村发展活力的若干意见》发布，连续第十年聚焦“三农”。中央一号文件在改革农村集体产权制度，有效保障农民财产权利等方面的部署，受到媒体高度关注和广泛报道。其中，中央一号文件针对农村土地确权出台的相关举措引发热议。

中央一号文件提出，“健全农村土地承包经营权登记制度，强化对农村耕地、林地等各类土地承包经营权的物权保护。用 5 年时间基本完成农村土地承包经营权确权登记颁证工作，妥善解决农户承包地块面积不准、四至不清等问题。加快包括农村宅基地在内的农村集体土地所有权和建设用地使用权地籍调查，尽快完成确权登记颁证工作”。对此，《光明日报》援引有关专家言论称，土地确权是农村土地实现顺利流转的一个至关重要的前提条件，是推进农业现代化、城镇化，实现二者协调发展的重要举措。农村土地产权问题是制约目前农业农村发展的一个重大问题，中央一号文件再次提出“改革农村集体产权制度、有效保障农民财产权利”，就是要在这一问题上有所突破，继续推进土地产权制度改革，建立健全土地流转市场，真正做到在搞好规模经营的同时，保障农民权益不受侵害⑤。新华网指出，中央一

---

① 《中央：坚持农村土地农民集体所有是制度之“魂”》，http：//www. chinanews. com/gn/2013/12－24/5658800. shtml

② 《中国要强　农业必须强》，http：//zj. people. com. cn/n/2013/1225/c186327－20226394. html

③ 《专家：纠正对农村土地制度改革的误读误判》，http：//news. xinhuanet. com/yzyd/house/20131225/c _ 118706892. htm

④ 《中国农民私有财产或将崛起》，http：//news. xinhuanet. com/politics/2013－12/25/c _ 118708802. htm

⑤ 《改革创新增强农村发展活力　专家解读中央一号文件》，http：//politics. gmw. cn/2013－02/01/content _ 6586150 _ 3. htm

号文件在农村土地确权等方面提出了明确要求，为农民财产权利撑起了“保护伞”。各级领导干部一定要带头践行宗旨意识、增强法治观念、把握政策界限，在执政理政行为中，不仅不能做损害农民财产权利的任何事情，而且要当好农民财产权利的捍卫者①。《经济参考报》对广东、安徽、江西、江苏、黑龙江、山东等地调研后发文称，由于土地利益越来越大，农民寸土必争，对确权工作利益期望很大，农村土地承包经营权确权试点如同进入雷区，稍有不慎就会引发大量原来积累下的隐性纠纷。文章援引有关专家建议称，为确保5年内完成集体土地承包经营权确权，为避免矛盾的遗留和积累，应从完善工作机制入手，解决确权中可能产生的矛盾纠纷②。

此外，有关部门在农村集体土地确权登记方面开展的相关工作也受到关注。3月上旬，农业部等部委联合下发通知，确定105个县（市、区）为2013年全国农村土地承包经营权登记试点地区。对此，新华网等媒体以《农地承包经营权登记扩大试点》为题发文报道，有关专家也发表了自己的看法。浙江师范大学农村研究中心主任王景新认为，确权登记使得土地承包经营权受到法律保护，有利于防止非法侵占和减少流转过程中的纠纷，从而保障农业生产和粮食的有效供给。在土地承包经营权确权登记的同时，需要对现有的法律政策框架有所突破，通过修改土地管理法和农村土地承包法等法律，尽快将“长久不变”落实到法律文本上，赋予农民更为完整的土地权利。7月下旬，人民网援引国土部消息称，全国农村集体土地所有权确权登记发证工作已经基本完成。截至今年5月底，全国农村集体土地所有权登记发证率为97%，其中有24个省份的发证率在95%以上，6个省份在90%至95%之间。绝大多数地区已进入成果检查验收和阶段性总结阶段。新华网指出，作为维护广大农民土地权益，推动不动产统一登记的基础性工作，中国农村土地确权登记目前正从集体土地所有权向使用权层面加快推进。12月下旬，新华网等媒体纷纷以《中国5年内完成农村土地承包经营权确权登记颁证》为题，报道了韩长赋部长在全国农业工作会议上的讲话。

3. 国土部发文严禁暴力征地

5月13日，国土部下发《关于严格管理防止违法违规征地的紧急通知》（以下简称《通知》）指出，近期个别地方相继发生暴力征地事件，甚至出现人员伤亡，严重损害被征地农民权益，影响十分恶劣。《通知》强调，处理好“保发展、保红线、保权益”的关系，在促进经济发展和保护耕地的同时，将被征地农民的合法权益放在首要位置，切实促进被征地农民生活水平有提高，长远生计有保障，不得强行实施征地，杜绝暴力征地。《通知》要求，各地开展自查，重点检查征地程序是否严格规范、补偿是否符合规定要求、安置是否落实、是否存在违法违规强制征地

① 《为农民撑起财产权利“保护伞”——学习贯彻2013年中央一号文件精神之四》，http://news.xinhuanet.com/politics/2013-02/03/c_114594954.htm

② 《权属关系混乱 农村土地确权陷困境》，http://dz.jjckb.cn/www/pages/webpage2009/html/2013-02/04/content_70854.htm?div=-1

行为等。同时，对违法违规征地、采取暴力方式征地等侵害农民利益行为，引发群体性或恶性事件的，按照有关规定对有关责任人员严肃追究责任。

舆论对此高度关注，人民网、新华网等数百家媒体予以积极转述报道，并发表大量评论文章。《人民日报》文章说，土地是农民的立身之本，征地要取得农民的信任和支持，就必须通过规范的程序、合理的补偿价格、可行的安置方案，解除民众的后顾之忧。因此，《通知》在严令杜绝暴力征地的同时，强调对被征地农民的权益补偿、安置方式、收益分配制度等，可谓对症下药①。北青网文章认为，国土部下发《通知》要求杜绝暴力征地行为，保护农民的合法权益，是尽职尽责之举措。但暴力征地行为大多是由地方政府部门主导的，涉及问题非常之多之复杂，仅仅依靠国土部一个部门显然独木难支，一纸文件通知显然不够。在现行法律法规的基础上，防止和查处暴力征地，需要纪检、检察、公安、法院、住房建设部门、国土资源管理部门等形成合力，共同"给力"②。《东方今报》认为，《通知》下发后，还需要强有力的执行和严格的监督问责，否则无法让公众相信它对制止暴力强征的作用。只有相关部门对暴力征地事件的调查处理及时、透明、处罚得当，才能让百姓真的相信政府在真心实意地解决这一问题③。

（四）舆情传播特点

1. 从舆情热度看，农村土地相关舆情总量大幅上涨

2012年农村土地相关网络媒体舆情总值近2.6万条，峰值近4 300条；2013年舆情总值6.1万余条，峰值近8 000条。舆情总值增长了一倍有余，峰值的增幅也很明显。从全年情况看，农村土地相关舆情呈现热点话题总量多，单个高热话题数量少的特点。强征强拆问题占舆情总量的比重较大，其中因征地引发的冲突事件和极端个案被曝出的频次增加。同时，农村土地流转成为2013年新的关注点，各地在土地流转中的积极尝试和取得的有益经验被媒体密集报道，热点话题数量也出现了明显涨幅。此外，农村土地制度改革受到舆论空前关注，特别是11月上旬召开的党的十八届三中全会对农村土地改革的全方位部署，引发了媒体的高度聚焦，相关话题量占当月新闻总量的80%以上，居于2013年度热点话题新闻排行首位。

2. 从舆情传播主体看，新华网和政府部门官方网站成为权威信息的首发平台

中央一号文件、党的十八届三中全会、中央农村工作会议对农村土地的改革部署经新华网发布后受到舆论高度聚焦。国土部官方网站发布严禁违法违规征地的有关通知后，引发媒体的大量报道。大众网、大河网、河北新闻网等地方主流媒体充

---

① 《征地须守住"非暴力"底线》，http://news.xinhuanet.com/house/hf/2013-09-06/c_117255322.htm

② 《探索杜绝暴力征地的长效之策》，http://news.xinhuanet.com/house/2013-05/15/c_124713043.htm

③ 《东方今报路治欧：如何有效杜绝暴力征地》，http://opinion.hexun.com/2013-05-21/154344328.html

分发挥地域优势，在报道当地发生的强征强拆等热点问题上积极发力。天涯论坛、网易论坛等全国知名网络社区成为网民投诉维权的主要平台，从2013年农村土地相关网络热帖排行可以看出，爆料部分地区暴力征地、侵吞村民征地补偿款等问题的网帖大量出现。其中天涯论坛的影响力显著，排行榜前6位的网络热帖均出自其中，且当月点击量均达到百万余次。同时，微博在爆料强征强拆方面也发挥重要作用，2013年多个热点事件均为微博首发。此外，在强征强拆问题上，媒体和网民形成合力，互动明显。河北中牟农民被开发商铲车碾死的消息经微博曝出后引发大量媒体跟进报道，央视随后播出"开发商笑谈事件过程"的节目视频，再次点燃舆论愤懑情绪。福建漳浦征地过程中出现的3岁女童被推土机碾死事件经微博发出后产生广泛反响，当地政府部门随后作出回应，但未获舆论信任。《人民日报》在微博中发出彻查真相的呼吁后，被网民大量转发。大河网根据网民在大河网论坛上发布的相关网帖进行跟进调查，发出的多条消息也成为热点新闻，被网络媒体广泛转载。

3. 从舆情内容看，强征强拆问题以及我国政府对农村土地的改革部署是舆论关注的重点

强征强拆方面，暴力征地所致的冲突事件和极端个案引发舆论强烈反响，涉事地方政府部门遭到严厉批评。针对3月末至4月初多地连续发生的农民被开发商推土机碾死事件，当地政府有关部门均做出"事发意外"的回应，舆论纷纷发出"谁将农民'意外'碾死"的质疑，认为其中存在腐败涉黑问题。媒体指出，农民被碾死的惨剧，只是以最极端的形式，暴露了几处地方政府的失责。如果地方政府能按法律履行职责，捍卫农民的合法权益，双方的冲突不会久久无解，最后以暴力征服收场[①]。同时，我国政府对农村土地的改革部署也受到高度聚焦。《经济参考报》文章说，2013年，农村土地制度改革受到了前所未有的关注，中央层面和地方政府的声音空前密集。党的十八届三中全会、中央经济工作会议分别作出了重要部署。地方政府逐渐放开了对农村集体土地流转的限制，不少农民已经开始从土地流转中获益，土地要素也将在城乡一体化过程中更加合理、有效和科学地进行市场化配置[②]。

4. 从舆论指向看，"新型城镇化进程中须切实保障农民土地权益"是媒体和网民的主流表达和期望

针对部分地区在城镇化进程中出现的强征强拆问题，舆论纷纷发表观点。有网民认为，城镇化在很多地方变成圈地，变成从农民手里抢地，变成愈演愈烈的强拆事件，失地农民也未获妥善安置，"农业转移人口市民化"或"公共服务均等化"

① 《又见农民被碾死，怎么都是"意外"》，http：//epaper.bjnews.com.cn/html/2013-04/06/content_423515.htm? div=-1

② 《"新土改"突围》，http：//dz.jjckb.cn/www/pages/webpage2009/html/2013-12/19/content_84119.htm? div=-1

都看似遥遥无期[①]。新华网文章说，地方政府在腾挪土地资源之时并没有充分保障农民的权益，部分地区出现依靠强占农田而推动的“城镇化”，由此引发的群体性事件问题突出。未来推动土地改革的关键是对农民的权益进行确认，只有权益保障和市场化同时具备，土地改革才能顺利推进[②]。针对各地广泛开展的土地流转等改革试点，《经济参考报》指出，未来大规模大范围的“土地流转”试点改革已是大势所趋。因此，当前亟待建立和完善的是，鼓励土地流转和保障农民权益的双向配套机制。应不断完善农民流出土地的利益分配机制，还要赋予农民对土地流转收益更多谈判权，建立跟随粮价和物价挂钩的租金增长机制，维护农民权益[③]。

---

① 《地方“误读”使城镇化跑偏 以人为本才是正道》，http：//dz. jjckb. cn/www/pages/webpage2009/html/2013 - 05/17/content _ 74868. htm? div=－1

② 《新型城镇化改革启示录：如何破解土地之殇?》，http：//news. xinhuanet. com/house/sh/2013 - 08 - 21/c _ 116993692. htm

③ 《“新土改”突围 多地试点先行》，http：//jjckb. xinhuanet. com/2013 - 12/19/content _ 482762. htm

五、农民工问题

农民工是我国工业化、城镇化快速发展中成长起来的新型劳动大军，是产业工人的主体力量。农民工为农村增加了收入，为城市创造了财富，为改革发展增添了活力，为我国现代化建设作出了重大贡献。据《人民日报》援引人力资源与社会保障部发布的数据称，到 2013 年年底，我国农民工总量已达 2.69 亿人，其中外出的农民工 1.66 亿人；农民工月均收入 2 609 元，增长 13.9%，农民工收入占到农民人均收入的 50%，其中中西部地区务工收入比东部地区一般低 10%左右；80 后、90 后新生代农民工，已经占到农民工的 70%以上①。农民工发展面临的新形势、新挑战受到社会各界的广泛关注。对此，中央和地方政府部门出台了一系列政策措施，舆论也积极建言献策，关心、关爱农民工的社会氛围基本形成。

（一）舆情概况

2013 年，农民工问题依然是“三农”领域的热点话题，主要集中在农民工市民化、农民工讨薪、农村留守群体、农民工就业与“用工荒”等方面。其中，随着城镇化的快速发展，农民工市民化成为 2013 年出现的新热点，媒体对农民工市民化的体制障碍进行了深度思考，对农民工在市民化进程中的真切感触开展大范围调研，对最具市民化意愿的新生代农民工予以重点关注。农民工讨薪问题与上年相比没有出现持续时间长、影响范围广的热点事件，但在岁末年初仍呈现季节性高热。除农民工另类讨薪继续受到关注外，部分地方职能部门的不作为、乱作为现象也成为热议话题。农村留守群体方面，多地农村留守儿童出现溺亡事故、遭性侵案例，使得留守儿童继续被舆论聚焦；农村留守老人的养老问题以及留守妇女的身心健康问题也受到关注。农民工就业与“用工荒”热点话题主要出现在春节前后，新生代农民工的就业新趋势成为报道热点。此外，中央对农民工工作的相关部署、各级政府部门的合力保障以及社会各界开展的关爱行动，获得了媒体和网民的积极肯定。

农民工相关话题网络媒体新闻舆情年度走势呈现整体下降态势。1 月、2 月的报道量明显偏高，农民工讨薪、农民工就业与“用工荒”在此期间受到广泛关注，热点话题迭出。此外，2013 年年初，教育部、最高法出台的相关政策举措也推高了 1 月的新闻量。12 月，农民工讨薪话题再次升温，中央城镇化工作会议、中央农村工作会议对农业转移人口落户城镇的全方位部署受到聚焦，当月新闻量快速上涨。

① 《农民工平均每月挣 2 609 元　总量已达 2.69 亿人》，http://finance.people.com.cn/n/2014/0221/c1004-24422172.html

2013 年农民工话题新闻舆情走势图

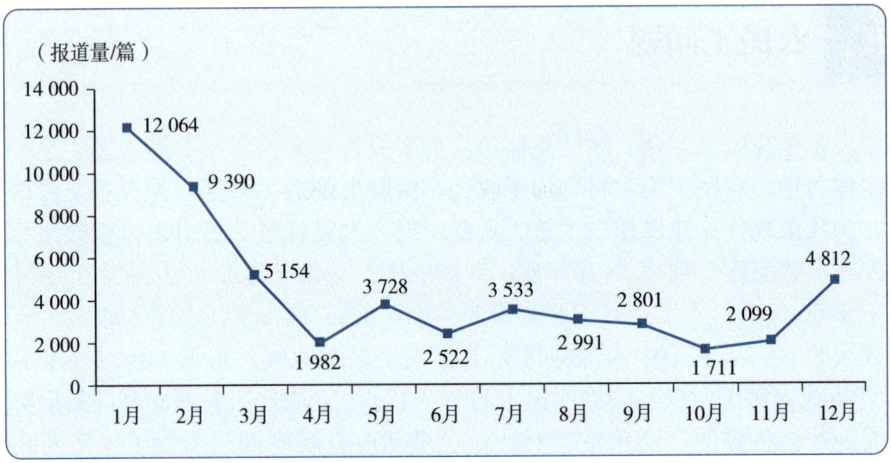

2013 年农民工话题网民舆情走势图

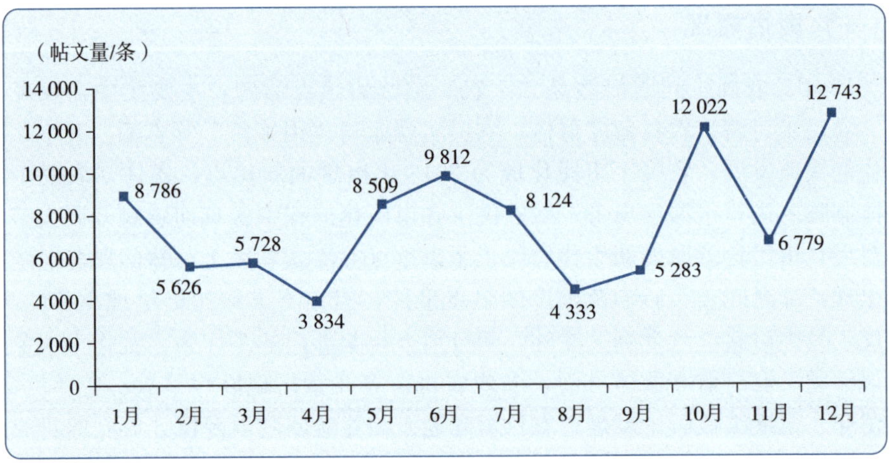

与网络媒体新闻舆情走势相比，农民工相关话题的网民舆情走势波动较大，农民工讨薪、农村留守儿童人身安全是引发舆情起伏的主因。总体看，媒体报道对网民话题设置的影响明显，1 月和 12 月各地农民工另类讨薪事件被广泛报道后，网民进行了大量转发，经微博等自媒体首曝的农民工讨薪事件也比 2012 年明显增长，话题量居于高位。5 月和 6 月，农村留守儿童溺亡、遭性侵等报道被网民强烈关注，话题量明显上涨。10 月，网民舆情热度也大幅升温，《人民日报》等媒体在官方微博中发出《苏州泥瓦工日薪 300 元起步　硕士生月薪不到 4 000 元》的报道，引发大量网民热议。“@高会民”、“@摆古论今”分别以图片形式对农村留守群体、农民工工作的艰辛予以关注，被网民广泛转发。此外，与 2012 年相比，农民工相关网络热帖的点击量呈现下降趋势。农民工讨薪成为网络热帖集中度最高的话题，2013 年网络热帖排行前 20 中，农民工讨薪维权的网帖有 12 个，点击量共计 270 余万次。

2013年农民工相关热点话题新闻Top20

排名	热点话题	首发媒体	新闻报道量
1	中央城镇化工作会议以推进农业转移人口市民化作为首任	新华网	2 750
2	最高人民法院发布司法解释严厉打击欠薪犯罪	《人民法院报》	1 332
3	国务院印发《关于加快发展养老服务业的若干意见》	中国政府网	1 157
4	中央农村工作会议：三个“1亿”加快人口城镇化	新华网	1 080
5	教育部等5部门加强义务教育阶段农村留守儿童关爱和教育	教育部网站	751
6	焦点访谈曝光陕西农民工在山东讨薪被拘	中央电视台	662
7	十八届三中全会：推进农业转移人口市民化	新华网	591
8	农村留守老人已近5 000万	《新京报》	573
9	河南桐柏县56岁老师性侵16名小学女生　多为留守儿童	大河网	551
10	农民工血汗钱被风吹走遭哄抢　网民捐钱助其回家过年	新浪微博	518
11	陕西富平130名农民工下跪讨薪	南方法制网	506
12	安徽潜山一小学校长12年性侵9女童　多为留守儿童	《江淮晨报》	490
13	农民工“市民化”不能与土地挂钩	《人民日报》	462
14	浙江：快递哥齐伸手接坠楼女童　孩子安然无恙	中国宁波网	432
15	河南光山县4名小学生在上学途中溺水身亡　均为留守儿童	《大河报》	379
16	武汉包工头带民工跳江南Style讨薪	《武汉晚报》	374
17	陕西农民工扮演“元芳”工地讨薪	《华商报》	341
18	民工月薪1.4万秒杀白领　建筑工年薪超10万	大渝社区	338
19	武汉厕所刷心寒标语：民工禁止入内违者罚二百	《武汉晨报》	313
20	江西南昌市文青村留守兄妹3人在村口池塘溺水身亡	《江南都市报》	307

2013年农民工相关网络热帖Top20

排名	标　　题	来源	日期	点击量	回帖量
1	农民工讨薪不成反被打成重伤，现场血迹斑斑惨不忍睹	天涯论坛	6月1日	719 635	700
2	求救信：讨薪被逼当场自杀！	网易论坛	7月12日	544 057	108
3	超级震撼：农民工讨薪爬塔　吊元芳你怎么看？	网易论坛	5月13日	535 654	156
4	救救我们这些苦难的农民工之苍天有眼	天涯论坛	2月5日	208 760	1 139
5	农民工讨薪手法越来越离奇	凤凰网论坛	1月18日	185 612	49

（续）

排名	标题	来源	日期	点击量	回帖量
6	农民工婚外情公开化　谁解民工性之忧?	凤凰网论坛	6月18日	175 740	71
7	张鸣：制度性流民	凤凰网博客	8月5日	164 054	182
8	一对农民工夫妇的春节归家之旅	凤凰网论坛	2月5日	147 267	10
9	百余农民工满洲里五年辛酸讨薪纪实	中华网论坛	3月11日	134 604	560
10	老无所依	新浪博客	6月18日	134 246	927
11	上海：农民工近2万元工资散落遭哄抢 路人仅还700	中华网论坛	2月5日	102 023	376
12	郑风田：为何74%流动人口不愿放弃农村户口?	凤凰网博客	10月24日	98 863	51
13	我无奈，我想死，农民工有本事就踩着尸体讨工资	天涯论坛	1月8日	88 017	405
14	还我工资，我们只是农民工。劳动局不管公安局不管，谁还可以管	东台人论坛	9月17日	79 243	18
15	中国式讨薪缘何又掀高潮?	新浪博客	2月3日	72 406	623
16	北京外交公寓50余民工讨薪　大批武警迅速赶到	中华网论坛	1月15日	54 021	188
17	女硕士工资不如农民工　何需诉苦!	天涯论坛	3月1日	51 499	725
18	人大代表拖欠农民工兄弟工资100多万元，长达8年	天涯论坛	3月5日	49 926	1 033
19	又见农民工极端讨要血汗钱	中华网论坛	1月5日	47 325	21
20	农民工的"性福"在哪里	凤凰网论坛	3月12日	45 376	6

（二）热点舆情分析

1. 新型城镇化引发舆论对农民工市民化的持续讨论

2013年，新型城镇化受到重点聚焦，农民工市民化问题也由此被持续关注和热议。舆论认为，城镇化是我国最大的内需，是中国现代化进程中的大机遇，城镇化的重点与难点都在农民工的市民化上①。中国经济网援引国家统计局发布的数据显示，按城乡常住人口标准计算，2013年中国城镇化率达到了53.7%，但"户籍城镇化率"仅为35.7%左右②。《农民日报》指出，户籍城镇化率低于实际城镇化率，反映了当前我国农业户籍人口生活与发展的权益劣势③。

农民工市民化进程中存在的户籍壁垒、权益保障缺失等问题引发媒体深度思考。1月，《经济日报》指出，农民工市民化亟须迈过两道坎。一方面，农民工市

① 《国务院参事汤敏：城镇化的机遇与难题都在于农民工的市民化》，http://lianghui.people.com.cn/2013/n/2013/0311/c356923-20746333.html

② 《国家统计局数据显示2013年中国城镇化率为53.7%》，http://www.ce.cn/xwzx/gnsz/gdxw/201401/20/t20140120_2161403.shtml

③ 《"户籍城镇化率"低下反映农民权益劣势》，http://szb.farmer.com.cn/nmrb/html/2013-11/23/nw.D110000nmrb_20131123_1-03.htm?div=-1

民化过程中户籍制度改革与其获取的就业、社会保障等社会福利不匹配。一些地方的农民工虽然取得了城镇户口，但并没有取得与城镇居民相同的权利和待遇。另一方面，农民工市民化过程中社会保障尚不健全。农民工的社会保障不仅项目少、水平低，而且社会保险关系难以转移、门槛过高、地区差异显著，其结果必然造成参保意愿低。同时，《人民日报》指出，农业转移人口市民化过程，本质上是公共服务均等化的过程。要以健全公共服务制度为核心，稳步推进农民工市民化，依法保障农民工土地财产权利，农民工市民化不能与土地挂钩。媒体还关注了农民工市民化成本问题。3 月，《新京报》援引国务院研究发展中心相关报告称，推动城镇化，一个农民工市民化的成本为 8 万元。同时，《经济参考报》援引相关研究结论称，现有已在城市居住的农民工市民化的总成本超过 1.8 万亿元，若要在 2020 年完成这一任务，各级政府每年为此新增的财政支出将超过 2 200 亿元。

农民工在市民化进程中的实际感受也是报道热点。8 月下旬，《半月谈》对全国 27 个省市 170 个村庄走访调查，发文关注农民工市民化过程中存在的焦虑情绪。文章说，由于置换城镇户口面临的各种问题、城镇生活的高成本、难以融入等现实情况，仅有 15%的受访者落户城镇，其中还存在一定的强制现象。10 月，人民网援引有关调查数据称，七成农村户籍流动人口愿意在城市长期居住，但不愿意放弃农村户籍在城市落户。《北京青年报》认为，上述调查数据反映出了农民工在市民化进程中的两难心理：永远做农民非其所愿，否则就不会背井离乡到城市打工；但放弃农村户籍也非其所愿，因为没了土地又无法享受市民保障，不啻是一场灾难。11 月，《瞭望》发文关注了“中小城市户籍成农民眼中的‘鸡肋’”现象。文章说，当前内陆地区农民主动到所属城镇安居的意愿趋强，成为县城购房主力，但他们进城不入籍，少有申请“农转非”；与此同时，农村土地流转加速，整村流转增多，撂荒地明显减少。

新生代农民工市民化问题也被媒体关注。6 月，《光明日报》文章说，新生代农民工规模已经超过 1 亿人，成为农业转移人口的主体，是农民工群体中融入城市意愿最为强烈的一群人。从国家制度创新、新生代农民工人力资本提升和社会资本培育三个方面探寻新生代农民工市民化的有效路径，是统筹城乡发展、推动社会和谐的重要出路。7 月，《中国青年报》报道，新生代农民工生活方式的“城镇化”速度，已经逐渐超过了制度的“城镇化”速度，让新生代农民工融入城镇，已是大势所趋。11 月，《经济参考报》文章说，新生代农民工约占全部外出农民工总数的 61%，同老一代农民工相比，新生代农民工对城市有着更多的认同感，但由于城乡二元结构限制，他们的处境并未获得根本性改变，普遍面临着留不了城，又回不了乡的尴尬境地。此外，8 月，凤凰网博报刊登人民大学教授张鸣的博客文章《制度性流民》，关注新生代农民工的融城梦想和身处城乡二元结构下的尴尬现实，建议尽快打破制度的壁垒，提供必要的条件，让新生代农民工真正融入城市。

2. 农民工讨薪继续受到关注，讨薪热点事件相对减少

据人力资源和社会保障部发布的数据显示，2013 年，全国各级劳动保障监察机构共办理拖欠工资等待遇案件 24.36 万件，为 471.21 万劳动者追发工资等待遇 268.5 亿元，欠薪案件涉及人数明显减少①。新华网文章说，与往年相比，2013 年的拖欠农民工工资问题相对缓和，从新闻报道上来看，恶意欠薪与悲情讨薪的事例有所减少，表明各级有关部门保障农民工工资支付工作取得了明显成效。但拖欠农民工工资问题依然严峻，期待有关部门带着感情、换位思考，真正为农民工兄弟做实事②。

与 2012 年的"新闻发布会讨薪"、"娃娃讨薪"等热点事件相比，2013 年没有出现因农民工讨薪所致的高热舆情事件，但媒体对拖欠农民工工资问题予以曝光后，仍引发广泛关注。热点新闻集中出现在岁末年初，农民工另类讨薪是关注重点，部分地方相关部门在解决农民工工资"清欠"工作中存在的问题也被媒体报道。1 月中旬至 2 月上旬，多地农民工工资遭拖欠问题引发《人民日报》、新华网、中央电视台等主流媒体的高度关注，热点新闻大量出现。1 月，《人民日报》发文说，内蒙古呼伦贝尔市——"菜篮子"项目拖欠近千农民工工资 400 余万元。人民网消息称，130 余名农民工在陕西省富平县人民广场集体下跪讨薪，当地有关部门随后对欠薪企业的相关资产予以扣押用以折抵部分拖欠工资。新华网对网民爆料的"河南籍打工者在山东省庆云县一处建筑工地爬上塔吊并坠落身亡"进行跟进调查，并指出农民工用极端的方式维权是因为常规的讨薪渠道被堵塞。同时，武汉发生的农民工跳"江南 Style"骑马舞讨薪、陕西省高陵县发生的农民工租戏服扮"元芳"讨薪等事件分别经《武汉晚报》、《华商报》等当地媒体图文曝出后引发广泛反响。此外，央视曝光河北省遵化市有关部门工作人员对讨薪农民工百般推诿、态度蛮横，被网友斥为"暴跳如雷哥"。2 月，《经济参考报》采访河南、陕西等地多名讨薪农民工，报道了他们"工钱没讨成，反遭一顿打"、"打赢了官司，还是拿不到钱"等心酸经历。中国新闻网发布《农民工扮愤怒小鸟等卡通形象北京街头讨薪》的图片新闻，引发大量转载。财经网消息称，广东高速路业主拖欠民工上亿工资引发群体事件。新华社《新华视点》报道，沈阳一位农民工为了追讨千元工资，要奔走三个部门提供 9 种证明。5 月下旬，大河网消息称，河南省西华县一建筑工地发生一起农民工讨薪无果服毒自杀事件。8 月中旬，《燕赵都市报》消息称，河北省故城县女工头为给农民工讨薪在开发商办公室割腕自杀。9 月末，《华商都市报》报道了四川省罗江县发生的农民工讨薪遭围殴致一死三伤的消息。12 月，农民工讨薪热点新闻再度大量出现，地方媒体成为报道主力。农民工围堵售楼处讨薪、农民工讨薪被打伤、农民工裸身爬楼顶讨薪等消息经《沈阳晚报》、《华西都市报》、四川在线等媒体报道后受到广泛关注。此外，"山东莱芜农民工讨薪被拘"事件经

① 《邱小平接受专访谈春节前保障农民工工资支付工作》，http：//www.gov.cn/gzdt/2014-01/23/content_2574239.htm

② 《新华网评：农民工何时不再为血汗钱担忧》，http：//news.xinhuanet.com/comments/2014-01/03/c_118802843.htm

央视报道后被网络媒体大量转载报道，引发数十万网民的跟帖评论。

农民工讨薪话题经论坛、微博等自媒体曝出后也具有很高的关注度。从2013年农民工话题网络热帖排行情况看，前五位均为农民工讨薪相关网络热帖。其中5～7月，天涯论坛、网易论坛爆料的农民工因讨薪被打成重伤、讨薪未果自杀等极端事件，以及为了引起关注爬吊塔讨薪的无奈之举，均受到网民的高度关注，相关网帖当月点击量共计180余万次。此外，微博也成为讨薪维权的重要平台，经微博发布的农民工在新疆、辽宁、海南等地讨薪的图文、视频消息，引发媒体的跟进报道和有关部门的回应①。

针对农民工讨薪话题，舆论展开热议。《人民日报》指出，欠薪问题，不单纯是法律问题，也是社会管理的问题，事先建立行之有效的欠薪预防机制，比事后追究欠薪者的刑事责任更管用。《光明日报》建议，强化监管责任，检讨和改革农民工乃至全体劳动者维权制度，对恶意欠薪行为切实做到执法必严、违法必究，让法律起到应有的惩治作用。《北京青年报》认为，在2.6亿的农民工尚未真正融入城市的背景下，各种保障农民工工资支付的长效机制只能算是针对症状的“治疗”，解决讨薪难的根本途径，是加快以人为本的新型城镇化建设，让农民工成为城市的主人。媒体人石述思在其新浪博客中发文《中国式讨薪缘何又掀高潮?》说，拖欠工资问题在工程建设领域多发，而很多工程的主导者往往是地方政府，在不规范的工程发包过程中，往往充满权力寻租和吃拿卡要，基层的建筑商往往陷入被拖欠工程款的窘境。此外，欠薪的广大中小企业主，还有相当一批遭遇到了政策、资金的歧视，普遍陷入高税负、融资难的困境，最终铤而走险，拔刀向更弱者，走向欠薪这样的危途。如果不通过深化改革，找出欠薪的真正罪魁并彻底解决，很难保证这些企业从此走向遵纪守法、自觉捍卫职工权益的阳关大道。

3. 农村留守群体现状引发舆论担忧

2013年，农村留守儿童仍是关注热点。据全国妇联5月发布的研究报告显示，全国农村留守儿童有6 102.55万人，占农村儿童的37.7%，总体规模扩大。其中，46.74%留守儿童的父母都外出，单独居住的留守儿童高达205.7万②。农村留守儿童的人身安全问题受到重点聚焦，多起留守儿童群体溺亡事故引发舆论扼腕连连。1月7日，河南省信阳市光山县4名小学生在上学途中到河边玩耍溺亡。消息经《大河报》发出后旋即引发人民网、中国新闻网的跟进报道，并指出4个孩子均为

① 《新疆新源辟谣农民工跪雪地讨薪：贴文与事实不符》，http://news.sina.com.cn/c/2013-01-07/134625975220.shtml

《海南东方：年关将至未见工钱　民工微博讨薪》，http://www.legaldaily.com.cn/locality/content/2013-01/14/content_4125863.htm?node=37232

《联通：“大连农民工跪雪讨薪”实为与施工单位纠纷》，http://society.people.com.cn/n/2013/1216/c229589-23850547.html

② 《全国妇联发布〈我国农村留守儿童、城乡流动儿童状况研究报告〉》，http://www.ce.cn/xwzx/gnsz/gdxw/201305/10/t20130510_24368366.shtml

留守儿童。6 月，多地频发留守儿童溺亡事故：6 月 16 日，河南省南阳市宛城区瓦店镇 4 名孩子溺亡；6 月 18 日，河南省信阳市魏岗乡 3 名孩子溺亡；6 月 22 日，内蒙古自治区呼伦贝尔市扎兰屯市 5 名孩子溺亡；6 月 26 日，江西省南昌市红谷滩新区文青村 3 个同胞兄妹在村口池塘溺水身亡①。中国新闻网援引有关研究报告称，在儿童溺亡事故中，城乡差异明显，城市是 17%，农村为 83%，农村溺亡儿童数量是城市的近 5 倍。同时，多地出现的农村留守儿童遭性侵案件也引发各界强烈愤慨和普遍忧虑。5 月 15 日，《江淮晨报》报道，安徽潜山县一小学校长 12 年性侵 9 名女童，其中多为留守儿童。5 月 16 日，《工人日报》消息称，湖南省监利县新沟镇付家村 9 岁留守女童遭邻居性侵身亡。5 月下旬，大河网报道说，河南省桐柏县黄岗镇斗称沟小学一 56 岁教师性侵 16 名小学女生，多为留守儿童。6 月中旬，《中国青年报》报道，甘肃省陇西县一乡村教师在一年多的时间内强奸猥亵 8 名小学女生，受害者多为留守儿童。7 月中旬，《南方都市报》消息称，湖南永州 12 岁留守女童遭三名教师和同村一名村民强奸，为留证据无奈生子。9 月初，网民爆料湖北省鹤峰县一中学教师性侵 8 名女生致 1 人怀孕。新华网在跟进报道中说，当地警方已对涉案嫌疑人刑拘，鹤峰县农村劳动力大量外输，此地学生大多为农村留守儿童。

农村留守妇女和老人也受到关注。3 月，新华网援引相关研究数据称，中国留守妇女已达约 5 000 万人，无论是农业生产还是家务劳动，留守妇女承担的比例都在 85%以上。留守妇女的“孤独”情绪最显著，63.2%的留守妇女经常感到孤独。这种“孤独”的感觉不仅是留守本身的苦楚情绪，也反映出她们独自承担家庭责任的压力②。中国新闻网指出，农村留守妇女已成为中国社会转型期一个独特现象，在生活、健康、心理、安全等方面都存在着不同程度的问题，应引起社会各界的高度关注与重视③。9 月下旬，《新京报》援引民政部发布的数据称，目前，农村老龄化水平高于城镇 1.24 个百分点，其中农村留守老人数量已近 5 000 万。农村养老服务存在着缺乏生活照料和精神慰藉、失能无靠等突出问题。《大众日报》对山东多地农村走访后发文称，随着近些年农村青壮年劳动力的大量外流，农村“家庭养老”的传统模式受到了动摇。有子女的农村留守老人不符合进敬老院的条件，一下掉进了家庭养老和政府养老的空当。城镇化战略，要把农村留守老年人问题解决好，让他们能安度晚年④。《燕赵都市报》对河北多地农村走访后发文说，比起城市“空巢”老人，留守在农村的老人们压力更大，他们不仅要耕种田地，还要自己做饭、洗衣，担心患病后治疗的不便，忍受着与日俱增的寂寞与孤独，农村空巢老人

---

① 《留守儿童溺亡事故频发　媒体吁关注农村留守群体》，http：//www.chinanews.com/sh/2013/06-30/4985018.shtml

② 《中国致力于破解农村留守妇女困境》，http：//news.xinhuanet.com/local/2013-03/07/c_114936259.htm

③ 《媒体呼吁建立“农村留守群体关爱机构”》，http：//www.chinanews.com/sh/2013/06-25/4968945.shtml

④ 《农村留守老人，守望与希冀》，http：//paper.dzwww.com/dzrb/content/20130407/Articel02002MT.htm

已成为一个不容忽视的群体①。

针对农村留守群体的严峻现状，舆论展开讨论。《华商报》文章说，工业化和城镇化的加速，让越来越多的农村青壮年远离乡村，但相关保障制度滞后、农村监管和救济制度匮乏，又无法使农村留守者免于被耽搁与被忽视的命运。所有的留守者之殇都不是个案，公共管理亟待加强②。《广州日报》指出，农村留守群体是城乡发展失衡以及城乡户籍二元制叠加累积的结果。解决的根本之策在于，加大对内开放的力度，加快城镇化进程，缩小城乡、中西差距，实现产业结构、就业方式、人居环境、社会保障等一系列由“乡”到“城”的重要转变，让广大农民不必将进城打工当作提高收入的唯一出路③。网民呼吁各界高度重视农村留守群体，聚集社会力量形成联动机制，努力改善农村留守群体的生活现状。

4. 农民工就业与“用工荒”是春节前后热点话题

春节前后，农民工就业与“用工荒”问题被媒体集中报道，尤其关注新生代农民工。2月中旬，《人民日报》推出“青春热线·关注新生代农民工”系列报道，关注新生代农民工“频繁换工作，只为多挣钱”、“权益常受损，保障靠自己”、“城市留不下，期待去创业”等工作和生活现状。2月19日，《楚天金报》对广东、江苏、湖北等地招聘会调查走访后发文称，90后农民工已经逐渐成为现代产业工人的主流群体。90后一代对城市生活并不陌生，对各种现代化工具比较熟悉，他们对新知识接受能力很强。因而，在产业转型升级之中，90后农民工倍受欢迎，也成为各类企业、各个地区“农民工争夺战”的焦点。2月下旬，中国广播网报道，新生代农民工短工化的趋势已逐渐从季节性的短工化向全年发展，新生代农民工的目标明确，他们要工资，更要发展。对于企业而言，提高工资、优化劳动环境已成为必然。

部分地区因农民工向中西部回流、回乡就业所出现的“用工荒”问题，也受到媒体热议。新华网指出，我国农民工群众正在出现三大转变：主体从“农民工”到“民技工”，诉求从“吃饱饭”到“要体检”，发展从“讨工资”到“要身份”。地方政府和企业如果不应对这些新变化，忽视农民工权益维护与自我价值实现的需求，将有可能遭遇农民工“用脚投票”④。《经济日报》文章说，农民工选择在内地中小城市、本省中小城市或者本乡本土打工是一种积极的变化。一方面说明我国经济发展的平衡性开始增加，东中西区域之间的差别正在缩小；另一方面说明城乡差别开始缩小，农民工愿意在本地中小城镇留下来；同时也说明农民工整体素质提高，打工观念开始变化，盲从现象少了。抓住这种新变化，朝着更加均衡协调和谐的方向

① 《留守老人孤独的守望者》，http：//news. hexun. com/2013－08－21/157283226. html

② 《我们正在低估留守者的苦难》，http：//hsb. hsw. cn/2013－06/28/content _ 8501637. htm

③ 《别让千万留守儿童成为社会之痛》，http：//news. xinhuanet. com/edu/2013－05/11/c _ 124695377. htm

④ 《农民工“用工荒”调查：就业不再等于吃饱饭》，http：//news. xinhuanet. com/food/2013－02/24/c _ 124381042. htm

发展是各地各级政府进一步的着力点，只有这样才能避免"用工荒"[①]。

（三）舆论关注保障农民工权益相关政策举措

2013年，政府部门在保障农民工权益方面不断加大工作力度。在破解农民工市民化进程中的城乡制度壁垒、社会保障缺失等问题上进行顶层部署。在惩治农民工工资拖欠问题上完善法律制度建设、加大执法监管力度、形成多部门合力。在解决农村留守群体现实困境方面出台针对性政策意见，构筑全社会联动的农村留守群体关爱体系。

1. 中央会议部署农民工市民化

党的十八届三中全会发布的《中共中央关于全面深化改革若干重大问题的决定》（以下简称《决定》），在推进农业转移人口市民化方面作出详细部署，引发高度关注。针对《决定》提出的"加快户籍制度改革"，《人民日报》援引有关人士言论称，加快户籍制度改革，是党的十八大和十八届三中全会部署的一项重点改革，是推进中国特色新型城镇化的一项重大任务，是实现亿万农业转移人口"市民梦"的一项重大举措[②]。针对《决定》提出的"把进城落户农民完全纳入城镇住房和社会保障体系，在农村参加的养老保险和医疗保险规范接入城镇社保体系"，网民认为是一颗"定心丸"，意味着农民工将和城里人一样平等享有社会保障，并期待着具体政策的尽快出台。针对《决定》提出的"建立财政转移支付同农业转移人口市民化挂钩机制，从严合理供给城市建设用地，提高城市土地利用率"，舆论指出是为解决农业转移人口的住房问题提供了具体思路和政策支持，并建议设立农业转移人口住房优惠贷款，为农业转移人口市民化开辟一条简便、快捷、可行的政策路径，让他们在城市里能够居有定所、安居乐业[③]。

中央城镇化工作会议对农民工市民化的部署再次受到聚焦。会议将"推进农业转移人口市民化"置于推进城镇化六大任务之首，明确"农业转移人口市民化坚持自愿、分类、有序"，强调"努力提高农民工融入城镇的素质和能力"。中国新闻网援引有关专家言论称，城镇化将真正实现以人为核心，有望杜绝农民"被上楼"等现象的出现，农民工市民化进程将提速，更将与正在推进的土地制度改革形成联动，为新一轮改革注入更强劲动力[④]。还有舆论指出，作为劳动力供给主体的农民工，尚未能够充分享受基本公共服务，中国新型城镇化本质上不是一个经济问题，而是一个改革问题，通过推动包括户籍在内的一系列配套改革，实现农民的真正市

① 《瞿长福：避免"用工荒"，抓住农民工就业新变化》，http：//views. ce. cn/view/ent/201302/18/t20130218_24118475. shtml

② 《进城农民如何实现"市民梦"》，http：//paper. people. com. cn/rmrb/html/2013－12/18/nw. D110000renmrb_20131218_6－02. htm

③ 《设立农转人口住房优惠贷款》，http：//news. sina. com. cn/o/2014－03－09/093929661792. shtml

④ 《农民工市民化提速　或与土地制度改革形成共振》，http：//www. chinanews. com/gn/2013/12－14/5620059. shtml

民化①。

中央农村工作会议提出，“到2020年，要解决约1亿进城常住的农业转移人口落户城镇、约1亿人口的城镇棚户区和城中村改造、约1亿人口在中西部地区的城镇化”，也引发广泛关注。媒体纷纷以《中央农村工作会议：三个“1亿”加快人口城镇化》为题发文报道。舆论认为，解决三个1亿人的问题，是农民工市民化的任务目标，城镇化的核心任务也由此变得更加具体、明确②。《证券日报》援引业内分析人士言论称，此次会议中所提到的三个“1亿”突出了新型城镇化的本质，即人口城镇化，这说明人口城镇化是城镇化发展的根本。人口城镇化不再一味地追求农村人口变为城镇人口，强调的是鼓励农业人口从农业转移到第二、第三产业，从而获得更高的收入，更好地生活，从而推动经济的发展。此次三个“1亿”量化了城镇化的目标，有利于推进人口城镇化③。

此外，各地政府部门也纷纷出台相关政策，积极推进农民工市民化、加大农民工权益保障。广东试行农民工积分落户，四川农民工享同等失业保险，杭州施行“城乡统筹”医保新政，山东农民工可租住公租房等多地保障举措也引发媒体的大量报道。

2. 政府部门合力保障农民工工资支付

农民工工资支付法律制度建设进一步完善。2011年5月1日起施行的《刑法修正案（八）》增设了“拒不支付劳动报酬罪”。2013年1月22日，最高人民法院发布了《关于审理拒不支付劳动报酬刑事案件适用法律若干问题的解释》。对此，各地结合自身实际，对司法解释做出进一步的明确界定。湖南省最高人民法院出台《关于审理拒不支付劳动报酬刑事案件执行数额标准的规定》，明确湖南拒不支付单个劳动者报酬3个月以上，数额达到6 000元的，将可追究刑事责任。宁夏回族自治区最高人民法院、公安厅等四部门联合下发《关于加强涉嫌拒不支付劳动报酬犯罪案件移送工作的通知》，对该犯罪案件的调查取证、执法文书送达、具体时限等作出明确要求。同时，各地司法机关以法律为准绳，加大对恶意欠薪案件的惩戒力度。“浙江受理农民工欠薪纠纷3 000件　29名企业主获刑”、“辽宁判处涉拒不支付劳动报酬罪33人”、“山东莱芜一包工头拖欠73名农民工工资获刑18月”、“河南包工头手持13万工程款恶意拖欠农民工工资获刑”等司法案件引发媒体的广泛报道。12月末，《法制日报》对浙江等地基层法院审理的恶意欠薪案件减少的情况予以关注，文章认为这与恶意欠薪入刑、特别是司法解释正式施行后，刑法对恶意欠薪行为的威慑作用不断增强有着一定关系，老赖们在实施恶意拖欠工资行为前，

---

① 《四类城市实行差别化落户政策》，http：//epaper. jinghua. cn/html/2013－12/15/content _ 48622. htm

② 《三个1亿人的问题就是最实在的城镇化》，http：//finance. sina. com. cn/zl/china/20140307/135018439224. shtml

③ 《中央农村工作会议：三个“1亿”加快人口城镇化》，http：//fj. ce. cn/n02/201312/27/t20131227 _ 1277681. shtml

必然会考虑到该行为可能触犯刑法的严重后果①。

政府部门在保障农民工工资支付方面形成合力，司法部门与行政执法部门的联动机制不断增强。2013 年 1 月，人社部、发改委、公安部等 12 部门联合召开视频会议，对做好保障春节前农民工工资支付工作进行动员部署。媒体对会议提出的"10 人以上的集体劳动报酬争议，要当天立案并加快结案，其中人均涉案金额 1 000 元以上的案件，由仲裁委员会主任挂牌督办"等举措进行了大量报道，认为体现了政府部门治理农民工欠薪的决心。11 月下旬开始，人社部会同公安部等 8 部门在全国部署开展农民工工资支付情况专项检查。据人社部网站消息称，截至 2014 年 1 月 15 日，农民工工资支付情况专项检查共为 150.29 万农民工补发被拖欠工资及赔偿金 108.87 亿元②。同时，各地多部门联动保障农民工工资支付取得的成效也被媒体大量报道。《北京晚报》报道，北京市人力资源和社会保障局、公安局等八部门联手保障农民工工资支付，截至 2013 年 11 月底，全市共为 3 497 名农民工追发工资 2.86 亿元。河北新闻网报道，河北省加强部门协调联动，形成清欠工作合力，2013 年全省累计为 18.5 万农民工追讨工资 4.7 亿元。《贵州日报》消息称，贵州省建立了劳动维权联动机制，形成了"政府主导、部门齐抓共管、司法部门积极联动"的工作格局，2013 年全省各级各部门共为农民工追回欠薪 18 亿元。《宁夏日报》报道，宁夏行政与司法联动，及时移送、依法查处涉嫌拒不支付劳动报酬犯罪案，2013 年清欠农民工工资 2.3 亿元，涉及农民工 2.4 万人，同比减少 2 000 人。

针对当前保障农民工工资支付的实际情况，《半月谈》援引有关专家言论提出以下三点建议：一是加强专门法律建设。目前我国唯一对工资支付做出专门规定的是 1994 年劳动部颁布的工资支付暂行规定，已不适应当前形势需要。有关部门应尽早制定、出台以国务院名义颁布的工资支付保障条例，加强对各领域工资发放的保障和规范。二是完善法律实施细节。在贯彻落实"欠薪入罪"的过程中，具体操作实施细节仍有待进一步完善，劳动法规与刑法衔接、部门间案件移送效率等，仍有待进一步优化。三是强化政府部门监管合力。在人社部门加强对拖欠工资行为监管、打击的同时，各行业主管部门也要切实担负起责任，充分发挥行业监管优势，形成打击欠薪的强大合力③。

3. 社会联动共同构筑农村留守群体关爱体系

农村留守群体是推进城镇化进程必须正视的一个重大课题，我国政府对此高度关注。党的十八届三中全会作出的《中共中央关于全面深化改革若干重大问题的决定》明确提出，"健全农村留守儿童、妇女、老年人关爱服务体系"。《农民日报》指出，这样的服务体系建设，不仅要帮助解决留守老人和留守儿童吃饭、看病问

---

① 《门槛高拒不支付劳动报酬刑案少》，http://www.legaldaily.com.cn/index/content/2013-12/22/content_5143785.htm?node=20908

② 《人力资源和社会保障部等部门组织专项检查为农民工追讨工资及赔偿金 108.87 亿元》，http://www.mohrss.gov.cn/nmggzs/NMGGZSgongzuodongtai/201401/t20140124_123134.htm

③ 《治欠薪顽疾，需要更强力的法律武器》，http://www.banyuetan.org/chcontent/jrt/201416/90333.html

题，而且还要为留守群体提供娱乐文化、教育培训等服务，丰富其精神生活。加强农村社会管理工作，建立健全农村“三留守”关爱服务体系，是必须而迫切的重要课题。

有关部门就农村留守群体现实问题出台的针对性举措受到广泛关注。1月上旬，教育部、全国妇联等5部门联合下发《关于加强义务教育阶段农村留守儿童关爱和教育工作的意见》（以下简称《意见》），对在新形势下加强农村留守儿童工作提出了明确要求。《意见》要求切实改善留守儿童教育条件，优先照顾贫困地区的留守儿童有学校寄宿、吃好饭、上下学方便。《意见》还提出全面建立留守儿童档案，将父母外出务工情况和监护人变化情况逐一进行登记并及时更新；建立16岁以下学龄留守儿童登记制度，以保证将其纳入教育等基本公共服务体系。《意见》的发布受到各界高度关注，被新华网等媒体列入“教育年度关键词”、“2013年大事记”。9月上旬，国务院印发《关于加快发展养老服务业的若干意见》，对切实加强农村养老服务进行了全面部署。舆论认为这是长期指导我国养老事业发展的政策文件，是从制度层面为农村养老问题构建的顶层设计，建议各地政府部门结合农村发展的实际，将其落到实处，让农民真正地感受和享受到政府的温暖，让农村老人安度晚年。北京多地农村尝试的“集体土地收益养老”模式也受到关注。《新京报》消息称，随着农村留守、空巢老人增多，大兴、房山、门头沟等区县以村委会为纽带，将老人的空置房屋或闲置的宅基地集中开发，获得的收益用于建设、改善养老机构，改善基础设施，从而集中在一起享受养老服务，或获得更多养老资源，安心居家养老①。各地结合实际情况，从关爱农村留守妇女的身心健康出发，在就业技术培训、身体健康检查、法律知识宣传、丰富文化生活等方面，积极改善农村留守妇女的生活现状，媒体对此也予以广泛报道。此外，关爱农村留守群体的公益活动也蔚然成风，舆论认为，解决好农村留守群体的问题，需要家庭、社区、企业、基层政府以及基层自治组织和社会团体组织形成联动效应，共同构筑农村留守群体关爱体系。

（四）舆情传播特点

1. 从舆情热度看，农民工相关舆情总量稍有上涨

2012年农民工相关网络媒体舆情总值近4.7万余条，峰值1.1万余条；2013年舆情总值近5.4万条，峰值1.2万余条。值得关注的是，2012年出现了“毕节5男童垃圾箱取暖死亡”、“农民工新闻发布会讨薪”等高热舆情事件，而2013年在没有出现高热事件的情况下农民工舆情热度仍呈现小幅上涨，表明农民工相关话题量仍很大。从总体情况看，农民工市民化、农民工讨薪、农村留守群体的总话题量占绝对比重，但单个热点新闻话题未现大量数据聚集。政府部门在农民工权益保障方面的话题量占农民工话题总量的比重不足20%，但单条政策举措引发大量报道的

---

① 《新京报》，http：//epaper. bjnews. com. cn/html/2013－09/21/content _ 466689. htm? div=－1

现象明显。从2013年农民工相关热点话题新闻排行可以看出，排行前5位的热点话题均为政府部门在农民工市民化、农村留守群体、农民工工资支付等方面的政策部署和法律制度保障。由此也可以看出舆论对政府部门保障农民工权益的强烈关注和高度支持。

2. 从舆情传播主体看，各类媒体积极发挥着各自的作用和影响

新华网以及有关政府部门的官方网站是政策举措的权威首发平台。《大河报》、《江淮晨报》、《武汉晚报》等地方主流媒体充分发挥地域优势，及时报道当地出现的农民工讨薪问题、农村留守儿童人身安全问题等消息。中央电视台的舆论监督效应也很明显，河北、山东等地职能部门在保障农民工工资支付方面的工作失察问题经《焦点访谈》等权威栏目曝出后，引发广泛社会反响，涉事地方有关部门也及时予以后续处置。自媒体方面，天涯论坛、网易论坛等知名网络社区及时爆料了农民工讨薪等维权话题，从2013年农民工相关网络热帖排行可以看出，经上述网络论坛发出的讨薪维权网帖当月点击量即可达到数十万次，并引发了网民的大量围观评论。此外，农民工讨薪话题的舆情传播还呈现了人民网等央级媒体与各地媒体互动、传统媒体与自媒体互动的特点，媒体和网民在关注农民工讨薪问题上共同发力，推动农民工工资拖欠问题的解决。《武汉晚报》报道当地农民工跳"江南Style"讨薪的消息被人民网、中央电视台等媒体屡屡提及，农民工被拖欠的工资也在当月下旬得以解决。新华网针对网络论坛等自媒体中出现农民工讨薪热点网帖进行调查核实，并对农民工另类讨薪的惨剧进行深度反思。另外，从2013年出现的农民工讨薪热点新闻看，经媒体或网民首曝后引发关注、当地有关部门随后介入解决的讨薪路径仍在一定程度上存在，"上访不如上网"的讨薪观念仍很明显。

3. 从舆情出现的时间节点看，农民工相关热点话题呈现季节性或节日性集中的特点

岁末年初是农民工讨薪的高峰季节，在此期间舆论的关注度也最为集中。各地媒体及时报道当地出现的讨薪事件，《人民日报》、中央电视台等媒体除深入各地走访调查发出第一手报道外，还对各地媒体曝出的消息予以整合跟进，并对政府部门的保障举措进行积极传播。自媒体中农民工讨薪话题也主要集中在1月、12月，部分热点微博消息和论坛热帖还引发了媒体的跟进报道。同样，农民工就业与"用工荒"相关话题也呈现明显季节性特点，春节前后成为舆论集中关注的热点话题。此外，舆论对农村留守群体的关注呈现节日性集中的特点。3月8日妇女节前后，农村留守妇女成为舆论关注重点。媒体纷纷从身心健康等多个层面发文，呼吁社会各界对农村留守妇女予以切实的帮助。6月1日儿童节前后，农村留守儿童受到聚焦。新华网、中国网等媒体以《六一特别关注：中国流动留守儿童生存现状》、《"六一"，多关注农村留守儿童》等为题推出专题或特别报道，引发舆论对农村留守儿童生存现状的多角度反思。农历九月九日重阳节前后，农村留守老人也受到广泛关注。"重阳节：聚焦农村留守老人"、"关爱留守老人　重阳节媒体联合发出'三个呼吁'"等消息引发普遍反响，农村留守老人的养老问题受到热议。

4. 从舆论导向看，“加强农民工权益保障，形成关爱农民工、尊重农民工的社会氛围”是媒体和网民共同营造的议题指向

2013 年，各地农民工的光荣事迹大量涌现。“民工遇四川母女落水　跳河救人”、“农民工父子刺骨河中救两男孩”、“面包车与小轿车相撞　三名路过农民工出手救人”等消息经媒体报道后受到舆论的积极关注。6 月，在浙江宁海快递公司打工的 8 位农民工徒手接住了坠楼女童，现场视频上传至互联网后获得了上千万的点击量，网民称赞他们是“最美快递哥”。此外，在上海打工的农民工秦小亮 1.76 万血汗钱被风吹走后遭路人哄抢，此事经新浪微博曝出后引发广泛关注，网民为其捐款共计 22 450 元，秦小亮随后把多余的 4 850 元捐给慈善部门。此事被舆论称为社会良性互动的范例。2013 年，从媒体发出的农民工相关热点新闻可以看出，农民工正以职业精神和高尚人格收获无数“点赞”。同时，农民工在生活和工作中面临的制度壁垒和权益保障缺失也引发社会各界的高度关注，舆论纷纷为农民工鼓与呼。在新浪微博中，政府部门、专家学者、公益人士纷纷以关爱农民工为主要目的注册的微博账号，在数量和关注度上都有明显的增长，最高的微博粉丝量已达 72 万余人①。“少些阻碍与无奈，多些坦途与帮助”，是《人民日报》在 2014 年初对农民工发出的新年寄语②。

① 北京东城区共青团注册的“@共青团关爱农民工子女志愿服务”，http：//weibo.com/54000001
清华、北大等高校 9 名社会学者集体注册的“@关注新生代农民工”，http：//weibo.com/u/1743939945
武汉理工大学青年志愿者、关爱农民工子女志愿服务行动项目专员郎坤注册的“志愿者郎坤”，http：//weibo.com/langkun2011

② 《人民日报青年观：隐形城门何日洞开》，http：//opinion.people.com.cn/n/2014/0128/c1003－24248430.html

六、农村环境问题

近年来，随着工业化、城镇化建设步伐的提速，我国农村环境污染和生态破坏问题严峻，直接威胁农村居民身体健康和农村的可持续发展。农村环境保护关系到城乡居民的"米袋子"、"菜篮子"、"水缸子"，重要意义不言而喻。2013 年，习近平总书记和李克强总理对改善农村人居环境作出重要指示，中央一号文件也首次提出建设美丽乡村的奋斗目标，这充分体现了中国共产党以人为本、执政为民的理念，顺应了人民群众追求美好生活的新期待，符合当前的世情、国情。我国农村生态环境保护与综合治理进入关键时期。

（一）舆情概况

2013 年，农村环境继续被媒体和网民关注，热点舆情集中在农村水污染、土壤污染、农村生活垃圾污染以及地方环保部门的相关工作等方面。其中，农村水污染是常热话题，媒体对工矿排污所致的农村河流、地下水污染发表了大量报道，黄浦江上游等地出现的"漂浮死猪"问题，也引发了舆论对畜禽养殖致水源污染的关注。土壤污染方面，镉超标大米事件发生后，媒体对土壤重金属污染予以集中报道，我国土壤污染总体形势成为舆论关注的焦点。多地发生的工矿业排污所致的耕地受损、农作物减产事件也被广泛关注。媒体还深入多个农业大省调查化肥农药过量施用产生的土壤污染隐忧，并积极建言献策。农村"垃圾围城"问题也是媒体报道的热点，各地在治理农村生活垃圾方面的有益经验也被媒体积极传播。地方环境监管部门在治理农村环境污染方面取得的工作进展获得媒体和网民的积极肯定，个别地方监管失察问题也受到舆论批评。此外，司法机关进一步完善环境保护相关法律保障，中央和地方政府部门出台的行政法规和地方性法规为防治农业面源污染提供法制支撑，中央一号文件在农村生态文明建设方面做出顶级部署，有关部门和各地政府在改善农村人居环境、建设美丽乡村方面砥砺前行。舆论对此表达了高度支持和热烈期许。

农村环境相关话题网络媒体新闻舆情走势呈现上半年上扬、下半年总体趋稳态势，上半年新闻话题量明显偏高。1 月，中央一号文件部署农村生态文明建设、山西苯胺泄漏事件等热点话题被集中报道。3 月，媒体纷纷发文对网络热传的"癌症村地图"追踪调查，黄浦江死猪事件也引发媒体对养殖污染的集中关注。4 月，媒体对河北省沧县"红豆局长"、昆明"牛奶河"等热点事件发表大量跟进报道和评论文章，多地因工业污染、畜禽养殖污染所致的农村水源、土壤污染问题也被频繁曝出，新闻舆情热度成倍增长。5 月，镉大米事件引发媒体对土壤重金属污染的集中关注，新闻量仍居于高位。6 月，媒体针对"两高"出台司法解释、环保法修订案二审稿审议、环保部门绘制重金属污染图等密集发文，中国疾控中心发布的相关

2013 年农村环境话题新闻舆情走势图

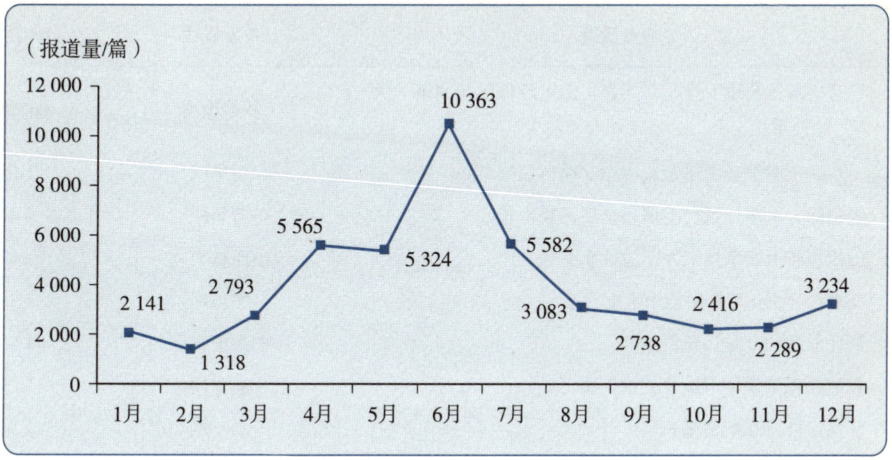

研究报告也受到高度关注，新闻量迅猛上涨，攀至全年顶点。7 月，淮河流域水污染问题引发媒体持续跟进调查，贺江铊污染也成为报道热点，当月舆情热度虽出现大幅下降但整体新闻量仍较大。12 月，“我国约 5 000 万亩耕地中重度污染”受到重点聚焦，引发新闻量小幅上涨。

2013 年农村环境话题网民舆情走势图

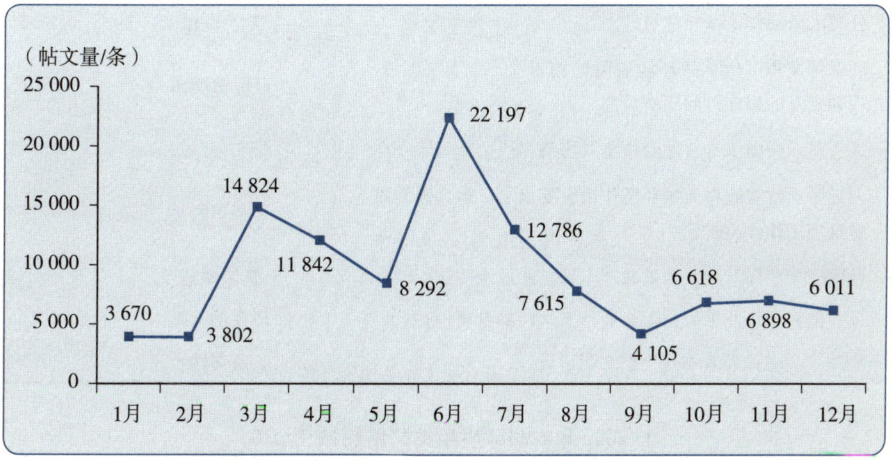

农村环境相关话题网民舆情走势与新闻舆情走势整体一致，全年出现两个明显峰值。3 月，“癌症村地图”在微博等自媒体中大量传播，黄浦江死猪事件引发舆论对饮用水安全的担忧，当月网民话题量急速上涨。6 月，媒体集中报道土壤重金属污染问题，网民予以大量转发。中国疾病预防控制中心发布的相关研究结果经媒体报道后受到网民的高度关注，水污染与癌症村再次成为微博热议话题。上述情况助推 6 月网民舆情热度攀至全年峰值。此外，与 2012 年相比，2013 年反映农村环境问题的网帖在热度上有所下降，网民对农村水污染问题关注度最为集中，全年网络热帖排行榜前十位中，农村水污染相关网帖占比过半。

2013 年农村环境相关热点话题新闻 Top20

排名	热点话题	首发媒体	新闻报道量
1	针对"高压泵地下排污"谣言，山东环保厅与网络"大V"微博辩论	新浪微博	1 986
2	十八届三中全会提出深化生态文明体制改革	新华网	1 359
3	镉超标大米事件折射土壤重金属污染隐忧	新华网	1 452
4	山西苯胺泄漏事故引发下游饮水恐慌	山西新闻网	1 238
5	我国约 5 000 万亩耕地中重度污染	中国网	1 197
6	河北沧县"红豆局长"事件	中央电视台	1 151
7	黄浦江死猪事件引舆论关注养殖污染	新华网	1 095
8	环保法修订草案迎来三审	新华网	1 038
9	我国正绘制土壤重金属"人类污染图"	新华网	1 020
10	"两高"发布环境污染刑事案件司法解释	中国法院网	932
11	国务院公布《畜禽规模养殖污染防治条例》	新华网	893
12	中国疾控中心专家团队发布《淮河流域水环境与消化道肿瘤死亡图集》	《新京报》	779
13	广西贺江上游污染　广东停止取水	《南方日报》	703
14	公益人士制作中国癌症村地图	新浪微博	659
15	环保部发布《化学品环境风险防控"十二五"规划》，规划提及的癌症村问题被关注	环保部网站	651
16	调查显示中国 1/6 耕地受重金属污染　达 2 000 万公顷	《光明日报》	623
17	习近平就改善农村人居环境作出重要指示　李克强就推进这项工作作出批示	新华网	562
18	昆明"牛奶河"导致西瓜减产　局长还说水质达标	新浪微博	480
19	环保部开展华北平原排污企业地下水污染专项检查	环保部网站	415
20	中央一号文件部署农村生态文明建设	新华网	385

2013 年农村环境相关网络热帖 Top10

排名	标　　题	来源	日期	点击量	回帖量
1	四川上千村民大战两百黑社会	中华网论坛	9 月 18 日	276 090	164
2	癌情肆虐中国，祸起滴血政绩	凤凰论坛	4 月 5 日	84 017	1 408
3	"红豆局长"被免，还该彻查背后的故事	凤凰论坛	4 月 6 日	77 897	65
4	中国式悲哀　毒水之患	中华网论坛	4 月 18 日	69 308	136
5	地下水治污需用重典出重锤	新浪博客	2 月 17 日	61 085	474
6	用针头刺穿肚皮排水　癌症村民之殇痛了谁	凤凰网论坛	7 月 21 日	53 716	34

（续）

排名	标　　题	来源	日期	点击量	回帖量
7	离北京 50 公里的“癌症村”	新浪博客	2 月 19 日	52 725	303
8	湖北·襄阳周边露天焚烧秸秆致空气严重污染	凤凰播报	9 月 22 日	43 571	26
9	刮骨疗毒，岂能不痛——电子垃圾污染乡村	新浪博客	7 月 14 日	42 102	41
10	实名举报：安徽省霍邱县城东湖水资源惊人的污染现状——我们已经无法生存！	天涯论坛	6 月 6 日	28 016	257

（二）热点舆情分析

1. 持续关注农村水污染

工业排污所致的农村河流、地下水污染是常热话题，媒体跟进报道个别地区出现的“癌症村”。1 月初，山西长治苯胺泄漏事故引发高度关注。据新华网报道，山西长治一化工厂输送苯胺的管道破裂，致 8.7 吨苯胺沿着雨水系统排入浊漳河，辐射流域约 80 千米，涉及 28 个村庄。下游岳城村等地村民饮用水源受到威胁，当地养殖的百万斤活鱼无人敢买。媒体呼吁当地政府部门尽快出台应对措施，及时发布水质检测报告，保障村民饮水安全。1 月上旬，中国新闻网报道了河北省沙河市白塔镇多处村庄水源遭矿山废水污染，当地千余村民多年饮用超标水。报道发出后引起沙河市政府的重视，当地有关部门表示将建立水站，保证当地村民在 10 月份喝上达标水。2 月，有环保网站在微博上发起“随手拍河流污染”活动，大量反映农村污染问题的图片在春节期间被网民传至微博。媒体呼吁环保部门对网民随手拍下的污染照片进行积极回应，建立起行政、社会力量联动机制，加快解决农村环境污染问题。微博曝出山东潍坊排污企业将污水通过高压水井压到地下的消息，公益人士发起“水污染独立调查”，舆论广泛响应，媒体也随后发出多篇跟进报道。《中国青年报》赴山东省茌平县干韩村等地、新华社《中国网事》赴河北省安平县等地进行采访，报道了当地违规地下排污等问题。一份由公益人士制作的“中国癌症村地图”在互联网上被大量传播。环保部在《化学品环境风险防控“十二五”规划》中称，“中国化学品污染防治形势十分严峻，个别地区甚至出现‘癌症村’等严重的健康和社会问题”，媒体对此纷纷发表转述报道。3 月，网络热传的“癌症村地图”成为媒体关注重点。《长江日报》援引有关专家言论称，地图中涉及的地区确实不同程度存在污染，特别是水源污染，目前农村居民发病率最高的癌症是消化系统癌症，与营养、饮食方式、水源污染有一定的关系。3 月下旬，《中华工商时报》综合媒体报道发文《中国乡村污染现状调查》，介绍浙江、河南、河北等地农村因工厂排污导致的饮用水、农田污染情况，被百余家网络媒体转载。《河南商报》报道了河南省浚县水源污染的严峻现实，详列近几年各村患癌致死的村民数量，舆论反响强烈。4 月，《华商晨报》消息称，辽宁葫芦岛稻池村的五里河由于遭受附近锌厂、化工厂等企业污染而得名"汽油河"，近年来当地罹患癌症死亡的村民人数不断增加。《潇湘晨报》报道，湖南省娄底市三元村井水常年遭受建材厂废水以及建筑垃圾污染，村民 6 年来只能买桶装水喝，村民到当地政府拉横幅"请环保局长下河游泳"，引起有关部门的重视，该村的自来水安装方案也随后敲定。同时，河流污染对村民身体健康造成的影响也成为网民热议话题。4 月上中旬先后在凤凰网论坛、中华网论坛出现的《癌情肆虐中国，祸起滴血政绩》、《中国式悲哀 毒水之患》引发广泛关注，网民呼吁有关地方政府部门"不要用生命换发展"。5 月，环保部公布了对华北平原排污企业地下水污染专项检查情况，其中 55 家企业存在利用渗井、渗坑或无防渗漏措施的沟渠、坑塘排放、输送或者存贮污水的违法问题，涉及河南、山东、河北等地。消息发布后引发高度关注，媒体纷纷发文呼吁对非法排污企业予以严惩。

6 月初，《人民日报》援引环保部相关数据称，针对全国 798 个村庄的农村环境质量试点监测结果表明，农村饮用水源和地表水受到不同程度污染。《法制日报》刊发系列报道，曝光山东、河南、河北等地化工企业违规排污致水源严重污染，并详列了山东省邹平县、河南省浚县等水污染地区的患癌村民名单。6 月末，中国疾病预防控制中心专家团队发布《淮河流域水环境与消化道肿瘤死亡图集》，证实淮河流域内的河南、江苏、安徽等地多发"癌症村"与水污染有直接关系。媒体对此高度关注，并对文中提到的"癌症村"发表了跟进报道。7 月，新华网、《新京报》等媒体继续关注中国疾病预防控制中心发布的上述研究报告，对淮河流域水的河南省沈丘县等地进行了调查采访。新华网报道《鱼畸形、人患病——淮河沿岸"癌症村"现场调查记》被大量转载。报道说，沈丘段的水质表面上已有所改观，但水体中的持久性化学物污染、重金属超标等在相当长时间内不会被消除。《新京报》走访沈丘县多个癌症村，关注村民患癌后的生活，认为"眼下最重要的是救助贫困的癌症患者，不要再让污染水源使更多人患病"。同时，新华网对网络盛传的我国"癌症村"地图实地探访后发文称，多处村庄位于化工园区周边，饮水安全普遍受到不同程度威胁，村民普遍反映有疾病多发状况并渴望摆脱恶化的生存环境。文章建议国家进行权威调查并公布结果，对"癌症村"予以正名和治理。此外，广西贺江由于受到上游企业的非法排污铊超标达 2.14 倍，给当地的生活用水、网箱养殖以及农田灌溉造成影响。对此事件，媒体联系 2012 年初的广西龙江镉污染事件，追问"惊人相似的污染事件为何一再出现"。8 月，《经济参考报》结合有关报道和网络盛传的"癌症村"地图，赴河北、山东、安徽等地探访调查，关注当地的水污染现状和村民的身体健康情况。报道指出，"癌症村"及周边生态堪忧，须正视地下水危机，保障农村饮水安全。9 月，中国广播网曝光河南省汤阴县多个村庄"污水围村、癌症高发"，引发媒体广泛转载。11 月，新华网消息称，浙江省乐清市 4 名不法分子违规开办酸洗冶炼场，未经处理的废气、废水任意排放，导致周围部分村民腹痛不适，肠道溃烂，上述 4 人以污染环境罪获刑。

畜禽养殖所致的水污染问题也受到关注。3 月，养殖户向河道扔弃死猪问题受到重点聚焦。媒体和网民纷纷曝光湖北宜昌、湖南株洲、广东江门、陕西咸阳等地河流的“漂浮死猪”现象，舆论对饮用水安全表示担忧。黄浦江上游水域出现大量死猪的消息经微博曝出后引发高热舆情，养殖污染和水环境保护成为舆论热议话题。新华网指出，黄浦江死猪事件表明，养殖业造成区域性水质、环境污染的风险在加大，养殖业污染很可能成为下一轮环保问题的“引爆点”，中国亟需采取措施应对这一新挑战①。4月，《中国青年报》报道说，河南雏鹰农牧集团生猪养殖基地随意排污，致当地村民的生活用水受到污染。《扬子晚报》消息称，由于养猪场违规排污，南京市六合区山根杨村村民生活饮用的井水遭到污染，只能常年购买桶装水。8月初，国际在线发表图文消息，关注湖北宜昌葛洲坝船闸下游水域漂浮数十头高度腐烂的死猪。同时，《新京报》援引环保部发布的消息称，山东潍坊一养猪场将未处理的大量养殖废水直接排放进地下水，被处以罚款共计11万余元，养猪场排污口已被封堵；当地环境保护局有关人员也受到相应行政处分。11月中旬，“湖北宜昌百头死猪抛尸长江岸边”的网络图片再次引发舆论广泛关注和媒体跟进报道。《京华时报》在随后报道中介绍，经宜昌市有关部门清点确认，死猪数量实为29头，并已完成集中清理和无害化处理工作。对此，中国青年网指出，这是长江宜昌段流域今年出现的第三次“猪漂流”现象，死猪污染事件敲响了人为破坏生态的警钟，如不及时进行无害化处理，将会加剧传染病在人身上的传播，以至于酿成大祸②。

2. 聚焦耕地污染

2013年，土壤重金属污染问题是舆论关注的重点。5月中旬，广东质监部门查出产自湖南等地的大米镉含量超标后，我国土壤重金属污染总体情况受到高度聚焦。5月下旬，《光明日报》消息称，“我国受重金属污染的耕地面积已达2 000万公顷，占全国总耕地面积的1/6”，该报道被近500家网络媒体转载。6月中旬，《京华时报》援引相关研究报告称，我国11省25个地区的耕地涉及镉污染，目前国土资源部等有关部门正在绘制土壤重金属“人类污染图”，全面会诊土壤重金属污染现状。6月下旬，新华网报道说，由于土壤污染，珠三角多地蔬菜重金属超标率达10%~20%，耕地受重金属污染问题较突出。此外，新浪微博中关于“美杂志称中国移民体内重金属超标”的消息被网民大量转发，网民调侃“每个中国人站起来都是钢铁侠”。舆论呼吁有关部门高度重视当前的土壤重金属污染问题，并以立法形式保障土壤环境。7月末，《华尔街日报》文章《中国土地之殇》关注土壤污染给食品安全、民众身体健康等方面带来的不利影响。新浪微博就此发起“中国土地之殇”微话题讨论，网民呼吁有关部门高度重视并从源头治理土壤污染。12月，“我国5 000万亩耕地中重度污染”的调查数据受到高度关注。新华网消息称，国务

① 《养殖业污染成为中国环保新挑战》，http://www.zj.xinhuanet.com/newscenter/2013-03/19/c_115083146.htm

② 《死猪污染频发，引起疫病担忧》，http://news.xinhuanet.com/health/2013-11/29/c_125779056.htm

院举行新闻发布会，介绍第二次全国土地调查主要数据成果。国土部有关人士在回答记者提问时表示，全国约 5 000 万亩耕地受到中重度污染，不能再继续耕种，国家每年将拿出几百亿资金，启动重金属污染耕地修复试点。有媒体指出，5 000 万亩耕地污染究竟严重到何种程度、具体位置、主要是何种污染、污染时长以及过往土地产出品流向等还需有关部门做进一步的说明。还有舆论认为，政府部门须有崭新的治污逻辑与作为，“百亿治理污染耕地”不能再走投入管理不善、缺乏科学评价体系的老路。

部分地方因工矿排污导致的耕地受损、农作物减产等问题也被媒体广泛报道。4 月上旬，《人民日报》报道，山西省天镇县张西河村糠醛厂的污水流入灌溉庄稼的水渠，致使 12 户村民的 40 多亩农田大量减产甚至绝收。杭州网消息称，浙江省兰溪市浩塘头行政村因受到铝厂“三废”的毒害，村里 120 多亩地已无法耕种，恢复需要上百年。8 月，广东韶关大宝山矿区的耕地重金属污染问题成为报道热点。8 月初，央视《经济半小时》报道了当地因开矿排污导致的耕地重金属污染、大米镉含量超标等问题。8 月末，《北京青年报》再发报道，关注大宝山矿区因土壤污染导致种植农作物重金属超标，并称“由于经济效益不高等原因，当地的农地重金属污染修复工程进展并不顺利”。同时，《经济参考报》报道《河北污灌区分布广 土地污染加剧》说，由于水资源严重不足，河北保定、石家庄等地农民用未经处理的污水浇地，导致土壤肥力下降、土地盐碱化严重、重金属积累等问题。此外，四川德阳因化工排污导致农田镉超标率超 50%、湖南省双桥村在 2009 年出现“湘和化工厂镉污染”事件后镉污染土壤修复至今存疑等问题被媒体报道后也成为热点新闻。11 月，《南方日报》消息称，广东省韶关市仁化县多个村庄的 3 000 余亩水稻出现减产甚至绝收，村民认为是由于当地的化工企业排污所致，因为工厂周围的几个村庄曾发生血铅超标事件。报道呼吁有关部门能尽快做出调查结论，并对农田重金属超标问题予以有效治理。《广州日报》报道，广东省东莞市高埗镇多个村庄的农业灌溉水渠遭“黑水”污染，数百亩农田受到影响，村民赤脚下地种菜后出现皮肤发痒问题，由于当地没有农产品重金属检测，农作物重金属是否超标是个未知数。

农业生产所致的耕地污染也是关注热点。4 月，中财网援引环保部有关人士言论称，我国农药需求量在世界范围内排第一，然而施用只有 35%，65%都是作为污染物排入在环境中，而所有的污染物最终都归到土壤中。5 月，《半月谈》对河南、安徽、河北等地采访后发文称，不少农民盲目跟风追肥，化肥用量陡增，而我国肥料的总体利用率却相对偏低，大量未被农作物有效吸收，随着长年累月的累积，还会对土壤和水质造成污染，并使农产品质量下降。9 月，《广州日报》援引广东省政协相关调研报告称，广东省农药化肥的施用强度远超发达国家限值，农村工业垃圾和废水偷排现象时有发生，广东省农村环境面临生产污染、生活污染和工业污染三大污染困扰，珠三角多地蔬菜重金属超标率达 10%～20%。11 月，《人民日报》文章说，近年来，我国大力发展现代农业，成效显著。但农业生产中高投入、高产出的特征没有改变，化肥的不合理使用，引起了土壤中氮磷的大量积累，使得土壤的环境功能退化，引发农作物对其他微量元素吸收利用上的障碍，因土壤生态环境的失调导致植物抗病虫害能力下降，作物发病率高，因而不得不加大农药的使用次数和使用量。这也会造成土壤污染和农产品污染进一步加剧，不利于农业的可持续发展。因此，我国必须加强土壤生态健康管理，努力维持农业环境的友好，走集“高产、优质、高效、生态”于一体的农业发展道路。此外，新疆、甘肃、宁夏、山东等地存在的农田地膜污染问题也受到关注。4 月，中国新闻网消息称，大量农田地膜的使用，对新疆土壤和农作物生长造成了严重危害，农田环境受到不同程度污染。5 月，新华社《新华纵横》报道，随着地膜残留量的不断增加，许多农民不得不在“垃圾堆上种庄稼”。《焦点访谈》指出，甘肃等地已禁用超薄地膜，但有些农民还在使用，法律法规的强制措施和经济手段的引导还需再施力。《瞭望》新闻周刊认为，当务之急是修改或重新制定地膜生产的国家标准，并把厚度在 0.008 毫米以上的地膜纳入农资补贴范围。11 月，《人民日报》文章说，残膜回收由于经济效益不明显，甚至还要增加成本，农民即使意识到残膜的危害和不便，也不愿回收；生物可降解地膜价格高，农民购买积极性偏低。文章指出，残膜回收与加工利用是一项系统性工程，回收体系亟待健全。

3. 关注“垃圾围村”问题及各地治理成效

农村生活垃圾污染问题受到媒体和网民的广泛关注。4 月，广西壮族自治区三岔镇三岔村村民樊祖韦在家乡村庄实景取材，拍摄微电影《母亲河》，关注当地农村的生活垃圾污染问题。微电影上传至互联网后引发舆论共鸣，网民纷纷讲述自己家乡“垃圾围村”的困境，希望这部电影能唤醒村民的环保意识，并建议有关部门建立长效治理机制，还原家乡的绿水青山。5 月上旬，《人民日报》文章《美丽农村别忽略“生活污染”》，关注农村居民生活水平提高、居住环境却变差的现状。文章说，农村消费向城里看齐，“生活污染”也在慢慢“接轨”，但乡村的卫生基础设施比较少，有“产”无“出”，形成“垃圾围村”。与农村环境恶化程度相比，农村生活环境被关注的程度还远远不够。5 月下旬，新华网先后发出两篇报道，分别报道了吉林、广西等地农村垃圾堵路围河、污水随意排放等问题。文章说，“垃圾靠风刮、污水靠蒸发，家里现代化、屋外脏乱差”成为一些农村生活环境的写照。8 月，中国广播网报道，北京市昌平区多个村庄周边成为倾倒城市垃圾的填埋场，附近村民因无法忍受恶臭，封堵垃圾车进出填埋场的道路。10 月，《湖南日报》报道称，湖南多地农村在村头巷尾新建了垃圾池集中堆放垃圾，但一些地方由于及时清运的配套措施跟不上，垃圾收上来了处理不了，各色垃圾被露天焚烧烟雾弥漫，有毒气体扩散至空气中更有损身体健康。12 月，《齐鲁晚报》消息称，山东省聊城市东昌府区三里井村被垃圾包围，满村笼罩恶臭，有的村民受不了只能迁徙而居。

媒体还对各地在农村垃圾治理方面的有益经验和取得的成效进行积极报道。《人民日报》介绍，河北省香河县推行垃圾“村收集、乡转运、县处理”，并安排 6 000 万元专项资金对农村环境整治进行奖补，目前该县 300 个村街全部成立了保洁队，各村通过制定"村规民约"，让农民当上农村环境整治主角，村民自建、自创的热情高涨。新华网报道，广西壮族自治区武鸣县在村庄设置分类垃圾池，实行"垃圾不出村"，并专门设计造价低廉，安装简单的焚烧炉，垃圾焚烧后排出的气体无二次污染，灰烬还可作为肥料使用。《南方日报》报道，广东省遂溪县草潭镇引进企业运作模式，将镇环卫站"外包"，把管理运作权下放给社会人员，对该镇144条自然村的生活垃圾进行统一清运、处理，村容村道卫生状况大为改观，破解了当地多年"垃圾围村"的困局。

4. 热议地方环境监管部门的相应举动

2013年，多地农村环境污染问题经媒体和网民曝出后成为热点话题，涉事地方环境监管部门积极作为，受到广泛热议。舆论对有关地方部门的环境治理工作进展予以积极肯定。3月份以来，"请环保局长下河游泳"成为微博中的热点话题。9月上旬，兰溪市各区县15名正副环保局长在兰溪市举办的"保护母亲河、畅游兰江水"活动中集体下河游泳。对此，网民纷纷在微博中以"环保局长真的下河游泳了"为题，转发媒体相关报道。网民表示，环保局长下河游泳是对河流水质改善的最直观验证，环保部门在治理河流污染方面还须再接再厉。《法制晚报》文章说，环保局长下河游泳，表明了他们对所管辖区域水质的自信，也说明他们的确是在认真倾听民意，各地环保局长应学习兰溪市环保局的责任感和工作效率。9月初，山东省环保厅在微博中发布消息称，网传"山东高压泵深井排污"无一属实，并就此问题与网络大V邓飞展开激烈争辩，双方从针锋相对到理性讨论，最终达成"放弃无谓的争论，团结一致干环保"的共识。山东省环保厅也随后在微博中发布了"春节以来被举报用高压泵深井排污企业调查情况"，详实的调查数据获得舆论肯定。《人民日报》评论称，在民众信息知情权的尊重和保障上做足功夫，在平等坦诚的沟通中有力还原事情真相，这场思想的碰撞为两个舆论场的对接尝试，起到了良好的示范作用。

同时，个别地方监管失察问题也受到舆论批评。4月初，河北省沧县因化工排污出现井水变红问题，引发高度关注。当地环保局长在接受记者采访时表示，红色的水不代表不合格，"煮红豆也能染红水"。言论招致大量批评，网民称其为"红豆局长"。随后，当地水样被检出苯胺物质超标70多倍，"红豆局长"也遭免职。但舆论对此事的关注热度并未消退，网易网转发"河北沧县环保局长被免职"的相关消息后，网民参与跟帖超过11万次。凤凰网论坛帖文《"红豆局长"被免，还该彻查背后的故事》的点击量也达7万多次。舆论认为，对此事件尚须继续追责：10多年来，为什么群众反映不断，但县环境保护局每次会回复都是"检测合格"、"水质达标"？4月上旬，云南昆明"牛奶河"事件也受到舆论关注。媒体报道，昆明市东川区的小江被选矿水污染呈乳白色，严重污染周边农田，而当地环保部门却称"符合水质标准"。对此，央视进行了持续报道，并对当地环保部门在事件曝光前后的言论不一进行关注。《人民日报》指出，宁可主动调低增速，也要拿出气力治好"牛奶河"，这应成为新时期的发展观、政绩观。

（三）舆论关注农村环境相关政策举措

2013年，农村环境保护相关司法保障进一步加强。“两高”出台司法解释，打击环境污染犯罪的力度明显加大；环保法修正案草案三审稿正在进一步修改完善，亮点纷呈。中央和地方政府部门在防治畜禽规模养殖污染、地膜污染等方面发布的行政法规和地方性法规也开创了先河，为治理农业面源污染提供强有力的法制支撑。同时，中央一号文件、党的十八届三中全会对农村生态文明建设进行顶层部署，有关部门和各地政府在改善农村人居环境、建设美丽乡村方面不断创新，砥砺前行。

1. 农村环境保护相关法律法规进一步完善

6月19日，《最高人民法院、最高人民检察院关于办理环境污染刑事案件适用法律若干问题的解释》正式施行。针对办理环境污染刑事案件取证难、鉴定难、认定难等实际问题，《司法解释》明确界定了环境污染犯罪的定罪量刑标准，并对环境监管部门的“监管失职罪”提出了比较严厉的追加处罚措施。媒体指出，《司法解释》的出台进一步织密了保护青山绿水的刑事法网，给环境执法提供了法律保障和底气，并警告不法分子“靠污染环境‘捞饭’吃，小心吃牢饭”。《人民日报》文章指出，过去，污染环境定罪量刑需要“造成重大环境污染事故，致使公私财产遭受重大损失或者人身伤亡的严重后果”这一要件；现在，不论是否造成财产损失和人身伤亡，只要对环境造成了严重污染，就可判定污染环境罪。“两高”司法解释的出台降低了环境污染犯罪的入罪门槛，2013年下半年以来，多名污染环境的当事人被追究刑事责任，在社会上产生相当的震慑。中国法院网援引有关法学专家言论称，《司法解释》进一步明确了打击环境污染犯罪的法律适用标准，回应了人民群众关切的环保民生问题，能够更好地发挥司法职能保护人民群众的权益。但不能仅仅把根除环境污染行为的希望都寄托在刑法的规制上，毕竟作为最后的手段，刑罚的作用也有其限度。为建立治理环境污染的长效机制，我国需要进一步完善健全针对环境污染监测、治理、防控等问题的法律体系，给污染环境行为套上更严密的“法律枷锁”，同时要多部门联动，监控不留死角，处罚绝不手软，如此方能让我们的家园更加美丽，天空更为湛蓝，空气更为清新①。

6月下旬，全国人大常务委员会对环境保护法修正案草案二审稿进行审议，并于8月初向社会公开征求意见。二审稿在信息公开、政府责任、公益诉讼和规划环评等方面做出大幅修改，首次规定了“保护环境是国家的基本国策”，并确立联合防治协调机制。舆论评价称，此次修改是“向正确方向迈出了一小步”，将“有利于把环境司法武器用起来，出重拳、用重典、亮利剑”②。10月下旬，全国人大常

① 《让我们的家园更加美丽》，http：//www.chinacourt.org/article/detail/2014/03/id/1224306.shtml

② 《聚焦环保法修正案二审：加强透明度及执行力是关键》，http：//www.chinanews.com/fz/2013/06-28/4981820.shtml

务委员会对环境保护法修正案草案三审稿进行审议。三审稿对政府责任和相关部门的问责机制进行了强化，提出实行环境保护目标责任制和考核评价制度。三审稿还在加强农业污染源的监测预警、保护农业环境、防治土壤污染等方面做出详细规定。人民网援引环保部有关人士言论称，环保部门还将在如何解决违法成本低、守法成本高，如何加强依法治污、依法管理方面，对三审稿做进一步的修改①。舆论期待新环境保护法能尽早完善并出台，并指出，环境保护法修改要根据国情发展，只要方向和思路是对的，修改的步伐合理，就是进步。

10 月 8 日国务院常务会议通过《畜禽规模养殖污染防治条例》（以下简称《条例》)，11 月 11 日国务院总理李克强签署国务院令对此予以公布。《条例》在统筹畜禽养殖生产布局与环境保护、强化污染源头管控等方面做出明确规定，并在畜禽规模养殖污染防治和废弃物综合利用等方面出台一系列激励措施。媒体对此发表大量报道并给予高度评价，认为《条例》释放了新一届政府重视畜禽养殖污染的信号。有舆论指出，《条例》作为我国在国家层面制定实施的第一部农业农村环境保护行政法规，其颁布实施是我国农业农村环保领域法制建设和生态文明制度建设的一件大事，是农业农村环保事业发展的一个重要里程碑。中国新闻网援引有关专家言论称，《条例》立法的根本目的，就是要推动畜禽养殖业从加强科学规划布局、适度规模化集约化发展、加强环保设施建设、推进种养结合、提高废弃物利用率等方面入手，提高畜禽养殖业可持续发展能力，提升产业发展水平，提升产业综合效益②。新华网报道，专家们普遍认为，条例的颁布将大力提升我国畜禽养殖废弃物综合利用的整体水平及畜禽养殖业的环境保护水平，有利于从根本上突破农业可持续发展面临的资源和环境瓶颈③。

12 月下旬，甘肃省人大办公厅召开《甘肃省废旧农膜回收利用条例》新闻发布会，通报甘肃将于 2014 年 1 月 1 日起施行该条例。中新网报道，这是中国首部关于废旧农膜回收利用方面的地方性法规，标志着甘肃省治理农田"白色污染"迈上法制化、规范化的轨道④。据环境保护部网站介绍，这一条例对农膜的监管者、生产者、销售者、使用者、回收者的责任都作了具体规定，不仅从源头上限制了不利于回收利用的超薄地膜进入农资市场，而且使每一个参与其中的主体都有明确的定位，形成了责任链条。针对甘肃省废旧农膜回收利用企业是微利行业且具有公益性质这一实际情况，还设定了县级以上人民政府对从事废旧农膜回收利用的企业，

---

① 《吴晓青谈环保法修正案：将突破违法成本低和守法成本高的问题》，http：//www.022net.com/2014/3-8/496765182472729.html

② 《专家：畜禽养殖污染防治设施普遍配套不到位》，http：//www.chinanews.com/gn/2013/11-26/5549128.shtml

③ 《专家解读〈畜禽规模养殖污染防治条例〉》，http：//news.xinhuanet.com/environment/2013-11/27/c_125767548.htm

④ 《甘肃出台中国首部治理农村"白色污染"地方法规》，http：//www.chinanews.com/fz/2013/12-24/5658567.shtml

用以奖代补、贷款贴息、税收减免、税收返还等优惠政策的鼓励性条款，使引导和鼓励全社会力量参与废旧农膜回收利用活动的这一措施在法律制度层面上得以确认①。

2. 政府部门全方位部署农村生态文明建设

2013 年中央一号文件对农村生态文明建设做出部署。要求加强农村生态建设、环境保护和综合整治，努力建设美丽乡村。媒体对此纷纷发文报道并解读。中国网援引有关专家言论称，美丽乡村建设是生态文明建设的重要组成部分，是建设美丽中国的重要组成部分，其目标是加快发展农村生态经济、不断改善农村生态环境、日益繁荣农村生态文化。美丽乡村建设，不是给村庄一个美丽的外表，关键在于实实在在提升村民的幸福感。此外，对自然生态要尊重，对乡村文化历史要尊重，对可持续发展要尊重②。《科技日报》援引有关专家言论称，“美丽乡村”建设实际上就是升级版的社会主义新农村建设，“美丽乡村”是发展现代农业的稳固载体，发展现代农业是“美丽乡村”建设的支撑和保障③。随后，有关部门在美丽乡村建设方面实施的相关举措也被媒体报道。2 月下旬，经济参考网消息称，农业部决定从今年起组织开展“美丽乡村”创建活动，包括制定“美丽乡村”目标体系、组织“美丽乡村”创建试点、推介“美丽乡村”创建典型、强化“美丽乡村”创建的科技支撑等。7 月中旬，人民网报道，财政部下发通知，决定将美丽乡村建设作为一事一议财政奖补工作的主攻方向，从今年起启动美丽乡村建设试点。

10 月，中央关于“改善农村人居环境”的部署和相关部门开展的工作受到媒体聚焦。9 日，新华网报道《习近平就改善农村人居环境作出重要指示　李克强就推进这项工作作出批示》被数百家网络媒体转载。报道指出，各地区、有关部门要坚持农民主体地位，尊重农民意愿，突出农村特色，弘扬传统文化，有序推进农村人居环境综合整治，加快美丽乡村建设。人民网评论文章说，习总书记和李总理批示要改善农村人居环境，这不仅仅是对农民生活质量的关注，更是对农民平等享受改革发展成果权益的维护。农村人居环境落后是城乡发展差距的集中体现，改善农村人居环境需要从提高农村公共品供给水平、科学制定村庄建设的规划、有序推进人居环境综合整治等方面着力。同时，在“全国改善农村人居环境工作会议”上，环保部、农业部等四部门通报农村环境改善情况也受到广泛关注。据新华网介绍，截至 2012 年年底，中央财政共安排农村环保专项资金 135 亿元，带动地方各级政府财政投入 180 多亿元，支持 2.6 万个村庄开展环境整治，6 000 多万农村人口直接受益。

11 月，党的十八届三中全会提出“深化生态文明体制改革”，舆论认为这是我

① 《甘肃省出台全国首部废旧农膜回收利用地方性法规》，http：//www.zhb.gov.cn/zhxx/gzdt/201312/t20131225_265586.htm

② 《专家解读：2013 年中央一号文件问答》，http：//news.china.com.cn/txt/2013－02/01/content_27861495.htm

③ 《发展现代农业，建设美丽乡村》，http：//finance.ifeng.com/a/20131031/10974201_0.shtml

国首次对生态文明制度建设进行系统阐述，生态文明建设上升到前所未有的高度。《北京青年报》文章说，党的十八届三中全会对建立生态文明制度予以空前强调。生态文明建设之所以重要，是因为它集中体现了当前发展模式中的主要矛盾。一方面，是 GDP 数据的快速增长，另一方面，则是大气、江河海洋、土壤土质的大面积恶化。这种趋势发展下去，不仅 GDP 增长的成果都将被吞噬，而且将影响到当下和未来公众的基本生存权。建立生态文明制度，既意味着对此前就已提出的"建设美丽中国"的目标的继承，也意味着一系列新的制度优化的开始①。财新网指出，"党的十八届三中全会"公告中，明确提出"生态红线"提法，农村大环境作为生态红线中的最重要组成部分，有望在未来得到前所未有的重视②。随后，环保部针对农村生活污水处理，农村小型畜禽养殖污染防治等四个方面，发布项目建设及投资指南。舆论将此评价为"党的十八届三中全会后的首份环保政策"，认为四项文件内容可操作性非常强，配合"党的十八届三中全会"公告中"生态红线"的提法，农村环境保护将成为热门话题，农村环保市场将进一步打开，农村环保产业的发展也将提速。

12 月，农业部启动农业可持续发展规划编制工作被广泛关注。新华网等媒体以《农业部力推资源节约型生态友好型农业》、《农业部将加快制定农业可持续发展规划》等为题发表大量报道。《经济参考报》文章说，中央就农业生态问题和农业可持续发展模式进行了密集调研，各级地方政府农业部门纷纷成立农村环境督查组对相关项目进行检查。环境督查组、农业可持续发展规划编制等都是很重要的政策信息，显示出生态保护将成为未来一段时期内我国农业工作的重点。生态农业有可能成为今年中央农村工作会议，乃至明年中央"一号文件"的焦点。

（四）舆情传播特点

1. 从舆情热度上看，农村环境相关舆情总量稍有上涨，但未现高热舆情事件

2012 年农村环境相关网络媒体舆情总值 4.0 万余条，峰值 1.7 万余条；2013 年舆情总值近 4.7 万条，峰值 1.0 万余条。舆情总值稍有增长，峰值出现下降。农村环境问题没有出现高热舆情，热点话题整体数量较多，单个热点话题量分布相对均匀。根据 2013 年农村环境相关热点话题排行榜前 20，比较单个热点话题量可以看出，最高值和最低值之间的落差与农村土地等其他热点领域相比明显减小。从全年情况看，农村水污染的总话题量所占比例较大，其中工矿排污所致的农村河流、地下水污染等问题被媒体曝出的频次较高，但没有出现高热新闻。土壤污染的总话题量也相对较多，特别是镉超标大米事件后，土壤重金属污染问题的新闻报道量明显增长。地方环境监管部门的相关工作也被广泛报道，整体话题量虽然不高，但出

① 《十八届三中全会公报的七大新意》，http：//epaper.ynet.com/html/2013－11/13/content_23854.htm? div=－1

② 财新网，http：//stock.caijing.com.cn/2013－11－19/113581787.html

现了山东省环保厅与网络大V微博辩论、河北省沧县“红豆局长”等热点事件。此外，政府部门在建设农村生态文明、防治农村环境污染方面出台的法律法规和政策举措也受到关注，相关话题在农村环境热点话题排行榜前20中占比近半。

2. 从舆情传播主体看，主流媒体积极发挥舆论引导监督作用，自媒体首发爆料功能依然明显

从全年热点话题看，新华网等主流媒体在权威发布国家政策信息、跟进报道司法制度完善、深度反思环境污染事件原因等方面积极报道，受到舆论的高度关注。山西新闻网、《南方日报》等地方媒体的新闻时效性和地域优势也很明显，在报道当地出现的山西苯胺泄漏、贺江上游铊污染等事件中发挥了积极作用。微博的首发功能明显，“癌症村地图”、昆明“牛奶河”等热点话题的信息源均出自微博。政府部门也日益重视利用微博与民众沟通，山东省环保厅与网络大V的微博激辩被舆论评价为官民互动的优质样本。此外，网络论坛的作用也不可小觑，中华网论坛、凤凰网论坛仍是网民爆料环境污染问题、表达诉求的重要平台。9月，中华网论坛出现的网帖《四川上千村民大战两百黑社会》，爆料四川省乐山市马边县磷矿场污染环境致周边村民怪病频发，村民多次与矿场老板交涉无果引发冲突。网帖发布后当月点击量达到27万余次，居于2013年农村环境相关网络热帖排行首位。

3. 从舆情内容看，农村水污染和土壤污染问题是关注重点，舆论对当前水土污染现状表示深度忧虑并在农村环境保护方面付诸积极行动

媒体在报道多地出现的相关污染问题的同时，还深度剖析污染事件在工业污染、农业面源污染等方面存在的深层次原因，并积极传播各地治污经验，高度关注政府部门在污染防治方面出台的法律法规和政策举措，广泛报道有关专家学者提出的污染防治理念和修复技术，纷纷为农村水污染和土壤污染的治理建言献策。网民为农村环境保护奔走疾呼，通过“随手拍”等网络公益活动，主动发现农村水土污染问题并及时发送至当地环保部门的官方微博。从山东省环保厅等地方环境监管部门日常官方微博内容可以看出，网民举报污染问题、环保部门随后跟进调查并及时发布查处结果，这样的官民互动轨迹非常活跃，令人振奋。

4. 从舆论指向看，切实强化政府部门在农村环境治理中的责任是媒体和网民的主要议题指向

从2013年农村环境相关热点话题看，各地污染事件经媒体和网民曝出后，涉事地方政府部门都会受到重点关注。如，山西长治苯胺泄漏事故发生后，舆论矛头纷纷指向当地政府的瞒报、误报。河北省沧县井水遭污染事件发生后，当地环保局长也在舆论一边倒的批评声中停职下台。昆明“牛奶河”事件中，央视媒体对当地环保局长“水质合格”的判定发出多次追问。广西贺江上游遭镉铊污染后，当地政府部门的监管系统遭到质疑，两名环保官员也被司法机关提起诉讼。网帖曝出“湖南省双峰县村民跪拦县委书记的车，要求关停当地一家污染企业”后，当地有关部门的不作为成为众矢之的，媒体指出“村民下跪求治污”是用尊严拷问政府责任。有舆论认为，污染事件表面上看是企业非法排污造成的，但从根源上看，还是政府管理的不到位，而政府管理的不到位又与缺少必要的责任有关，特别是污染源头管理者的责任缺位较多①。2013 年，“两高”对环境污染犯罪出台的司法解释中强调“监管失职罪”的从严惩处，环境保护法修正案草案三审稿中也强化了政府责任，上述司法举措获得媒体和网民的高度支持。有舆论指出，在环境保护相关司法保障进一步完善的同时，各级政府及其主管部门应切实认真负起保护资源环境的监管职责，我国建立经济文明、政治文明、文化文明、社会文明、生态文明五位一体的“中国梦”一定能实现②。

---

① 中国法院网，http：//www.chinacourt.org/article/detail/2013/10/id/1110722.shtml

② 《污染环境入罪与政府监管责任》，http：//opinion.china.com.cn/opinion_43_73343.html

声　明

本书中的部分文字、图片来源于有关媒体和个人，本书编者谨此向这些媒体和个人表示衷心的感谢。如有关媒体和个人认为上述内容涉及著作权等问题，请即时与本书编者联系解决。

联系电话：010－59191598

编　者

图书在版编目（CIP）数据

“三农”网络舆情报告 . 2013 / 李昌健主编. —北京：中国农业出版社，2014. 5
ISBN 978-7-109-19159-4

Ⅰ. ①三… Ⅱ. ①李… Ⅲ. ①农业经济-互联网络-舆论-研究报告-中国-2013②农村经济-互联网络-舆论-研究报告-中国-2013③农民问题-互联网络-舆论-研究报告-中国-2013 Ⅳ. ①F32②D422. 64③G219. 2

中国版本图书馆 CIP 数据核字（2014）第 097908 号

中国农业出版社出版
（北京市朝阳区农展馆北路 2 号）
（邮政编码 100125）
责任编辑　魏兆猛　张洪光

中国农业出版社印刷厂印刷　　新华书店北京发行所发行
2014 年 5 月第 1 版　　2014 年 5 月北京第 1 次印刷

开本：700mm×1000mm　1/16　　印张：20
字数：410 千字
定价：68.00 元